环球君带你学法规

二级建造师执业资格考试实行全国统一大纲，各省、自治区、直辖市命题并组织的考试制度，分为综合科目和专业科目。综合考试涉及的主要内容是二级建造师在建设工程各专业施工管理实践中的通用知识，它在各个专业工程施工管理实践中具有一定普遍性，包括《建设工程施工管理》《建设工程法规及相关知识》2个科目，这2个科目为各专业考生统考科目。专业考试涉及的主要内容是二级建造师在专业工程施工管理实际工程中应该掌握和了解的专业知识，有较强的专业性，包括建筑工程、市政公用工程、机电工程、公路工程、水利水电工程等专业。

二级建造师《建设工程法规及相关知识》考试时间为120分钟，满分100分。试卷共两道大题：单项选择题、多项选择题。其中，单项选择题共60题，每题1分，每题的备选项中，只有1个最符合题意。多项选择题共20题，每题2分，每题的备选项中，有2个或2个以上符合题意，至少有1个错项。错选，本题不得分；少选，所选的每个选项得0.5分。

做题对于高效复习、顺利通过考试极为重要。为帮助考生巩固知识、理顺思路，提高应试能力，环球网校建造师考试研究院依据二级建造师执业资格考试最新考试大纲，精心选择并剖析常考知识点，深入研究历年真题，倾心打造了这本同步章节习题集。环球网校建造师考试研究院建议您按照如下方法使用本书。

◇学练结合，夯实基础

环球网校建造师考试研究院依据最新考试大纲，按照知识点精心选编同步章节习题，并对习题进行了分类——标注“必会”的知识点及题目，需要考生重点掌握；标注“重要”的知识点及题目，需要考生会做并能运用；标注“了解”的知识点及题目，考生了解即可，不作为考试重点。此外，每章还配有章节导学课，由环球网校建造师考试研究院的一线名师为大家讲解如何学习。建议考生制订适合自己的学习计划，学练结合，扎实备考。

◇学思结合，融会贯通

本书中的每道题目均是环球网校建造师考试研究院根据考试频率和知识点的考查方向精挑细选出来的。在复习备考过程中，建议考生勤于思考、善于总结，灵活运用所学知识，提升抽丝剥茧、融会贯通的能力。此外，建议考生对错题进行整理和分析，从每一道具体的错题入手，分析错误的知识原因、能力原因、解题习惯原因等，从而完善知识体系，达到高效备考的目的。

◇系统学习，高效备考

在学习过程中，一方面要抓住关键知识点，提高做题正确率；另一方面要关注知识体系的构建。在掌握全书知识脉络后，一定要做套试卷进行模拟考试。本书在章节习题集后精心选编了两套全真模拟试卷，旨在让考生进行系统的模拟练习，检测自己的复习情况，进而胸有成竹地参加考试。考生还可以扫描封面二维码，进入二级建造师课程＋题库App，随时随地移动学习海量课程和习题，全方位提升应试水平。

在此，特别感谢环球网校建造师考试研究院的王丽雪、蔡恒、张君、李莹、安国庆、吴然、潘晓宇、刘秋颖、池亚红、刘亚静、张灿、张亚东、王维雪、赵金凤、刘敬、商莉莉、卢颖等老师的倾力付出。本套辅导用书在编写过程中，虽几经斟酌和校阅，仍难免有不足之处，恳请广大读者和考生予以批评指正。

相信本书可以帮助广大考生在短时间内熟悉出题“套路”、学会解题“思路”、找到破题“出路”。在二级建造师执业资格考试之路上，环球网校与您相伴，助您一次通关！

请大胆写出你的得分目标__________

环球网校建造师考试研究院

环球网校
移动学习 职达未来 hqwx.com

严格按照全新考试大纲编写

全国二级建造师执业资格考试 同步章节习题集

建设工程法规及相关知识

环球网校建造师考试研究院 组编

中国石化出版社
HTTP://WWW.SINOPEC-PRESS.COM
教·育·出·版·中·心

图书在版编目（CIP）数据

建设工程法规及相关知识 / 环球网校建造师考试研究院组编 .—北京 ：中国石化出版社，2021.3（2022.1 重印）
（全国二级建造师执业资格考试同步章节习题集）
ISBN 978-7-5114-6202-2

Ⅰ.①建… Ⅱ.①环… Ⅲ.①建筑法—中国—资格考试—习题集 Ⅳ.①D922.297-44

中国版本图书馆 CIP 数据核字（2021）第 050540 号

中国石化出版社出版发行

地址：北京市东城区安定门外大街 58 号
邮编：100011　电话：(010) 57512500
发行部电话：(010) 57512575
http：//www. sinopec-press. com
E-mail：press@sinopec. com
三河市中晟雅豪印务有限公司印刷
全国各地新华书店经销

*

787×1092 毫米 16 开本 18.5 印张 456 千字
2021 年 3 月第 1 版　2022 年 1 月第 2 次印刷
定价：59.00 元

目　录

*PART*1　2Z201000　建设工程基本法律知识

*PART*2　2Z202000　施工许可法律制度

*PART*3　2Z203000　建设工程发承包法律制度

*PART*4　2Z204000　建设工程合同和劳动合同法律制度

*PART*5　2Z205000　建设工程施工环境保护、节约能源和文物保护法律制度

PART6　2Z206000　建设工程安全生产法律制度

PART7　2Z207000　建设工程质量法律制度

PART8　2Z208000　解决建设工程纠纷法律制度

PART9　全真模拟试卷

参考答案与解析

PART 1

2Z201000

建设工程基本法律知识

学习计划：

扫码即听
本章导学

2Z201010 建设工程法律体系

知识脉络

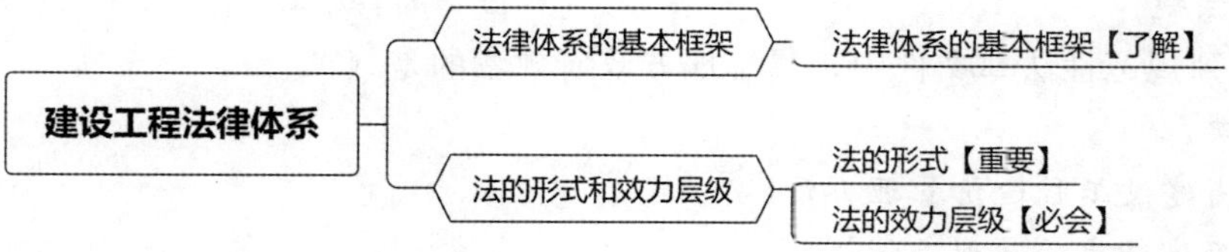

考点 1 法律体系的基本框架【了解】

1. **【单选】**在我国法律体系中，按照一定的标准和原则所制定的同类法律规范的总称为（ ）。

   A. 法律形式　　B. 法律体系

   C. 法律规范　　D. 法律部门

2. **【多选】**我国法律体系的基本框架是由（ ）等构成。

   A. 民法商法　　B. 宗教法

   C. 行政法　　D. 经济法

   E. 刑法

考点 2 法的形式【重要】

1. **【多选】**我国法的形式包括（ ）。

   A. 宪法　　B. 行政法规

   C. 宗教法　　D. 部门规章

   E. 习惯法

2. **【单选】**宪法是由（ ）依照特别程序制定的具有最高效力的根本法。

   A. 全国人民代表大会　　B. 全国人民代表大会常务委员会

   C. 省级人民政府　　D. 国务院

3. **【单选】**根据我国法律体系，法律效力从高到低排列的是（ ）。

   A.《北京市建设工程房屋拆迁管理办法》《建设工程安全管理条例》《建筑法》《宪法》

   B.《宪法》《建筑法》《建设工程安全管理条例》《北京市建设工程房屋拆迁管理办法》

   C.《宪法》《建设工程安全管理条例》《建筑法》《北京市建设工程房屋拆迁管理办法》

   D.《建筑法》《宪法》《建设工程安全管理条例》《北京市建设工程房屋拆迁管理办法》

4. **【多选】**下列选项中，属于只能由法律规定的事项的有（ ）。

   A. 历史文化保护

   B. 民事基本制度

   C. 民族区域自治制度、特别行政区制度、基层群众自治制度

   D. 税种的设立、税率的确定和税收征收管理等税收基本制度

   E. 宪法规定的国务院行政管理职权的事项

5. **【多选】**下列属于行政法规的有（　　）。

A.《建设工程勘察设计管理条例》

B.《建设工程质量管理条例》

C.《天津市住宅管理条例》

D.《建设工程安全生产管理条例》

E.《招标公告发布暂行办法》

6. **【单选】**《北京市建筑市场管理条例》所属的法的形式是（　　）。

A. 法律

B. 行政法规

C. 地方性法规

D. 部门规章

7. **【单选】**下列规范性法律文件中，属于地方政府规章的是（　　）。

A.《民法典》

B.《安徽省建设工程造价管理办法》

C.《北京市建筑市场管理条例》

D.《市政公用设施抗灾设防管理规定》

考点 3　法的效力层级【必会】

1. **【单选】**关于法的效力层级，下列表述中错误的是（　　）。

A. 宪法至上

B. 新法优于旧法

C. 特别法优于一般法

D. 一般法优于特别法

2. **【单选】**按照上位法与下位法的法律地位与效力，下列说法中，错误的是（　　）。

A.《建筑法》高于《建设工程质量管理条例》

B.《建设工程质量管理条例》高于《注册建造师管理规定》

C.《建设工程安全生产管理条例》高于《建设工程施工现场管理规定》

D.《北京市建筑市场管理条例》高于《河北省建筑市场管理条例》

3. **【单选】**关于法的效力层级的说法，正确的是（　　）。

A. 当一般规定与特别规定不一致时，优先适用一般规定

B. 地方性法规的效力高于本级地方政府规章

C. 特殊情况下，法律、法规可以违背宪法

D. 行政法规的法律地位仅次于宪法

4. **【单选】**部门规章与地方性法规对同一事项的规定不一致，不能确定如何适用时，（　　）。

A. 由国务院提出意见

B. 由国务院做出裁决

C. 由人民代表大会提出意见

D. 由国务院会同人民代表大会裁决

5. **【多选】**当地方性法规、规章之间不一致时，由有关机关依照规定的权限作出裁决的说法，正确的有（　　）。

A. 同一机关制定的新的一般规定与旧的特别规定不一致时，由制定机关裁决

B. 地方性法规与部门规章之间对同一事项的规定不一致，不能确定如何适用时，由国务院裁决

C. 部门规章之间、部门规章与地方政府规章之间对同一事项的规定不一致时，由国务院裁决

D. 地方性法规与部门规章之间对同一事项的规定不一致，国务院认为应当适用地方性法规的，应当决定在该地方适用地方性法规的规定

E. 地方性法规与部门规章之间对同一事项的规定不一致，认为应当适用部门规章的，应当提请全国人民代表大会常务委员会裁决

2Z201020　建设工程法人制度

知识脉络

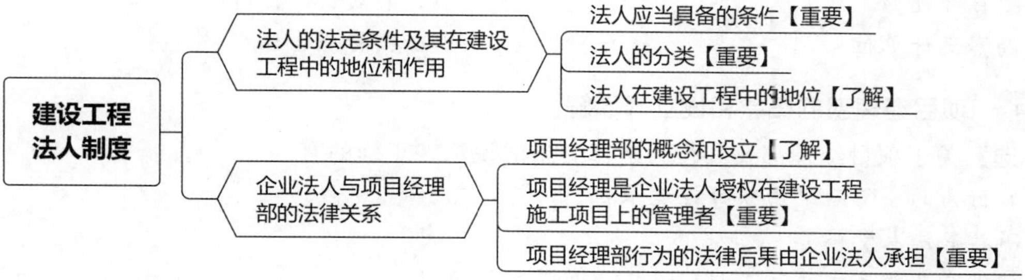

考点 1　法人应当具备的条件【重要】

1. 【单选】根据《民法典》的规定，法人是具有（　　），依法独立享有民事权利和承担民事义务的组织。
   A. 法定代表人
   B. 独立的经费
   C. 具有法定的专业资质
   D. 民事权利能力和民事行为能力
2. 【多选】法人应当具备的条件包括（　　）。
   A. 有法定代表人
   B. 能够独立承担无限民事责任
   C. 依法成立
   D. 有自己的住所、财产或者经费
   E. 有项目经理

考点 2　法人的分类【重要】

1. 【单选】法人可以分为（　　）。
   A. 行政法人、事业法人、企业法人
   B. 营利法人、非营利法人、特别法人
   C. 企业法人、事业法人、特别法人
   D. 企业法人、非企业法人、社团法人
2. 【单选】下列关于法人的表述中，正确的是（　　）。
   A. 法人可以分为营利法人和非营利法人
   B. 法人可以根据自身需要决定是否设置法定代表人
   C. 法定代表人以法人的名义对外从事法律活动，产生的法律责任由法人承担
   D. 法定代表人超越法人章程的权限对外从事法律活动，善意相对人只能要求法定代表人对其承担法律责任
3. 【单选】下列选项中，属于特别法人的是（　　）。
   A. 事业单位
   B. 社会团体
   C. 农村集体经济组织法人
   D. 有限责任公司

考点 3　法人在建设工程中的地位【了解】

1. 【单选】法人在建设工程中的地位，主要表现在（　　）。
   A. 所扮演的分包角色上
   B. 工程总承包合同约定的权利、义务中

C. 具有民事权利能力和民事行为能力　　D. 工程建设参与方分工协作的关系中

2. 【单选】在建设工程活动中，可能不具有法人资格的活动主体是（　　）。

A. 建设单位　　B. 施工单位
C. 勘察设计单位　　D. 监理单位

3. 【单选】下列组织中，具有法人资格的组织是（　　）。

A. 项目经理部　　B. 某国企分公司
C. 勘察设计单位　　D. 投标联合体

考点 4　项目经理部的概念和设立【了解】

1. 【多选】关于项目经理部及其行为法律后果的说法，正确的有（　　）。

A. 其行为的法律后果由项目经理承担
B. 不具备法人资格
C. 施工企业为完成某项工程建设任务而设立的组织
D. 其行为的法律后果由项目经理部承担
E. 其行为的法律后果由企业法人承担

2. 【单选】关于施工企业法人与项目经理部法律关系的说法中，错误的是（　　）。

A. 项目经理部不具备法人资格
B. 项目经理部行为的法律后果由企业法人承担
C. 项目经理是企业法人授权在建设工程施工项目的管理者
D. 项目经理部是施工企业内部常设机构

3. 【单选】关于项目经理部，下列说法错误的是（　　）。

A. 具备法人资格　　B. 不具备法人资格
C. 非常设机构　　D. 根据施工项目组建

4. 【单选】某施工企业在某工程项目的建设中，经项目经理签字的材料款，未能按时支付给材料供应商，则对此承担法律责任的主体是（　　）。

A. 施工企业　　B. 项目经理
C. 材料供应商　　D. 项目经理部

5. 【单选】关于施工企业法人与项目经理部法律关系的说法，正确的是（　　）。

A. 项目经理部是施工企业内部常设机构
B. 项目经理部具有法人资格
C. 项目经理部行为的法律后果由其企业法人承担
D. 项目经理部可以独立承担民事责任

考点 5　项目经理是企业法人授权在建设工程施工项目上的管理者【重要】

1. 【单选】根据《民法典》的规定，施工企业的项目经理属于施工企业（　　）。

A. 授权的项目管理者　　B. 法定代理人
C. 指定代理人　　D. 负责人

2. 【单选】关于施工企业法人与项目经理部、项目经理法律关系的说法，正确的是（　　）。

A. 项目经理是施工企业的法定代表人
B. 项目经理是企业法定代表人授权在建设工程施工项目的管理者
C. 项目经理部行为的法律后果由法定代表人承担
D. 项目经理部是施工企业内部常设机构

考点 6　项目经理部行为的法律后果由企业法人承担【重要】

1. 【单选】关于施工企业法人与项目经理部法律关系的说法，正确的是（　　）。
   A. 项目经理部不具备法人资格
   B. 项目经理部可以长期存在
   C. 项目经理部行为的法律后果由其自己承担
   D. 项目经理部是施工企业内部常设机构
2. 【单选】关于项目经理的说法，正确的是（　　）。
   A. 项目经理的权利来自企业法人的授权
   B. 施工项目可以不设置项目经理
   C. 项目经理具有相对独立的法人资格
   D. 项目经理独立承担执业行为的法律后果
3. 【单选】某施工企业在异地设有项目部，项目部与材料供应商订立了采购合同。材料交货后货款未支付，供应商应以（　　）为被告人向人民法院起诉，要求支付材料款。
   A. 施工企业　　B. 项目部
   C. 该项目的建设单位　　D. 该项目的监理单位
4. 【单选】项目经理部没有按照合同约定完成施工任务，则应由（　　）承担违约责任。
   A. 施工企业　　B. 项目部
   C. 该项目的建设单位　　D. 该项目的监理单位

2Z201030　建设工程代理制度

知识脉络

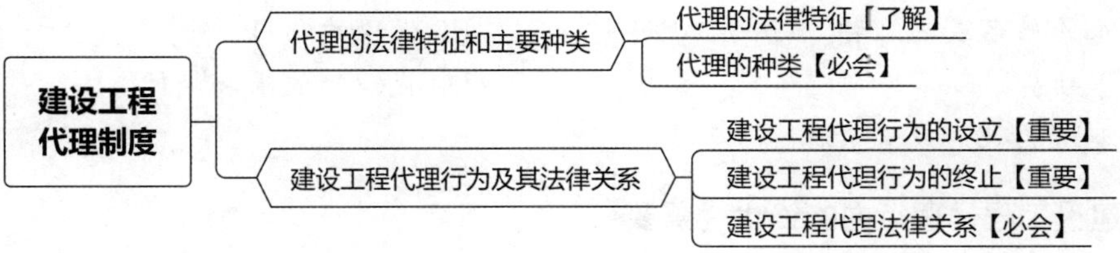

考点 1　代理的法律特征【了解】

【单选】根据《民法典》的规定，关于代理的说法，正确的是（　　）。
A. 代理人在授权范围内实施代理行为的法律后果由被代理人承担
B. 代理人可以超越代理权实施代理行为
C. 被代理人对代理人的一切行为承担民事责任
D. 代理是代理人以自己的名义实施民事法律行为

考点 2　代理的种类【必会】

1. 【多选】根据《民法典》的规定，代理的种类包括（　　）。
   A. 委托代理　　B. 复代理
   C. 指定代理　　D. 法定代理
   E. 特别代理

2. 【单选】某工程公司法定代表人授权其合约部经理李某签订某工程设计合同，该行为属于（　　）。

A. 法定代理　　B. 委托代理

C. 表见代理　　D. 特别代理

3. 【单选】某施工企业为了索要工程款，聘请律师代为诉讼，该行为属于（　　）。

A. 委托代理　　B. 法定代理

C. 无权代理　　D. 表见代理

4. 【单选】根据《民法典》的规定，无民事行为能力人、限制民事行为能力人的监护人属于其（　　）。

A. 委托代理人　　B. 法定代理人

C. 指定代理人　　D. 复代理人

5. 【单选】甲父代理其 12 周岁的儿子甲作为原告参加诉讼，代理方式为（　　）。

A. 委托代理　　B. 指定代理

C. 法定代理　　D. 复代理

考点 3　建设工程代理行为的设立【重要】

1. 【单选】下列建设工程活动中，不得委托代理的是（　　）。

A. 材料设备采购　　B. 承包活动

C. 纠纷诉讼　　D. 招标代理

2. 【多选】下列人员可以被委托为诉讼代理人的有（　　）。

A. 律师　　B. 基层法律服务工作者

C. 未成年人　　D. 当事人的亲属

E. 当事人的工作人员

3. 【多选】书面形式的授权委托书应当载明的内容包括（　　）。

A. 代理人的姓名或者名称　　B. 代理的费用

C. 代理事项　　D. 代理的权限和期间

E. 被代理人的姓名或者名称

考点 4　建设工程代理行为的终止【重要】

1. 【单选】关于委托代理终止情形的说法，错误的是（　　）。

A. 被代理人取消委托　　B. 代理事务完成

C. 被代理人恢复民事行为能力　　D. 代理人丧失民事行为能力

2. 【多选】根据《民法典》的规定，委托代理终止的情形有（　　）。

A. 代理事务完成　　B. 代理人死亡

C. 代理人辞去委托　　D. 被代理人丧失民事行为能力

E. 代理人丧失民事行为能力

考点 5　建设工程代理法律关系【必会】

1. 【单选】老李急需一批装修材料，委托小王与材料公司甲签合同，为了赶时间，小王在途中发生意外车祸受重伤，小王便委托朋友小张与材料公司甲按约定签订了购买装修材料的合同。本事件中，下列说法正确的是（　　）。

A. 老李应当拒绝承认此合同

B. 小王应当为小张的行为负责

C. 小王应当先取得老李的同意，才能委托小张

D. 小张的代理行为有效，老李应当承认该购买合同

2.【单选】关于无权代理的说法，错误的是（　　）。

A. 自始未授权构成无权代理

B. 无权代理是表见代理

C. 无权代理可转化为有权代理

D. 无权代理可能超越了代理权限

3.【单选】甲公司的业务员王某被开除后，为报复甲公司，用盖有甲公司公章的空白合同书与乙公司订立一份建材购销合同。乙公司并不知情，并按时将货物送至甲公司所在地，甲公司拒绝接收，引起纠纷。关于该案代理与合同效力的说法，正确的是（　　）。

A. 王某的行为是无权代理，合同无效　　B. 王某的行为是表见代理，合同无效

C. 王某的行为是委托代理，合同有效　　D. 王某的行为是表见代理，合同有效

4.【单选】关于代理的说法，正确的是（　　）。

A. 作为被代理人的法人终止，委托代理终止

B. 代理涉及被代理人和代理人两方当事人

C. 民事法律行为的委托代理必须采用书面形式

D. 代理人明知被委托代理的事项违法仍进行代理的，代理人承担全部民事责任

2Z201040　建设工程物权制度

知识脉络

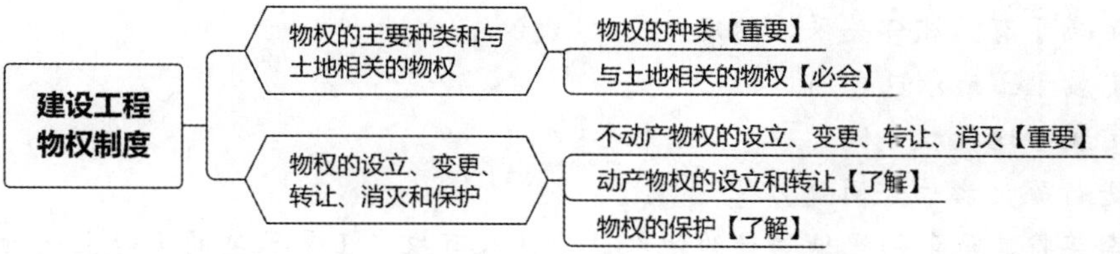

考点 1　物权的种类【重要】

1.【单选】物权是一项基本民事权利，也是大多数经济活动的基础和目的。下列不属于物权的是（　　）。

A. 抵押权　　B. 房屋产权

C. 商标专用权　　D. 建设用地使用权

2.【单选】在财产所有权中，所有权内容的核心是（　　）。

A. 占有权　　B. 使用权

C. 收益权　　D. 处分权

3.【多选】下列权利中，属于用益物权的有（　　）。

A. 地役权　　B. 宅基地使用权

C. 建设用地使用权　　D. 宅基地所有权

E. 土地承包经营权

4. **【单选】**对财产的实际利用和运用的权能是（　　）。

A. 占有权　　B. 使用权

C. 收益权　　D. 处分权

考点 2　与土地相关的物权【必会】

1. **【多选】**根据《民法典》规定，关于土地权属的说法，正确的有（　　）。

A. 我国实行土地的社会主义公有制，即全民所有制和劳动群众集体所有制

B. 国家实行土地用途管制制度，规定土地用途，将土地分为农用地、建设用地

C. 农村集体经济组织实行家庭承包经营为基础、统分结合的双层经营体制

D. 国家所有的土地，依法实行土地承包经营制度

E. 承包期限届满，由土地所有权人依照农村土地承包的法律规定继续承包

2. **【多选】**关于建设用地使用权的说法，错误的有（　　）。

A. 建设用地使用权只能存在于国家所有的土地上，不包括集体所有的农村土地

B. 建设用地使用权的设立可以采取转让方式

C. 建设用地使用权流转时，附着于该土地上的建筑物、构筑物及附属设施应一并处分

D. 建设用地使用权期间届满的，自动续期

E. 新设立的建设用地使用权，不得损害已设立的用益物权

3. **【单选】**某建设单位需要使用相邻企业的场地开辟道路以便于就近运输建筑材料。双方订立合同，约定由建设单位向该企业支付用地费用，该企业向此建设单位提供场地。在此合同中，建设单位拥有的权利是（　　）。

A. 相邻权　　B. 地役权

C. 土地出租权　　D. 建设用地使用权

4. **【多选】**李某在自己承包的土地上出入不便，遂与王某书面约定在王某承包的土地上开辟一条道路供李某通行，但没有进行登记。关于该约定性质和效力的说法，正确的有（　　）。

A. 该约定属于有关相邻关系的约定

B. 该约定属于土地承包合同

C. 该约定属于地役权合同

D. 没有进行登记影响合同效力

E. 如果李某将其承包的土地转让给他人，受让人有权在王某承包的土地上通行

5. **【单选】**甲房地产公司在 A 地块开发住宅小区，为满足该小区住户观景的需要，便与相邻的乙工厂协商约定，甲公司支付乙工厂 800 万元，乙工厂在 20 年内不在本厂区建设 15m 以上的建筑物，以免遮挡住户观景。合同签订生效后甲公司即支付了全部款项。后来，甲公司将 A 块地的建设用地使用权转让给丙置业公司。关于 A 地块权利的说法，正确的是（　　）。

A. 甲公司对乙工厂的土地拥有地役权

B. 甲公司对乙工厂的土地拥有担保物权

C. 甲公司约定的权利自合同公证后获得

D. 甲公司转让 A 地块后，丙公司不享有该项权利

6. **【单选】**甲、乙、丙三户人家相邻而居，甲为自己生活出行方便，于 2015 年约定：甲借用乙院内道路通行，期限 15 年，甲一次性支付给乙 10 万元补偿费。2018 年，甲将该处房产转让给了丙，并拟定下列情形处置该地役权，其中符合《民法典》规定的是（　　）。

A. 甲可以将房产所有权及土地使用权转让给丙，自己保留地役权

B. 甲无权转让该地役权，倘若甲将其房产出售给丙，该地役权就此灭失

C. 甲将房产所有权及土地使用权和地役权一并转让给丙

D. 甲可以单独将地役权转让给丙

7.【单选】甲公司与乙公司的院落相邻。甲为方便自己车辆进出，遂与乙约定：甲借用乙院内道路通行，期限20年，甲一次性支付给乙50万元补偿费。双方签订合同并办理了地役权登记，2年后，甲拟定了下列方案，其中符合《民法典》规定的是（　　）。

A. 甲拟将全部房产所有权及土地使用权转让给丙，自己保留地役权

B. 甲拟将房产所有权及土地使用权和地役权一并转让给丙

C. 甲拟单独将地役权转让给丁物业公司

D. 甲拟将房产所有权及土地使用权转让给丙，而将地役权转让给丁

考点3　不动产物权的设立、变更、转让、消灭【重要】

1.【多选】关于不动产物权设立的说法，正确的有（　　）。

A. 经依法登记，发生设立效力

B. 不动产买卖合同一经签字盖章，无相反情形，合同生效

C. 依法属于国家所有的自然资源，所有权必须登记

D. 未经登记，不动产交易合同无效

E. 不动产物权的设立、变更登记属自愿登记，国家不进行强制

2.【单选】当事人之间订立转让不动产物权的合同，未办理物权登记的，除法律另有规定或者合同另有约定外（　　）。

A. 合同不生效　　B. 合同无效

C. 合同终止　　D. 不影响合同效力

3.【多选】关于不动产物权变动的说法中，正确的有（　　）。

A. 不动产物权的设立、变更登记，自记载于不动产登记簿时发生效力

B. 不动产物权的变更和转让，经依法登记，发生效力

C. 不动产登记，由申请人所在地的登记机构办理

D. 依法属于集体所有的自然资源，所有权可以不登记

E. 不动产物权的设立和消灭，未经登记，不发生效力，但法律另有规定的除外

考点4　动产物权的设立和转让【了解】

【单选】动产物权的设立和转让，除法律另有规定的以外，自（　　）时发生效力。

A. 占有　　B. 交付　　C. 登记　　D. 合同成立

考点5　物权的保护【了解】

1.【单选】关于物权保护的说法，正确的是（　　）。

A. 物权受到侵害的，权利人不能通过和解方式解决

B. 侵害物权造成权利人损害的，权利人既可以请求赔偿，也可请求承担其他民事责任

C. 侵害物权的，承担民事责任后，不再承担行政责任

D. 物权归属、内容发生争议的，利害关系人应当请求返还原物

2.【多选】物权人的物权受到侵害的，权利人可以通过（　　）等途径解决。

A. 和解　　B. 公证　　C. 调解　　D. 诉讼

E. 仲裁

3. 【多选】关于物权保护的说法，正确的有（　　）。

A. 因物权的归属、内容发生争议的，利害关系人可以请求确认权利

B. 无权占有不动产或者动产的，权利人可以请求返还原物

C. 无权占有不动产或者动产的，权利人应该请求确认权利

D. 造成不动产或者动产毁损的，权利人可以请求修理、重作、更换或者恢复原状

E. 对于物权保护方式，不可以单独适用

2Z201050　建设工程债权制度

知识脉络

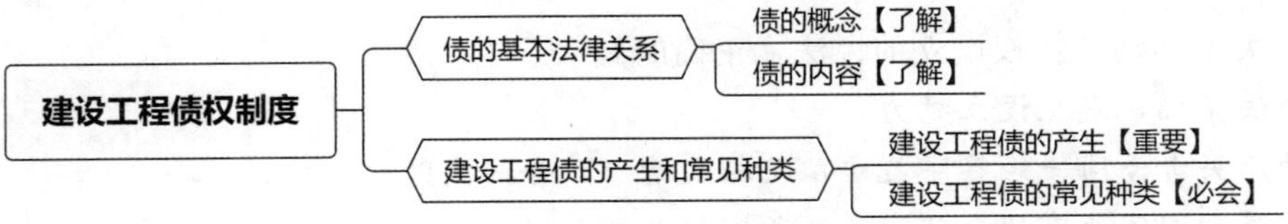

考点 1　债的概念【了解】

【单选】甲施工企业与乙公司订立钢材加工合同，后因供电局无故断电，乙公司无法按时完成生产任务致使交货延迟，给甲施工企业造成了损失。关于该案责任承担的说法，正确的是（　　）。

A. 供电局向甲施工企业承担责任

B. 供电局与乙公司向甲施工企业承担连带责任

C. 乙公司可以要求供电局向甲施工企业承担责任

D. 乙公司向甲施工企业承担责任

考点 2　债的内容【了解】

【单选】债权相对性理论的内涵，不包括（　　）。

A. 债权责任的相对性　　　　B. 债权主体的相对性

C. 债权客体的相对性　　　　D. 债权内容的相对性

考点 3　建设工程债的产生【重要】

1. 【单选】（　　）引起债的关系，是债发生的最主要、最普遍的依据。

A. 不当得利　　　　B. 无因管理

C. 合同　　　　D. 侵权

2. 【单选】在债的发生依据中，既未受人之托，也不负有法律规定的义务，而自觉为他人管理事务或提供服务的行为属于（　　）。

A. 无权代理　　　　B. 不当得利

C. 侵权行为　　　　D. 无因管理

3. 【多选】某施工企业与甲订立了材料买卖合同，却误将货款支付给乙，随后该施工企业向乙索回货款，并支付给甲。关于该案中施工企业、甲和乙之间债发生根据的说法，正确的有（　　）。

A. 施工企业与甲之间形成合同之债

B. 甲、乙之间不存在任何债权债务关系

C. 乙与施工企业之间形成不当得利之债

D. 施工企业与乙之间形成合同之债

E. 乙与施工企业之间形成无因管理之债

4. 【单选】甲施工企业误将应支付给乙供应商的贷款支付给了丙供应商。关于这笔贷款的返还，丙与甲之间债的产生根据属于（　　）。

A. 不当得利　　B. 侵权

C. 合同　　D. 无因管理

5. 【单选】下列情况属于发生不当得利之债的是（　　）。

A. 施工单位向工人支付奖金

B. 施工单位为工人办理工伤保险

C. 施工单位为工人发放防暑降温费

D. 建设单位因计算错误多支付给吴某三天工资

6. 【单选】甲企业银行账户尾号是 868，乙企业银行账户尾号是 878，丙应将一笔货款打入甲企业银行账号上，而将银行账户尾号错写成 878，乙企业将这笔货款占为己有，丙、乙企业之间的债务纠纷属于（　　）之债。

A. 合同　　B. 侵权

C. 无因管理　　D. 不当得利

考点 4　建设工程债的常见种类【必会】

1. 【单选】下列选项中，当事人应当承担侵权责任的是（　　）。

A. 工地的塔吊倒塌造成临近的民房被砸塌

B. 某施工单位未按照合同的约定工期竣工

C. 因台风导致工程损坏

D. 某工程存在质量问题

2. 【单选】建筑物倒塌造成他人损害的，由（　　）承担连带责任。

A. 所有人和建设单位

B. 监理单位和建设单位

C. 建设单位和施工企业

D. 监理单位和施工企业

3. 【多选】下列关于施工合同的义务，说法正确的有（　　）。

A. 施工合同的义务包括完成施工任务和支付工程价款

B. 对于完成施工任务，建设单位是债务人，施工单位是债权人

C. 对于支付工程价款，建设单位是债权人，施工单位是债务人

D. 对于支付工程价款，建设单位是债务人，施工单位是债权人

E. 对于完成施工任务，建设单位是债权人，施工单位是债务人

4. 【单选】施工企业在施工中未采取相应防范措施，造成第三人人身伤害的，其应当承担（　　）责任。

A. 合同　　B. 不当得利

C. 无因管理　　D. 侵权

2Z201060　建设工程知识产权制度

知识脉络

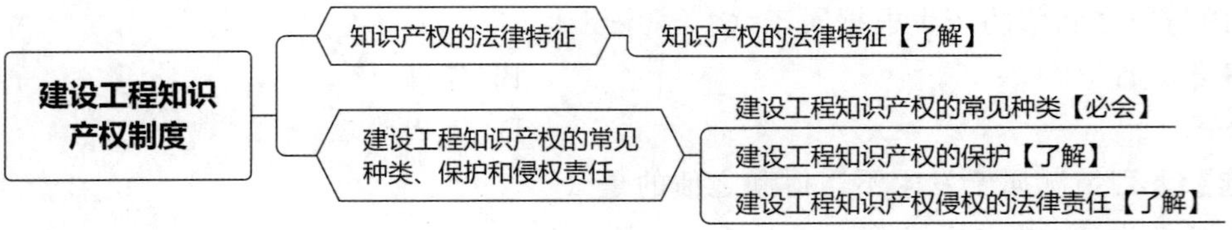

考点 1　知识产权的法律特征【了解】

1.【单选】知识产权的权利主体依法享有独占使用智力成果的权利，他人不得侵犯，例如未经专利人许可不得使用其专利就表现了专利权的（　　）。

A. 专有性　　B. 私有性

C. 归属性　　D. 持有性

2.【多选】根据《民法典》的规定，知识产权保护的客体包括（　　）。

A. 商标　　B. 动物新品种

C. 地理标志　　D. 植物新品种

E. 商业秘密

3.【单选】关于知识产权的法律特征，表述错误的是（　　）。

A. 知识产权具有绝对的排他性

B. 知识产权具有财产权和人身权的双重属性

C. 知识产权具有期限性

D. 知识产权在空间上的效力是无限的

考点 2　建设工程知识产权的常见种类【必会】

1.【单选】李某经过长期研究发明了新型混凝土添加剂，2018 年 2 月 5 日向国家专利局提出了专利申请，4 月 5 日国家专利局将其专利公告，2019 年 3 月 15 日授予李某专利权。该专利权届满的期限是（　　）。

A. 2038 年 2 月 5 日　　B. 2028 年 2 月 5 日

C. 2039 年 3 月 15 日　　D. 2038 年 4 月 5 日

2.【单选】关于注册商标有效期的说法，正确的是（　　）。

A. 10 年，自申请之日起计算

B. 10 年，自核准注册之日起计算

C. 20 年，自申请之日起计算

D. 20 年，自核准注册之日起计算

3.【单选】授予专利权的条件中，不属于发明和实用新型专利权条件的是（　　）。

A. 新颖性　　B. 创造性

C. 适于工业应用　　D. 实用性

4.【多选】远大建筑公司注册商标于 2019 年 12 月 31 日到期，下列说法中正确的有（　　）。

A. 如公司需要继续使用该商标，应当在 2019 年申请续展注册

B. 如公司未能在 2019 提出续展申请，该商标将被注销

C. 如公司未能在2019年提出续展申请，可以给予6个月的宽展期

D. 如公司未能在2020年6月30日前提出续展申请，其注册商标将被注销

E. 公司在2019年向工商管理机构申请了续展注册的，续展注册的有效期为15年

5. 【多选】下列关于商标权的说法，正确的有（　　）。

A. 商标可以分为商品商标和服务商标两大类

B. 商标专用权的内容只包括财产权

C. 注册商标的有效期为10年，自核准注册之日起计算

D. 商标专用权包括使用权和禁止权两个方面

E. 商标设计者的人身权由《专利法》保护

考点3　建设工程知识产权的保护【了解】

【单选】甲认为乙侵害了自己的专利权，遂向法院提出申请，则法院应当在（　　）小时内作出裁定。

A. 48　　B. 36

C. 24　　D. 72

考点4　建设工程知识产权侵权的法律责任【了解】

【单选】甲公司是某混凝土预制构件的专利权人，乙公司未经授权制造和销售该专利。甲发现后，对乙提起侵权之诉。经查，乙共销售侵权产品800件，因乙的行为，甲少销售600件。甲销售专利产品每件获利2000元，乙销售侵权产品每件获利1000元。乙应赔偿甲（　　）万元。

A. 60　　B. 80　　C. 120　　D. 160

2Z201070　建设工程担保制度

知识脉络

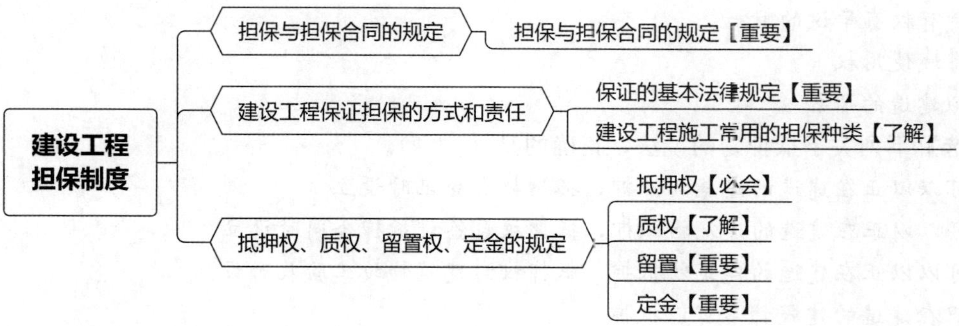

考点1　担保与担保合同的规定【重要】

【单选】担保方式不包括（　　）。

A. 保证　　B. 抵押

C. 质押　　D. 借贷

考点2　保证的基本法律规定【重要】

1. 【多选】下列条款中，除双方认为需要约定的其他事项外，属于保证合同包含的内容

有（　　）。

A. 被保证的主债权种类　　B. 保证人的资产状况

C. 保证的期间　　D. 保证的方式

E. 保证担保的范围

2.【多选】根据《民法典》，保证合同担保的范围包括（　　）。

A. 主债权及利息　　B. 违约金

C. 损害赔偿金　　D. 定金

E. 实现债权的费用

3.【单选】根据《民法典》规定，关于保证责任的说法，正确的是（　　）。

A. 债务人下落不明，且无财产可供执行时，债权人可以要求保证人在其保证范围内承担保证责任

B. 人民法院已经受理债务人破产案件时，保证人有权拒绝向债权人承担保证责任

C. 债权人有证据证明债务人的财产不足以履行全部债务或者丧失履行债务能力时，保证人有权拒绝向债权人承担保证责任

D. 当事人在保证合同中对保证方式没有约定或者约定不明确的，按照连带保证承担保证责任

考点 3　建设工程施工常用的担保种类【了解】

【单选】下列不属于建设工程施工常用的担保种类是（　　）。

A. 施工投标保证金

B. 施工合同履约保证金

C. 预付款担保

D. 竣工结算保证金

考点 4　抵押权【必会】

1.【单选】下列财产可以抵押的是（　　）。

A. 土地所有权

B. 所有权有争议的财产

C. 海域使用权

D. 拟建造的船舶

2.【单选】下列关于抵押物的说法，正确的是（　　）。

A. 可以以正在建造的建筑物抵押，抵押权自登记时设立

B. 可以以正在建造的建筑物抵押，抵押权自签订抵押合同时设立

C. 可以以正在建造的建筑物抵押，抵押权自建筑物竣工验收时设立

D. 正在建造的建筑物不可以抵押

3.【单选】下列关于抵押效力的说法，错误的是（　　）。

A. 当事人可以在抵押合同中约定抵押担保的范围

B. 抵押人有义务妥善保管抵押物，并保证其价值

C. 抵押人未经抵押权人同意，不得转让抵押财产

D. 抵押权与其担保的债权同时存在

4.【单选】某建设单位为保证还贷，2019 年 3 月 2 日与某银行达成一致，将该企业拥有的塔吊抵押。3 月 10 日双方专门签署了抵押合同，并于 4 月 5 日办理了登记手续，4 月 10 日正

式将手续移交银行，则银行的抵押权自（　　）产生。

A. 2019 年 3 月 2 日　　B. 2019 年 3 月 10 日

C. 2019 年 4 月 5 日　　D. 2019 年 4 月 10 日

5. 【单选】关于抵押权实现的说法，正确的是（　　）。

A. 抵押物折价后，其价款超过债权数额的部分归债务人所有，不足部分由债务人清偿

B. 债务履行期届满抵押权人未受清偿的，可以与抵押人协议以拍卖该抵押物所得价款受偿

C. 债务履行期届满抵押权人未受清偿的，抵押双方协议不成的，抵押权人可以直接占有抵押物

D. 同一财产向两个以上债权人抵押，抵押合同已登记生效的，拍卖、变卖抵押物所得价款按债权比例清偿

考点 5 质权【了解】

【单选】下列权利证书中，不可以进行质押的是（　　）。

A. 存款单　　B. 提单

C. 仓单　　D. 房屋产权证书

考点 6 留置【重要】

1. 【多选】关于留置的说法，正确的有（　　）。

A. 留置的标的可以是不动产

B. 不转移对物的占有是留置与质押的显著区别

C. 留置权人负有妥善保管留置财产的义务

D. 留置物留置期间债权人不能与债务人协议处理留置物

E. 留置权基于法定而产生

2. 【多选】关于留置的说法，正确的有（　　）。

A. 可以留置的财产仅限于合法占有的财产

B. 留置权人与债务人可以约定留置财产后的债务履行期限

C. 没有约定或者约定不明确的，留置权人应当给债务人 30 日以上的履行期限

D. 留置权人负有妥善保管留置财产的义务

E. 债务人逾期未履行的，留置权人可以与债务人协议以留置财产折价

3. 【单选】甲仓库为乙单位保管 500 吨水泥，每吨水泥的市场价约为 310 元，双方约定保管费用为 3000 元，乙没能按约定支付保管费用，则甲可以（　　）。

A. 行使质押权变卖全部水泥

B. 行使质押权变卖部分水泥

C. 行使留置权变卖全部水泥

D. 行使留置权变卖部分水泥

考点 7 定金【重要】

1. 【单选】定金合同是当事人双方为了保证债务的履行，按照合同规定向对方预先给付一定数额的货币，定金的数额由当事人约定，但不得超过主合同标的额的（　　）。

A. 10%　　B. 20%

C. 25%　　D. 30%

2. 【单选】甲建设单位与乙设计单位签订了设计合同，合同约定设计费为 200 万元，定金为设

计费的 15%，甲支付定金后，如果乙在规定期限内不履行合同，甲可以要求乙返还（ ）万元。

A. 80　　B. 60

C. 40　　D. 30

3. 【单选】甲乙双方签订的买卖合同总价款为 100 万元，约定由甲公司支付定金 30 万元。由于资金周转困难，甲公司只交付了 25 万元的定金，乙公司予以签收。后来由于乙公司未能履行合同，则甲公司最多可以要求乙公司返还（ ）万元。

A. 45　　B. 50

C. 55　　D. 60

4. 【单选】甲与乙订立一份钢材买卖合同，合同价款为 40 万元，双方在合同条款中约定违约金为 6 万元，同时乙向甲支付定金 4 万元，后甲因货物不足无法向乙交货，那么乙能够最大限度保护自己的利益，同时又能获得法院支持的请求是（ ）。

A. 请求甲双倍返还定金 8 万元

B. 请求甲双倍返还定金 8 万元，同时请求甲支付违约金 6 万元

C. 请求甲支付违约金 6 万元，同时请求返还支付的定金 4 万元

D. 请求甲支付违约金 4 万元

2Z201080　建设工程保险制度

知识脉络

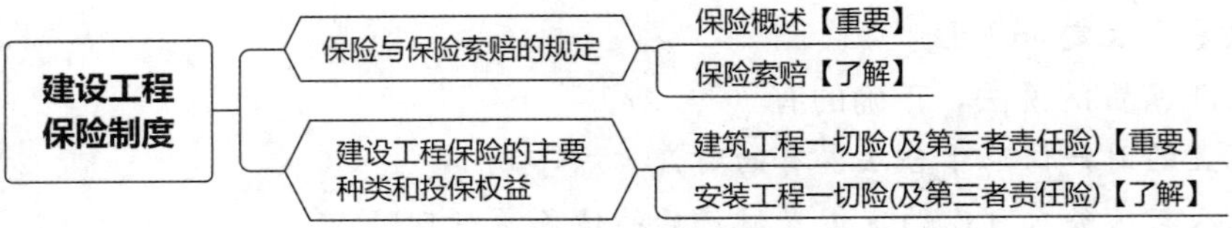

考点 1　保险概述【重要】

1. 【单选】在财产保险合同中，保险合同的转让应当通知（ ）。

A. 保险经纪人　　B. 保险人

C. 受益人　　D. 投保人

2. 【单选】下列关于保险合同的说法，错误的是（ ）。

A. 保险合同是指投保人与保险人约定保险权利义务关系的协议

B. 保险合同一般是以保险单的形式订立的

C. 保险合同分为财产保险合同和人身保险合同

D. 保险人是指其财产或者人身受保险合同保障，享有保险金请求权的人

考点 2　保险索赔【了解】

【多选】保险事故发生以后，投保人为保证索赔的做法有（ ）。

A. 提供与确认事故相关的有效证明

B. 及时提出保险索赔

C. 向人民法院起诉保险公司

D. 计算损失的大小

E. 按照约定比例向不同的保险公司提出索赔

考点 3 建筑工程一切险（及第三者责任险）【重要】

【多选】下列选项中，属于建筑工程一切险的除外责任的情形有（　　）。

A. 设计错误引起的损失和费用

B. 维修保养或正常检修的费用

C. 外力引起的机械或电气装置的本身损失，或施工用机具、设备、机械装置失灵造成的本身损失

D. 因原材料缺陷或工艺不善引起的保险财产本身的损失以及为换置、修理或矫正这些缺点错误所支付的费用

E. 领有公共运输行驶执照的，或已由其他保险予以保障的车辆、船舶和飞机的损失

考点 4 安装工程一切险（及第三者责任险）【了解】

1. 【单选】安装工程一切险对于考核期的保险责任一般不超过（　　）个月。

A. 1　　B. 2

C. 3　　D. 4

2. 【多选】关于建设工程保险的说法，正确的有（　　）。

A. 建筑工程一切险的被保险人可以是业主，也可以是承包商或者分包商

B. 工程开工前，承包商应为建设工程办理保险，支付保险费用

C. 工程开工前，业主应为施工现场从事危险作业的施工人员办理意外伤害保险

D. 建筑工程一切险的保险期限可以超过保险单明细表中列明的保险生效日和终止日 15 天

E. 安装工程一切险的保险期内，一般应包括一个试车考核期

3. 【单选】下列事件中，不属于安装工程一切险承保范围的是（　　）。

A. 因山体滑坡导致在建桥梁工程损毁

B. 因工艺不善引起的工程设备损坏

C. 因意外事故导致钢结构安装过程中人员伤亡

D. 因自然灾害导致工程现场机械损坏

2Z201090 建设工程法律责任制度

知识脉络

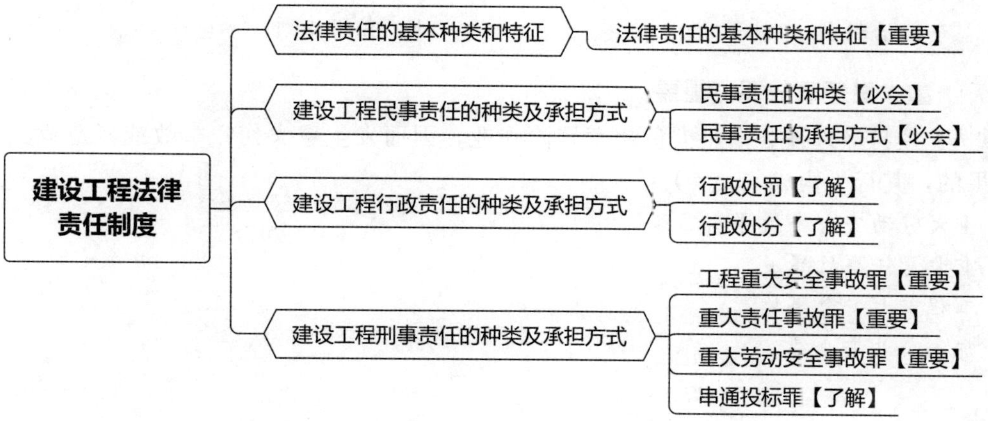

考点 1 法律责任的基本种类和特征【重要】

【单选】按照违法行为的性质和危害程度，下列法律责任划分错误的是（　　）。

A. 国家赔偿责任　　B. 行政法律责任

C. 违宪法律责任　　D. 侵权法律责任

考点 2 民事责任的种类【必会】

【单选】某材料供应商不按材料采购合同的约定交付材料，材料供应商应承担的责任是（　　）。

A. 侵权责任　　B. 违约责任

C. 刑事责任　　D. 行政责任

考点 3 民事责任的承担方式【必会】

【多选】某施工企业在施工过程中，由于保护措施不当，致使毗邻建筑物开裂和倾斜。受害人将该施工企业诉至法院，提出的下列诉讼请求可以获得支持的有（　　）。

A. 停止侵害　　B. 消除危险

C. 消除影响　　D. 恢复原状

E. 赔偿损失

考点 4 行政处罚【了解】

【多选】下列责任种类中，属于行政处罚的有（　　）。

A. 警告　　B. 行政拘留

C. 罚金　　D. 排除妨碍

E. 没收财产

考点 5 行政处分【了解】

【多选】下列选项中，属于行政处分的有（　　）。

A. 警告　　B. 离职

C. 降级　　D. 开除

E. 记大过

考点 6 工程重大安全事故罪【重要】

【单选】下列选项中，属于附加刑的是（　　）。

A. 拘役　　B. 管制

C. 剥夺政治权利　　D. 有期徒刑

考点 7 重大责任事故罪【重要】

【单选】项目经理强令作业人员违章冒险作业，因而发生重大伤亡事故或者造成其他严重后果的，其行为构成（　　）。

A. 重大劳动安全事故罪

B. 重大责任事故罪

C. 工程重大安全事故罪

D. 危害公共安全罪

考点 8 重大劳动安全事故罪【重要】

【单选】在施工过程中，某施工企业的安全生产条件不符合国家规定，致使多人重伤、死亡。该施工企业的行为构成（　　）。

A. 重大责任事故罪

B. 重大劳动安全事故罪

C. 强令违章冒险作业罪

D. 工程重大安全事故罪

考点 9 串通投标罪【了解】

【单选】两家施工企业协商后同时参加一个项目的投标，给建设单位造成重大损失，则两家施工企业直接责任人应承担的刑事责任是（　　）。

A. 徇私舞弊罪

B. 玩忽职守罪

C. 串通投标罪

D. 重大责任事故罪

PART 2

2Z202000

施工许可法律制度

学习计划：

扫码即听
本章导学

2Z202010 建设工程施工许可制度

知识脉络

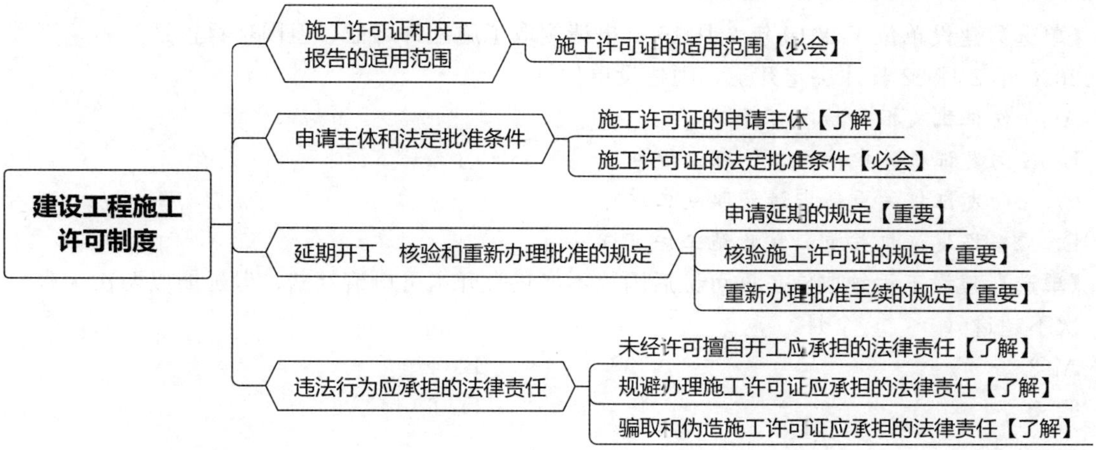

考点 1 施工许可证的适用范围【必会】

1. 【单选】下列需要办理施工许可证的建设工程是（　　）。

A. 建筑面积为 300m² 的果汁生产厂

B. 农民自建低层住宅

C. 按照国务院规定的权限和程序批准开工报告的节能工程

D. 军用房屋建筑工程

2. 【单选】按照（　　）规定的权限和程序批准开工报告的建筑工程，不再领取施工许可证。

A. 施工许可证发证机关

B. 国务院

C. 省市人民政府

D. 行政机关

考点 2 施工许可证的申请主体【了解】

【单选】建设工程施工许可证的申请主体是该工程的（　　）。

A. 施工单位　　B. 建设单位

C. 监理单位　　D. 咨询服务单位

考点 3 施工许可证的法定批准条件【必会】

1. 【单选】根据《建筑法》的规定，建设单位申请领取施工许可证应具备的法定条件，不包括（　　）。

A. 需要拆迁的，已取得房屋拆迁许可证

B. 有保证工程质量和安全的具体措施

C. 已经办理该建筑工程用地批准手续

D. 已经确定建筑施工企业

2. 【单选】在乡、村庄规划区内进行乡村公共设施和公益事业建设时，应当办理（　　）。

A. 乡村建设规划许可证

B. 乡村建设工程规划许可证

C. 乡村建设用地规划许可证

D. 土地性质变更登记手续

考点 4 申请延期的规定【重要】

1. 【单选】建设单位于 2019 年 2 月 15 日申请领取了施工许可证，但因项目拆迁受阻，工程于 2020 年 2 月 22 日才决定开工，则建设单位（　　）。

A. 向发证机关报告后即可开工

B. 应向发证机关申请施工许可证延期

C. 应向发证机关重新申请领取施工许可证

D. 应当报发证机关重新核验施工许可证

2. 【单选】建设工程领取施工许可证后因故不能正常开工可申请延期，但延期以两次为限，每次不超过（　　）个月。

A. 3　　B. 4

C. 5　　D. 6

考点 5 核验施工许可证的规定【重要】

1. 【单选】某建筑工程因故中止施工已满 1 年，在恢复施工前，建设单位领取的施工许可证应当（　　）。

A. 申请延期

B. 自行废止

C. 报发证机关核验

D. 重新更换

2. 【单选】《建筑法》规定，在建的建筑工程因故中止施工的，建设单位应当自中止施工之日起（　　）内，向发证机关报告。

A. 1 个月　　B. 2 个月

C. 3 个月　　D. 6 个月

3. 【单选】下列选项中，违反施工许可证制度的是（　　）。

A. 农民张某自建一栋 500m^2 的 3 层住宅，未办理施工许可证即施工

B. 某工程因地震中止施工，半年后向发证机关作了报告

C. 某工程因供水中止施工，1 个月内向发证机关作了报告，半年后恢复施工时还向发证机关作了报告

D. 某工程因宏观调控停建，1 个月内向发证机关作了报告，1 年后恢复施工时报发证机关核验施工许可证

4. 【单选】某建设单位拟新建一座大型综合市场，于 2018 年 3 月 20 日领到工程施工许可证。开工后因故于 2019 年 10 月 15 日中止施工。根据建筑法施工许可证制度的规定，该建设单位向施工许可证发证机关报告的最迟期限应是 2019 年（　　）。

A. 10 月 15 日　　B. 10 月 22 日

C. 11 月 14 日　　D. 12 月 14 日

考点 6 重新办理批准手续的规定【重要】

1. 【单选】某大中型建设项目实行开工报告制度，在办理开工报告后，因故无法按期开工，超过（　　），建设单位应当重新办理开工报告的批准手续。

A. 2 个月　　B. 12 个月

C. 3 个月　　D. 6 个月

2. 【单选】关于延期开工、核验和重新办理批准的规定，下列说法错误的是（　　）。

A. 既不开工又不申请延期或者超过延期时限的，施工许可证自行废止

B. 中止施工满 1 年的工程可自行恢复施工

C. 因故不能按期开工超过 6 个月的，应当重新办理开工报告的批准手续

D. 按照国务院有关规定批准开工报告的建筑工程，一般都属于大中型建设项目

3. 【单选】下列关于施工许可制度的说法，正确的是（　　）。

A. 工程投资额为 30 万元的建设工程不需要申请办理施工许可证

B. 发证机关应当自收到申请之日起 10 日内，对符合条件的申请颁发施工许可证

C. 中止施工满 1 年的工程恢复施工前，施工单位应当报发证机关核验施工许可证

D. 在建的建筑工程因故中止施工的，建设单位应当自中止施工之日起 1 个月内向发证机关报告

考点 7 未经许可擅自开工应承担的法律责任【了解】

【多选】某住宅楼工程，建设单位为赶在雨季前完成土方工程，在尚未取得施工许可证的情况下破土动工。对此，建设单位应受到的处罚包括（　　）。

A. 责令停止施工，限期改正

B. 对建设单位处以工程合同价款 1%以上 2%以下罚款

C. 依法追究刑事责任

D. 责令施工单位停业整顿

E. 吊销监理单位营业执照

考点 8 规避办理施工许可证应承担的法律责任【了解】

【单选】《建筑工程施工许可管理办法》规定，对于未取得施工许可证或者为规避办理施工许可证将工程项目分解后擅自施工的，对施工单位处（　　）罚款。

A. 1 万元以上 3 万元以下

B. 1 万元以上

C. 3 万元以下

D. 1 万元以上 5 万元以下

考点 9 骗取和伪造施工许可证应承担的法律责任【了解】

【单选】建设单位（　　）施工许可证的，由发证机关责令停止施工，并处 1 万元以上 3 万元以下罚款。

A. 规避

B. 未取得

C. 盗用

D. 伪造

2Z202020　施工企业从业资格制度

知识脉络

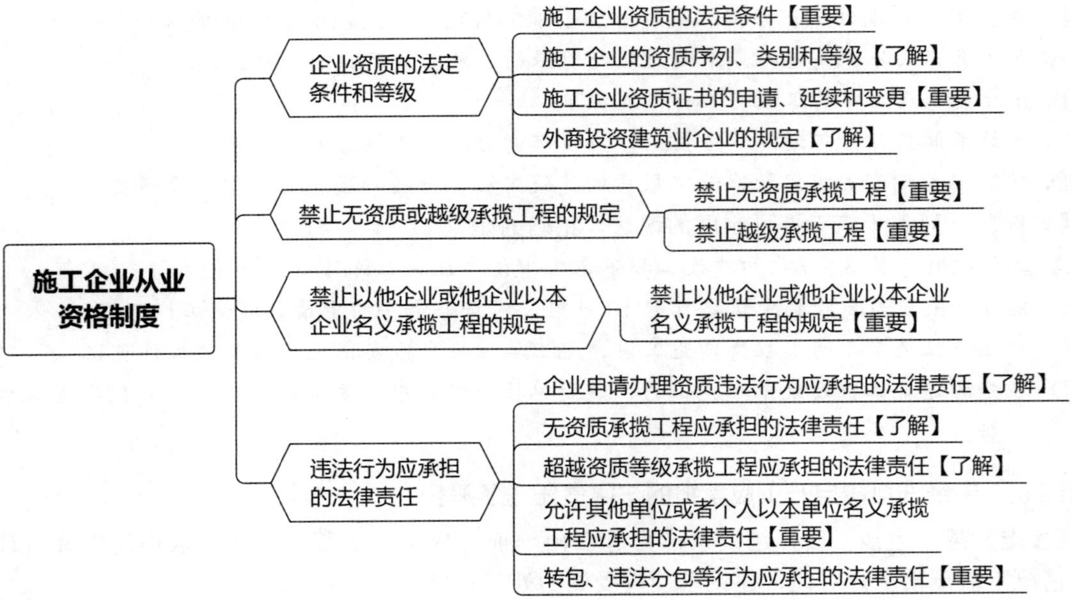

考点 1　施工企业资质的法定条件【重要】

【单选】关于企业申请资质条件中净资产的说法，正确的是（　　）。

A. 净资产是指企业拥有的资产

B. 净资产是指企业的注册资本金

C. 净资产应当以企业申请资质前 3 年度财务报表中净资产的平均额为准

D. 净资产即所有者权益

考点 2　施工企业的资质序列、类别和等级【了解】

1. **【单选】**根据《建设工程企业资质管理制度改革方案》的规定，不属于施工企业的资质序列的是（　　）。

A. 施工总承包资质　　B. 专业作业资质

C. 专业承包资质　　D. 工程总承包资质

2. **【单选】**根据《建筑业企业资质管理规定》的要求，下列说法中，错误的是（　　）。

A. 建筑业企业资质分为综合资质、施工总承包资质、专业承包资质和专业作业资质四个序列

B. 企业需要延续资质证书有效期的，应当于资质证书有效期届满 3 个月前，申请办理资质延续手续

C. 取得建筑业企业资质证书的企业不再符合相应建筑业企业资质标准要求条件的，县级以上地方人民政府住房城乡建设主管部门应撤销其资质证书

D. 被撤回建筑业企业资质证书的企业，可以在资质被撤回后 3 个月内申请低于原等级同类别的资质

考点 3　施工企业资质证书的申请、延续和变更【重要】

1. 【单选】根据《建筑业企业资质管理规定》，关于施工企业资质证书的说法，正确的是(　　)。
   A. 资质许可机关未在企业资质证书有效期届满前作出是否准予延续资质证书决定的，视为不准予延续
   B. 企业发生合并、分立、重组以及改制等事项，可以直接承继原施工企业资质
   C. 资质证书有效期届满，未依法申请延续的，资质许可机关应当撤回其资质证书
   D. 项目未取得施工许可证，施工企业擅自施工的，资质许可机关不予批准该施工企业的资质升级申请和增项申请
2. 【单选】关于施工企业资质证书的申请、延续和变更的说法，正确的是（　　）。
   A. 企业首次申请资质应当申请最低等级资质，但增项申请资质不必受此限制
   B. 施工企业发生合并需承继原建筑业企业资质的，不必重新核定建筑业企业资质等级
   C. 被撤回建筑业企业资质证书的企业，可以在资质被撤回后 6 个月内，向资质许可机关提出核定低于原等级同类别资质的申请
   D. 资质许可机关逾期未作出资质准予延续决定的，视为准予延续
3. 【单选】《建筑业企业资质管理规定》中规定，资质证书有效期为（　　）年。
   A. 6　　B. 5
   C. 4　　D. 3

考点 4　外商投资建筑业企业的规定【了解】

1. 【单选】下列属于外商投资情形的是（　　）。
   A. 外国投资者单独在美国境内设立投资企业
   B. 外国投资者与其他投资者共同设立企业
   C. 外国投资者取得中国境外企业的股份、股权、财产份额
   D. 外国投资者与其他投资者共同在中国境内投资新建项目
2. 【单选】关于外商投资建筑企业的准入，下列说法正确的是（　　）。
   A. 不许外国投资者单独设立建筑企业
   B. 外国投资者只能与中国投资者合资设立建筑企业
   C. 外国投资者可以与中国投资者合资设立建筑企业，但不能控股
   D. 除法律、行政法规另有规定外，外国投资者设立建筑企业与内资设立的条件和程序一致

考点 5　禁止无资质承揽工程【重要】

1. 【单选】包工头张某借用某施工企业的资质与甲公司签订一建设工程施工合同。施工结束后，工程竣工验收质量合格，张某要求按照合同约定支付工程款遭到对方拒绝，遂诉至法院。关于该案处理的说法，正确的是（　　）。
   A. 合同无效，不应支付工程款
   B. 合同无效，应参照合同约定支付工程款
   C. 合同有效，应按照合同约定支付工程款
   D. 合同有效，应参照合同约定支付工程款
2. 【单选】某建设工程的承包人将工程进行了转包，导致实际施工人的工程款被拖欠。根据有关司法解释的规定，下列说法错误的是（　　）。
   A. 实际施工人可以以发包人为被告主张权利

B. 实际施工人可以以转包人为被告起诉

C. 人民法院可以追加转包人为本案当事人

D. 发包人只在欠付工程价款范围内对实际施工人承担责任

考点 6 禁止越级承揽工程【重要】

【单选】《建筑法》规定，（　　）不同资质等级的单位实行联合共同承包的，应当按照资质等级低的单位的业务许可范围承揽工程。

A. 两个以上　　B. 三个以上

C. 三个及以上　　D. 两个及以上

考点 7 禁止以他企业或他企业以本企业名义承揽工程的规定【重要】

【单选】《建设工程质量管理条例》规定，禁止（　　）超越本单位资质等级许可的业务范围或者以其他单位的名义承揽工程。

A. 施工单位　　B. 建设单位

C. 相关单位　　D. 施工单位和建设单位

考点 8 企业申请办理资质违法行为应承担的法律责任【了解】

【单选】《建筑业企业资质管理规定》中规定，申请人隐瞒有关情况或者提供虚假材料申请建筑业企业资质的，不予受理或者不予行政许可，并给予警告，申请人在（　　）年内不得再次申请建筑业企业资质。

A. 1　　B. 2　　C. 3　　D. 4

考点 9 无资质承揽工程应承担的法律责任【了解】

【单选】《建设工程质量管理条例》规定，建设单位将工程发包给不具有相应资质等级单位的，责令改正，处以（　　）的罚款。

A. 工程合同价款 2%以上 4%以下

B. 50 万元以上 100 万元以下

C. 5000 元以上 10000 元以下

D. 工程合同价款 0.5%以上 1%以下

考点 10 超越资质等级承揽工程应承担的法律责任【了解】

【多选】对于超越资质等级承揽工程，下列处理方式正确的有（　　）。

A. 责令停业整顿　　B. 降低资质等级

C. 吊销资质证书　　D. 没收违法所得

E. 撤销资质证书

考点 11 允许其他单位或者个人以本单位名义承揽工程应承担的法律责任【重要】

【单选】建筑施工企业出借资质证书允许他人以本企业的名义承揽工程，情节严重的，其可能受到的最严重的行政处罚是（　　）。

A. 吊销资质证书

B. 责令改正，没收违法所得

C. 降低资质等级

D. 处以罚款

考点 12 转包、违法分包等行为应承担的法律责任【重要】

【单选】某建设工程项目，甲公司中标后将其转包给不具有相应资质等级的乙公司，乙公司施工的工程不符合规定的质量标准，给建设单位造成损失。下列说法中，正确的是（　　）。

A. 建设单位与甲公司有直接合同关系，应由甲公司承担赔偿责任

B. 甲、乙承担连带赔偿责任

C. 实际施工并造成损失的是乙公司，应由乙公司承担赔偿责任

D. 因建设单位管理不到位，应由建设单位承担部分损失

2Z202030 建造师注册执业制度

知识脉络

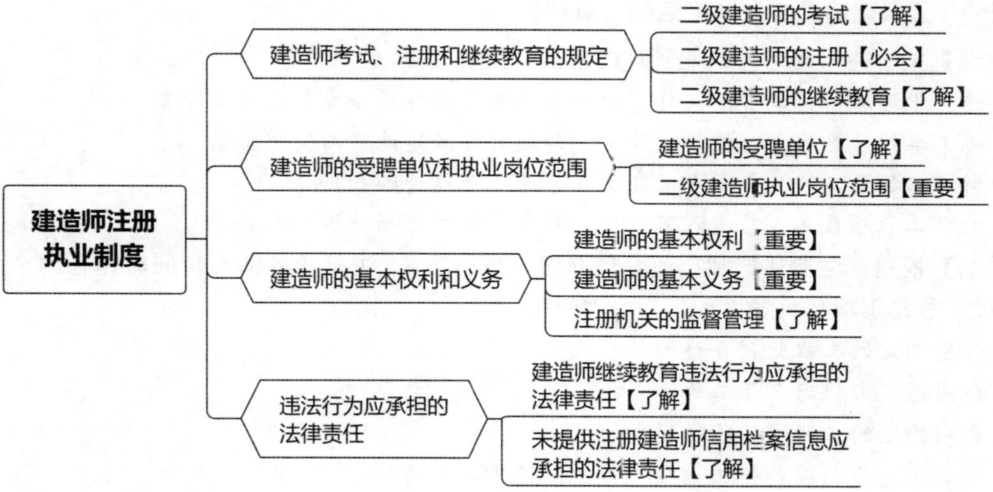

考点 1 二级建造师的考试【了解】

【单选】刘某 2019 年 5 月参加二级建造师资格考试，假如他成绩合格，即可以（　　）。

A. 以建造师的名义担任建设工程项目施工的项目经理

B. 通过注册取得建造师资格证书

C. 取得建造师资格证书、通过注册后以建造师名义执业

D. 取得建造师执业证书和执业印章

考点 2 二级建造师的注册【必会】

1. 【单选】取得建造师资格证书的张某 2015 年 3 月受聘并注册于甲公司，由于工作单位变动于 2016 年 6 月变更注册到乙公司，其变更后注册有效期的截止时间为（　　）。

A. 2018 年 3 月　　B. 2019 年 3 月

C. 2018 年 6 月　　D. 2019 年 6 月

2. 【单选】注册证书与执业印章有效期为（　　）年，注册有效期满需继续执业的，应当在注册有效期届满（　　）前，按照规定申请延续注册。

A. 2，1 个月　　B. 2，2 个月

C. 3，30 日　　D. 3，60 日

考点 3　二级建造师的继续教育【了解】

【单选】注册一个专业的建造师有效期内应参加不少于（　　）学时的继续教育。

A. 30　　B. 60

C. 90　　D. 120

考点 4　建造师的受聘单位【了解】

【单选】取得建造师资格证书并经（　　）后，才有资格以建造师名义担任建设工程项目施工的项目经理。

A. 登记

B. 注册

C. 备案

D. 所在单位考核合格

考点 5　二级建造师执业岗位范围【重要】

1. 【单选】关于注册建造师执业管理的说法，正确的是（　　）。

A. 施工中形成的施工管理文件，应当由注册建造师签字或加盖执业印章

B. 施工单位签署质量合格的文件上，必须有注册建造师的签字盖章

C. 所有工程施工项目负责人必须由本专业注册建造师担任

D. 大型工程项目施工负责人可以由一级或者二级注册建造师担任

2. 【单选】根据《注册建造师执业管理办法（试行）》，注册建造师不得同时担任两个及以上建设工程施工项目负责人，（　　）除外。

A. 合同约定的工程验收合格的

B. 合同约定工程尚未开工的

C. 合同约定的工程主体已经完成的

D. 因非承包方原因致使工程项目停工超过 120 天的

3. 【单选】注册建造师担任施工项目负责人，在其承建的工程项目竣工验收手续办结前，可以变更注册至另一个企业的情形是（　　）。

A. 同一工程分期施工

B. 发包方同意更换项目负责人

C. 承包方同意更换项目负责人

D. 停工超过 120 天，承包方认为需要调整的

考点 6　建造师的基本权利【重要】

1. 【多选】下列选项中，注册建造师享有的权利包括（　　）。

A. 使用注册建造师名称

B. 保管和使用本人注册证书、执业印章

C. 在执业范围外从事相关专业的执业活动

D. 对侵犯本人权利的行为进行申述

E. 介入与自己有利害关系的商务

2. 【单选】下列属于注册建造师享有的权利的是（　　）。

A. 超出聘用单位业务范围从事执业活动

B. 在两个或两个以上单位受聘或执业

C. 允许信得过的人以自己的名义从事执业活动

D. 对本人执业活动进行解释和辩护

考点 7 建造师的基本义务【重要】

1.【单选】下列属于注册建造师的义务的是（　　）。

A. 使用注册建造师名称

B. 使用本人注册证书、执业印章

C. 执行技术标准、规范和规程

D. 对本人执业活动进行解释和辩护

2.【多选】建造师应当履行的基本义务包括（　　）。

A. 获得劳动报酬

B. 保管和使用本人注册证书，执业印章

C. 接受继续教育，努力提高执业水准

D. 在本人执业活动中形成的文件上签字并盖章

E. 保守执业过程中知悉的国家秘密和他人的商业、技术秘密

考点 8 注册机关的监督管理【了解】

【多选】关于注册机关可以撤销注册建造师注册的情形包括（　　）。

A. 注册机关工作人员滥用职权作出注册许可的

B. 超越法定权限作出注册许可的

C. 违反法定程序作出准予注册许可的

D. 采用弄虚作假手段取得继续教育证书的

E. 向不符合条件的申请人颁发注册证书的

考点 9 建造师继续教育违法行为应承担的法律责任【了解】

【单选】采用弄虚作假等手段取得《注册建造师继续教育证书》的，一经发现，立即（　　）。

A. 撤销当事人注册证书

B. 取消当事人继续教育纪录，记入不良信用记录，对社会公布

C. 撤销当事人建造师资格证书

D. 处以罚款

考点 10 未提供注册建造师信用档案信息应承担的法律责任【了解】

【单选】注册建造师或其聘用单位未按要求提供其信用档案信息的，由有关主管部门责令限期整改，逾期未改正的，可处以一定额度的罚款。该罚款额度应是（　　）。

A. 500 元以上 2000 元以下

B. 1000 元以上 5000 元以下

C. 1000 元以上 8000 元以下

D. 1000 元以上 1 万元以下

PART 3

2Z203000

建设工程发承包法律制度

学习计划：

扫码即听
本章导学

2Z203010 建设工程招标投标制度

知识脉络

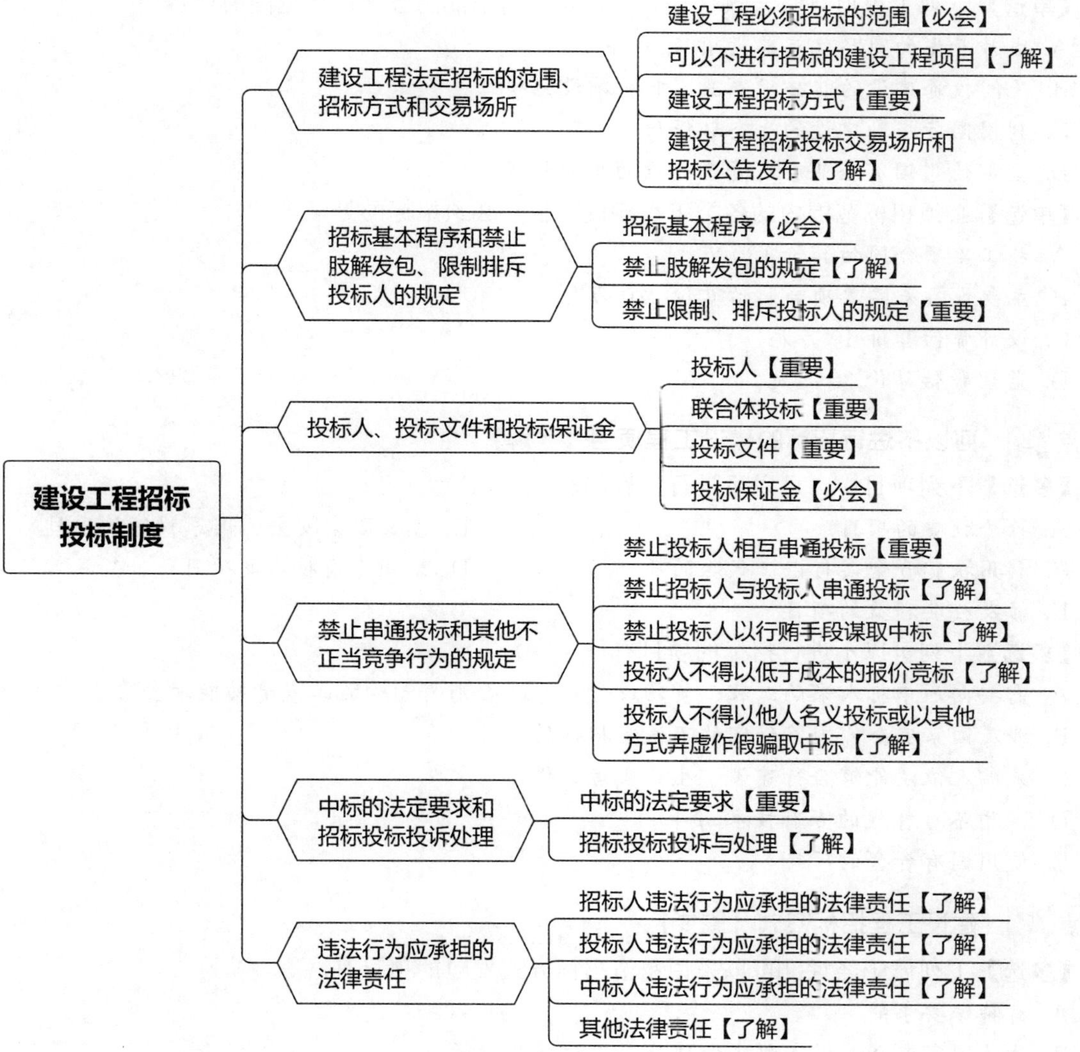

考点 1 建设工程必须招标的范围【必会】

1. 【多选】下列必须招标范围内的各类工程建设项目中，必须招标的有（ ）。

A. 施工单项合同估算价 500 万元

B. 主要设备采购单项合同估算价 280 万元

C. 设计费估算价 60 万元

D. 监理费单项估算价 230 万元

E. 某项目监理费与勘察设计费合并估算，监理费估算价 80 万元，勘察设计费 75 万元

2. 【多选】下列建设项目中，可以不招标的有（　　）。
A. 个人捐资的公共基础设施项目中合同估算价为 120 万元的设计合同
B. 使用外国政府贷款资金的项目中合同估算价为 200 万元的施工单项合同
C. 世界开发银行投资的供水项目中合同估算价为 150 万元的材料采购合同
D. 全部使用财政预算资金的某幼儿园项目工程总承包合同金额为人民币 4000 万元
E. 国有企业投资占主导地位的项目设计—施工投资总额达 550 万元

3. 【单选】下列工程项目中，除（　　）以外均属于依法必须招标范围的项目。
A. 成片开发的商品住房建设项目
B. 民间投资建设的非公用事业、非基础设施项目
C. 利用国际援助建设的生态环保项目
D. 全部使用国有企业自有资金建设的工业厂房

4. 【单选】必须招标范围内的各类工程建设项目，必须招标的是（　　）。
A. 施工单项合同估算价 180 万元
B. 主要设备采购单项合同估算价 220 万元
C. 设计费估算价 40 万元
D. 监理费估算价 30 万元

考点 2　可以不进行招标的建设工程项目【了解】

1. 【多选】下列项目中，可以不进行招标的有（　　）。
A. 抢险救灾的项目
B. 涉及国家安全、国家秘密的项目
C. 利用扶贫资金实行以工代赈的项目
D. 采用专有技术的项目
E. 涉及公共利益的项目

2. 【多选】下列可以不进行招标的项目有（　　）。
A. 需要向原中标人采购工程、货物或者服务，否则将影响施工或者功能配套要求
B. 涉及国家安全、国家秘密的不适宜招标的项目
C. 采购人依法能够自行建设、生产或者提供
D. 采用不可替代的专有技术
E. 使用国有资金的项目

考点 3　建设工程招标方式【重要】

1. 【多选】下列属于经批准可以采用邀请招标方式发包的项目有（　　）。
A. 有特殊要求的
B. 涉及国家安全、国家秘密的项目而不适宜招标的
C. 施工主要技术需要使用某项特定专利的
D. 受自然环境限制，仅有几家投标人满足条件的
E. 采用公开招标方式的费用占项目合同金额的比例过大

2. 【多选】下列可以采用两阶段招标的有（　　）。
A. 技术复杂的项目
B. 无法精确拟定技术规格的项目
C. 初步设计尚未最后确定的项目
D. 处于概念设计阶段的项目
E. 招标文件没有最终确定的项目

3. 【单选】关于建设工程两阶段招标的说法，正确的是（　　）。
A. 招标人应在第一阶段按照招标公告或投标邀请函的要求提交不带报价的技术建议，但是

建设单位不能根据其内容编制招标文件

B. 投标人应在第一阶段提交带投标报价的投标文件

C. 投标人可以自行决定在任意阶段，要求投标人提交包括投标报价的投标文件

D. 投标人应在第二阶段提供具有投标报价的投标文件

考点 4 建设工程招标投标交易场所和招标公告发布【了解】

1. 【多选】下列关于依法必须招标的项目公示中标候选人的说法，正确的有（　　）。

A. 招标人应当自收到评标报告之日起公示中标候选人

B. 依法必须招标的项目应公示中标候选人的名称和排序

C. 中标结果确定前，中标候选人的报价暂不公布

D. 公示中标候选人应当不超过 3 个，并标明排序

E. 招标人应公示中标候选人提供的项目负责人姓名及其相关证书名称和编号

2. 【单选】依法必须招标项目的资格预审公告和招标公告应当载明的内容不包括（　　）。

A. 应当载明招标项目名称、内容、范围、规模、资金来源

B. 获取资格预审文件或招标文件的时间，以及递交预审文件或投标文件的截止时间

C. 采用电子招投标的，应当载明访问电子招标投标交易平台的网址和方法

D. 招标人的具体介绍和项目的审批文件

考点 5 招标基本程序【必会】

1. 【单选】关于招标文件的说法，正确的是（　　）。

A. 招标人可以在招标文件中设定最高投标限价和最低投标限价

B. 潜在投标人对招标文件有异议的，应当在投标截止时间 15 日前提出

C. 招标人应当在招标文件中载明投标有效期，投标有效期从提交投标文件的截止之日起算

D. 招标人对已经发出的招标文件进行必要的澄清的，应当在投标截止时间至少 10 日前，通知所有获取招标文件的潜在投标人

2. 【多选】根据《招标投标法》和《招标投标法实施条例》，关于招标项目的说法，正确的有（　　）。

A. 招标人不可以直接授权评标委员会直接确定中标人

B. 评标委员会成员对其评审意见承担个人责任

C. 履约保证金不得超过中标合同金额的 10%

D. 国有资金占控股或者主导地位的依法必须招标的项目，招标人应当确定排名第一的中标候选人为中标人

E. 招标人可以与投标人就投标价格、投标方案等实质性内容进行谈判

3. 【多选】按照国家有关规定，需要履行项目审批、核准手续的依法必须进行招标的项目，其（　　）应当报项目审批、核准部门审批、核准。

A. 投标文件　　B. 招标文件

C. 招标范围　　D. 招标方式

E. 招标组织形式

4. 【多选】下列关于招标代理机构的说法，正确的有（　　）。

A. 招标人必须选择招标代理机构进行招标

B. 有关行政主管部门可以指定招标代理机构

C. 招标代理机构是社会中介组织

D. 招标人有权自行选择招标代理机构

E. 招标代理机构不得在所代理的招标项目中投标

5.【单选】下列选项中，符合《招标投标法》关于标底规定的是（　　）。

A. 招标人必须编制标底

B. 一个招标项目可以有两个标底

C. 招标人不得规定最低投标限价

D. 招标人不得规定最高投标限价

6.【单选】投标有效期的起始时间是（　　）之日。

A. 发售投标文件　　B. 提交投标文件截止

C. 评标结束　　D. 发出中标通知书

7.【单选】关于招标价格的说法，正确的是（　　）。

A. 招标时可以设定最低投标限价

B. 招标时可以设定最高投标限价

C. 招标时应当编制标底

D. 招标项目应当采用工程量清单计价

8.【多选】《招标投标法》规定，招标人具有（　　）的能力和条件，可以自行办理招标事宜。

A. 编制招标公告　　B. 编制标底

C. 编制招标文件　　D. 组织评标

E. 组织招标的场所

9.【多选】招标代理机构应当具备的条件有（　　）。

A. 有专职律师

B. 有从事招标代理业务的营业场所和相应资金

C. 有法定代表人

D. 有符合规定的技术、经济等方面的专家库

E. 有能够编制招标文件和组织评标的相应专业力量

10.【多选】招标人发售资格预审文件、招标文件收取的费用包括（　　）。

A. 补偿印刷的成本支出　　B. 补偿人工成本支出

C. 邮寄的成本支出　　D. 必要的管理费

E. 项目宣传成本支出

11.【多选】关于投标人资格审查的说法，正确的有（　　）。

A. 资格审查分为资格预审、资格中审和资格后审

B. 资格预审结束后，评标委员会应当及时向资格预审申请人发出资格预审结果通知书

C. 招标人采用资格预审的，应当发布资格预审公告

D. 国有资金占控股或主导地位的依法必须招标的项目，招标人应当组建资格审查委员会

E. 资格后审在开标后由招标人按照招标文件的标准和方法对投标人资格进行审查

12.【单选】开标工作应由（　　）主持。

A. 招标人　　B. 招标代理机构

C. 行政监督部门　　D. 建设主管部门

13.【单选】某工程进行公开招标，在投标截止时，招标人发现投标人少于 3 个，此情况下（　　）。

A. 应正常开标　　B. 应重新招标

C. 可以进行议标　　D. 可改为邀请招标

14. 【单选】下列情形中，投标文件不按否决投标处理的是（　　）。

A. 投标人不符合国家或者招标文件规定的资格条件

B. 投标报价低于成本

C. 投标报价高于招标文件设定的最高投标限价

D. 投标文件未按招标文件要求密封

15. 【单选】关于评标的说法，不正确的是（　　）。

A. 评标委员会应当按照招标文件确定的评标标准和方法，对投标文件进行评审和比较

B. 标底只能作为评标的参考，不得以投标报价是否接近标底作为中标条件

C. 评标委员会成员拒绝在评标报告上签字又不书面说明其不同意见和理由的，视为同意评标结果

D. 投标文件中有含义不明确的内容、明显文字或计算错误的，评标委员会不得要求投标人作出必要澄清、说明

16. 【单选】评标委员会组建过程中，下列做法符合规定的是（　　）。

A. 评标委员会成员的名单仅在评标结束前保密

B. 评标委员会 7 个成员中，招标人的代表有 3 名

C. 评标由招标人依法组建的评标委员会负责

D. 评标委员会成员由 3 人组成

17. 【单选】关于评标的说法，正确的是（　　）。

A. 招标人不可以授权评标委员会直接确定中标人

B. 招标项目设有标底的，可以投标报价是否接近标底作为中标条件

C. 评标委员会成员拒绝在评标报告上签字的，视为不同意评标结果

D. 投标文件中有含义不明确的内容、明显文字或计算错误的，评标委员会可以要求投标人作出必要澄清、说明

18. 【单选】关于评标规则的说法，正确的是（　　）。

A. 评标委员会成员的名单可在开标前予以公布

B. 投标文件未经投标单位盖章和单位负责人签字的，评标委员会应当否决其投标

C. 招标项目的标底应当在中标结果确定前公布

D. 评标委员会确定的中标候选人至少为 3 个，并标明顺序

19. 【多选】下列投标文件应当按否决投标处理的情形有（　　）。

A. 联合体投标未附联合体各方共同投标协议的

B. 投标文件没有对招标文件的实质性要求和条件作出响应

C. 投标文件未通过资格预审

D. 投标文件未经投标单位盖章和单位负责人签字

E. 投标人有串通投标、弄虚作假、行贿等违法行为

20. 【单选】关于中标和签订合同的说法，正确的是（　　）。

A. 招标人应当授权评标委员会直接确定中标人

B. 发包人将依法不属于必须招标的建设工程进行招标后，与承包人另行订立的建设工程施工合同背离中标合同的实质性内容，当事人请求以中标合同作为结算建设工程价款依据的，人民法院不予支持

C. 确定中标人的权利属于招标人

D. 中标人应当自中标通知书送达之日起30日内，按照招标文件与投标人订立书面合同

考点6 禁止肢解发包的规定【了解】

1.【多选】某体育馆工程实行工程总承包，发包单位可以将工程的（　　）一并发包。

A. 代建　　B. 施工

C. 监理　　D. 设计

E. 设备采购

2.【单选】建设单位将建设工程肢解发包的，责令改正，处工程合同价款（　　）的罚款；对全部或者部分使用国有资金的项目，并可以暂停项目执行或者暂停资金拨付。

A. 0.05%以上　　B. 0.5%以上1%以下

C. 0.05%以上1%以下　　D. 1%以下

考点7 禁止限制、排斥投标人的规定【重要】

【多选】下列属于招标人以不合理条件限制、排斥潜在投标人的行为的有（　　）。

A. 就同一招标项目向潜在投标人提供有差别的信息

B. 对非特定行业的业绩、奖项作为加分条件

C. 组织部分潜在投标人踏勘项目现场

D. 对潜在投标人采取不同的资格审查或评标标准

E. 限定或指定特定的专利或者品牌

考点8 投标人【重要】

1.【单选】下列关于投标人法定要求的说法中，错误的是（　　）。

A. 投标人应当具备承担招标项目的能力

B. 任何单位或个人不得非法干涉投标人投标

C. 存在控股、管理关系的不同单位，可参加同一标段的投标

D. 投标人发生合并、分立等重大变化可能影响招标公正性的，其投标无效

2.【单选】在招标投标过程中，投标人发生合并、分立、破产等重大变化的，应当（　　）。

A. 撤回投标　　B. 提高投标保证金额

C. 撤销投标　　D. 及时书面告知招标人

考点9 联合体投标【重要】

1.【单选】由同一专业的单位组成的联合体，其资质等级的确定取决于（　　）。

A. 联合体成员中较高的资质等级

B. 联合体各方平均资质等级

C. 联合体成员中较低的资质等级

D. 联合体各方商定的资质等级

2.【单选】关于联合体投标的说法，正确的是（　　）。

A. 联合体是一个具备法人资格的组织

B. 经招标人同意，资格预审后联合体可以更换成员

C. 联合体成员在同一招标项目中可以自己名义单独投标

D. 联合体中标的，联合体各方应当共同与招标人签订中标合同

3.【单选】关于联合体共同承包的说法，正确的是（　　）。

A. 联合体中标的，联合体各方就中标项目向招标人承担连带责任

B. 联合共同承包适应范围为大型且结构复杂的建筑工程

C. 两个以上不同资质等级的单位实行联合体共同承包的，应当按照资质等级高的单位的业务许可范围承揽工程

D. 联合体中标的，联合体各方应分别与招标人签订合同

4. **【单选】**甲公司与乙公司组成联合体投标，下列说法正确的是（　　）。

A. 共同投标协议在中标后提交

B. 甲公司与乙公司必须是同一专业

C. 甲公司与乙公司必须是同一资质等级

D. 联合体是以一个投标人的身份投标

考点 10　投标文件【重要】

1. **【单选】**根据《招标投标法》，投标人补充、修改或者撤回已提交的投标文件，并书面通知招标人的时间期限应在（　　）。

A. 评标截止时间前　　B. 评标开始前

C. 提交投标文件的截止时间前　　D. 投标有效期内

2. **【单选】**某建筑公司对已经提交的投标文件进行修改，可以在（　　）修改投标文件，并书面通知招标人。

A. 投标有效期内　　B. 评标之前

C. 投标文件截止时间后　　D. 提交投标文件截止时间前

考点 11　投标保证金【必会】

1. **【单选】**关于投标保证金的说法，正确的是（　　）。

A. 招标分两阶段进行，招标人要求投标人提交投标保证金的，应当在第一阶段提出

B. 投标保证金有效期从提交投标文件之日起算

C. 招标人终止招标的，应当及时退还已收取的投标保证金，招标文件未规定利息的，可以不返还利息

D. 投标保证金有效期应当与投标有效期一致

2. **【多选】**关于工程款担保制度的说法，正确的有（　　）。

A. 加快推行银行保函制度，在有条件的地区推行工程担保公司保函和工程保证保险

B. 建筑业企业可以将现金保证金挪作他用，保证金到期可以退还

C. 招标人要求中标人提供履约担保的，应当同时向中标人提供工程款支付担保

D. 以银行保函替代工程质量保证金的，银行保函金额不得超过工程价款结算总额的5%

E. 在工程项目竣工前，已经缴纳履约保证金的，建设单位不得同时预留工程质量保证金

3. **【多选】**下列关于投标保证金的说法，正确的有（　　）。

A. 招标人不得挪用投标保证金

B. 投标保证金是投标文件的有效组成部分

C. 投标人应当按照招标文件的要求提交投标保证金

D. 投标截止后投标人撤销投标文件，招标人可以不退还投标保证金

E. 投标保证金不得超过招标项目估算价的5%

4. **【单选】**招标人在招标文件中要求投标人提交投标保证金的，投标保证金不得超过招标项目估算价的（　　）。

A. 5%　　B. 1%

C. 2%　　　　D. 3%

考点 12　禁止投标人相互串通投标【重要】

1. 【多选】下列行为中，属于投标人相互串通投标的有（　　）。
A. 投标人之间先行内部竞价确定中标人
B. 投标人之间互相约定抬高或者压低投标报价
C. 招标人向投标人泄露标底
D. 投标人借用其他企业名义投标
E. 招标人预先内定中标人

2. 【多选】下列情形中，视为投标人相互串通投标的有（　　）。
A. 不同投标人的投标文件相互混装
B. 属于同一集团、协会、商会等组织成员的投标人按照该组织要求协同投标
C. 招标人授意投标人撤换、修改投标文件
D. 不同投标人委托同一单位办理投标
E. 单位负责人为同一人或者存在控股、管理关系的不同单位参加同一招标项目不同标段的投标

考点 13　禁止招标人与投标人串通投标【了解】

1. 【多选】下列属于投标人与招标人串通投标行为的有（　　）。
A. 招标人在开标前开启投标文件并将投标情况告知其他投标人
B. 投标人之间相互约定，在招标项目中分别以高、中、低价位报价
C. 投标人在投标时递交虚假业绩证明
D. 投标人与招标人商定，在投标时压低标价，中标后再给投标人额外补偿
E. 招标人与投标人为谋求特定投标人中标而采取的其他串通行为

2. 【单选】下列行为中，属于投标人与招标人串通投标的是（　　）。
A. 投标人为了争取中标而降低报价
B. 投标人之间通过竞价内定中标人，再参加投标
C. 投标人之间约定部分投标人放弃投标或者中标
D. 开标前招标人将其他投标人投标信息告知某投标人

考点 14　禁止投标人以行贿手段谋取中标【了解】

【单选】下列情形中，投标人中标有效的是（　　）。
A. 投标人给予招标人金钱获取中标
B. 投标人在投标书中表明给予招标人折扣获取中标
C. 投标人在账外给予招标人回扣获取中标
D. 投标人在账外给予评标委员会财物获取中标

考点 15　投标人不得以低于成本的报价竞标【了解】

【单选】关于投标报价的说法，正确的是（　　）。
A. 低于成本报价是指低于社会平均成本报价
B. 报价不可以低于成本，但可以高于最高投标限价
C. 报价低于成本的，评标委员会应当否决其投标
D. 报价可以低于成本，但不可以高于最高投标限价

考点16　投标人不得以他人名义投标或以其他方式弄虚作假骗取中标【了解】

【单选】投标人的下列行为中，除（　　）以外，都属于违法行为。

A. 使用伪造、变造的许可证件

B. 提供虚假的财务状况或者业绩

C. 与资质等级比自己高的企业联合投标

D. 不同投标人的投标保证金从同一单位或者个人的账户转出

考点17　中标的法定要求【重要】

1.【单选】投标人或者其他利害关系人对评标结果有异议的，应当在（　　）提出。

A. 中标候选人公示期间

B. 中标结果公布后3日内

C. 中标通知书下达前

D. 正式合同签订前

2.【单选】某招标项目，投标有效期为2019年5月15日，招标人在确定中标人以后，于2019年5月3日只向中标人寄出中标通知书。但是招标人后来想更换中标人，在2019年5月10日又寄出招标人改变中标结果的通知。下列说法正确的是（　　）。

A. 招标人有权改变中标结果，并不需要为此承担任何法律责任

B. 中标通知书只需要寄给中标人

C. 招标人应当为擅自改变中标结果依法承担法律责任

D. 招标人由于在投标有效期前发出通知，因此不需要承担任何责任

3.【单选】下列关于中标通知书的表述，错误的是（　　）。

A. 中标通知书对招标人和中标人具有法律效力

B. 招标人和中标人应当自中标通知书发出之日起30日内订立书面合同

C. 招标人不得向中标人提出任何不合理要求作为订立合同的条件，双方也不得私下订立背离合同实质性内容的协议

D. 中标人确定后，招标人应当向中标人发出中标通知书，并同时将中标结果通知部分未中标的投标人

4.【单选】在招标投标中，关于履约保证金的说法，正确的是（　　）。

A. 招标文件中不得要求中标人提交履约保证金

B. 履约保证金是为了保证中标人按照合同约定履行义务，完成中标项目而设立的

C. 履约保证金的金额没有法律规定的限制，招标人可要求中标人提交任意金额的履约保证金

D. 不鼓励施工企业以银行保函形式向建设单位提供履约担保

5.【单选】投标人中标某建设工程项目，合同金额8650万元，则履约保证金按规定可以是（　　）万元。

A. 860　　　　B. 870

C. 875　　　　D. 1730

考点18　招标投标投诉与处理【了解】

1.【单选】《招标投标法实施条例》规定，投标人对资格预审文件、招标文件、开标以及对依法必须进行招标项目的评标结果有异议的，应当依法先向（　　）提出异议。

A. 评标委员会　　　　B. 招标人

C. 有关行政监督部门　　　　D. 招标代理机构

2. 【多选】关于招标投标投诉，下列说法正确的有（　　）。

A. 投诉的主体只能是投标人

B. 异议是投诉的必经程序

C. 行政监督部门应当自收到投诉之日起 3 日内决定是否受理投诉

D. 行政监督部门应当自受理投诉之日起 30 个工作日内作出书面处理决定

E. 行政监督部门应当自收到投诉之日起 3 个工作日内决定是否受理投诉

考点 19　招标人违法行为应承担的法律责任【了解】

【单选】招标人以不合理的条件限制或者排斥潜在投标人的，可以处（　　）万元罚款。

A. 1～5　　　　B. 1～10

C. 3～5　　　　D. 5～10

考点 20　投标人违法行为应承担的法律责任【了解】

【多选】《招标投标法》对投标人违法行为应承担的法律责任的说法，错误的有（　　）。

A. 投标人相互串通投标或者与招标人串通投标的，投标人以向招标人或者评标委员会成员行贿的手段谋取中标的，中标无效，处中标项目金额 5‰以上 10‰以下的罚款

B. 对单位直接负责的主管人员和其他直接责任人员处单位罚款数额 5‰以上 10‰以下的罚款

C. 有违法所得的，并处没收违法所得

D. 情节严重的，取消其 1 年至 3 年内参加依法必须进行招标的项目的投标资格并予以公告，直至由工商行政管理机关吊销营业执照

E. 构成犯罪的，依法追究刑事责任，给他人造成损失的，依法承担赔偿责任

考点 21　中标人违法行为应承担的法律责任【了解】

【单选】甲公司中标承包了一个住宅小区的施工任务，由于工期紧，将其中两栋住宅楼的施工任务转给了乙、丙两家公司，转让合同金额总共 3000 万元。对此，按照《招标投标法》的规定，甲公司将会面临的法律后果不包括（　　）。

A. 被处以 15 万元以上 30 万元以下的罚款

B. 被没收违法所得

C. 被责令停业整顿，甚至被吊销营业执照

D. 直接责任人被刑事处罚

考点 22　其他法律责任【了解】

【多选】依法必须进行招标的项目的招标投标活动违反法律规定，对中标结果造成实质性影响，且不能采取补救措施予以纠正的，应（　　）。

A. 认定招标、投标、中标无效

B. 依法重新招标

C. 依法重新评标

D. 由行政监督部门接管剩余招标投标工作

E. 依法禁止就该项目再次招标

2Z203020　建设工程承包制度

知识脉络

考点 1　工程总承包项目的发包和承包【重要】

1. **【单选】**关于工程总承包及资质，下列说法错误的是（　　）。
   A. 鼓励设计单位申请取得施工资质，已经取得工程设计综合资质、行业甲级资质、建筑工程专业甲级资质的单位，可以直接申请相应类别施工总承包一级资质
   B. 鼓励施工单位申请取得工程设计资质，具有一级以上施工总承包资质的单位可以直接申请相应类别的工程设计甲级资质
   C. 企业投资项目的工程总承包必须采用总价合同，政府投资项目的工程总承包应当合理确定合同价格形式
   D. 采用总价合同的，除合同约定可以调整的情形外，合同总价一般不予调整
2. **【多选】**关于工程总承包，下列说法正确的有（　　）。
   A. 有施工总包资质可以做工程总承包
   B. 有设计总包资质可以做工程总承包
   C. 有勘察总包资质可以做工程总承包
   D. 同时具有与工程规模相适应的工程设计资质和施工资质可以做工程总承包
   E. 由具有相应资质的设计单位和施工单位组成联合体可以做工程总承包
3. **【多选】**关于工程总承包的说法，正确的有（　　）。
   A. 建设单位应当采用招标方式选择工程总承包单位
   B. 工程总承包单位应当具有与工程规模相适应的工程设计资质或施工资质
   C. 具有相应资质的设计单位和施工单位组成联合体，可以承接工程总承包
   D. 联合体各方应当共同与建设单位签订工程总承包合同，就工程总承包项目承担连带责任
   E. 工程总承包单位不得是该工程总承包项目的监理单位、造价单位、招标代理单位
4. **【多选】**在招标人公开已经完成的项目建议书、可行性研究报告、初步设计文件的情况下，

下列可以做同一项目的工程总承包单位的有（　　）。

A. 政府投资项目的项目建议书、可行性研究报告、初步设计文件编制单位

B. 政府投资项目的项目建议书、可行性研究报告、初步设计文件评估单位

C. 工程总承包项目的项目管理单位

D. 工程总承包项目的造价咨询单位

E. 工程总承包项目的代建单位

考点 2　工程总承包项目实施【重要】

【单选】 关于工程总承包的说法，正确的是（　　）。

A. 政府投资项目的项目建议书、可行性研究报告、初步设计文件编制单位不得成为该项目的工程总承包单位

B. 具有一级及以上施工总承包资质的单位可以直接申请相应类别的工程设计甲级资质

C. 设计单位应当申请取得施工资质

D. 工程总承包项目经理必须取得相应工程建设类注册执业资格

考点 3　工程总承包企业的责任【重要】

【多选】 关于工程总承包的说法，正确的有（　　）。

A. 仅具有施工资质的企业不可以承接工程总承包项目

B. 鼓励施工单位申请取得工程设计资质，具有一级及以上施工总承包资质的单位可以直接申请相应类别的工程设计乙级资质

C. 分包单位只按照分包合同的约定对总承包单位负责

D. 总承包单位和分包单位就建设工程对建设单位承担连带责任

E. 设计单位和施工单位组成联合体的，应当根据项目的特点和复杂程度，合理确定牵头单位

考点 4　共同承包的适用范围【了解】

【多选】 按照《建筑法》及相关法规的规定，下列选项中，工程勘察、设计、施工、监理等单位在工程承包中被法律所禁止的行为有（　　）。

A. 合伙以非法人共同体承包

B. 超越自身资质等级承包

C. 允许他人以自己名义承包

D. 转包或违法分包工程

E. 与资质等级高的单位合伙共同承包

考点 5　共同承包的资质要求【了解】

【单选】 两个以上不同资质等级的单位联合承包工程，其承揽工程的业务范围取决于联合体中（　　）的业务许可范围。

A. 资质等级高的单位

B. 资质等级低的单位

C. 实际达到的资质等级

D. 核定的资质等级

考点 6　共同承包的责任【了解】

【单选】 甲、乙、丙三家公司组成联合体投标中标了一栋写字楼工程，施工过程中因甲施工的工程质量问题而出现赔偿责任，则建设单位（　　）。

A. 可向甲、乙、丙任何一方要求赔偿

B. 只能要求甲负责赔偿

C. 只能与甲、乙、丙协商由谁赔偿

D. 如向乙要求赔偿，乙有权拒绝

考点 7 分包工程的范围【了解】

1. 【单选】关于建设工程分包的说法，正确的是（　　）。
A. 实行施工总承包的，建筑工程主体结构的施工必须由总承包单位自行完成
B. 总承包单位可以将全部建设工程拆分成若干部分后全部分包给其他施工企业
C. 总承包单位可以将建设工程分包给不具备相应资质条件的单位
D. 总承包单位未经建设单位同意，将其承包的部分建设工程交由其他企业完成

2. 【单选】下列不符合工程发包、分包管理相关规定的情形是（　　）。
A. 施工企业将其承包的全部建筑工程肢解后以分包的名义分别交由他人施工
B. 经招标人同意，施工总承包企业将非主体工程分包给具有相应专业承包资质的其他建筑业企业
C. 施工企业按照承包合同的约定，直接将部分专业工程进行分包
D. 分包单位将其承包的建筑工程劳务作业进行分包

考点 8 分包单位的条件与认可【重要】

【单选】关于总承包单位通过建设单位认可分包的方式，说法错误的是（　　）。
A. 在总承包合同中规定分包的内容
B. 在总承包合同中未规定的内容，但经建设单位同意
C. 劳务作业分包必须由建设单位同意
D. 分包工程须经建设单位认可，并不等于建设单位可以直接指定分包人

考点 9 分包单位不得再分包【重要】

【单选】《建筑法》及相关建设法规规定，禁止分包单位将其承包的工程再分包，但下列分包中的（　　）例外。
A. 专业分包单位将其承包工程中的非关键工作分包给了同等资质的单位
B. 为了赶工期，劳务分包企业将其承包的部分施工作业分包给了同类企业
C. 专业分包单位将其承包工程中的劳务作业分包给了劳务分包企业
D. 分包工程的发包人将所承包的工程肢解后全部发包给他人

考点 10 转包、违法分包和挂靠行为的界定【必会】

【多选】根据《建筑工程施工发包与承包违法行为认定查处管理办法》规定，下列情形中，不属于违法分包的情形的有（　　）。
A. 承包单位将其承包的工程分包给个人的
B. 专业作业承包人将其承包的劳务再分包的
C. 没有资质的单位或个人借用其他施工单位的资质承揽工程的
D. 专业分包单位将其承包的专业工程中非劳务作业部分再分包的
E. 专业作业的发包单位不是该工程承包单位的

考点 11 发包单位违法行为应承担的法律责任【了解】

【单选】某医院为了节约建设投资，将建筑面积为 3 万平方米的外科大楼工程发包给了一家具有二级资质等级的施工总承包单位。为此，该医院受到处罚：责令改正，并处以罚款。罚款的数额应为（　　）。
A. 5 万元以上 10 万元以下
B. 10 万元以上 20 万元以下
C. 20 万元以上 50 万元以下
D. 50 万元以上 100 万元以下

考点 12 承包单位违法行为应承担的法律责任【了解】

【单选】无证经营的包工头王某的农民工建筑队，挂靠在具有二级资质的某建筑公司下承包了一栋住宅楼工程，因工程质量不符合质量标准而给业主造成了较大的经济损失，此经济损失应由（　　）承担赔偿责任。

A. 王某

B. 建筑公司

C. 建筑公司和王某连带

D. 双方按事先的约定

2Z203030　建筑市场信用体系建设

知识脉络

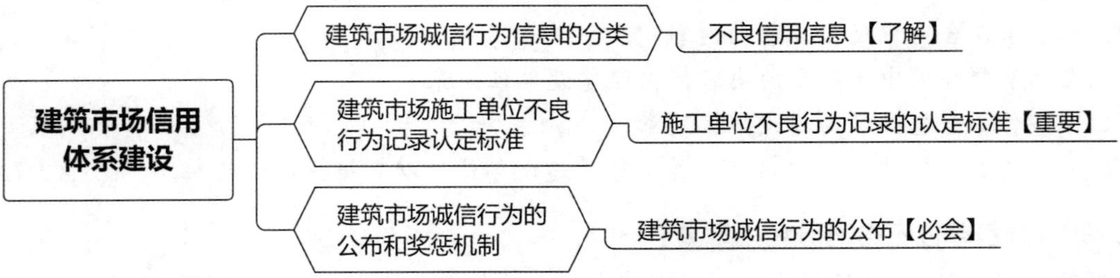

考点 1 不良信用信息【了解】

1. 【单选】关于注册建造师信用档案管理的说法，正确的是（　　）。

A. 注册建造师信用档案不包括注册建造师业绩

B. 不良行为记入信用档案，良好行为不必记入

C. 注册建造师信用档案信息应按照有关规定向社会公示

D. 由于信用档案信息包括个人基本情况，所以不需要公示

2. 【单选】下列关于建筑市场诚信行为信息分类的说法，错误的是（　　）。

A. 建筑市场信用信息由基本信息、优良信用信息、不良信用信息构成

B. 优良信用信息是指建筑市场各方主体在工程建设活动中获得的省级以上行政机关或群团组织表彰奖励等信息

C. 基本信息是指注册登记信息、资质信息、工程项目信息、注册执业人员信息等

D. 招标投标违法行为记录，是指有关行政主管部门在依法履行职责过程中，对招标投标当事人违法行为所作行政处理决定的记录

考点 2 施工单位不良行为记录的认定标准【重要】

1. 【多选】下列属于施工单位资质不良行为的有（　　）。

A. 未按照节能设计进行施工

B. 超越本单位资质等级承揽工程

C. 允许其他单位或个人以本单位名义承揽工程

D. 未在规定期限内办理资质变更手续

E. 不履行保修义务或者拖延履行保修义务

2. 【单选】按照《全国建筑市场各方主体不良行为记录认定标准》，下列属于施工单位资质不良行为的是（　　）。

A. 以他人名义投标

B. 允许他人以本单位名义承揽工程

C. 违法向他人分包工程

D. 转让安全生产许可证

3. 【单选】按照《全国建筑市场各方主体不良行为记录认定标准》，下列属于施工单位资质不良行为的是（　　）。

A. 相互串通投标

B. 允许他人以本单位名义承揽工程

C. 不履行保修义务

D. 转让安全生产许可证

4. 【单选】下列属于施工单位承揽业务不良行为的是（　　）。

A. 将承包的工程转包

B. 未对商品混凝土进行检测

C. 未取得资质证书承揽工程

D. 恶意拖欠劳动者工资

5. 【单选】按照《全国建筑市场各方主体不良行为记录认定标准》，下列属于施工单位承揽业务不良行为的是（　　）。

A. 串通投标

B. 偷工减料

C. 恶意拖欠劳动者工资

D. 出借、转让资质证书

6. 【多选】下列属于工程质量不良行为的有（　　）。

A. 未按照节能设计进行施工

B. 未对建筑材料、建筑构配件、设备和商品混凝土进行检测

C. 不按照工程设计图纸或施工技术标准施工

D. 未在施工现场的危险部位设置明显的安全警示标志

E. 将承揽的工程转包或者违法分包

7. 【单选】根据《全国建筑市场各方主体不良行为记录认定标准》，下列属于施工单位工程质量不良行为的认定标准的是（　　）。

A. 以向评标委员会成员行贿的手段谋取中标的

B. 工程竣工验收后，不向建设单位出具质量保修书的

C. 以他人名义投标或以其他方式弄虚作假，骗取中标的

D. 将承包的工程转包或违法分包的

8. 【多选】根据《全国建筑市场各方主体不良行为记录认定标准》，下列属于工程质量不良行为的有（　　）。

A. 允许其他单位或个人以本单位名义承揽工程

B. 不按照与招标人订立的合同履行义务，情节严重的

C. 取得安全生产许可证发生重大安全事故的

D. 不履行保修义务或者拖延履行保修义务的

E. 工程竣工验收后，不向建设单位出具质量保修书的

9. 【单选】下列行为中，属于施工企业业务承揽不良行为的是（　　）。

A. 超越本单位资质承揽工程的

B. 允许其他单位或者个人以本单位名义承揽工程的

C. 不按照与招标人订立的合同履行义务，情节严重的

D. 涂改、伪造、出借、转让《建筑业企业资质证书》的

考点 3 建筑市场诚信行为的公布【必会】

1. 【多选】关于招标投标违法行为记录公告的规定，下列说法正确的有（　　）。

A. 违法行为记录的公告期限为 6 个月至 3 年

B. 自行政处理决定作出之日起 20 个工作日内公告

C. 自行政处理决定作出之日起 7 个工作日内公告

D. 行政处理决定认定的限制期长于公告期的，公告期限从其决定

E. 行政处理决定认定的限制期长于公告期的，公告期限最长为 6 个月

2. 【单选】按照《建筑市场诚信行为信息管理办法》及相关法规的规定，下列建筑市场诚信行为公布内容和范围的表述中，错误的是（　　）。

A. 属于《全国建筑市场各方主体不良行为记录认定标准》范围的不良行为记录应在当地和全国公布

B. 通过与工商、税务、纪检、监察、司法、银行等部门的信用共享获取的不良行为记录，也应在本地区公布

C. 属于《全国建筑市场各方主体不良行为记录认定标准》范围的不良行为记录除在当地发布外，还将由建设部统一在全国公布，公布期限与地方确定的公布期限不同

D. 招标投标违法行为记录的公告不得公开涉及国家秘密、商业秘密和个人隐私的记录

3. 【单选】行政处理决定在被行政复议或行政诉讼期间，下列说法正确的是（　　）。

A. 原则上不停止公告，但行政处理决定被依法停止执行的除外

B. 公告部门一律不停止对违法行为记录的公告

C. 依照当事人申请可停止公告

D. 公告部门可自行决定是否停止公告

4. 【单选】建筑市场不良信用信息公开期限一般为（　　）。

A. 6 个月　　B. 6 个月至 3 年

C. 1 年至 3 年　　D. 3 年

5. 【单选】根据《招标投标违法行为记录公告暂行办法》，关于建筑市场诚信行为公告的说法，正确的是（　　）。

A. 招标投标违法行为记录公告在任何情况下都不得公开涉及国家秘密、商业秘密和个人隐私的记录

B. 对于取消担任评标委员会成员资格的行政处理决定应当给予公告

C. 被公告的招标投标当事人认为公告记录与行政处理决定的相关内容不符的，可向公告部门提出书面更正申请，公告部门应在接到申请后停止公告

D. 行政处理决定在被行政复议或行政诉讼期间，公告部门应暂停对违法行为记录的公告

PART 4

2Z204000

建设工程合同和劳动合同法律制度

学习计划：

扫码即听
本章导学

2Z204010 建设工程合同制度

知识脉络

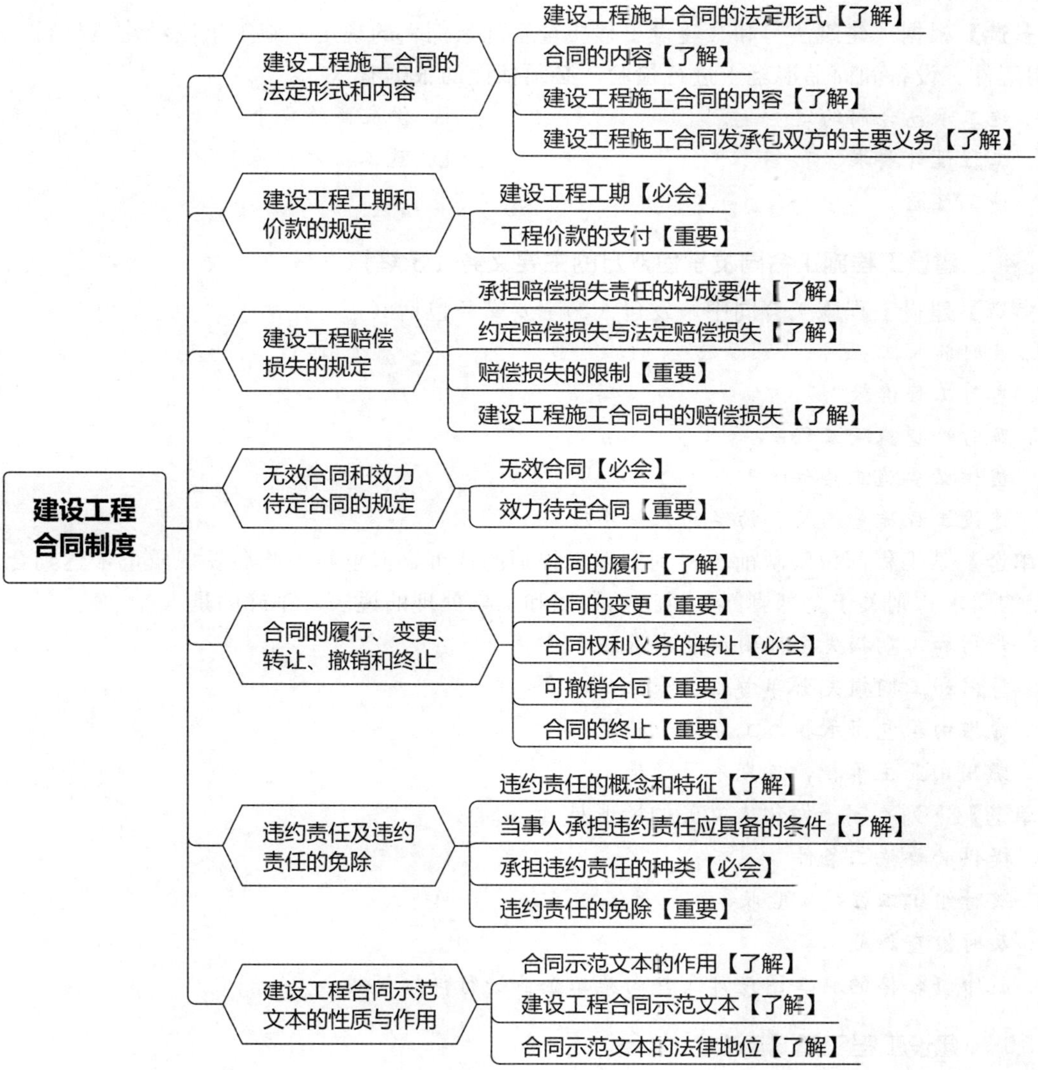

考点 1 建设工程施工合同的法定形式【了解】

【单选】 建设工程合同的法定形式为（　　）。

A. 书面合同　　B. 口头合同

C. 默示合同　　D. 合同示范文本

考点 2 合同的内容【了解】

【多选】《民法典》规定，合同一般包括的条款有（　　）。

A. 标的　　B. 违约责任

C. 担保条款　　D. 价款或者报酬

E. 解决争议的方法

考点 3 建设工程施工合同的内容【了解】

1. 【单选】下列施工合同条款涉及的内容中，明确施工人施工要求并可作为确定施工人责任依据的是（　　）。

A. 工程标的　　B. 工程数量

C. 工程价款　　D. 工程质量

2. 【多选】根据《建筑法》和《建设工程质量管理条例》的规定，施工单位对建筑材料、建筑构配件、设备和商品混凝土进行检验，必须依照的根据有（　　）。

A. 施工承包合同约定　　B. 供应商的要求

C. 工程设计要求　　D. 施工技术标准

E. 施工经验

考点 4 建设工程施工合同发承包双方的主要义务【了解】

1. 【多选】建设工程施工合同中，发包人的主要义务包括（　　）。

A. 及时验收工程

B. 支付工程价款

C. 及时检查隐蔽工程

D. 提供必要施工条件

E. 建设工程质量不符合约定的无偿修理

2. 【单选】某工程部位隐蔽前曾得到监理工程师的认可，但重新检验后发现质量未达到合同约定的要求，则关于全部剥露、返工的费用和工期处理的说法，正确的是（　　）。

A. 费用和工期损失全部由承包商承担

B. 费用和工期损失全部由业主承担

C. 费用由承包商承担，工期给予顺延

D. 费用由业主承担，工期不予顺延

3. 【单选】下列不属于发包人义务的情形是（　　）。

A. 提供必要施工条件

B. 及时组织工程竣工验收

C. 及时检查隐蔽工程

D. 就审查合格的施工图设计文件向施工企业进行详细说明

考点 5 建设工程工期【必会】

1. 【单选】关于建设工程工期的说法，错误的是（　　）。

A. 因承包人原因导致开工时间推迟的，以开工通知载明的时间为开工日期

B. 开工日期包括计划开工日期和实际开工日期

C. 开工通知发出后，尚不具备开工条件的，以实际进场施工时间为开工日期

D. 监理人应在计划开工日期 7 天前向承包人发出开工通知，工期自开工通知中载明的开工日期起算

2. 【单选】下列关于工程竣工日期的说法，错误的是（　　）。

A. 建设工程竣工前，当事人对工程质量发生争议，工程质量经鉴定合格的，鉴定日期为竣工日期

B. 承包人已经提交竣工验收报告，发包人拖延验收的，以承包人提交验收报告之日为竣工日期

C. 建设工程经竣工验收合格的，以竣工验收合格之日为竣工日期

D. 建设工程未经竣工验收，发包人擅自使用的，以转移占有建设工程之日为竣工日期

考点 6 工程价款的支付【重要】

1. 【单选】关于欠付工程款的利息的支付，说法正确的是（　　）。

A. 当事人对付款时间没有约定或者约定不明的，建设工程没有交付的，为当事人起诉之日

B. 当事人对欠付工程价款利息没有约定的，按照每日利率万分之五支付利息

C. 未约定时，无需支付利息

D. 利息从应付工程价款之日开始计付

2. 【单选】某建设工程承包人在工程完工后于2月1日提交了竣工验收报告，发包人未组织验收；3月1日工程由发包人接收；4月1日承包人提交了结算文件，发包人迟迟未予结算；6月1日，承包人起诉至人民法院。该工程应付款时间为（　　）。

A. 2月1日

B. 4月1日

C. 6月1日

D. 3月1日

3. 【单选】建设工程施工合同约定承包人垫资至基础工程完工，约定垫资利率为垫资时的同期贷款市场报价利率，基础工程完工后，发包人未能按约定支付垫资款项及其利息，双方发生争议。关于该项目垫资及利息的说法，正确的是（　　）。

A. 承包人主张该项目垫资应当按照工程欠款进行处理的，人民法院不予支持

B. 关于垫资的约定无效

C. 约定的垫资金额过高，导致建设工程施工合同无效

D. 承包人向人民法院请求发包人按照约定支付利息的，人民法院不予支持

4. 【单选】关于解决工程价款结算争议的说法，正确的是（　　）。

A. 欠付工程款的利息从当事人起诉之日起算

B. 当事人约定垫资利息，承包人请求按照约定支付利息的，不予支持

C. 建设工程承包人行使优先权的期限为1年

D. 当事人对于欠付工程价款利息没有约定的，按照同期同类贷款利率或者同期贷款市场报价利率计息

5. 【多选】关于工程价款优先受偿权的说法，正确的有（　　）。

A. 建设工程质量合格，承包人享有其承建工程拍卖所得价款的优先受偿权

B. 建设工程质量不合格，承包人请求其承建工程的价款就工程折价或者拍卖的价款优先受偿的，人民法院仍应予以支持

C. 承包人建设工程价款优先受偿的范围不包括逾期支付建设工程价款的利息、违约金、损害赔偿金

D. 承包人行使建设工程价款优先受偿权的期限为6个月，自建设工程竣工验收合格之日起算

E. 发包人与承包人约定放弃或者限制建设工程价款优先受偿权，但损害实际施工人利益的，该约定无效

6.【单选】关于解决工程价款结算争议的规定，说法错误的是（　　）。

A. 当事人对工程量有争议的，按照施工过程中形成的签证等书面文件确认

B. 实际履行的合同难以确定，当事人请求参照最后签订的合同关于工程价款的约定折价补偿承包人的，人民法院不予支持

C. 当事人就同一建设工程订立的数份建设工程施工合同均无效，但建设工程质量合格，一方当事人请求参照实际履行的合同关于工程价款的约定折价补偿承包人的，人民法院应予支持

D. 承包人能够证明发包人同意其施工，但未能提供签证文件证明工程量发生的，可以按照当事人提供的其他证据确认实际发生的工程量

7.【单选】关于建设工程价款优先受偿权的说法，正确的是（　　）。

A. 优先受偿权的行使期限为 6 个月，自工程实际完工之日起算

B. 抵押权优先于优先受偿权

C. 优先受偿权的范围包括逾期支付建设工程价款的违约金

D. 建设工程质量合格，承包人请求其承建工程的价款就工程折价或者拍卖的价款优先受偿的，人民法院应予支持

考点 7　承担赔偿损失责任的构成要件【了解】

【多选】承担赔偿损失责任的构成要件包括（　　）。

A. 具有违约行为

B. 造成损失后果

C. 违约行为与财产等损失之间有因果关系

D. 违约人有过错，或者虽无过错，但法律规定应当赔偿

E. 违反道德规范

考点 8　约定赔偿损失与法定赔偿损失【了解】

【单选】某钢筋买卖合同金额为 40 万元，双方当事人在合同中约定，一方违约时支付对方 10%的违约金，合同订立后买方向卖方支付了 10 万元的定金，后在合同履行中，卖方违约，并因该违约行为给买方造成了 12 万元的损失。买方最多可以从卖方处索回（　　）万元。

A. 20　　B. 14

C. 18　　D. 22

考点 9　赔偿损失的限制【重要】

1.【单选】某工程施工中，某水泥厂为施工企业供应水泥，迟延交货一周，延迟交货导致施工企业每天损失 0.4 万元，第一天晚上施工企业为减少损失，采取紧急措施共花费 1 万元，使剩余 6 天共损失 0.7 万元，则水泥厂因违约应向施工企业赔偿的损失为（　　）万元。

A. 1.1　　B. 1.7

C. 2.1　　D. 2.8

2.【单选】乙方当事人的违约行为导致工程受到损失，甲方没有采取任何措施减损，导致损失扩大到 5 万元。甲方与乙方就此违约事实发生纠纷，经过鉴定机构鉴定，乙方的违约行为给甲方造成的损失是 2 万元，乙方应该向甲方赔偿损失（　　）万元。

A. 1　　B. 2

C. 3　　D. 5

考点 10 建设工程施工合同中的赔偿损失【了解】

1. 【多选】建设工程施工合同履行过程中，应由承包人承担损失的情形有（ ）。
   A. 因承包人采购的原材料未按照约定时间运到现场，导致窝工、停工的损失
   B. 承包人将主体工程分包给某分包商，分包商承揽的工程不符合质量标准造成的损失
   C. 发包方中途变更设计造成的损失
   D. 发包方采购的材料经承包方验收入库后，工地出现偷盗造成材料损失
   E. 发生不可抗力事件后，发包方采购且经承包方验收入库的材料出现损毁
2. 【多选】下列选项中，属于承包人应当承担赔偿损失责任的情形有（ ）。
   A. 未及时检查隐蔽工程造成的损失
   B. 转让、出借资质证书等造成的损失
   C. 不履行保修义务造成的损失
   D. 保管不善造成的损失
   E. 未按约定提供原材料造成的损失

考点 11 无效合同【必会】

1. 【多选】下列关于无效合同的说法，正确的有（ ）。
   A. 超越经营范围订立的合同无效
   B. 违反法律、法规订立的合同无效
   C. 违法公序良俗订立的合同无效
   D. 自然人的行为能力分为完全行为能力、限制行为能力、无行为能力
   E. 有效的民事行为，行为人必须具有相应的民事行为能力
2. 【多选】建设工程施工合同无效，将会产生的法律后果有（ ）。
   A. 折价补偿
   B. 赔偿损失
   C. 合同解除
   D. 继续履行
   E. 支付违约金
3. 【单选】下列关于无效合同的说法，错误的是（ ）。
   A. 无效合同不具有违法性
   B. 无效合同可能会损害公共利益
   C. 无效合同部分无效，不会影响其他部分的效力
   D. 无效合同自订立之时就不具有法律效力
4. 【单选】根据法律规定，下列免责条款无效的是（ ）。
   A. 合同当事人一方受益
   B. 涉及不可抗力造成的对方财产损失
   C. 造成对方人身损害
   D. 约定一方不履行合同义务时必须承担的法律责任
5. 【单选】赵某在某工地打工，项目负责人与赵某约定，不管出现任何事故，公司最多赔付3000元。后在施工中，砖块坠落砸伤赵某，花费医疗费5000元。下列说法正确的是（ ）。
   A. 公司最多赔偿3000元
   B. 赵某应要求项目负责人赔偿
   C. 公司应赔偿医疗费5000元
   D. 公司应赔偿4000元医疗费，另1000元由赵某自己解决

6. **【多选】**下列施工合同中，属于无效合同的有（　　）。
A. 承包人未取得建筑施工企业资质
B. 某施工企业由于重大误解订立的施工合同
C. 某分包单位将工程再分包
D. 没有资质的实际施工人借用有资质的建筑施工企业名义
E. 招标文件中明确要求投标人垫资并据此与中标人签订的合同

7. **【单选】**关于无效施工合同工程款结算的说法，正确的是（　　）。
A. 施工合同无效，且建设工程经竣工验收不合格，修复后的建筑工程经竣工验收不合格，承包人无权请求支付工程价款
B. 施工合同无效，但建设工程经竣工验收合格，承包人请求按约定折价补偿，不予支持
C. 施工合同无效，且建设工程经竣工验收不合格，承包人请求支付工程价款的，应予支持
D. 施工合同无效，且建设工程经竣工验收不合格，修复后的建设工程经验收合格，发包人请求承包人承担修复费用的，不予支持

8. **【单选】**包工头张某借用某施工企业的资质与甲公司签订一建设工程施工合同。施工结束后，工程竣工验收质量合格，张某请求按照合同约定折价补偿遭到对方拒绝，遂诉至法院。关于该案处理的说法，正确的是（　　）。
A. 合同无效，不应支付工程款
B. 合同无效，应参照合同约定折价补偿
C. 合同有效，应按照合同约定折价补偿
D. 合同有效，应参照合同约定折价补偿

9. **【单选】**某一建设工程施工合同被认定为无效，下列有关承包人请求支付工程价款的说法，正确的是（　　）。
A. 建设工程经竣工验收合格，可以参照合同关于工程价款的约定折价补偿承包人
B. 建设工程经竣工验收不合格，不予支持
C. 发包人以合同无效为由不支付工程款的，应予支持
D. 发包人请求承包人承担修复费用的，不予支持

10. **【多选】**下列情形中，导致建设工程施工合同无效的有（　　）。
A. 工程款支付条款订立时显失公平的
B. 发包人对投标文件有重大误解订立的
C. 依法应当招标的项目中标无效后订立的
D. 承包人超越资质等级订立的合同
E. 施工企业将其承包的部分非主体工程分包的

考点 12　效力待定合同【重要】

1. **【单选】**下列情形中，属于效力待定合同的是（　　）。
A. 出租车司机借抢救重病人急需租车之机将车价提高 10 倍
B. 10 周岁的儿童因发明创造而接受奖金
C. 成年人甲误将本为复制品的油画当成真品购买
D. 10 周岁的少年将自家的电脑卖给 40 岁的张某

2. **【单选】**甲公司授权其采购员去采购乙公司的某产品 100 件，采购员拿着甲公司的空白合同书与乙公司订立了购买 200 件某产品的合同，由此发生纠纷后，应当采取的处理方式是（　　）。
A. 甲公司支付 100 件产品的货款
B. 甲公司可以向乙公司无偿退货

C. 由乙公司交付100件产品，甲公司支付相应的货款

D. 由乙公司交付200件产品，甲公司支付相应的货款

3. 【多选】关于效力待定合同的说法，正确的有（ ）。

A. 限制民事行为能力人实施的法律行为，须经过法定代理人追认才有效

B. 法定代理人未作表示的，视为追认

C. 相对人知道或者应当知道行为人无权代理的，应承担连带责任

D. 无权代理人以被代理人的名义订立合同，被代理人已经开始履行合同义务，视为追认

E. 行为人实施的行为未被追认的，善意相对人有权请求行为人履行债务或者就其受到的损害请求行为人赔偿

4. 【单选】关于效力待定合同的说法，正确的是（ ）。

A. 善意相对人不享有撤销的权利

B. 效力待定合同的相对人有催告权

C. 效力待定合同是生效合同

D. 效力待定合同是无效合同

考点13 合同的履行【了解】

【单选】甲乙双方签订了购货合同，在合同履行过程中，甲方得知乙方公司名称及其法定代表人均发生了变更，于是要求签订合同变更协议，遭到乙方的拒绝。针对该情形，下列说法正确的是（ ）。

A. 合同已经终止　　B. 必须签订变更协议

C. 合同主体未变更　　D. 合同内容已变更

考点14 合同的变更【重要】

1. 【单选】关于施工合同变更的说法，正确的是（ ）。

A. 合同的基础条件发生了当事人在订立合同时无法预见的、不属于商业风险的重大变化，受不利影响的当事人只能与对方重新协商

B. 合同变更内容约定不明确的，推定为未变更

C. 工程变更必将导致合同变更

D. 合同非实质性条款的变更无须当事人双方协商一致

2. 【单选】甲公司向乙公司购买50吨水泥，后甲通知乙需要更改购买数量，但一直未明确具体数量。交货期届至，乙将50吨水泥交付给甲，甲拒绝接受，理由是已告知要变更合同。关于双方合同关系的说法，正确的是（ ）。

A. 乙承担损失

B. 甲可根据实际情况部分接收

C. 双方合同已变更，乙送货构成违约

D. 甲拒绝接收，应承担违约责任

考点15 合同权利义务的转让【必会】

1. 【多选】《民法典》规定了债权人不得将合同的权利全部或部分转让给第三人的情形，下列属于该规定的有（ ）。

A. 当事人因信任订立的委托代理合同　　B. 建筑材料供应合同

C. 合同中约定禁止债权人转让权利　　D. 供电、水、气、热力合同

E. 最高额抵押的主合同

2. 【单选】根据《民法典》，债务人转让合同债务应当（　　）。

A. 通知债权人
B. 与债权人协商
C. 经过债权人的同意
D. 重新签订合同

考点 16　可撤销合同【重要】

1. 【多选】关于可撤销合同撤销权的说法，正确的有（　　）。

A. 因欺诈致使对方意思不真实，构成撤销事由
B. 当事人自民事法律行为发生之日起 5 年内没有行使撤销权的，撤销权消灭
C. 当事人受胁迫，自知道或应当知道撤销事由之日起 1 年内行使撤销权
D. 当事人不得自行放弃撤销权
E. 重大误解的当事人自知道或者应当知道撤销事由之日起 90 日内行使撤销权

2. 【单选】当事人可以请求人民法院或仲裁机构变更或撤销合同的情形是（　　）。

A. 代理人超越代理权订立的合同
B. 因重大误解而订立的合同
C. 造成对方人身伤害、财产损失可以免责的合同
D. 以合法形式掩盖非法目的的合同

3. 【单选】下列施工合同中，不属于可撤销合同的是（　　）。

A. 施工合同订立时，工程款支付条款显失公平的
B. 承包人对工程价款有重大误解的
C. 发包人胁迫承包人签订的
D. 承包人将部分工程违法分包的

考点 17　合同的终止【重要】

1. 【多选】下列各项中，属于合同终止的原因有（　　）。

A. 债务已按约定履行
B. 一方违约
C. 合同解除
D. 债务免除
E. 合同变更

2. 【单选】发生下列事件后，允许解除合同的是（　　）。

A. 法定代表人变更
B. 当事人一方发生合并、分立
C. 由于不可抗力致使合同不能履行
D. 当事人一方延迟履行主要债务

3. 【多选】下列导致合同债权债务终止的情形有（　　）。

A. 债权债务同归于一人的
B. 债务已经履行的
C. 债务人依法将标的物提存的
D. 合同注销登记的
E. 合同变更的

4. 【单选】根据《民法典》，关于合同法定解除的说法，正确的是（　　）。

A. 发生不可抗力，即可解除合同
B. 在履行期限届满前，当事人一方以自己的行为表明不履行主要债务，即可解除合同
C. 当事人一方迟延履行主要债务，即可解除合同
D. 以持续履行的债务为内容的不定期合同，当事人无权随时解除合同

5. 【单选】关于合同解除的说法，正确的是（　　）。
   A. 无效合同、可撤销合同可以导致合同解除
   B. 合同解除可以视为当事人之间未发生合同关系，或者合同尚存的权利义务不再履行
   C. 合同当事人不得根据自己的意愿解除合同
   D. 享有合同解除权的一方无需向对方提出解除合同的意思表示，合同可以自动解除

考点 18 违约责任的概念和特征【了解】

【多选】关于违约责任具有的特征，下列说法正确的有（　　）。
A. 违约责任的产生是以合同当事人不履行合同义务为条件的
B. 违约责任具有连带性
C. 违约责任主要具有补偿性
D. 违约责任可以由合同当事人约定，但约定不符合法律要求的，将会被宣告无效或被撤销
E. 违约责任是民事责任的一种形式

考点 19 当事人承担违约责任应具备的条件【了解】

【单选】某材料供应商由于自身原因，没有按合同约定及时提供原材料，给工程建设单位造成了经济损失，该供应商应承担（　　）。
A. 行政处分　　B. 违约责任
C. 行政处罚　　D. 交纳罚金

考点 20 承担违约责任的种类【必会】

1. 【单选】下列关于定金合同的说法，正确的是（　　）。
   A. 收受定金的一方不履行约定的债务的，应当返还定金
   B. 定金合同不需要采取书面形式，只需交付即可
   C. 定金的数额由当事人约定，但不得超过主合同标的额的 25%
   D. 定金合同从实际交付定金之日起生效
2. 【单选】甲与乙订立一份钢材买卖合同，合同价款为 40 万元，双方在合同条款中约定违约金为 6 万元，同时乙向甲支付定金 4 万元，后甲因货物不足无法向乙交货，那么乙能够最大限度保护自己利益，同时又能获得法院支持的请求是（　　）。
   A. 请求甲双倍返还定金 8 万元
   B. 请求甲双倍返还定金 8 万元，同时请求甲支付违约金 6 万元
   C. 请求甲支付违约金 6 万元，同时请求返还支付的定金 4 万元
   D. 请求甲支付违约金 4 万元
3. 【单选】甲公司与乙公司订立了一份建材买卖合同，乙按约定向甲支付了定金 4 万元，合同约定如任何一方不履行合同应向对方支付违约金 6 万元。交货日期届满，甲无法交付该建材。乙最多可获得赔偿（　　）万元。
   A. 8　　B. 10　　C. 14　　D. 16
4. 【单选】某项目设计费为 100 万元，合同约定违约金为 15%，发包方支付了 15 万元定金后，设计方未开展设计工作，导致发包方损失 12 万元，发包方最多可获得的赔偿是（　　）万元。
   A. 24　　B. 27
   C. 30　　D. 42

5.【单选】某建筑公司和材料供应公司签订合同，约定了违约金，并交付定金，因为供应公司违约未能按期供货，则（　　）。

A. 建筑公司可以要求供应公司支付违约金，并双倍返回定金

B. 建筑公司可以选择违约金或者定金条款，二者不得同时使用

C. 建筑公司选择违约金条款后，不得要求返还定金

D. 供应商有权选择定金或违约金支付

6.【单选】百货公司向彩电厂订购彩电 100 台，每台价格 3000 元，总货款为 300000 元，约定 12 月 10 日前交货，逾期交货的，彩电厂应支付违约金 30000 元，后彩电厂未能如期交货。本案正确的表述应是（　　）。

A. 彩电厂支付违约金后，不必再承担其他民事责任

B. 彩电厂支付违约金后，仍应当继续履行合同

C. 彩电厂继续履行合同后，可不必支付违约金

D. 彩电厂如无过错，可不必支付违约金

考点 21　违约责任的免除【重要】

1.【多选】下列选项中，可以免除违约责任的情形有（　　）。

A. 建设资金未能按计划到位的施工暂停

B. 发包人改变项目建设方案的工程停建

C. 传染病流行导致施工暂停

D. 征地拆迁工作不顺利导致施工现场移交延误

E. 当地发生洪水导致工程施工暂停

2.【单选】甲施工企业与乙供应商于 2017 年 4 月 1 日签订了水泥供应合同，约定 2017 年 5 月 1 日前交货。乙供应商随即与丙水泥厂签订了一份水泥买卖合同，要求丙水泥厂于 2017 年 4 月 20 日前交货。后来由于原材料紧张，丙水泥厂于 2017 年 5 月 8 日才将水泥交付给乙供应商。乙供应商收到货物后立即办理托运手续发货。2017 年 5 月 11 日，货物在运输途中因不可抗力灭失。关于本案的违约责任，下列说法正确的是（　　）。

A. 由于发生不可抗力，乙供应商对甲施工企业不承担违约责任

B. 甲施工企业只能要求乙供应商承担违约责任

C. 甲施工企业可以要求乙供应商和丙水泥厂连带承担违约责任

D. 由于是丙水泥厂延迟交货造成的，乙供应商对甲施工企业不承担违约责任

3.【单选】甲乙双方的施工合同约定工程应于 2018 年 5 月 10 日竣工，但是乙方因为管理不善导致工程拖期，在 5 月 20 日到 5 月 25 日该地区发生洪灾，造成工期一再拖延，最后竣工时间为 2018 年 5 月 31 日。甲方在支付乙方工程费用时，拟按照合同约定扣除因乙方工程拖期的违约费用，那么甲方应该计算（　　）天的拖期违约损失。

A. 15　　B. 16　　C. 17　　D. 21

考点 22　合同示范文本的作用【了解】

【单选】关于合同示范文本的说法，正确的是（　　）。

A. 示范文本能够使签订的合同规范和条款完备

B. 示范文本为强制使用的合同文本

C. 采用示范文本是合同成立的前提

D. 采用示范文本是合同生效的前提

考点23 建设工程合同示范文本【了解】

【多选】《建设工程施工合同（示范文本）》主要由（　　）等组成。

A. 合同协议书　　B. 招标、投标文件

C. 施工图纸与工程量清单　　D. 通用合同条款

E. 专用合同条款

考点24 合同示范文本的法律地位【了解】

【单选】下列关于合同示范文本的性质和作用的说法，不正确的是（　　）。

A. 合同示范文本是规范性文本

B. 合同示范文本对当事人订立合同起参考作用

C. 签订合同时，有合同示范文本的必须使用

D. 合同成立与否与是否采用合同示范文本无直接关系

2Z204020 劳动合同及劳动者权益保护制度

知识脉络

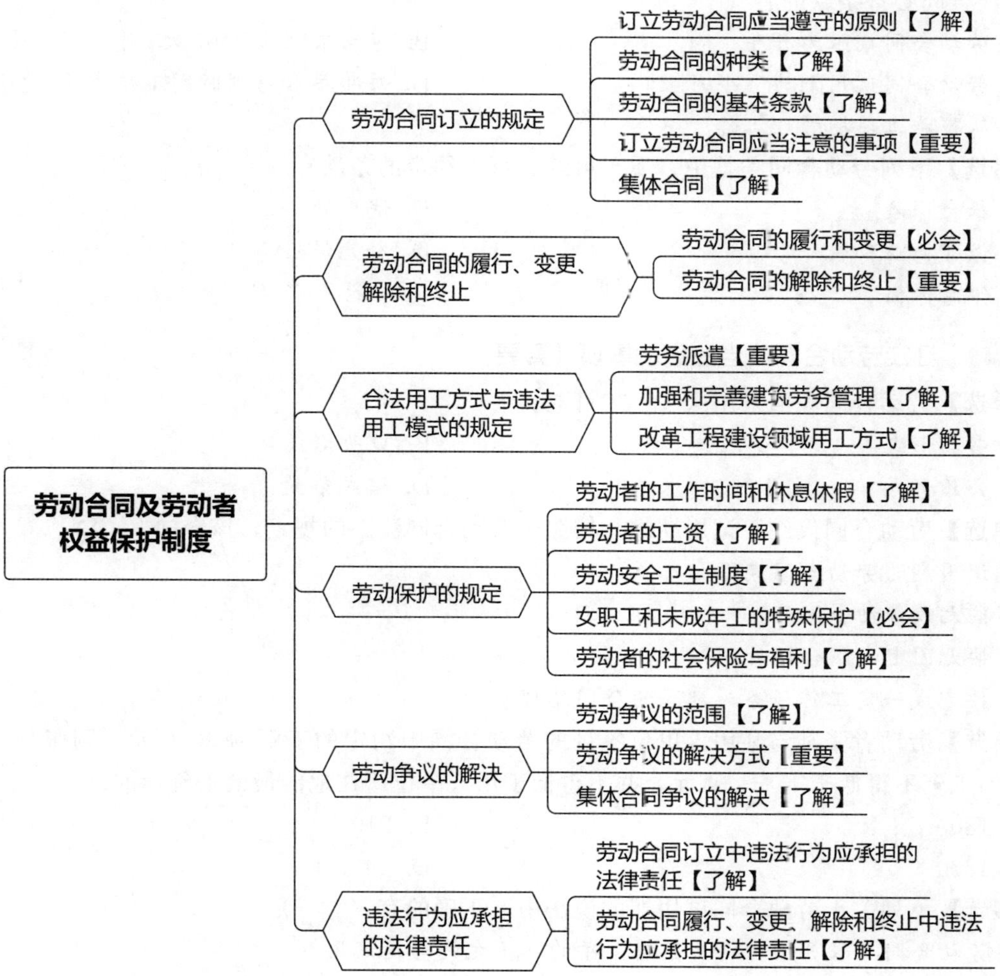

考点 1 订立劳动合同应当遵守的原则【了解】

【单选】下列社会关系中，属于我国劳动法调整的劳动关系的是（　　）。

A. 施工单位与某个体经营者之间的加工承揽关系

B. 劳动者与施工单位之间在劳动过程中发生的关系

C. 劳动者甲与劳动者乙之间的借款关系

D. 社会保险机构与劳动者之间的关系

考点 2 劳动合同的种类【了解】

【单选】用人单位与劳动者约定以某项工作的完成为期限的合同为（　　）劳动合同。

A. 固定期限　　B. 无固定期限

C. 以完成一定任务为期限　　D. 短期

考点 3 劳动合同的基本条款【了解】

1. 【单选】下列劳动合同条款，属于必备条款的是（　　）。

A. 福利待遇　　B. 休息时间和工作时间

C. 试用期　　D. 补充保险

2. 【多选】某建筑公司与应届毕业的大学生王某以书面形式签订了一份劳动合同，下列属于该劳动合同必备条款的有（　　）。

A. 劳动合同期限为 5 年　　B. 劳动报酬为 2000 元/月

C. 劳动合同试用期为 3 个月　　D. 每年参加培训时间不得少于 10 天

E. 从事施工现场管理工作

3. 【多选】下列劳动合同条款中，属于可约定可不约定的条款有（　　）。

A. 社会保险　　B. 试用期

C. 保守商业秘密　　D. 补充保险

E. 休息休假

考点 4 订立劳动合同应当注意的事项【重要】

1. 【单选】劳动合同应当采用（　　）订立。

A. 书面形式　　B. 口头形式

C. 公正形式　　D. 格式条款

2. 【单选】劳动合同仅约定试用期的，按照《劳动合同法》的规定，该合同（　　）。

A. 试用期为劳动合同期限

B. 按无效劳动合同处理

C. 按无固定期限合同处理

D. 按完成一定工作任务为期限的合同处理

3. 【单选】劳动者张某与某用人单位签订的劳动合同中约定的工资为 3000 元，则张某在试用期的工资不得低于（　　）元，并不得低于用人单位所在地的最低工资标准。

A. 1800　　B. 2100

C. 1500　　D. 2400

4. 【多选】下列关于劳动合同试用期的说法中，正确的有（　　）。

A. 劳动合同期限 3 个月以上不满 1 年的，不允许约定试用期

B. 劳动合同期限 1 年以上不满 3 年的，试用期不得超过 2 个月

C. 签订无固定期限劳动合同的，试用期不得超过1年

D. 同一用人单位与同一劳动者只能约定1次试用期

E. 如果劳动合同期限不满3个月，合同中不得约定试用期

5. 【单选】2019年12月1日小李经面试合格后与某建筑公司签订了为期5年的用工合同，并约定了试用期，则试用期最迟至（　　）。

A. 2019年12月31日　　B. 2020年2月28日

C. 2020年3月31日　　D. 2020年5月31日

6. 【单选】采用欺诈、威胁等手段，使对方在违背真实意思的情况下订立的劳动合同为（　　）劳动合同。

A. 有效　　B. 无效　　C. 可变更　　D. 可撤销

7. 【多选】下列劳动合同无效的有（　　）。

A. 用人单位免除自己的法定责任、排除劳动者权利的

B. 以欺诈、胁迫的手段，使对方在违背真实意思的情况下订立的劳动合同

C. 17周岁的未成年人订立的劳动合同

D. 用人单位发生合并或分立的劳动合同

E. 用人单位变更名称的劳动合同

8. 【单选】下列关于劳动合同试用期的说法，错误的是（　　）。

A. 劳动合同期限3个月以上不满1年的，试用期不得超过2个月

B. 3年以上固定期限和无固定期限的劳动合同，试用期不得超过6个月

C. 同一用人单位与同一劳动者只能约定1次试用期

D. 劳动合同仅约定试用期的，试用期不成立，该期限为劳动合同期限

9. 【单选】甲建筑材料公司聘请王某担任推销员，双方签订劳动合同，约定劳动试用期6个月，6个月后再根据王某工作情况，确定劳动合同期限。下列说法正确的是（　　）。

A. 甲建筑材料公司与王某订立的劳动合同属于无固定期限合同

B. 王某的工作不满1年，试用期不得超过1个月

C. 劳动合同的试用期不得超过6个月，所以王某的试用期是成立的

D. 试用期是不成立的，6个月应为劳动合同期限

考点5　集体合同【了解】

【多选】根据《劳动合同法》的规定，集体合同草案应当提交（　　）讨论通过。

A. 工会　　B. 职工代表大会

C. 股东大会　　D. 全体职工

E. 董事会

考点6　劳动合同的履行和变更【必会】

1. 【单选】下列不属于劳动报酬的是（　　）。

A. 货币资金　　B. 实物报酬

C. 社会保险　　D. 生活困难补助费

2. 【多选】用人单位如果变更（　　）等事项，不影响劳动合同的履行。

A. 名称　　B. 法定代表人

C. 法人　　D. 主要负责人

E. 投资人

3.【多选】关于劳动合同的变更，下列说法正确的有（　　）。

A. 用人单位与劳动者协商一致，可变更劳动合同约定的内容

B. 变更劳动合同只能在合同订立并履行之后进行

C. 变更后的劳动合同文本由用人单位和劳动者各执一份

D. 变更劳动合同，应采用书面形式

E. 用人单位可以单方变更劳动合同，变更后劳动合同有效

考点 7 劳动合同的解除和终止【重要】

1.【单选】根据《劳动法》的规定，下列关于劳动合同解除方式的说法，不正确的是（　　）。

A. 经劳动合同当事人协商一致，劳动合同可以解除

B. 严重失职，营私舞弊，给用人单位利益造成重大损害的，用人单位可以解除劳动合同

C. 在试用期内，劳动者可解除劳动合同，但应当提前 30 日以书面形式通知用人单位

D. 用人单位以暴力、威胁或者非法限制人身自由的手段强迫劳动的，劳动者可以立即通知用人单位解除劳动合同

2.【单选】小李应聘到建筑施工企业，双方于 6 月 10 日签订为期 3 年的劳动合同，约定试用期 3 个月，次日合同开始履行。8 月 17 日，小李拟解除劳动合同，则（　　）。

A. 必须取得用人单位同意

B. 口头通知用人单位即可

C. 应提前 3 日以书面形式通知用人单位

D. 应提前 30 日以书面形式通知用人单位

3.【单选】张某在某建筑公司工作，在合同尚未期满时欲与用人单位解除劳动合同，则张某应该以书面形式提前通知用人单位的时间是（　　）。

A. 10 日　　B. 15 日

C. 20 日　　D. 30 日

4.【多选】下列选项中，用人单位可以单方解除劳动合同的情形包括（　　）。

A. 劳动者在试用期内迟到、早退，不符合录用条件

B. 劳动者因为犯盗窃罪，被依法追究刑事责任

C. 劳动者因工负伤，成为残疾人，丧失劳动能力

D. 劳动者同时与其他用人单位签订了劳动合同且不愿改正

E. 用人单位经济性裁员

5.【单选】李某因工负伤并被确认部分丧失劳动能力，不能胜任原岗位工作，经用人单位调换工作岗位后，李某仍不能胜任其工作，用人单位根据《劳动法》的规定，应该（　　）。

A. 可以随时解除劳动合同

B. 提前 30 日以书面形式通知李某解除劳动合同

C. 不得解除劳动合同

D. 可以协商解除劳动合同

6.【单选】经双方协商一致，员工李某与公司解除了劳动合同。李某在解除合同前月工资 3000 元，在该公司工作了 2 年 5 个月。由于是双方协商终止合同，公司同意对李某进行经济补偿。根据《劳动合同法》的规定，下列说法正确的是（　　）。

A. 公司无须给予李某任何经济补偿

B. 公司应当给予李某 6000 元经济补偿

C. 公司应当给予李某 7500 元经济补偿

D. 公司应当给予李某9000元经济补偿

7. 【单选】劳动合同补偿标准中的月工资是指劳动者在劳动合同解除或终止前（　　）个月的平均工资。

A. 3　　B. 6　　C. 10　　D. 12

8. 【多选】用人单位不得解除劳动合同的情形有（　　）。

A. 女职工在孕期、产假、哺乳期的

B. 患病或者非因工负伤，在规定的医疗期内的

C. 劳动者在试用期被证明不符合录用条件的

D. 劳动合同订立时所依据的客观情况发生重大变化，致使原劳动合同无法履行

E. 患职业病或者因工负伤并被确认丧失或者部分丧失劳动能力的

9. 【单选】2019年1月，甲建筑材料公司聘请王某担任推销员，2019年3月，由于王某怀孕，身体健康状况欠佳，未能完成任务，为此，公司按合同的约定扣减工资，只发生活费，其后，又有2个月均未完成承包任务，因此，甲公司作出解除与王某劳动合同的决定。下列说法正确的是（　　）。

A. 由于在试用期内，甲公司可以随时解除劳动合同

B. 由于王某不能胜任工作，甲公司应提前30日通知王某，解除劳动合同

C. 甲公司可以支付王某1个月工资后解除劳动合同

D. 由于王某在怀孕期间，所以甲公司不得解除劳动合同

10. 【多选】某建筑公司准备实施经济性裁员，下列人员中，不得与其解除劳动合同的有（　　）。

A. 女职工赵某怀孕5个月

B. 业务员小赵曾经受过伤，医疗期刚满

C. 职工孙某患职业病丧失劳动能力，卧病在家

D. 58岁的工程师老李在本单位已经连续工作20年

E. 刚与公司签订固定期限为1年劳动合同的张某试用期尚未满

11. 【多选】有下列情形之一的，劳动者可以立即与用人单位解除劳动合同的有（　　）。

A. 用人单位违章指挥危及人身安全

B. 在试用期内的

C. 用人单位濒临破产

D. 用人单位强令冒险作业危及人身安全

E. 用人单位以暴力、威胁手段强迫劳动者劳动的

12. 【多选】用人单位可以随时解除劳动合同的情形包括（　　）。

A. 严重失职，营私舞弊，对用人单位利益造成重大损害的

B. 严重违反劳动纪律或者用人单位规章制度的

C. 劳动者不能胜任工作，经过培训或者调整工作岗位，仍不能胜任工作的

D. 劳动者患病或者非因工负伤，医疗期满后，不能从事原工作也不能从事由用人单位另行安排工作的

E. 在试用期间被证明不符合录用条件的

13. 【多选】用人单位可以解除劳动合同，但是应当提前30日以书面形式通知劳动者本人或者额外支付劳动者1个月工资的有（　　）。

A. 严重违反用人单位规章制度的

B. 劳动者患病或者非因工负伤，在规定的医疗期满后不能从事原工作，也不能从事由用人单位另行安排工作的
C. 严重失职，营私舞弊，对用人单位造成重大损害的
D. 劳动者不能胜任工作，经过培训或者调整工作岗位，仍不能胜任工作的
E. 劳动合同订立时所依据的客观情况发生重大变化，致使劳动合同无法履行，经当事人协商不能就变更劳动合同内容达成协议的

14. **【多选】**建筑企业甲公司注册登记成立后，经有关部门批准，向社会公开招聘人员。在甲公司与被录用人员张某订立的劳动合同中，下列情形不符合劳动法规定的有（　　）。
A. 劳动合同约定试用期为1年
B. 在试用期内，张某不得通知甲公司解除劳动合同
C. 在试用期间，张某被证明不符合录用条件，甲公司可随时解除劳动合同
D. 张某如被依法追究刑事责任，甲公司可以随时解除劳动合同
E. 张某如果患病，甲公司可以随时解除劳动合同

15. **【单选】**王某自2010年1月至2014年10月一直在某安装工程公司工作，2014年10月公司以王某怀孕不能胜任工作为由将其解雇，王某离职前月工资8000元，所在城市上年度职工月平均工资2000元，经劳动争议仲裁，如李某不愿意回单位上班，可主张按（　　）万元的工资标准支付赔偿金。
A. 12　　B. 9
C. 6　　D. 3

考点 8　劳务派遣【重要】

1. **【单选】**关于劳务派遣的说法，错误的是（　　）。
A. 用工单位可以将被派遣劳动者再派遣到与其签订合同的其他用工单位
B. 经营劳务派遣业务应当申请行政许可，办理公司登记
C. 劳务派遣用工只能在临时性、辅助性或替代性的工作岗位上实施
D. 劳务派遣的用工方式使劳动者的聘用与使用分离

2. **【单选】**关于劳务派遣的说法，正确的是（　　）。
A. 所有被派遣的劳动者应当实行相同的劳动报酬
B. 劳务派遣单位应当取得相应的行政许可
C. 劳务派遣用工是建筑行业的主要用工模式
D. 用工单位的主要工作都可以由被派遣的劳动者承担

3. **【单选】**临时性工作岗位是指（　　）。
A. 存续时间不超过6个月的岗位
B. 为主营业务岗位提供服务的非主营业务岗位
C. 用工单位的劳动者因脱产学习原因无法工作的一定期间内，可以由其他劳动者替代工作的岗位
D. 用工单位的劳动者因休假原因无法工作的一定期间内，可以由其他劳动者替代工作的岗位

4. **【单选】**关于劳务派遣的说法，正确的是（　　）。
A. 甲可以被劳务派遣公司派到某施工企业担任安全员
B. 乙可以被劳务派遣公司派到某公司做临时性工作1年以上
C. 丙在无工作期间，其所属劳务派遣公司不再向其支付工资

D. 劳务派遣协议中应当载明社会保险费的数额

5. 【单选】劳务派遣用工模式不能在（　　）的工作岗位上实施。

A. 临时性　　B. 经常性

C. 辅助性　　D. 替代性

6. 【单选】劳务派遣单位应与被派遣劳动者订立固定期限劳动合同，按月支付劳动报酬，其中固定期限劳动合同的期限最少为（　　）年。

A. 1　　B. 2　　C. 3　　D. 5

7. 【单选】根据《劳动合同法》，在劳务派遣用工方式中，订立劳动合同的主体是（　　）。

A. 用工单位与劳动者　　B. 派遣单位与用工单位

C. 派遣单位与劳动者　　D. 用工单位与当地人民政府

8. 【单选】辅助性工作岗位是指（　　）。

A. 存续时间不超过6个月的岗位

B. 为主营业务岗位提供服务的非主营业务岗位

C. 用工单位的劳动者因脱产学习原因无法工作的一定期间内，可以由其他劳动者替代工作的岗位

D. 用工单位的劳动者因休假原因无法工作的一定期间内，可以由其他劳动者替代工作的岗位

考点 9　加强和完善建筑劳务管理【了解】

【单选】《国务院办公厅关于全面治理拖欠农民工工资问题的意见》中规定，严格规范劳动用工管理，以下不符合法律规定的是（　　）。

A. 记录施工现场作业农民工的身份信息、劳动考勤、工资结算等信息

B. 坚持施工企业与农民工进场施工后签订劳动合同

C. 施工总承包企业和分包企业应将经农民工本人签字确认的工资支付书面记录保存两年以上备查

D. 施工总承包企业要加强对分包企业劳动用工和工资发放的监督管理

考点 10　改革工程建设领域用工方式【了解】

【单选】关于改革工程建设领域用工方式的说法，错误的是（　　）。

A. 鼓励施工企业将一部分技能水平高的农民工招用为自有工人，不断扩大自有工人队伍

B. 实行施工现场维权信息公示制度

C. 明示属地行业监管部门投诉举报电话和劳动争议调解仲裁、劳动保障监察投诉举报电话等信息，实现主要施工场地全覆盖

D. 施工总承包企业负责在施工现场醒目位置设立维权信息告示牌，明示业主单位、施工总承包企业及所在项目部、分包企业、行业监管部门等基本信息

考点 11　劳动者的工作时间和休息休假【了解】

【单选】张某的日工资为100元，2019年元旦国家规定放假3天，其中1月1日属于法定休假日，其他两天为周末休息日。公司安排张某在这3天加班而且不能安排补休。根据《劳动法》的规定，公司应当向张某支付加班费合计（　　）元。

A. 300　　B. 500

C. 700　　D. 900

考点12 劳动者的工资【了解】

1. 【多选】关于用人单位向劳动者支付报酬的说法，正确的有（　　）。
   A. 劳动者依法参加社会活动期间，用人单位应当依法支付工资
   B. 劳动报酬中的货币工资不包括津贴、补贴和奖金
   C. 用人单位支付的工资可以以实物或有价证券等形式代替货币形式支付
   D. 劳动者在婚丧假期间，用人单位可以不支付工资
   E. 最低工资中不包括延长工作时间工资
2. 【多选】根据《拖欠农民工工资“黑名单”管理暂行办法》，人力资源社会保障行政部门应当自查处违法行为并作出行政处理或者处罚决定后，将其列入拖欠工资“黑名单”的情形有（　　）。
   A. 克扣、无故拖欠农民工工资报酬，数额达到认定拒不支付劳动报酬罪数额标准的
   B. 因拖欠农民工工资违法行为引发极端事件造成严重不良社会影响的
   C. 将劳务违法分包给不具备用工主体资格的组织和个人造成拖欠农民工工资报酬的
   D. 将劳务转包给不具备用工主体资格的组织和个人造成拖欠农民工工资报酬的
   E. 因拖欠农民工工资违法行为引发群体性事件造成严重不良社会影响的
3. 【单选】关于用人单位向劳动者支付报酬的说法，正确的是（　　）。
   A. 劳动者依法参加社会活动期间，用人单位应当依法支付工资
   B. 劳动报酬中的货币工资不包括津贴、补贴和奖金
   C. 用人单位支付的工资可以以实物或有价证券等形式代替货币形式支付
   D. 劳动者在婚丧假期间，用人单位可以不支付工资

考点13 劳动安全卫生制度【了解】

【单选】劳动安全卫生制度对用人单位提出严格要求，但不包括（　　）。
A. 执行国家劳动安全卫生规程和标准
B. 为劳动者办理意外伤害保险
C. 对劳动者进行劳动安全卫生教育
D. 对从事有职业危害作业的劳动者应当定期进行健康检查

考点14 女职工和未成年工的特殊保护【必会】

1. 【单选】28岁女工张某已经怀孕4个月，可以对其进行的工作安排有（　　）。
   A. 安排其从事孕期禁忌从事的劳动
   B. 安排其从事矿山井下、国家规定的第4级体力劳动强度的劳动
   C. 安排其延长工作时间和夜班劳动
   D. 安排其从事国家规定的第3级体力劳动强度的劳动
2. 【单选】关于未成年工特殊保护的表述中，不正确的是（　　）。
   A. 禁止用人单位招用未满18周岁的未成年人
   B. 不得安排未成年工从事矿山井下、有毒有害的劳动
   C. 用人单位应对未成年工定期进行健康检查
   D. 未成年工上岗前，用人单位应对其进行有关的职业安全卫生教育、培训
3. 【单选】关于女职工特殊劳动保护的规定，正确的是（　　）。
   A. 安排怀孕女职工从事国家规定的第3级体力劳动强度的劳动
   B. 禁止安排未育女职工从事有毒有害的劳动

C. 用人单位应当对女职工定期进行健康检查

D. 女职工生育享受不少于 90 天的产假

4. 【单选】小刚未满 17 岁即应聘于某施工单位，下列说法正确的是（　　）。

A. 小刚未成年，签订劳动合同属无效劳动合同

B. 因为是临时工作，可以不签劳动合同

C. 不得安排小刚从事有毒有害的劳动

D. 可以安排小刚从事有毒有害的劳动，但必须保证安全

5. 【单选】国家对女职工实行特殊劳动保护，下列说法错误的是（　　）。

A. 不得安排女职工从事矿山井下作业

B. 不得安排女职工在经期从事低温、冷水作业

C. 不得安排女职工延长工作时间和夜班劳动

D. 不得安排怀孕女职工从事第 3 级体力劳动强度的劳动

6. 【多选】用人单位生产过程中，符合《劳动法》劳动保护规定的有（　　）。

A. 安排女工赵某在经期从事高温作业

B. 安排怀孕 5 个月的女工钱某从事夜班工作

C. 安排 17 岁的张某从事国家规定的第 4 级体力劳动

D. 安排女职工李某担任矿井安检员

E. 安排 15 岁的王某担任安全员

考点 15　劳动者的社会保险与福利【了解】

1. 【多选】根据《社会保险法》，国家建立（　　）等社会保险制度，保障公民依法从国家和社会获得物质帮助的权利。

A. 意外伤害保险

B. 工伤保险

C. 生育保险

D. 基本养老保险

E. 基本医疗保险

2. 【多选】下列选项中，职工不缴纳的保险费有（　　）。

A. 基本养老保险

B. 基本医疗保险

C. 工伤保险

D. 失业保险

E. 生育保险

考点 16　劳动争议的范围【了解】

【多选】下列争议中，属于劳动争议的有（　　）。

A. 劳动者退休后，与尚未参加社会保险统筹的原用人单位因追索养老金发生的争议

B. 家政服务员赵某与其服务的家庭因休假发生争议

C. 退休职工刘某与社会保险经办机构因发放基本养老金发生争议

D. 大学生黄某与某公司因实习报酬发生争议

E. 张某与用人单位因解除劳动合同后办理人事档案转移发生争议

考点 17 劳动争议的解决方式【重要】

1.【单选】下列不属于劳动争议仲裁委员会的组成成员的是（　　）。

A. 同级工会代表

B. 同级人民法院代表

C. 企业方面代表

D. 劳动行政部门代表

2.【单选】李某与用人单位发生劳动争议，经劳动争议仲裁委员会仲裁解决，但李某对仲裁裁决不服，拟向人民法院提起诉讼。提起诉讼的时间应不超过收到仲裁裁决书之日起（　　）日内。

A. 7　　B. 15

C. 30　　D. 60

3.【单选】劳动争议当事人对仲裁裁决不服的，可以自收到仲裁裁决（　　）日内向人民法院提起诉讼。

A. 7　　B. 15

C. 30　　D. 60

4.【单选】王某与用人单位发生劳动争议，要求补发所扣工资，并继续履行劳动合同，为此，王某应采取的措施是（　　）。

A. 直接向人民法院提起诉讼

B. 向劳动争议仲裁委员会申请仲裁

C. 向政府信访部门投诉

D. 向劳动监察部门提起行政诉讼

5.【单选】2018 年 3 月 15 日，王某与阳光建筑公司发生了劳动报酬的争议，同年 7 月 1 日，王某向当地劳动争议仲裁委员会递交了仲裁申请，而阳光建筑公司不同意通过仲裁方式解决争议。对此，以下说法正确的是（　　）。

A. 由于建筑公司不同意通过仲裁方式解决争议，因此仲裁委员会不应当受理

B. 因为超过了劳动仲裁时效，因此仲裁委员会不应当受理

C. 仲裁委员会应当受理

D. 阳光建筑公司不同意仲裁结果，可在收到裁决书后的 30 日内提起诉讼

6.【单选】劳动争议申请仲裁的时效期间为（　　），其仲裁时效期间从当事人知道或者应当知道其权利被侵害之日起计算。

A. 3 年　　B. 2 年

C. 半年　　D. 1 年

7.【单选】根据《劳动争议调解仲裁法》第 19 条的规定，劳动争议仲裁委员会的组成人员不包括（　　）。

A. 劳动行政部门代表　　B. 同级工会代表

C. 职工代表　　D. 用人单位方面代表

考点 18 集体合同争议的解决【了解】

【单选】因履行集体合同发生争议，当事人协商解决不成的，可以向（　　）。

A. 人民法院提起诉讼　　B. 劳动争议仲裁委员会申请仲裁

C. 人民政府的信访部门投诉　　D. 劳动监察部门提起行政诉讼

考点 19　劳动合同订立中违法行为应承担的法律责任【了解】

【单选】根据《劳动合同法》，用人单位自用工之日起超过 1 个月不满 1 年未与劳动者订立书面劳动合同的，应当向劳动者每月支付（　　）倍的工资。

A. 1.5　　B. 2

C. 3　　D. 4

考点 20　劳动合同履行、变更、解除和终止中违法行为应承担的法律责任【了解】

【单选】下列关于劳务派遣单位违法行为应承担的法律责任，描述错误的是（　　）。

A. 劳务派遣单位、用工单位违反法律有关劳务派遣规定的，由建设行政部门责令限期改正

B. 逾期不改正的，以每人 5000 元以上 1 万元以下的标准处以罚款

C. 逾期不改正的，对劳务派遣单位，吊销其劳务派遣业务经营许可证

D. 用工单位给被派遣劳动者造成损害的，劳务派遣单位与用工单位承担连带赔偿责任

2Z204030　相关合同制度

知识脉络

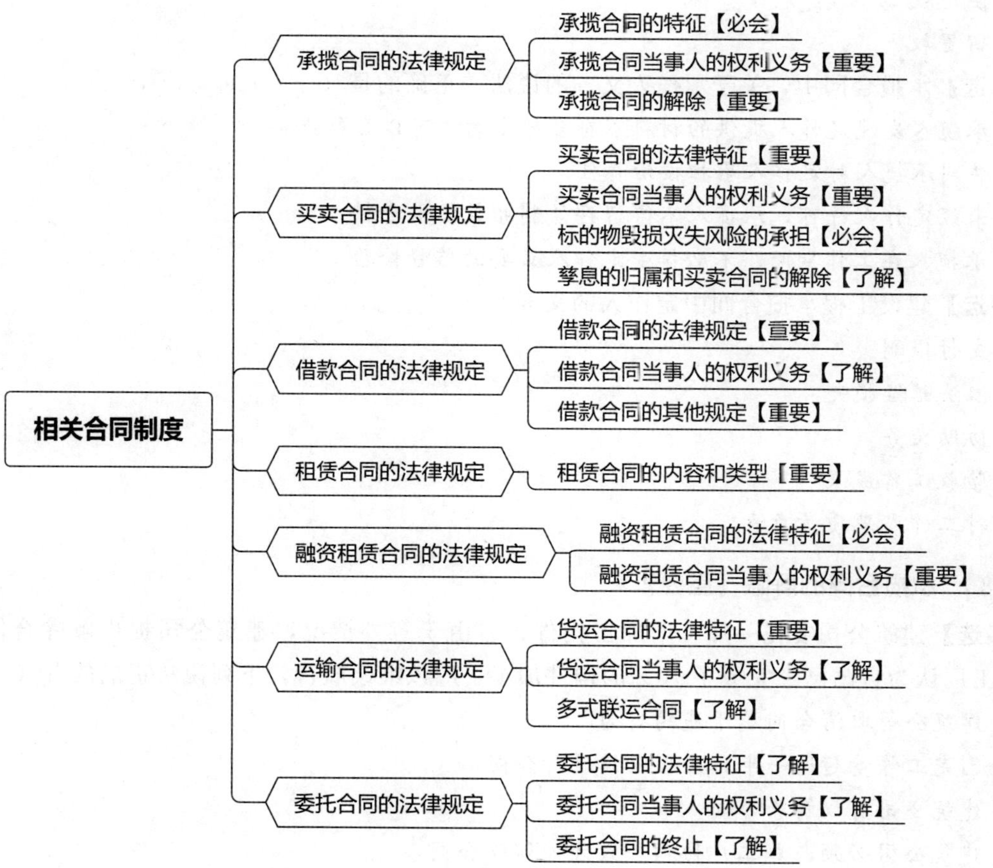

考点 1 承揽合同的特征【必会】

1.【单选】某学校与某塑钢窗加工厂签订了一份承揽加工塑钢窗合同，由其向塑钢窗加工厂提出工作要求，按约定接受工作成果并给付酬金。该学校称为（　　）。

A. 承揽人　　B. 定作人

C. 制作人　　D. 代理人

2.【单选】下列行为中，不符合承揽合同特征的是（　　）。

A. 承揽人应当以自己的设备、技术和劳力完成所承揽的工作

B. 承揽合同以完成一定的工作并交付工作成果为标的

C. 承揽人独立完成合同义务，不受定作人的指挥管理

D. 承揽人不得将承揽的主要工作交由第三人完成

考点 2 承揽合同当事人的权利义务【重要】

1.【单选】甲公司与乙输送设备生产厂签订了一份输送设备定制合同，并向该公司支付了预付款。输送设备生产厂按约定完成了定制任务，但甲公司却未向其支付合同额中剩余的款项，也未提出解除该合同。对此，这家输送设备公司对这些设备享有（　　）。

A. 处置权

B. 所有权

C. 使用权

D. 留置权

2.【单选】承揽合同中，关于承揽人义务的说法，正确的是（　　）。

A. 承揽人发现定作人提供的材料不符合约定的，可以自行更换

B. 共同承揽人对定作人承担按份责任

C. 未经定作人许可，承揽人不得留存复制品或技术资料

D. 承揽人在工作期间，不必接受定作人必要的监督检验

3.【多选】建设工程承揽合同中定作人的义务有（　　）。

A. 支付报酬

B. 依法赔偿损失

C. 协助义务

D. 验收工作成果

E. 对工作成果质量负责

考点 3 承揽合同的解除【重要】

【多选】建筑公司委托一加工厂加工构件，后由于意外情况，建筑公司提出解除合同，但加工厂认为自己已经完成了70%的构件加工，应该继续履行，下列说法正确的有（　　）。

A. 建筑公司取消合同属于违约行为

B. 已完工作量超过一半，应当继续履行合同

C. 建筑公司有权解除合同

D. 建筑公司必须与加工厂协商一致才能解除合同

E. 建筑公司应赔偿加工厂损失

考点 4 买卖合同的法律特征【重要】

【多选】下列选项中，属于买卖合同法律特征的有（　　）。

A. 买卖合同是一种转移财产所有权的合同

B. 买卖合同是有偿合同

C. 买卖合同是双务合同

D. 买卖合同是诺成合同

E. 买卖合同是实践合同

考点 5 买卖合同当事人的权利义务【重要】

1.【单选】下列选项中，除（　　）以外均为出卖人的标的物存在权利瑕疵。

A. 标的物不具有约定或法定的品质

B. 出卖人对标的物没有所有权或处分权

C. 出卖人对标的物没有完全的所有权或处分权

D. 标的物的处分涉及第三人的权益

2.【多选】某大型水电站建设项目，项目业主与某电机生产厂签订了发电机购买合同。合同中约定了发电机的质量、交付时间及款项交付方式等内容。此时，项目业主的主要义务有（　　）。

A. 支付价款的义务

B. 瑕疵担保义务

C. 受领发电机的义务

D. 对发电机进行验收的义务

E. 对发电机生产过程进行管理的义务

考点 6 标的物毁损灭失风险的承担【必会】

1.【单选】周某到家具店买家具，看中了一套家具，并与家具店签订了合同，合同价款 8000 元。周某预付货款 4000 元，家具店保证 3 天内将货送到周某家。因为车辆紧张，家具店没有在 3 天内送货，而第 4 天家具店失火，此套家具被焚毁。根据法律规定，对本案正确的处理是（　　）。

A. 由周某承担损失，周某应补交所欠货款 4000 元

B. 由家具店承担损失，家具店应退还周某预付货款 4000 元

C. 由周某、家具店双方平均分担损失，周某不补交货款，家具店不退还预付货款

D. 主要由家具店承担损失，周某也应适当承担损失

2.【单选】下列关于标的物毁损、灭失风险承担的说法中，符合买卖合同法律规定的是（　　）。

A. 出卖交由承运人运输的在途标的物，其毁损、灭失的风险由出卖人承担

B. 标的物毁损、灭失的风险，自买卖合同成立时由买受人承担

C. 出卖人未按规定交付标的物的单证和资料的，会影响标的物毁损、灭失风险的转移

D. 标的物毁损、灭失的风险由买受人承担的，不影响买受人要求出卖人承担违约责任的权利

考点 7 孳息的归属和买卖合同的解除【了解】

【单选】标的物在交付之后，其孳息将（　　）。

A. 归买受人所有

B. 归出卖人所有

C. 双方共有

D. 灭失

考点 8 借款合同的法律规定【重要】

1. 【单选】钱某因养殖场流动资金短缺，便与赵某约定借款 30 万元，同时约定了还款期限和借款利率。到了交钱的时候，周边养殖场出现疫情。赵某担心钱某的养殖场也受到传染，便拒绝出借，结果钱某损失惨重，便将赵某告上法庭，请求判其承担赔偿责任。对此，下列说法正确的是（　　）。

A. 该借款约定无效

B. 该借款约定有效

C. 法庭对钱某的请求予以支持

D. 赵某应承担违约责任

2. 【单选】自然人之间的借款合同如果没有约定利息，贷款人主张利息的，人民法院（　　）。

A. 不予受理

B. 可以受理

C. 不予支持

D. 可以支持

考点 9 借款合同当事人的权利义务【了解】

【多选】某大型水利设施建设项目业主与某银行签订了借款合同，银行的主要义务有（　　）。

A. 按约定提供借款

B. 按照实际用途使用借款

C. 按期归还本金和利息

D. 提供担保

E. 按照规定不得预扣利息

考点 10 借款合同的其他规定【重要】

【多选】关于民间借贷利息与利率，下列说法正确的有（　　）。

A. 没有约定利息不能要利息

B. 可以采用口头形式

C. 借款合同自双方在合同书签字盖章时成立

D. 利率不得超过合同成立时 1 年期贷款市场报价利率

E. 不得超过合同成立时 1 年期贷款市场报价利率的 4 倍

考点 11 租赁合同的内容和类型【重要】

1. 【多选】甲商厦业主将部分房屋租赁给乙单位，并签订了房屋租赁合同，该合同的主要内容应包括（　　）。

A. 租赁物的名称

B. 租赁物的法律特征

C. 租赁物的数量

D. 租金及支付期限和方式

E. 租赁物的用途

2. 【多选】关于租赁合同的说法，正确的有（　　）。

A. 租赁合同根据租赁标的物不同，可分为动产租赁和不动产租赁

B. 租赁期限超过 20 年的部分无效

C. 租赁期限 6 个月以上的，应当采用书面形式

D. 交付租赁物是租赁合同的成立要件

E. 当事人未采用书面形式的，视为不定期租赁

考点 12　融资租赁合同的法律特征【必会】

1. 【多选】关于融资租赁合同的法律特征，下列说法正确的有（　　）。

A. 其法律效力是买卖合同和租赁合同的叠加

B. 出租人身份的二重性

C. 融资租赁合同可以是要式合同

D. 承租人享有买受人的权利但不承担买受人的义务

E. 出租人不负担租赁物的维修与瑕疵担保义务

2. 【单选】某医院与某卫生院签订了融资租赁合同，双方约定，该医院应按照卫生院的要求，购买医疗设备租赁给卫生院，卫生院按约定支付租金。本合同中，该医院（　　）。

A. 享有买受人的权利但不承担买受人的义务

B. 向承租人承担标的物的瑕疵担保

C. 妥善保管和使用租赁物

D. 不负担租赁物的维修与瑕疵担保义务

考点 13　融资租赁合同当事人的权利义务【重要】

【多选】甲公司和乙租赁公司签订了融资租赁合同，约定乙公司从甲指定的丙公司购买一台 K06 型彩印机，并以融资租赁方式供甲公司使用。丙公司履行的义务应包括（　　）。

A. 向乙公司交付彩印机

B. 向甲公司交付彩印机

C. 向乙公司履行瑕疵担保义务

D. 向甲公司履行瑕疵担保义务

E. 履行维修义务

考点 14　货运合同的法律特征【重要】

【多选】运输合同的法律特征有（　　）。

A. 货运合同是双务、有偿合同

B. 货运合同的标的是获取货物

C. 货运合同的标的是运输行为

D. 货运合同是诺成合同

E. 货运合同的收货人和托运人可以是同一人

考点15 货运合同当事人的权利义务【了解】

【单选】甲建筑工程公司委托王某购买一批建筑材料并负责运回到施工工地。在运输途中发生了洪水，造成了时间延误和部分材料损毁。在这种情况下，王某（　　）。

A. 承担材料毁损的责任

B. 承担时间延误的责任

C. 承担全部责任

D. 不承担任何责任

考点16 多式联运合同【了解】

【单选】甲公司与乙运输公司签订了多式联运合同，应甲要求，乙开具了可转让多式联运单据。甲隐瞒了所运物品为危险物等相关信息，也未履行妥善包装的义务，且不久就将这份合同转让给了丙公司。运输期间该物品发生自燃，导致运输工具损毁。对此，下列说法中，正确的是（　　）。

A. 丙应对此承担损害赔偿责任

B. 乙应赔偿甲的损失

C. 甲应对此承担损害赔偿责任

D. 乙应赔偿丙的损失

考点17 委托合同的法律特征【了解】

【多选】委托合同的法律特征有（　　）。

A. 委托合同等同于民事代理

B. 委托的事务可以是法律行为

C. 委托合同可以是无偿合同

D. 委托的事务可以是事实行为

E. 委托合同是提供劳务的合同

考点18 委托合同当事人的权利义务【了解】

1. **【单选】**某房地产开发公司委托李某采购陶瓷用品，并签订了委托购买合同。合同中约定了陶瓷用品采购价格范围、质量标准、委托期限等内容。在购买陶瓷用品过程中，李某超越了委托权限给房地产开发公司造成了经济损失。此时房地产开发公司（　　）。

A. 与李某重新签订合同

B. 可对李某造成的损失提出索赔

C. 自己承担经济损失

D. 与李某共同承担经济损失

2. **【单选】**项目业主与监理单位签订了委托监理合同，监理单位在监理工作中遇到了突发事件，未经业主同意，处理不当，作出不利于业主的决定。事后监理单位未在规定的时间内将该情况及时报告给业主，并给业主带来了一定的损失。下列说法正确的是（　　）。

A. 业主可以要求监理单位赔偿损失

B. 监理公司不承担任何责任

C. 业主无权要求监理单位赔偿损失

D. 监理公司应承担刑事责任

考点 19 委托合同的终止【了解】

【多选】关于委托合同解除后的损失赔偿，下列说法正确的有（ ）。

A. 因不可归责于当事人的事由解除合同的，不需要承担赔偿责任

B. 因可归责于当事人的事由解除合同的，无偿委托合同的解除方应当赔偿因解除时间不当造成的直接损失

C. 因可归责于当事人的事由解除合同的，无偿委托合同的解除方应当赔偿因解除时间不当造成的直接损失和间接损失

D. 因可归责于当事人的事由解除合同的，有偿委托合同的解除方应当赔偿对方的直接损失

E. 因可归责于当事人的事由解除合同的，有偿委托合同的解除方应当赔偿对方的直接损失和合同履行后可以获得的利益

PART 5

2Z205000

建设工程施工环境保护、节约能源和文物保护法律制度

学习计划：

扫码即听
本章导学

2Z205010 施工现场环境保护制度

知识脉络

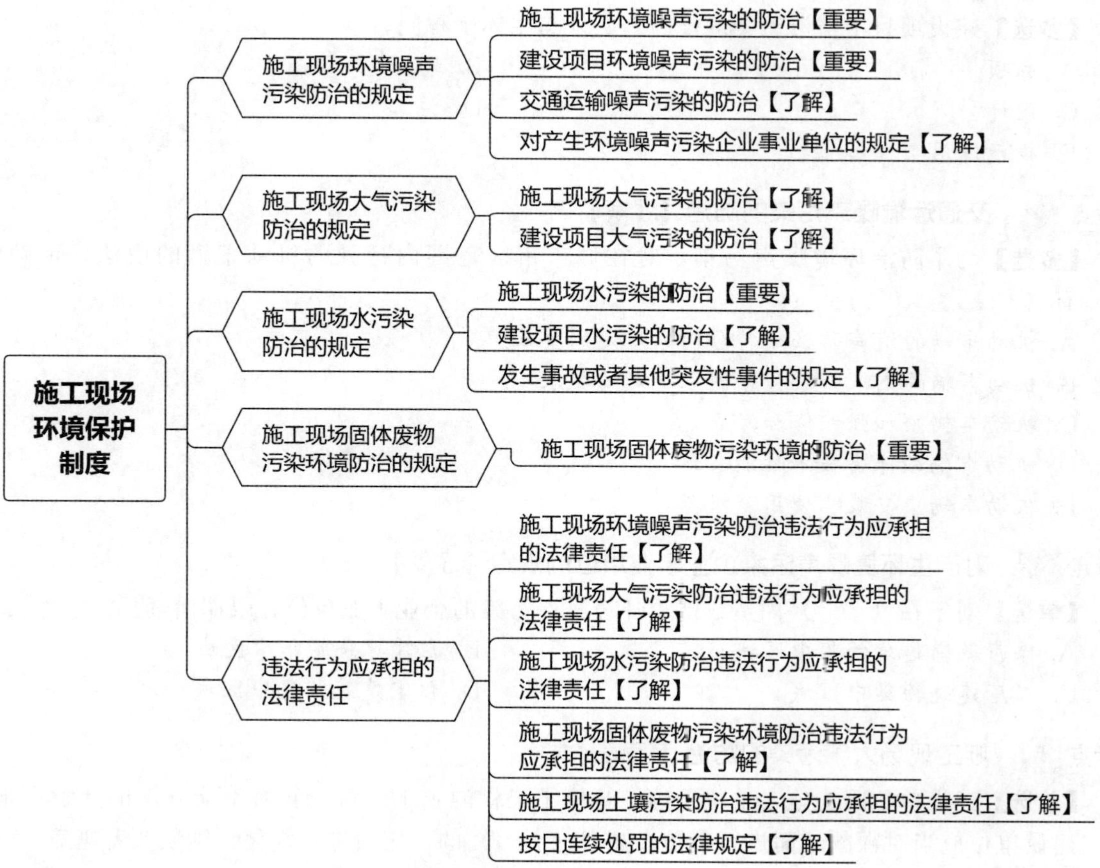

考点 1 施工现场环境噪声污染的防治【重要】

1. 【单选】下列关于噪声污染防治的说法中，错误的是（ ）。
   A. 因生产工艺上要求可以在夜间连续作业
   B. 因燃气管道抢修、抢险作业可以在夜间连续作业
   C. 特殊需要必须连续作业的，必须有县级以上人民政府或者其有关主管部门的证明
   D. 施工过程中可能产生环境噪声污染的，施工单位应在开工 15 日以前向建设主管部门申报

2. 【多选】在市区施工产生环境噪声污染的下列情形中，可以在夜间进行施工作业而不需要有关主管部门证明的有（ ）。
   A. 抢险救灾作业
   B. 特殊需要必须连续作业
   C. 自来水管道爆裂抢修
   D. 由于施工单位计划向国庆献礼而抢进度的施工

E. 路面塌陷抢修

3. 【单选】按照《建筑施工场界环境噪声排放标准》，建筑施工场界环境噪声排放限值为（　　）。

A. 昼间 60dB（A），夜间 50dB（A）
B. 昼间 65dB（A），夜间 50dB（A）
C. 昼间 70dB（A），夜间 55dB（A）
D. 昼间 75dB（A），夜间 60dB（A）

考点 2　建设项目环境噪声污染的防治【重要】

【多选】建设项目中防治污染的设施，必须与主体工程同时（　　）。

A. 立项
B. 竣工
C. 设计
D. 施工
E. 投产使用

考点 3　交通运输噪声污染的防治【了解】

【多选】为了防治环境噪声污染，对在城市市区范围内行驶的机动车辆的说法，正确的有（　　）。

A. 机动车辆的消声器必须符合国家规定的要求
B. 机动车辆的喇叭必须符合国家规定的要求
C. 机动车辆须加强维修和保养
D. 机动车辆须保持技术性能良好
E. 机动车辆应安装、使用警报器

考点 4　对产生环境噪声污染企业事业单位的规定【了解】

【单选】对于在（　　）内造成严重环境噪声污染的企业事业单位，限期治理。

A. 噪声敏感建筑物集中区域
B. 在建建筑物集中区域
C. 工厂建筑物集中区域
D. 住宅建筑物集中区域

考点 5　施工现场大气污染的防治【了解】

【单选】建设单位因为施工单位违约，暂停了工程的施工，对于暂时不能开工的建设用地，建设单位应当对裸露地面进行覆盖；超过（　　）的，应当进行绿化、铺装或者遮盖。

A. 1 个月
B. 3 个月
C. 6 个月
D. 1 年

考点 6　建设项目大气污染的防治【了解】

【单选】城市范围内主要路段的施工工地应设置高度不小于（　　）m 的封闭围挡，一般路段的施工工地应设置高度不小于（　　）m 的封闭围挡。

A. 2.5，1.8
B. 1.8，2.5
C. 2.5，0.8
D. 0.8，1.5

考点 7　施工现场水污染的防治【重要】

1. 【单选】根据《城镇污水排入排水管网许可管理办法》，关于向城镇排水设施排放污水的说法，正确的是（　　）。

A. 城镇排水主管部门实施排水许可不得收费
B. 施工作业需要排水的，由施工企业申请领取排水许可证
C. 排水许可证的有效期，由建设主管部门根据工期确定

D. 排水户应当按照实际需要的排水类别、总量排放污水

2. 【多选】下列危及城镇排水设施安全的行为主要有（　　）。

A. 向城镇排水设施排放、倾倒剧毒、易燃易爆物质、腐蚀性废液和废渣、有害气体和烹饪油烟等

B. 堵塞城镇排水设施或者向城镇排水设施内排放易堵塞物

C. 擅自拆卸、移动和穿凿城镇排水设施

D. 擅自向城镇排水设施加压排放污水

E. 擅自排放污水可能危及城镇排水与污水处理设施安全运行的

3. 【单选】关于施工现场水污染防治的说法，错误的是（　　）。

A. 禁止向水体排放生活污水

B. 禁止利用渗井、渗坑、裂隙、溶洞，私设暗管，篡改、伪造监测数据

C. 在饮用水水源保护区内，禁止设置排污口

D. 禁止向水体排放油类、酸液、碱液或者剧毒废液

考点 8 建设项目水污染的防治【了解】

【多选】关于建设项目水污染的防治，说法错误的有（　　）。

A. 已建成的排放污染物的建设项目，由县级以上人民政府责令拆除或者关闭

B. 禁止在饮用水水源二级保护区内新建、改建、扩建与供水设施和保护水源无关的建设项目

C. 已建成的与供水设施和保护水源无关的建设项目，由省级以上人民政府责令拆除或者关闭

D. 禁止在饮用水水源二级保护区内新建、改建、扩建排放污染物的建设项目

E. 禁止在饮用水水源准保护区内新建、扩建对水体污染严重的建设项目

考点 9 发生事故或者其他突发性事件的规定【了解】

【单选】根据《水污染防治法》，企业事业单位发生事故或者其他突发性事件，造成或者可能造成水污染事故，并采取相应的应急措施的，应当向（　　）报告。

A. 地方行政主管部门

B. 建设单位主管部门

C. 大气污染防治监管部门

D. 生态环境主管部门

考点 10 施工现场固体废物污染环境的防治【重要】

1. 【单选】位于甲省的某项目产生大量建筑垃圾，经协商可转移至乙省某地填埋，但需要途径丙省辖区，下列说法正确的是（　　）。

A. 无需经任何部门许可

B. 应向乙省生态环境主管部门报告并经丙省生态环境主管部门许可

C. 应向丙省生态环境主管部门报告并经甲省生态环境主管部门许可

D. 应向甲省生态环境主管部门报告并经乙省生态环境主管部门许可

2. 【单选】对建筑物拆除产生的废弃物的再利用和回收率力争大于（　　）。

A. 30％　　B. 40％

C. 50％　　D. 60％

考点 11 施工现场环境噪声污染防治违法行为应承担的法律责任【了解】

【多选】根据《环境噪声污染防治法》规定，属于施工现场噪声污染防治违法行为应承担法律责任的有（　　）。

A. 未经生态环境主管部门批准，擅自拆除或者闲置环境噪声污染防治设施，致使环境噪声排放超过规定标准的

B. 在城市市区噪声敏感建筑物集中区域内，夜间进行禁止进行的产生环境噪声污染的建筑施工作业

C. 在城市市区噪声敏感建筑物集中区域内，夜间进行抢险施工造成环境噪声污染的

D. 排放环境噪声的单位拒绝生态环境主管部门现场检查

E. 机动车辆不按照规定使用声响装置的

考点 12 施工现场大气污染防治违法行为应承担的法律责任【了解】

【单选】材料包括石料、水泥、石灰、粉煤灰、砂子等，经常出现粉尘四处弥漫的情形。对此，下列说法正确的是（　　）。

A. 市区施工不允许使用此类容易产生环境污染的物质

B. 必须采取防燃、防尘措施，防止大气污染

C. 只要交纳罚款，可以不采取防护措施

D. 由于企业本身从事公益事业，对环境造成影响并不违法

考点 13 施工现场水污染防治违法行为应承担的法律责任【了解】

【单选】某施工单位在混凝土搅拌场处私设排污口，将生产过程中产生的废水直接排入水沟，经水沟进入稻田，形成了板结，使村里几十亩水稻受损严重，市环保局责令该施工单位限期改正，限期拆除私自设置的排污口，并对该施工单位处以（　　）的罚款。

A. 1 万元

B. 2 万元以上 10 万元以下

C. 10 万元以上 15 万元以下

D. 15 万元

考点 14 施工现场固体废物污染环境防治违法行为应承担的法律责任【了解】

【多选】违反有关城市生活垃圾污染环境防治的规定，由县级以上地方人民政府环境卫生行政主管部门责令停止违法行为，限期改正，处以罚款的行为包括（　　）。

A. 随意倾倒、抛撒或者堆放生活垃圾的

B. 擅自关闭、闲置或者拆除生活垃圾处置设施、场所的

C. 工程施工单位未编制建筑垃圾处理方案报备案的

D. 不按照国家规定申报登记固体废物，或者在申报登记时弄虚作假的

E. 在运输过程中沿途丢弃、遗撒生活垃圾的

考点 15 施工现场土壤污染防治违法行为应承担的法律责任【了解】

【单选】根据《中华人民共和国土壤污染防治法》，建设和运行污水集中处理设施、固体废物处置设施，未依照法律法规和相关标准的要求采取措施防止土壤污染，造成严重后果的，处（　　）的罚款。

A. 10 万元以上 200 万元以下

B. 2 万元以上 10 万元以下

C. 20 万元以上 200 万元以下

D. 10 万元以上 20 万元以下

考点 16 按日连续处罚的法律规定【了解】

【单选】根据《环境保护法》，企业事业单位和其他生产经营者违法排放污染物受到罚款处罚，可以按日连续处罚。关于“按日连续处罚”的说法，正确的是（ ）。

A. 责令改正，拒不改正的，可以按原处罚数额按日连续处罚

B. 是否可以按日连续处罚，与是否责令改正无关

C. 责令改正，拒不改正的，可以重新确定处罚数额按日连续处罚

D. 责令改正，拒不改正的，可自责令改正之日起按日连续处罚

2Z205020 施工节约能源制度

知识脉络

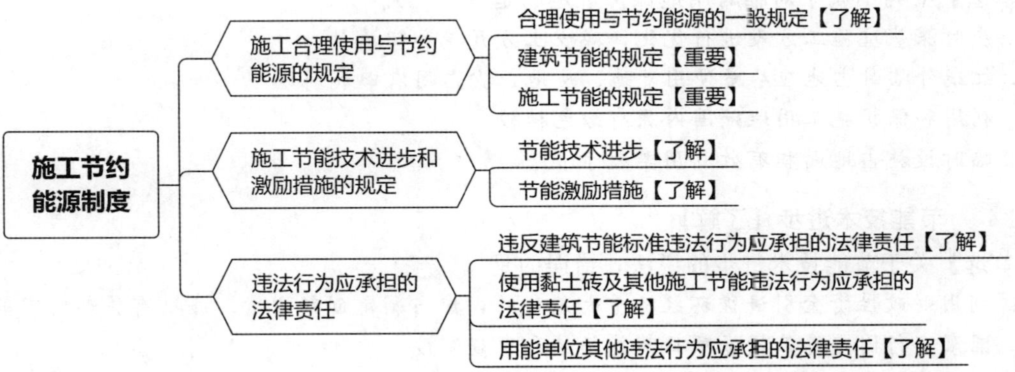

考点 1 合理使用与节约能源的一般规定【了解】

1.【单选】“绿色施工”是指工程建设中，在保证质量、安全等基本要求的前提下，通过科学管理和技术进步，最大限度地节约资源与减少对环境负面影响的施工活动，实现“四节一环保”，其中“四节”是指（ ）。

A. 节电、节能、节水、节材

B. 节能、节地、节水、节材

C. 节能、节水、节油、节材

D. 节能、节电、节地、节材

2.【单选】民用建筑节能，是指在保证民用建筑使用功能和（ ）的前提下，降低其使用过程中能源消耗的活动。

A. 能源合理利用　　B. 室内温度适宜

C. 减少能源消耗　　D. 室内热环境质量

考点 2 建筑节能的规定【重要】

【单选】关于建筑节能，下列说法错误的是（ ）。

A. 国家鼓励和扶持在新建建筑和既有建筑节能改造中采用太阳能、地热能等可再生能源

B. 国家推广使用民用建筑节能的新技术、新工艺、新材料和新设备，限制使用或者禁止使

用能源消耗高的技术、工艺、材料和设备

C. 建设单位、设计单位、施工单位不得在建筑活动中使用列入禁止使用目录的技术、工艺、材料和设备

D. 未经总监理工程师签字，墙体材料、保温材料、门窗、采暖制冷系统和照明设备不得在建筑上使用或者安装

考点3 施工节能的规定【重要】

1. 【单选】根据《绿色施工导则》，图纸会审时，应审核节材与材料资源利用的相关内容，达到材料损耗率比定额损耗率降低（　　）。

A. 15%　　B. 20%

C. 25%　　D. 30%

2. 【单选】根据《绿色施工导则》，处于基坑降水阶段的工地，宜优先采用（　　）作为混凝土搅拌用水、养护用水、冲洗用水和部分生活用水。

A. 地下水　　B. 市政自来水

C. 雨水　　D. 中水

3. 【单选】下列不属于对临时用地保护规定的是（　　）。

A. 应对深基坑施工方案进行优化，减少土方开挖和回填量

B. 红线外临时占地应尽量使用荒地、废地，少占用农田和耕地

C. 利用和保护施工用地范围内原有绿色植被

D. 临时设施占地面积有效利用率大于90%

考点4 节能技术进步【了解】

【单选】关于节能技术进步的说法，错误的是（　　）。

A. 利用财政性资金引进循环经济重大装备的，应当制定创新方案，并报有关部门审批

B. 国家实行固定资产投资项目节能评估和审查制度

C. 不符合强制性节能标准的项目，建设单位不得开工建设

D. 政府投资项目不符合强制性节能标准的，依法负责项目审批的机关可以批准建设

考点5 节能激励措施【了解】

【多选】根据《节约能源法》《循环经济促进法》，相关的节能激励措施主要有（　　）。

A. 税收优惠

B. 信贷支持

C. 职工福利

D. 价格政策

E. 财政安排节能专项资金

考点6 违反建筑节能标准违法行为应承担的法律责任【了解】

【单选】根据《节约能源法》，违反建筑节能标准的，由建设主管部门责令改正，处10万元以上50万元以下罚款的参建单位是（　　）。

A. 建设、施工、监理

B. 建设、设计、施工

C. 建设、设计、监理

D. 设计、施工、监理

考点 7 使用黏土砖及其他施工节能违法行为应承担的法律责任【了解】

【单选】根据《民用建筑节能条例》，施工单位使用列入禁止使用目录的技术、工艺、材料和设备的，正确的处理方式是（　　）。

A. 处 10 万元以上 20 万元以下的罚款

B. 处 5 万元以上 20 万元以下的罚款

C. 处 10 万元以上 30 万元以下的罚款

D. 处 20 万元以下的罚款

考点 8 用能单位其他违法行为应承担的法律责任【了解】

【单选】按照建筑节能的有关规定，合同约定由建设单位采购墙体材料、保温材料、门窗、采暖制冷系统和照明设备的，建设单位应当保证其符合（　　）要求。

A. 施工图设计文件　　B. 建筑节能强制性标准

C. 企业或地方标准　　D. 民用建筑节能条例

2Z205030　施工文物保护制度

知识脉络

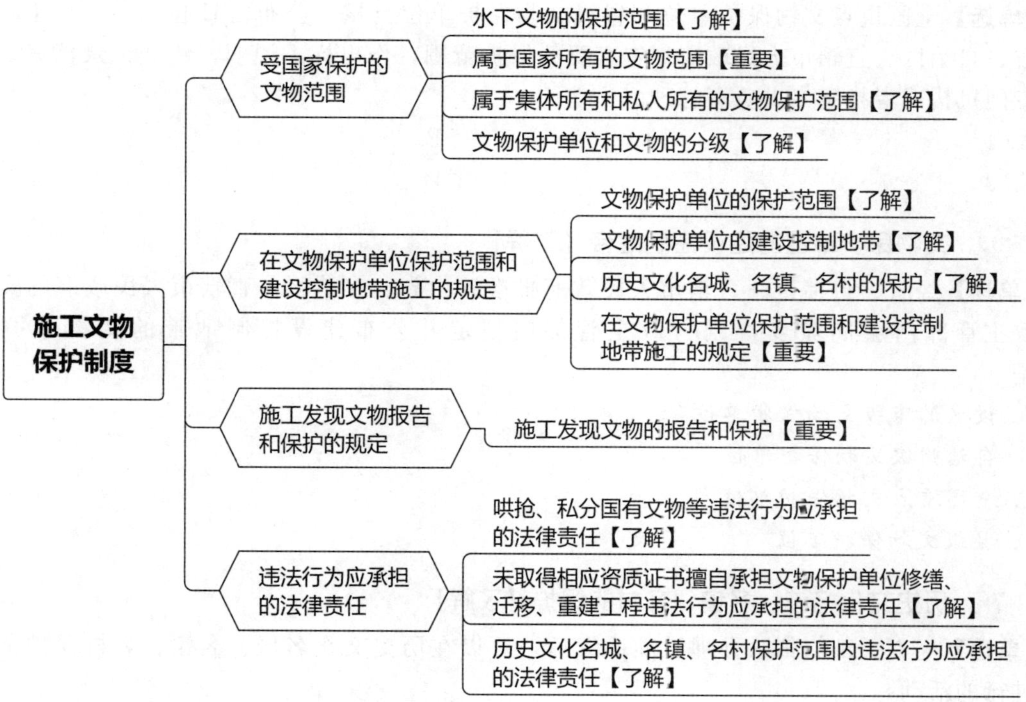

考点 1 水下文物的保护范围【了解】

【单选】根据《水下文物保护管理条例》，水下文物不包括（　　）以后的与重大历史事件、革命运动以及著名人物无关的水下遗存。

A. 1900 年　　B. 1910 年

C. 1911 年　　D. 1920 年

考点2 属于国家所有的文物范围【重要】

【单选】下列属于国家所有的可移动的文物中，不包括（　）。

A. 民营企业家捐赠给国家的文物

B. 某国有企业收藏的文物

C. 中国境内出土的文物

D. 国家指定保护的纪念建筑物

考点3 属于集体所有和私人所有的文物保护范围【了解】

【单选】属于集体所有和私人所有的纪念建筑物、古建筑和祖传文物以及依法取得的其他文物，其所有权（　）。

A. 归集体所有

B. 归国家所有

C. 归个人所有

D. 受法律保护

考点4 文物保护单位和文物的分级【了解】

【单选】珍贵文物分为（　）个等级。

A. 2

B. 3

C. 4

D. 5

考点5 文物保护单位的保护范围【了解】

【单选】全国重点文物保护单位和省级文物保护单位自核定公布之日起（　）年内，由省、自治区、直辖市人民政府划定必要的保护范围，作出标志说明，建立记录档案，设置专门机构或者指定专人负责管理。

A. 1

B. 2

C. 3

D. 5

考点6 文物保护单位的建设控制地带【了解】

【单选】经省、自治区、直辖市人民政府批准并由省、自治区、直辖市人民政府的文物行政主管部门会同城乡规划行政主管部门划定并公布建设控制地带的文物保护单位是（　）。

A. 设区的市级文物保护单位

B. 自治州级文物保护单位

C. 全国重点文物保护单位

D. 县级文物保护单位

考点7 历史文化名城、名镇、名村的保护【了解】

【单选】经有关部门依法办理批准手续后，可以在历史文化名城、名镇、名村保护范围内进行的活动是（　）。

A. 修建生产、储存腐蚀性物品的仓库

B. 改变园林绿地、河湖水系等自然状态的活动

C. 占用保护规划确定保留的道路

D. 在历史建筑上刻划

考点 8 在文物保护单位保护范围和建设控制地带施工的规定【重要】

1.【单选】关于在文物保护单位控制地带内进行建设的说法，错误的是（ ）。
A. 不得建设污染文物保护单位及其环境的设施
B. 全国重点文物保护单位不得拆除
C. 进行爆破作业，须经国务院文物行政部门批准
D. 不得破坏文物保护单位的历史风貌

2.【单选】《文物保护法》规定，一切机关、组织和个人都有依法保护文物的（ ）。
A. 责任
B. 义务
C. 任务
D. 权利

3.【单选】关于在文物保护单位和建设控制地带内从事建设活动的说法，正确的是（ ）。
A. 文物保护单位的保护范围内及其周边的一定区域不得进行挖掘作业
B. 在全国重点文物保护单位的保护范围内进行挖掘作业，必须经国务院批准
C. 在省、自治区、直辖市重点文物保护单位的保护范围内进行挖掘作业的，必须经国务院文物行政部门同意
D. 因特殊情况需要在文物保护单位的保护范围内进行挖掘作业的，应经核定公布该文物保护单位的人民政府批准，并在批准前征得上一级人民政府文物行政部门同意

考点 9 施工发现文物的报告和保护【重要】

1.【单选】甲企业在施工过程中发现古墓，于是立即上报文物行政部门，文物行政部门接到报告后，应当在（ ）小时内赶赴工地现场。
A. 12
B. 24
C. 48
D. 36

2.【单选】某建设工程基础工程施工中发现文物，及时报告了当地文物行政部门，文物行政部门接到报告后赶赴现场，提出处理意见的时间应当不超过（ ）。
A. 12 小时
B. 24 小时
C. 5 日
D. 7 日

考点 10 哄抢、私分国有文物等违法行为应承担的法律责任【了解】

【单选】施工人员在施工中发现文物隐匿不报或者拒不上交，或者未按照规定移交拣选文物，情节严重但尚不构成犯罪的，可处以（ ）罚款。
A. 1 千元以上 1 万元以下
B. 5 千元以上 5 万元以下
C. 1 万元以上 10 万元以下
D. 5 万元以上 50 万元以下

考点 11 未取得相应资质证书擅自承担文物保护单位修缮、迁移、重建工程违法行为应承担的法律责任【了解】

【单选】未取得相应等级的文物保护工程资质证书，擅自承担文物保护单位的修缮、迁移、重建工程的，由文物行政主管部门责令限期改正；逾期不改正，或者造成严重后果的，处一定数额的罚款，其额度为（ ）。
A. 5 万元以下
B. 5 万元以上 20 万元以下

C. 5 万元以上 50 万元以下

D. 50 万元以上

考点 12 历史文化名城、名镇、名村保护范围内违法行为应承担的法律责任【了解】

【单选】某单位未经城乡规划主管部门会同同级文物主管部门批准，拆除历史建筑以外的建筑物，限期内无法恢复原状，造成严重后果，对该单位处（　　）罚款。

A. 5 万元以下　　B. 5 万元以上 10 万元以下

C. 10 万元以上 15 万元以下　　D. 15 万元以上

PART 6

2Z206000

建设工程安全生产法律制度

学习计划：

扫码即听
本章导学

2Z206010 施工安全生产许可证制度

知识脉络

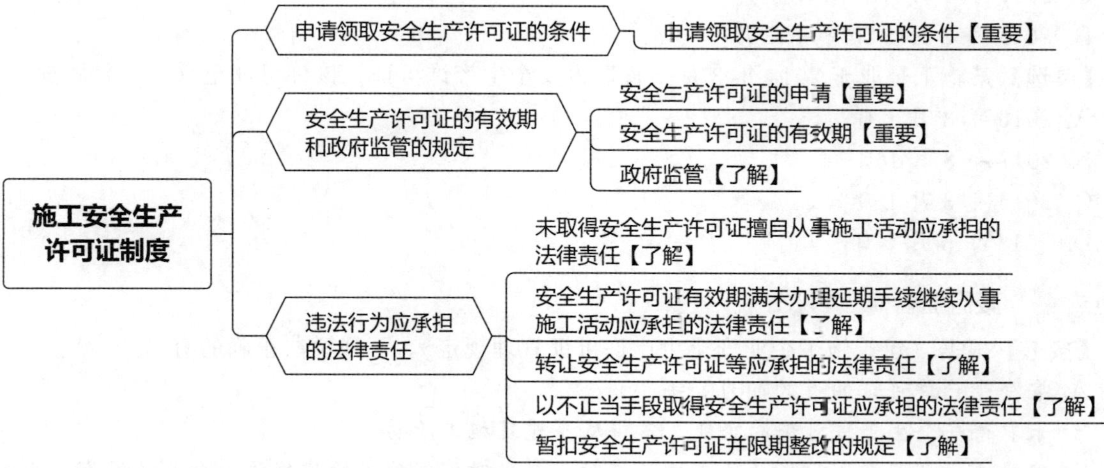

考点1 申请领取安全生产许可证的条件【重要】

1. 【单选】根据《安全生产许可证条例》，下列不属于企业取得安全生产许可证的条件的是（　　）。

A. 建立、健全安全生产责任制，制定完备的安全生产规章制度和操作规程

B. 有生产安全事故应急救援预案、应急救援组织或者应急救援人员，配备必要的应急救援器材、设备

C. 依法参加工伤保险，依法为施工现场从事危险作业的人员办理意外伤害保险，为从业人员交纳保险费

D. 对所有的分部分项工程及施工现场建立预防、监控措施和应急预案

2. 【多选】根据《建筑施工企业安全生产许可证管理规定》，建筑施工企业取得安全生产许可证应当具备的条件包括（　　）。

A. 建立、健全安全生产责任制，制定完备的安全生产规章制度和操作规程

B. 特种作业人员经有关部门考核合格并取得资格证书

C. 全员参加意外伤害保险

D. 设置安全生产管理机构，按照国家规定配备专职安全生产管理人员

E. 保证本单位安全生产条件所需资金的投入

考点2 安全生产许可证的申请【重要】

【单选】建筑施工企业从事建筑施工活动前，应当依照《建筑施工企业安全生产许可证管理规定》，向（　　）申请领取安全生产许可证。

A. 国务院建设主管部门

B. 北京市人民政府建设主管部门

C. 企业注册所在地省、自治区、直辖市人民政府住房城乡建设主管部门

D. 企业承建项目所在地省、自治区、直辖市人民政府安全生产监督管理部门

考点 3 安全生产许可证的有效期【重要】

1. 【单选】某建筑施工企业在 2015 年 2 月 1 日办理的安全生产许可证，应在（　　）时向原发证机关办理延期手续。

A. 2018 年 2 月～2018 年 4 月

B. 2017 年 11 月～2018 年 1 月

C. 2017 年 7 月～2018 年 1 月

D. 2018 年 2 月～2018 年 7 月

2. 【单选】某施工企业于 2014 年 3 月 1 日取得安全生产许可证，该许可证至（　　）届满。

A. 2016 年 3 月 1 日

B. 2017 年 3 月 1 日

C. 2015 年 3 月 1 日

D. 2018 年 3 月 1 日

考点 4 政府监管【了解】

【多选】根据《建筑施工企业安全生产许可证管理规定》，下列说法正确的有（　　）。

A. 安全生产许可证的有效期为 5 年

B. 未取得安全生产许可证的企业，不得从事建筑施工活动

C. 建设主管部门在审核发放施工许可证时，应当对已经确定的建筑施工企业是否有安全生产许可证进行审查

D. 企业未发生死亡事故的，许可证有效期届满时自动延期

E. 企业取得安全生产许可证后，不得降低安全生产条件

考点 5 未取得安全生产许可证擅自从事施工活动应承担的法律责任【了解】

【单选】根据《安全生产许可证条例》，建筑施工企业未取得安全生产许可证擅自进行生产的，责令停止生产，没收违法所得，并处（　　）的罚款。

A. 10 万元以上 50 万元以下

B. 20 万元以上 50 万元以下

C. 10 万元以上 30 万元以下

D. 10 万元以上 20 万元以下

考点 6 安全生产许可证有效期满未办理延期手续继续从事施工活动应承担的法律责任【了解】

【单选】某建筑施工企业在 2013 年 5 月仍在持 2010 年 1 月 1 日办理的安全生产许可证进行施工，受到有关部门查处。该案的正确处理方式是（　　）。

A. 允许其继续施工，限期补办延期手续

B. 允许其继续施工，但处以 50 万元罚款

C. 责令停止施工，限期补办延期手续，没收违法所得，并处以 5 万元以上 10 万元以下罚款

D. 责令停业整顿，限期补办延期手续，并处以 10 万元以上 50 万元以下罚款

考点 7 转让安全生产许可证等应承担的法律责任【了解】

【多选】关于转让安全生产许可证，下列处理方式正确的有（　　）。

A. 没收违法所得，处 10 万元以上 50 万元以下的罚款

B. 构成犯罪的，依法追究刑事责任
C. 接受转让的，依照未取得安全生产许可证擅自进行生产的规定处罚
D. 暂发安全生产许可证并限期整改
E. 吊销其安全生产许可证

考点 8　以不正当手段取得安全生产许可证应承担的法律责任【了解】

【单选】建筑施工企业以欺骗、贿赂等不正当手段取得安全生产许可证的，（　　）年内不得再次申请安全生产许可证。

A. 1　　B. 2
C. 3　　D. 4

考点 9　暂扣安全生产许可证并限期整改的规定【了解】

【单选】根据《建筑施工企业安全生产许可证管理规定》，取得安全生产许可证的建筑施工企业，发生重大安全事故的，正确的处理方式是（　　）。

A. 暂扣安全生产许可证并限期整改　　B. 吊销安全生产许可证
C. 1年内不得申请安全生产许可证　　D. 给予警告

2Z206020　施工安全生产责任和安全生产教育培训制度

知识脉络

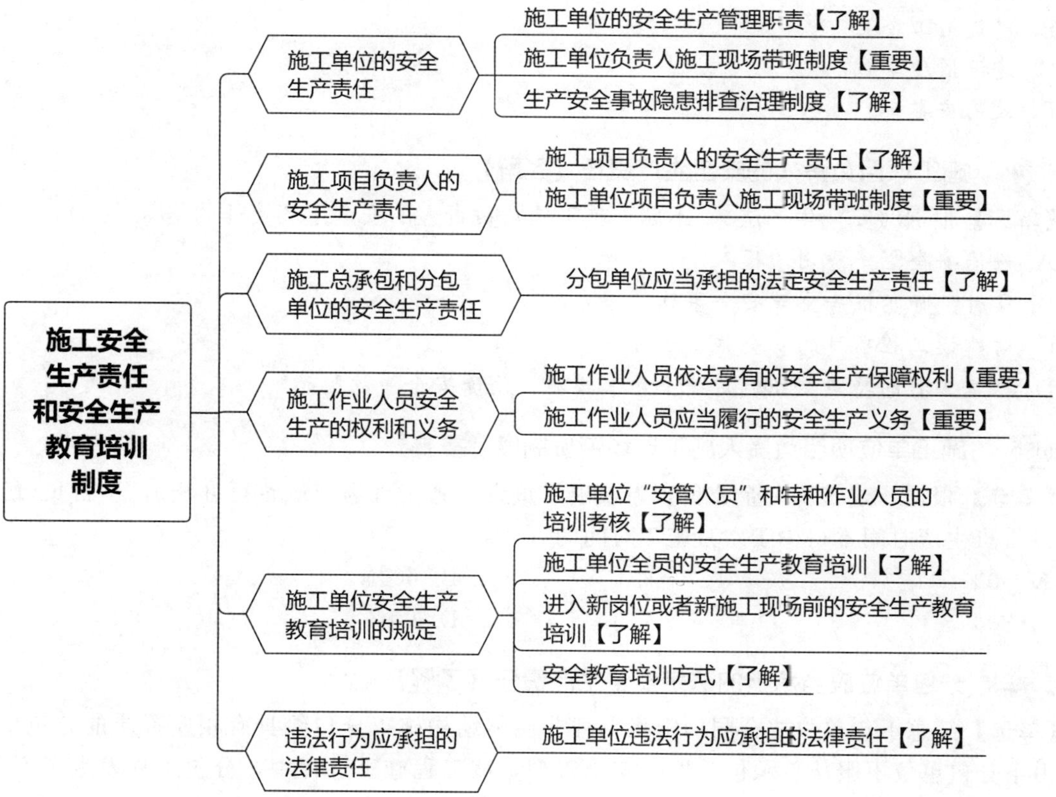

考点 1 施工单位的安全生产管理职责【了解】

【单选】根据《安全生产法》，施工企业主要负责人对安全生产的责任是（　　）。

A. 工程项目实行总承包的，定期考核分包单位安全生产管理情况

B. 保证本企业安全生产投入的有效实施

C. 督促落实本企业重大危险源的安全管理措施

D. 在施工现场组织协调工程项目安全生产活动

考点 2 施工单位负责人施工现场带班制度【重要】

1. 【单选】下列关于建筑施工企业负责人带班检查的说法中，错误的是（　　）。

A. 应认真做好检查记录，并分别在企业和工程项目存档备查

B. 超过一定规模的危险性较大的分部分项工程施工时，应到施工现场进行带班检查

C. 建筑施工企业负责人要定期带班检查，每月检查时间不少于其工作日的25%

D. 工程开工或停工复工时，应到施工现场带班检查

2. 【单选】建筑施工企业负责人要定期带班检查，每月检查时间不少于其工作日的（　　）。

A. 15%　　　　B. 10%

C. 25%　　　　D. 30%

考点 3 生产安全事故隐患排查治理制度【了解】

【单选】根据《房屋市政工程生产安全重大隐患排查治理挂牌督办暂行办法》，房屋市政工程生产安全重大隐患排查治理的责任主体是（　　）。

A. 建设单位

B. 建筑施工企业

C. 建设监理单位

D. 政府安监部门

考点 4 施工项目负责人的安全生产责任【了解】

【单选】根据《安全生产法》，不属于施工项目负责人的安全生产责任的是（　　）。

A. 确保安全生产费用的投入

B. 及时、如实报告生产安全事故

C. 对建设工程项目的安全施工负责

D. 根据工程的特点组织制定安全施工措施，消除安全事故隐患

考点 5 施工单位项目负责人施工现场带班制度【重要】

【单选】根据《建筑施工企业负责人及项目负责人施工现场带班暂行办法》，项目负责人每月带班生产时间不得少于本月施工时间的（　　）。

A. 50%　　　　B. 60%

C. 80%　　　　D. 90%

考点 6 分包单位应当承担的法定安全生产责任【了解】

1. 【单选】某总承包单位按合同约定将工程非主体结构施工分包给具有相应资质的分包单位。由于分包单位不服从总承包单位的安全管理，该工程施工过程中，分包工程发生了安全生产事故。关于双方责任的说法，错误的是（　　）。

A. 总承包单位应对该工程施工现场的安全生产负总责

B. 总承包单位与分包单位就该安全事故承担连带责任

C. 工程总承包单位应当独立的完成整个工程，不允许分包

D. 分包单位对所造成的事故负主要责任

2. 【单选】根据《建设工程安全生产管理条例》，实行施工总承包的建设工程，由（　　）负责上报事故。

A. 建设单位

B. 总承包单位

C. 分包单位

D. 监理单位

考点 7 施工作业人员依法享有的安全生产保障权利【重要】

1. 【多选】施工作业人员安全生产的权利包括（　　）。

A. 了解其作业场所和工作岗位存在的危险因素、防范措施和事故应急措施

B. 对本单位安全生产工作中存在的问题提出批评、检举、控告

C. 获得符合国家标准或行业标准的劳动防护用品

D. 获得工伤保险和意外伤害保险赔偿的权利

E. 发现事故隐患立即向本单位负责人报告

2. 【单选】作业人员李某在脚手架上施工时，发现部分扣件松动而可能导致架体坍塌，故停止了作业，李某的行为属于行使（　　）。

A. 拒绝权

B. 知情权

C. 紧急避险权

D. 检举权

考点 8 施工作业人员应当履行的安全生产义务【重要】

【多选】下列属于施工作业人员安全生产义务的有（　　）。

A. 接受安全生产教育培训

B. 施工安全事故隐患报告

C. 获得安全防护用具

D. 正确使用安全防护用具

E. 检举本单位安全生产的违规行为

考点 9 施工单位"安管人员"和特种作业人员的培训考核【了解】

1. 【多选】下列施工单位人员中，应当经建设主管部门考核合格方可任职的有（　　）。

A. 施工单位的主要负责人

B. 项目负责人

C. 专职安全生产管理人员

D. 项目技术员

E. 从事施工安全的所有负责人

2. 【多选】施工单位的（　　）等特种作业人员，必须按照国家有关规定经过专门的安全作业培训，并取得特种作业操作资格证书后，方可上岗作业。

A. 垂直运输机械作业人员

B. 安全生产管理人员
C. 起重信号工
D. 安装拆卸工
E. 爆破作业人员

考点10 施工单位全员的安全生产教育培训【了解】

【单选】建筑施工企业的管理人员和作业人员每（ ）应至少进行一次安全生产教育培训并考核合格。

A. 半年
B. 1年
C. 2年
D. 3年

考点11 进入新岗位或者新施工现场前的安全生产教育培训【了解】

【单选】建筑企业要对新职工进行至少（ ）学时的安全培训，每年进行至少（ ）学时的再培训。

A. 12，10
B. 30，20
C. 32，20
D. 40，10

考点12 安全教育培训方式【了解】

【单选】根据《国务院安委会关于进一步加强安全培训工作的决定》，高危企业新职工安全培训合格后，要在经验丰富的工人师傅带领下，实习至少（ ）后方可独立上岗。

A. 6个月
B. 3个月
C. 2个月
D. 1个月

考点13 施工单位违法行为应承担的法律责任【了解】

【单选】施工单位挪用列入建设工程概算的安全生产作业环境及安全施工措施所需费用的，其处理办法是（ ）。

A. 责令工程停工
B. 责令限期改正，给予警告
C. 给予罚金
D. 责令限期改正

2Z206030 施工现场安全防护制度

知识脉络

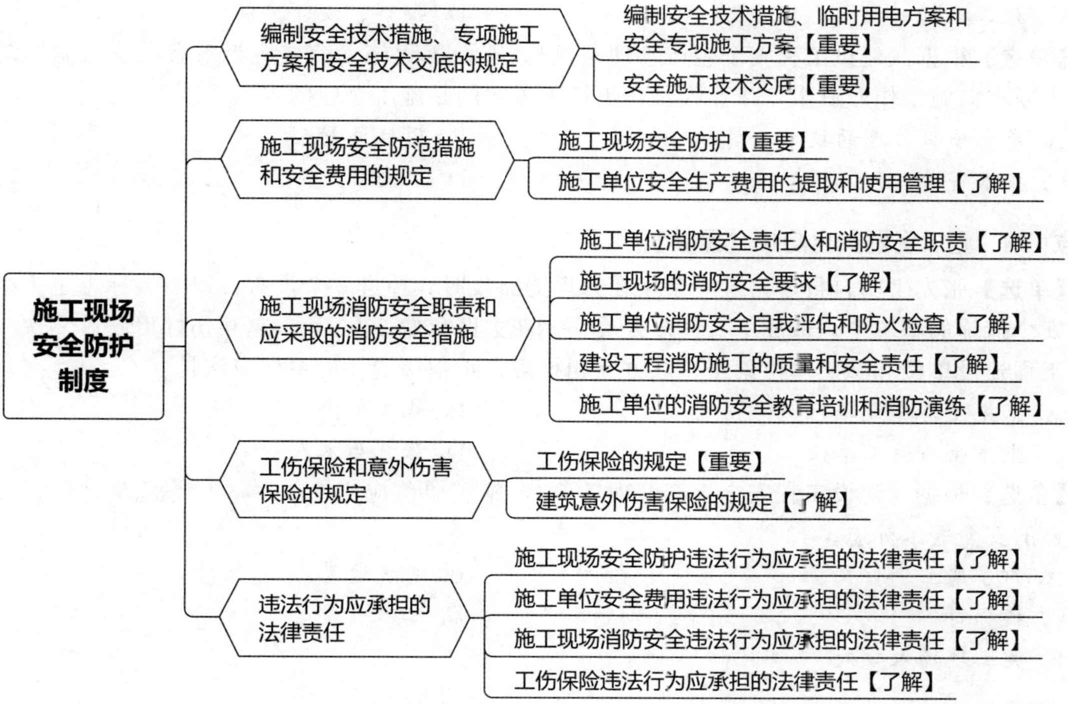

考点 1 编制安全技术措施、临时用电方案和安全专项施工方案【重要】

1. 【单选】某施工总承包单位将起重机械安装拆卸工程分包给了专业承包单位，该分包工程专项方案的编制者可以是（　　）。

A. 建设单位　　B. 专业承包单位

C. 安装单位　　D. 监理单位

2. 【单选】下列关于危大工程专项施工方案的编制审查，说法正确的是（　　）。

A. 危大工程实行分包的，专项施工方案只能由相关专业分包单位组织编制

B. 危大工程专项施工方案一律需要进行专家论证

C. 需要组织专家论证的专项施工方案由施工单位组织

D. 专家论证前应由施工单位项目负责人和总监理工程师审核

3. 【多选】根据《建设工程安全生产管理条例》，达到一定规模的危险性较大的起重吊装工程的专项施工方案，须经（　　）签字后方可实施。

A. 施工单位总经理

B. 施工单位技术负责人

C. 总监理工程师

D. 设计单位总设计师

E. 政府安监部门负责人

考点 2 安全施工技术交底【重要】

1. **【单选】**根据《建设工程安全生产管理条例》，建设工程施工前，（　　）负责项目管理的技术人员应当对有关安全施工的技术要求向施工作业班组、作业人员作出详细说明，并由双方签字确认。

A. 建设单位　　B. 监理单位

C. 施工单位　　D. 勘察、设计单位

2. **【单选】**根据《建设工程安全生产管理条例》，建设工程施工前，应当对有关安全施工的技术要求向施工作业班组、作业人员作出详细说明的是施工企业的（　　）。

A. 负责项目管理的技术人员　　B. 项目负责人

C. 技术负责人　　D. 安全员

考点 3 施工现场安全防护【重要】

1. **【单选】**张先生骑自行车路过一条正在修理的路段时，掉进一个没有设置明显标志也未采取安全措施的基坑中，造成了身体多处受伤，花去医疗费 5000 元。赵某伤好出院后多次找该工程建设单位和施工单位索赔，双方互相推诿，承担该责任的主体应该是（　　）。

A. 张先生与建设单位　　B. 施工单位

C. 张先生与施工单位　　D. 张先生本人

2. **【多选】**根据《建设工程安全生产管理条例》，施工单位应当在（　　）等危险部位设置明显的安全警示标志。

A. 脚手架　　B. 基坑边沿

C. 楼梯口　　D. 工人食堂

E. 施工现场入口处

考点 4 施工单位安全生产费用的提取和使用管理【了解】

1. **【单选】**关于施工单位安全生产费用的提取和使用管理的说法，错误的是（　　）。

A. 施工单位项目负责人确保安全生产费用的投入

B. 由生产经营单位的决策机构、主要负责人或者个人经营的投资人予以保证并承担不利后果

C. 有关生产经营单位应当按照规定提取和使用安全生产费用，专门用于改善安全生产条件

D. 建筑工程安全防护、文明施工措施费用由文明施工费、环境保护费、临时设施费、安全施工费组成

2. **【单选】**根据《危险化学品安全管理条例》，进行可能危及危险化学品管道安全的施工作业，施工单位应当在开工的（　　）日前书面通知管道所属单位，并与管道所属单位共同制定应急预案，采取相应的安全防护措施。

A. 5　　B. 7

C. 15　　D. 10

3. **【单选】**关于建设工程施工企业安全费用的提取，下列说法错误的是（　　）。

A. 以建筑安装工程造价为计提依据

B. 总包单位应将安全费用按比例支付分包单位

C. 房屋建筑工程安全费用提取标准为 2.0%

D. 市政公用工程安全费用提取标准为 2.5%

考点 5 施工单位消防安全责任人和消防安全职责【了解】

1.【单选】下列职责中，不属于施工单位消防安全职责的是（　　）。

A. 制定施工现场的消防安全制度

B. 向有关部门报审消防设计图纸

C. 制定灭火和应急疏散预案

D. 设置消防安全标志

2.【多选】按照《消防法》，被确定为消防安全重点单位的重点工程的施工现场，除应当履行所有单位都应当履行的职责外，还应当履行的消防安全职责有（　　）等。

A. 确定消防安全管理人，组织实施本单位的消防安全管理工作

B. 建立消防档案，确定消防安全重点部位，设置防火标志，实行严格管理

C. 对职工进行岗前消防安全培训，定期组织消防安全培训和消防演练

D. 实行每周防火巡查

E. 建立巡查记录

考点 6 施工现场的消防安全要求【了解】

1.【单选】下列关于施工现场消防安全的说法，正确的是（　　）。

A. 新建、改建、扩建工程的外保温材料一律不得使用易燃材料和可燃材料

B. 施工单位应当在施工组织设计中编制消防安全技术措施，并由技术负责人进行现场监督

C. 电焊、气焊、电工等特殊工种人员必须持证上岗

D. 公共建筑在营业、使用期间进行外保温材料施工作业的，需加强消防安全措施

2.【单选】下列关于施工现场消防安全管理的说法，错误的是（　　）。

A. 公共建筑在使用期间不得进行外保温材料施工作业

B. 在施工建筑内安排人员住宿需经项目经理批准

C. 新建工程的外保温材料不得使用易燃材料

D. 扩建工程的外保温材料应严格限制使用可燃材料

考点 7 施工单位消防安全自我评估和防火检查【了解】

【单选】《国务院关于加强和改进消防工作的意见》中指出，作为消防安全重点单位的施工单位，对本单位进行消防安全检查评估的时间间隔为（　　）。

A. 每月

B. 每季度

C. 每半年

D. 每年

考点 8 建设工程消防施工的质量和安全责任【了解】

【单选】关于建设工程消防施工的质量和安全责任的说法，错误的是（　　）。

A. 因施工等特殊情况需要使用明火作业的，应当按照规定事先办理审批手续，采取相应的消防安全措施

B. 特殊建设工程未经消防设计审查或者审查不合格的，建设单位、施工单位不得施工

C. 其他建设工程，建设单位未提供满足施工需要的消防设计图纸及技术资料的，有关部门可以发放施工许可证或者批准开工报告

D. 建设工程的消防设计、施工必须符合国家工程建设消防技术标准

考点 9 施工单位的消防安全教育培训和消防演练【了解】

【单选】根据国家有关消防法规和建设工程安全生产法规，施工单位应当建立施工现场消防组织，并且至少每（　　）组织一次演练。

A. 季度　　B. 半年

C. 年　　D. 两年

考点 10 工伤保险的规定【重要】

1.【多选】下列情形中，应当认定为工伤的有（　　）。

A. 工作时间和工作场所内，因工作原因受到事故伤害的

B. 工作时间前后在工作场所内，从事与工作有关的收尾性工作受到事故伤害的

C. 在工作时间和工作场所内，因履行工作职责受到暴力等意外伤害的

D. 在工作时间和工作岗位，突发疾病死亡或者在48小时之内经抢救无效死亡的

E. 因工外出期间，由于工作原因受到伤害或者发生事故下落不明的

2.【单选】下列（　　）不属于“不得认定为工伤或者视同工伤”的情形。

A. 自残或者自杀的　　B. 患职业病的

C. 醉酒或者吸毒的　　D. 故意犯罪的

3.【单选】根据《工伤保险条例》，职工因工作遭受事故伤害或者患职业病，需要暂停工作接受工伤治疗的，停工留薪期一般不超过（　　）个月。

A. 12　　B. 10

C. 8　　D. 6

4.【单选】根据《最高人民法院关于审理工伤保险行政案件若干问题的规定》，关于承担工伤保险责任单位的说法，正确的是（　　）。

A. 职工与两个单位建立劳动关系，工伤事故发生时，该两个单位共同为承担工伤保险责任的单位

B. 劳务派遣单位派遣的职工在用工单位工作期间因工伤亡的，用工单位为承担工伤保险责任的单位

C. 单位指派到其他单位工作的职工因工伤亡的，职工为之工作的单位为承担工伤保险责任的单位

D. 个人挂靠其他单位对外经营，其聘用人员因工伤亡的，被挂靠单位为承担工伤保险责任的单位

考点 11 建筑意外伤害保险的规定【了解】

【单选】工程实行总承包的，其分包单位从事危险作业人员的意外伤害保险的保险费由（　　）负责支付。

A. 分包单位　　B. 总承包单位

C. 劳务分包单位　　D. 建设单位

考点 12 施工现场安全防护违法行为应承担的法律责任【了解】

【单选】根据《建设工程安全生产管理条例》，施工单位有（　　）行为的，责令限期改正；逾期未改正的，责令停业整顿，并处5万元以上10万元以下的罚款。

A. 使用未经验收的施工起重机械

B. 在城市市区内的建设工程的施工现场未实行封闭围挡

C. 在竣工的建筑物内设置员工集体宿舍

D. 安全防护用具在进入施工现场前未经查验即投入使用

考点 13　施工单位安全费用违法行为应承担的法律责任【了解】

【单选】根据《建设工程安全生产管理条例》，施工单位挪用列入建设工程概算的安全生产作业环境及安全施工措施所需费用的，将被责令限期整改，并处（　　）罚款。

A. 挪用费用10%以上20%以下　　B. 挪用费用20%以上50%以下

C. 挪用费用50%以上70%以下　　D. 挪用费用70%以上90%以下

考点 14　施工现场消防安全违法行为应承担的法律责任【了解】

【单选】施工企业不执行公安部门作出的停工决定，由（　　）强制执行。

A. 建设单位　　B. 人民法院

C. 建设行政主管部门　　D. 公安部门

考点 15　工伤保险违法行为应承担的法律责任【了解】

【单选】根据《工伤保险条例》，工伤职工或者其近亲属骗取工伤保险待遇的，将被责令退还，并处（　　）罚款。

A. 骗取金额1倍以上2倍以下　　B. 骗取金额2倍以上5倍以下

C. 工伤保险费1倍以上2倍以下　　D. 工伤保险费2倍以上5倍以下

2Z206040　施工安全事故的应急救援与调查处理

知识脉络

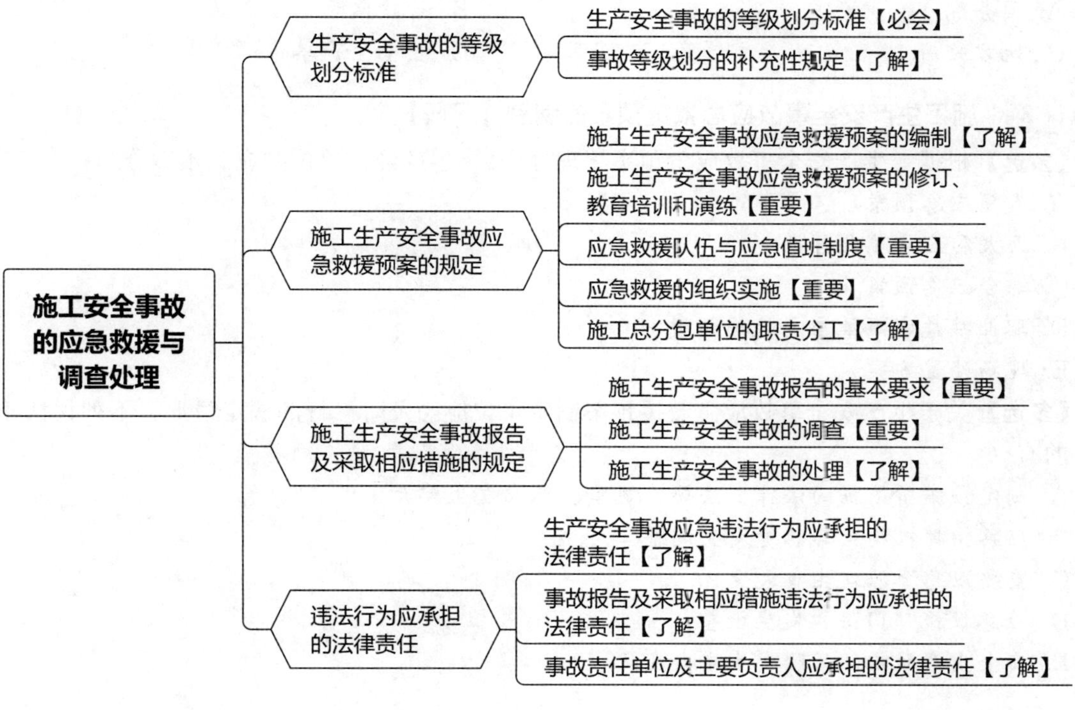

考点 1 生产安全事故的等级划分标准【必会】

1. **【单选】** 某施工工地起重机倒塌，造成 5 人死亡 7 人受伤，该事故的等级属于（　　）。

A. 特别重大事故　　B. 重大事故

C. 较大事故　　D. 一般事故

2. **【单选】** 某工地发生了安全事故，造成 3 人死亡，按照生产安全事故报告和调查处理条例的规定，该事故属于（　　）事故。

A. 较大　　B. 重大

C. 特别重大　　D. 一般

3. **【单选】** 某市地铁工程施工作业面内，因大量水和流沙涌入，引起部分结构损坏及周边地区地面沉降，造成 3 栋建筑物严重倾斜，直接经济损失约合 1.5 亿元。根据《生产安全事故报告和调查处理条例》规定，该事故的等级属于（　　）。

A. 特别重大事故　　B. 重大事故

C. 较大事故　　D. 一般事故

4. **【单选】** 造成 30 人以上死亡，或者 100 人以上重伤（包括急性工业中毒），或者 1 亿元以上直接经济损失的事故，则该事故属于（　　）。

A. 特别重大事故

B. 重大事故

C. 较大事故

D. 一般事故

考点 2 事故等级划分的补充性规定【了解】

【单选】 根据《生产安全事故报告和调查处理条例》，国务院安全生产监督管理部门可以会同（　　）有关部门，制定事故等级划分的补充性规定。

A. 国务院　　B. 行政监管

C. 地方政府　　D. 安全生产单位

考点 3 施工生产安全事故应急救援预案的编制【了解】

1. **【多选】** 根据《生产安全事故应急预案管理办法》，生产经营单位的应急预案分为（　　）。

A. 专项应急预案

B. 灭火和应急疏散预案

C. 综合应急预案

D. 职业病危害事故应急救援预案

E. 现场处置方案

2. **【多选】** 关于生产安全事故应急救援预案制定单位应当及时修订的法定情形，下列说法正确的有（　　）。

A. 制定预案所依据的法律、法规、规章、标准发生重大变化

B. 应急指挥机构及其职责发生调整

C. 重要应急资源发生重大变化

D. 应急救援部门架构发生调整

E. 安全生产面临的风险发生重大变化

考点 4 施工生产安全事故应急救援预案的修订、教育培训和演练【重要】

【单选】建筑施工单位，应当至少（　　）组织 1 次生产安全事故应急救援预案演练，并将演练情况报送所在地县级以上地方人民政府负有安全生产监督管理职责的部门。

A. 每年　　B. 每半年

C. 每季度　　D. 每月

考点 5 应急救援队伍与应急值班制度【重要】

【多选】关于应急救援队伍与应急值班制度的说法，正确的有（　　）。

A. 应急救援队伍的应急救援人员应当具备必要的专业知识、技能、身体素质和心理素质

B. 建筑施工单位必须建立应急救援队伍

C. 应急救援队伍应当配备必要的应急救援装备和物资，并定期组织训练

D. 建筑施工单位、应急救援队伍必须建立应急值班制度，配备应急值班人员

E. 应急救援队伍建立单位或者兼职应急救援人员所在单位应当按照国家有关规定对应急救援人员进行培训

考点 6 应急救援的组织实施【重要】

【单选】关于应急救援的组织实施，下列说法错误的是（　　）。

A. 应急救援队伍根据救援命令参加生产安全事故应急救援所耗费用，全部由事故单位承担

B. 迅速控制危险源，组织抢救遇险人员

C. 采取必要措施，防止事故危害扩大和次生、衍生灾害发生

D. 根据事故危害程度，组织现场人员撤离或者采取可能的应急措施后撤离

考点 7 施工总分包单位的职责分工【了解】

【单选】实行施工总承包的工程项目，应由（　　）统一组织编制建设工程安全事故应急救援预案。

A. 建设单位　　B. 施工总承包单位

C. 监理单位　　D. 各分包单位

考点 8 施工生产安全事故报告的基本要求【重要】

1. 【单选】根据《生产安全事故报告和调查处理条例》，事故发生后，事故现场有关人员应当立即向本单位负责人报告；单位负责人接到报告后，应当于（　　）内向事故发生地县级以上人民政府安全生产监督管理部门和负有安全生产监督管理职责的有关部门报告。

A. 1 小时　　B. 6 小时

C. 12 小时　　D. 24 小时

2. 【单选】甲建设单位与乙施工单位签订了施工总承包合同，乙施工单位将其中的一部分工程分包给丙施工单位。在丙负责的施工现场由于升降机失控，造成 5 人死亡事故。根据《建设工程安全生产管理条例》，负责将该事故向有关政府部门上报的单位是（　　）。

A. 甲建设单位　　B. 乙施工单位

C. 丙施工单位　　D. 项目经理部

考点 9 施工生产安全事故的调查【重要】

1. 【多选】施工生产安全事故调查组的职责主要包括（　　）。

A. 对事故责任者给予相应的处分　　B. 提出对事故责任者的处理建议

C. 总结事故教训，提出防范和整改措施

D. 认定事故的性质和事故责任

E. 报告事故的简要经过

2.【单选】事故调查组应当自事故发生之日起（　　）日内提交事故调查报告。

A. 15

B. 30

C. 45

D. 60

3.【单选】关于生产安全事故调查的管辖，下列说法错误的是（　　）。

A. 特别重大事故由国务院或者国务院授权有关部门组织事故调查组进行调查

B. 省级人民政府可以委托有关部门组织事故调查组进行调查

C. 对于一般事故，县级人民政府也可以委托事故发生单位组织事故调查组进行调查

D. 特别重大事故以下等级事故，事故发生地与事故发生单位不在同一个县级以上行政区域的，由事故发生地人民政府负责调查

考点10 施工生产安全事故的处理【了解】

【单选】根据《生产安全事故报告和调查处理条例》，重大事故、较大事故、一般事故，负责事故调查的人民政府应当自收到事故调查报告之日起（　　）日内做出批复。

A. 10

B. 15

C. 30

D. 45

考点11 生产安全事故应急违法行为应承担的法律责任【了解】

【单选】《安全生产法》规定，未按照规定制定生产安全事故应急救援预案或者未定期组织演练的，责令限期改正，可以处（　　）的罚款。

A. 5 万元以下

B. 3 万元以下

C. 1 万元以下

D. 3 万元以上 5 万元以下

考点12 事故报告及采取相应措施违法行为应承担的法律责任【了解】

【单选】某生产经营单位主要负责人在本单位重大生产安全事故调查处理期间擅离职守，其受到的处理不包括（　　）。

A. 撤职

B. 降级

C. 刑罚

D. 行政拘留

考点13 事故责任单位及主要负责人应承担的法律责任【了解】

1.【单选】根据《安全生产法》，生产经营单位发生生产安全事故造成人员伤亡和财产损失，应当依法承担赔偿责任，拒不承担的，由（　　）依法强制执行。

A. 人民法院

B. 人民政府

C. 建设行政主管部门

D. 安全生产监督管理部门

2.【单选】根据《生产安全事故报告和调查处理条例》，事故发生单位主要负责人受到刑事处罚或者撤职处分的，自刑罚执行完毕或者受处分之日起，（　　）年内不得担任任何生产经营单位的主要负责人。

A. 1

B. 2

C. 3

D. 5

2Z206050 建设单位和相关单位的建设工程安全责任制度

知识脉络

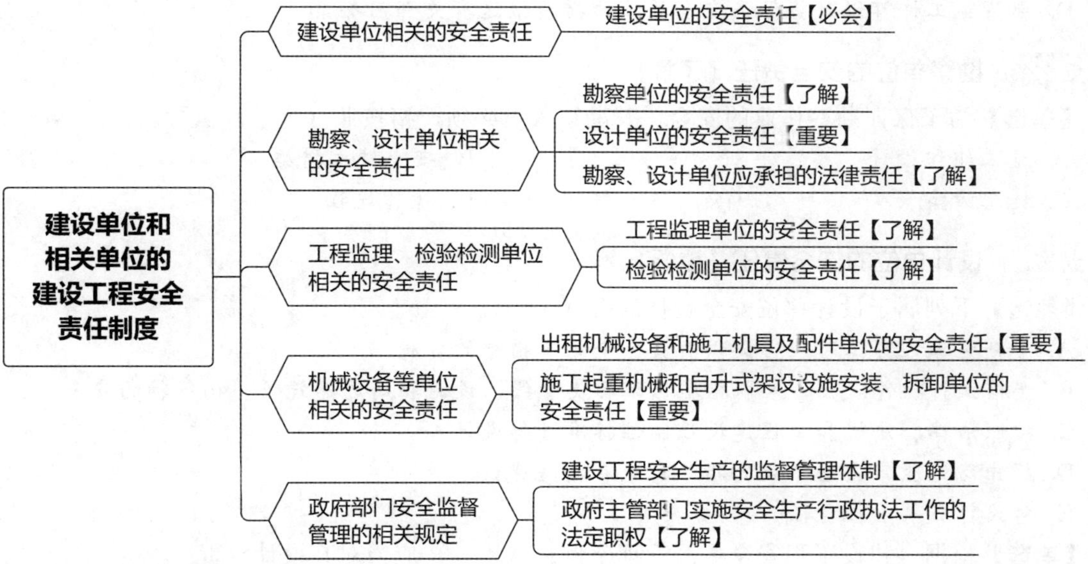

考点 1 建设单位的安全责任【必会】

1. 【单选】根据《建设工程安全生产管理条例》，建设单位的安全责任不包括（　　）。
   A. 依法办理有关批准手续
   B. 申领施工许可证时应当提供有关安全施工措施的资料
   C. 向建设行政主管部门提供安全施工措施资料
   D. 审查施工组织设计是否符合工程建设强制性标准
2. 【多选】下列属于建设单位安全责任的有（　　）。
   A. 向建筑施工单位提供与施工现场相关的地下管线资料
   B. 任意压缩合同约定工期
   C. 明示施工单位购买不符合安全施工要求的消防设施
   D. 房屋拆除应当由具备相应资质等级的建筑施工单位承担
   E. 需要临时停水、停电、中断道路交通的，应办理申请批准手续
3. 【多选】下列属于《建设工程安全生产管理条例》规定的建设单位安全责任的有（　　）。
   A. 向施工单位提供真实、准确、完整的地下管线等相关资料
   B. 确定建设工程安全作业环境及安全施工措施所需费用
   C. 不得要求购买、租赁和使用不符合安全施工要求的用具设备等
   D. 在施工现场设置明显的安全警示标志
   E. 申领施工许可证应当提供有关安全施工措施的资料
4. 【单选】房地产公司甲的下列做法中，符合安全生产法律规定的是（　　）。
   A. 要求施工企业购买其制定的不合格消防器材
   B. 申请施工许可证时没有提供保障工程安全施工措施的资料
   C. 甲向施工企业提供的地下工程资料不准确

D. 甲在拆除工程施工 15 日前将相关资料报送有关部门

5. **【单选】**关于建设单位的安全责任，下列说法不正确的是（　　）。

A. 编制工程概算时应当确定安全施工措施所需费用

B. 建设单位应当采取措施保护施工现场毗邻区域的地下管线

C. 建设单位应当将拆除工程的施工组织方案报送有关部门备案

D. 申请施工许可证时将保证安全施工的措施报送有关部门备案

考点 2　勘察单位的安全责任【了解】

【单选】为了保证勘察作业的安全，其勘察人员必须严格按照（　　）执行。

A. 施工组织设计　　B. 安全技术措施

C. 施工方案　　D. 操作规程

考点 3　设计单位的安全责任【重要】

1. **【多选】**下列属于设计单位安全责任的有（　　）。

A. 申领施工许可证时应当提供有关安全施工措施的资料

B. 严格执行操作规程，采取措施保证各类管线、设施和周边建筑物、构筑物的安全

C. 按照法律、法规和工程建设强制性标准进行设计

D. 提出防范生产安全事故的指导意见和措施建议

E. 对设计成果承担责任

2. **【单选】**根据《建设工程安全生产管理条例》，（　　）应当对其设计负责。

A. 设计单位

B. 建设单位和设计单位

C. 施工单位和设计单位

D. 设计单位和注册建筑师等

3. **【多选】**下列选项中，不属于设计单位安全责任的有（　　）。

A. 确定建设工程安全作业环境及安全施工措施所需费用

B. 对安全技术措施或专项施工方案进行审查

C. 按照法律、法规和工程建设强制性标准进行设计

D. 提出防范生产安全事故的指导意见和措施建议

E. 对设计成果承担责任

考点 4　勘察、设计单位应承担的法律责任【了解】

【单选】注册执业人员未执行法律、法规和工程建设强制性标准的，责令停止执业 3 个月以上 1 年以下；情节严重的，吊销执业资格证书，（　　）年内不予注册。

A. 5　　B. 3

C. 2　　D. 1

考点 5　工程监理单位的安全责任【了解】

1. **【单选】**下列属于监理单位主要安全责任的是（　　）。

A. 组织专家论证、审查深基坑专项施工方案

B. 审查施工组织设计中的安全技术措施是否符合工程建设强制性标准

C. 申领施工许可证时，提供建设工程有关安全施工措施的资料

D. 提出保障施工作业人员安全和预防生产安全事故的措施建议

2.【单选】某工程监理单位在实施监理过程中，发现现场存在安全事故隐患，且情况严重，对此监理单位应采取的措施是（　　）。

A. 要求施工单位对存在的安全事故隐患进行整改

B. 要求施工单位采取有效措施保证生产安全

C. 要求施工单位暂时停止施工，并及时报告建设单位

D. 直接向建设单位和有关主管部门报告

考点6 检验检测单位的安全责任【了解】

【单选】根据《建设工程安全生产管理条例》，施工单位在使用（　　）前，应当组织有关单位进行验收，也可以委托具有相应资质的检验检测机构进行验收。

A. 高大模板　　B. 整体提升模板

C. 满堂红脚手架　　D. 深基坑支护桩

考点7 出租机械设备和施工机具及配件单位的安全责任【重要】

1.【单选】某施工承包商与设备租赁公司签订了施工机械租赁合同，则承包商应要求该设备租赁公司提供的文件不包括（　　）。

A. 生产厂家的制造许可证

B. 出厂的产品合格证明

C. 机械燃油消耗定额证明

D. 具有资质检验检测机构出具的安全性能检测合格证明

2.【多选】某工程设备安装阶段，需要使用起吊能力为10t的吊车进行大型永久设备的吊装。承包商与设备租赁公司签订施工机械租赁合同时，应要求该设备租赁公司提供（　　）。

A. 生产厂家的吊车制造许可证

B. 吊车出厂的产品合格证明

C. 机械燃油消耗定额证明

D. 租赁公司自行测试的安全性能检测记录

E. 具有资质检验检测机构出具的安全性能检测合格证明

考点8 施工起重机械和自升式架设设施安装、拆卸单位的安全责任【重要】

1.【单选】安装、拆卸施工起重机械，应当编制拆装方案、制定安全施工措施，并由（　　）现场实施全过程监督。

A. 施工单位负责项目管理的技术负责人

B. 安装、拆卸单位的专业技术人员

C. 监理单位负责安全的工程师

D. 出租单位生产管理人员

2.【单选】施工起重机械和整体提升脚手架、模板等自升式架设设施安装、拆卸单位未编制拆装方案、制定安全施工措施的，责令限期改正，处（　　）的罚款。

A. 1万元以上2万元以下

B. 2万元以上5万元以下

C. 5万元以上10万元以下

D. 10万元以上20万元以下

考点 9 建设工程安全生产的监督管理体制【了解】

【单选】建设行政主管部门可以将施工现场的（　　）委托给建设工程安全监督机构具体实施。

A. 监督管理　　B. 定期检验

C. 监督检查　　D. 检验检查

考点 10 政府主管部门实施安全生产行政执法工作的法定职权【了解】

【单选】生产经营单位拒绝、阻碍负有安全生产监督管理职责的部门依法实施监督检查的，责令改正；拒不改正的，处（　　）罚款。

A. 2 万元以上 20 万元以下　　B. 1 万元以上 10 万元以下

C. 10 万元以上　　D. 20 万元以下

PART 7

2Z207000

建设工程质量法律制度

学习计划：

扫码即听
本章导学

2Z207010 工程建设标准

知识脉络

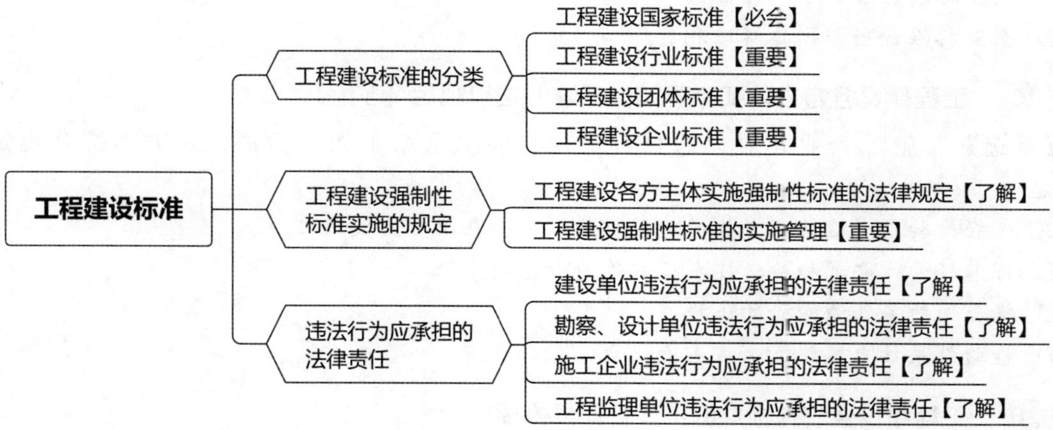

考点 1 工程建设国家标准【必会】

1. **【单选】** 下列国家标准中，属于强制性国家标准的是（　　）。

A. 工程建设通用的信息技术标准

B. 工程建设行业专用的试验方法

C. 工程建设通用的有关安全、卫生和环境保护的标准

D. 工程建设勘察行业专用的质量要求

2. **【单选】** 工程建设国家标准分为强制性标准和推荐性标准。下列不属于强制性标准的是（　　）。

A. 工程建设施工（包括安装）及验收通用的综合标准

B. 工程建设通用的有关安全、卫生和环境保护的标准

C. 工程建设通用的术语、符号、代号、量与单位、建筑模数和制图方法标准

D. 工程建设重要的通用的试验、检验和评定方法标准

考点 2 工程建设行业标准【重要】

【单选】 关于行业标准与国家标准之间的效力关系，下列说法错误的是（　　）。

A. 行业标准在相应的国家标准公布之后继续有效

B. 行业标准不得与国家标准相抵触

C. 对没有推荐性国家标准的技术要求，可以制定行业标准

D. 行业标准在相应的国家标准公布后，应当及时修订或废止

考点 3 工程建设团体标准【重要】

【单选】 关于工程建设团体标准，下列说法正确的是（　　）。

A. 团体标准必须高于推荐性标准的相关技术要求

B. 团体标准不得高于强制性标准的相关技术要求

C. 团体标准由本团体成员约定采用

D. 团体标准不能供本团体外的社会采用

考点 4 工程建设企业标准【重要】

【单选】根据《标准化法》，关于企业标准的说法，正确的是（　　）。

A. 企业标准的制定应当经过行业主管部门批准

B. 企业标准不得低于强制性国家标准

C. 企业标准应当高于推荐性国家标准

D. 企业标准应当与团体标准相符

考点 5 工程建设各方主体实施强制性标准的法律规定【了解】

【单选】某施工企业在对建筑材料进行检验时采取了如下做法，其中不符合规定的是（　　）。

A. 未经检验或者检验不合格的建筑材料，不得在工程上使用

B. 将工程设计要求和施工技术标准作为检验的依据

C. 将合同约定作为检验的依据

D. 检验结果按自编格式形成书面记录

考点 6 工程建设强制性标准的实施管理【重要】

1. 【单选】下列关于监督检查的内容和方式的说法，错误的是（　　）。

A. 工程建设标准批准部门可以对工程项目执行强制性标准情况进行监督检查

B. 监督检查可以采取重点检查、抽查和专项检查的方式

C. 工程建设标准批准部门应当将强制性标准监督检查结果在一定范围内公告

D. 工程建设标准批准部门应当定期对建设项目规划审查机关、施工图设计文件审查单位、建筑安全监督管理机构、工程质量监督机构实施强制性标准的监督进行检查，对监督不力的单位和个人，给予通报批评，建议有关部门处理

2. 【单选】工程建设标准批准部门对工程项目执行强制性标准情况进行监督检查的方式不包括（　　）。

A. 专项检查　　B. 交叉检查　　C. 抽选检查　　D. 重点检查

考点 7 建设单位违法行为应承担的法律责任【了解】

【单选】根据《实施工程建设强制性标准监督规定》，建设单位明示或者暗示设计单位或者施工单位违反工程建设强制性标准，降低工程质量的，给予建设单位的行政处罚是（　　）。

A. 责令改正，可处以10万元以上30万元以下的罚款

B. 责令改正，并处以20万元以上50万元以下的罚款

C. 责令改正，可处以20万元以上50万元以下的罚款

D. 责令改正，并处以10万元以上30万元以下的罚款

考点 8 勘察、设计单位违法行为应承担的法律责任【了解】

【多选】根据《实施工程建设强制性标准监督规定》，勘察、设计单位违反工程建设强制性标准进行勘察、设计，造成工程质量事故的，可能受到的行政处罚有（　　）。

A. 责令停业整顿

B. 降低资质等级

C. 责令改正，并处以10万元以上30万元以下的罚款

D. 吊销资质证书

E. 依法对造成的损失承担赔偿责任

考点 9 施工企业违法行为应承担的法律责任【了解】

【多选】根据《建筑法》，施工单位偷工减料，使用不合格的材料、构配件和设备的，应承担的法律责任包括（　　）。

A. 责令改正，处以罚款

B. 情节严重的，责令停业整顿，降低资质等级或吊销资质证书

C. 吊销营业执照，退出建筑市场

D. 对质量不合格工程负责返工、修理，并赔偿因此造成的损失

E. 构成犯罪的，依法追究刑事责任

考点 10 工程监理单位违法行为应承担的法律责任【了解】

【单选】某监理公司在工程实施过程中，违反强制性标准规定，将建设单位采购的不合格建筑材料按照合格予以签字。对此种行为，除对监理公司给予经济处罚外，最重的行政处罚可以是（　　）。

A. 责令改正　　B. 降低资质等级

C. 吊销资质证书　　D. 责令停业整顿

2Z207020 施工单位的质量责任和义务

知识脉络

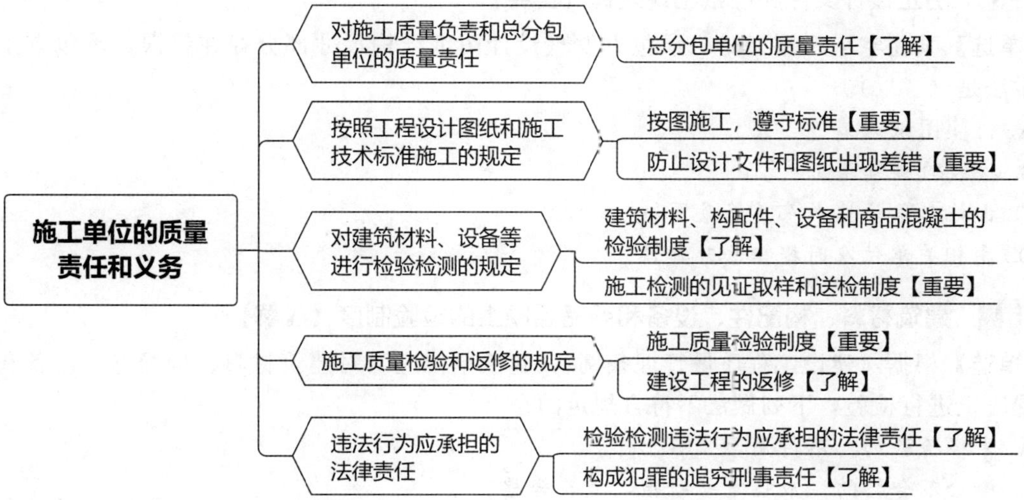

考点 1 总分包单位的质量责任【了解】

1.【单选】甲公司投标承包了一栋高档写字楼工程的施工总承包业务，经业主方认可将其中的专业工程分包给了具有相应资质等级的乙公司。工程施工中，因乙分包的工程发生了质量事故给业主造成了 10 万元的损失而产生了赔偿责任。对此，正确的处理方式应当是（　　）。

A. 业主方只能要求乙赔偿

B. 如果业主方要求甲赔偿，甲能以乙是业主认可的分包商为由而拒绝

C. 甲不能拒绝业主方的 10 万元赔偿要求，但赔偿后可按分包合同的约定向乙追赔

D. 乙可以拒绝甲的追赔要求

2. **【单选】** 甲公司是某工程项目的总承包单位，乙公司是该项目的分包单位。在施工过程中，由于乙公司不服从甲公司的安全生产管理，最终造成安全生产事故。建设单位欲进行索赔，下列说法正确的是（　　）。

A. 甲公司不承担事故损失的赔偿责任

B. 甲公司承担事故损失的主要赔偿责任

C. 建设单位应当要求乙公司承担主要赔偿责任

D. 建设单位可以要求乙公司承担全部赔偿责任

3. **【单选】** 施工总承包单位将工程分包的，应当对分包工程的质量承担（　　）。

A. 替代责任　　B. 按份责任

C. 补充责任　　D. 连带责任

考点 2　按图施工，遵守标准【重要】

【单选】 某项目分期开工建设，开发商二期工程 3、4 号楼仍然复制使用一期工程的施工图纸。施工时施工单位发现该图纸使用的 02 标准图集现已废止，施工单位的正确做法是（　　）。

A. 继续按图施工

B. 按现行图集套改后继续施工

C. 及时向相关单位提出修改建议

D. 由施工单位技术人员修改图纸

考点 3　防止设计文件和图纸出现差错【重要】

【单选】 某住宅小区施工时，承包方发现设计图纸结构尺寸部分存在错误，承包方正确的做法是（　　）。

A. 仍按图纸施工

B. 按经验继续施工

C. 由施工单位技术人员修改图纸

D. 向相关单位及时提出修改建议

考点 4　建筑材料、构配件、设备和商品混凝土的检验制度【了解】

【单选】 根据《建设工程质量管理条例》，施工单位应当对建筑材料、构配件、设备和商品混凝土进行检验，下列做法不符合规定的是（　　）。

A. 未经检验的，不得用于工程上

B. 检验不合格的，应当重新检验，直至合格

C. 检验要按规定的格式形成书面记录

D. 检验要有相关的专业人员签字

考点 5　施工检测的见证取样和送检制度【重要】

1. **【单选】** 关于建设工程见证取样的说法，正确的是（　　）。

A. 屋面的防水材料可以由施工单位人员自行取样后送检

B. 用于拌制混凝土和砌筑砂浆的水泥必须实施见证取样和送检

C. 取样人员对试样的代表性负责，见证人员对试样的真实性负责

D. 见证人员对试样的代表性负责，取样人员对试样的真实性负责

2. 【单选】根据《房屋建筑工程和市政基础设施工程实行见证取栏和送检的规定》，下列关于见证取样人员的说法，正确的是（　　）。

A. 见证人员应由建设单位的专业管理人员担任

B. 见证人员必须由该工程的监理单位中具备施工试验知识的专业技术人员担任

C. 取样人员应由该工程的监理单位的专业技术人员担任

D. 试样应作出标识、封志，并由见证人员和取样人员签字

3. 【多选】必须实施见证取样和送检的试块、试件和材料有（　　）。

A. 用于承重结构的混凝土试块

B. 用于承重墙体的砌筑砂浆试块

C. 用于承重结构的钢筋及连接接头试件

D. 所有的水泥材料

E. 地下、屋面、厕浴间使用的防水材料

4. 【单选】下列关于工程质量检测见证取样单位的说法，错误的是（　　）。

A. 质量检测业务由工程项目施工单位委托具有相应资质的检测机构进行检测

B. 检测机构应当建立档案管理制度，并应当单独建立检测结果不合格项目台账

C. 检测报告经检测人员签字、检测机构法定代表人或者其授权的签字人签署，并加盖检测机构公章或者检测专用章后方可生效

D. 检测人员不得同时受聘于两个或者两个以上的检测机构

考点 6　施工质量检验制度【重要】

1. 【多选】根据《建设工程质量管理条例》，隐蔽工程在隐蔽前，施工单位应当通知（　　）。

A. 建设单位　　B. 勘察单位

C. 设计单位　　D. 建设工程质量监督机构

E. 建设工程质量检测机构

2. 【多选】根据《建设工程质量管理条例》，施工单位的质量责任和义务包括（　　）。

A. 领取施工许可证前按照有关规定办理工程质量监督手续

B. 施工过程中发现设计文件和图纸有差错的，及时进行修改

C. 对建筑材料、建筑构配件和设备进行检验，不合格的不得使用

D. 对涉及结构安全的试块、试件在监理单位的监督下现场取样并送检

E. 隐蔽工程隐蔽后，应当及时通知建设单位和建设工程质量监督机构

考点 7　建设工程的返修【了解】

1. 【单选】下列关于建设工程返修的说法，错误的是（　　）。

A. 返修是施工单位的法定义务

B. 对于非施工单位原因造成的质量问题，施工单位无返修义务

C. 返修费用应由责任方负责

D. 返修包括施工过程中出现质量问题的建设工程和竣工验收不合格的建设工程两种情形

2. 【单选】对于非施工单位原因造成的质量问题，应当由（　　）返修，（　　）承担责任。

A. 建设单位，建设单位　　B. 建设单位，责任方

C. 施工单位，责任方　　D. 施工单位，建设单位

考点 8 **检验检测违法行为应承担的法律责任【了解】**

【单选】根据《建设工程质量管理条例》，施工单位未对涉及结构安全的试块、试件以及有关材料取样检测，情节尚不严重的，应当受到的行政处罚是（　　）。

A. 处工程合同价款2%以上4%以下的罚款　　B. 降低资质等级

C. 处10万元以上20万元以下的罚款　　D. 依法赔偿损失

考点 9 **构成犯罪的追究刑事责任【了解】**

【单选】根据《刑法》，对施工单位直接责任人员处5年以下有期徒刑或者拘役，并处罚金的情形是施工单位（　　）。

A. 违反国家规定，降低工程质量标准

B. 违反国家规定，降低工程质量标准，造成重大安全事故

C. 违反国家规定，降低工程质量标准，造成重大安全事故，后果特别严重

D. 降低工程质量标准，后果特别严重

2Z207030　建设单位及相关单位的质量责任和义务

知识脉络

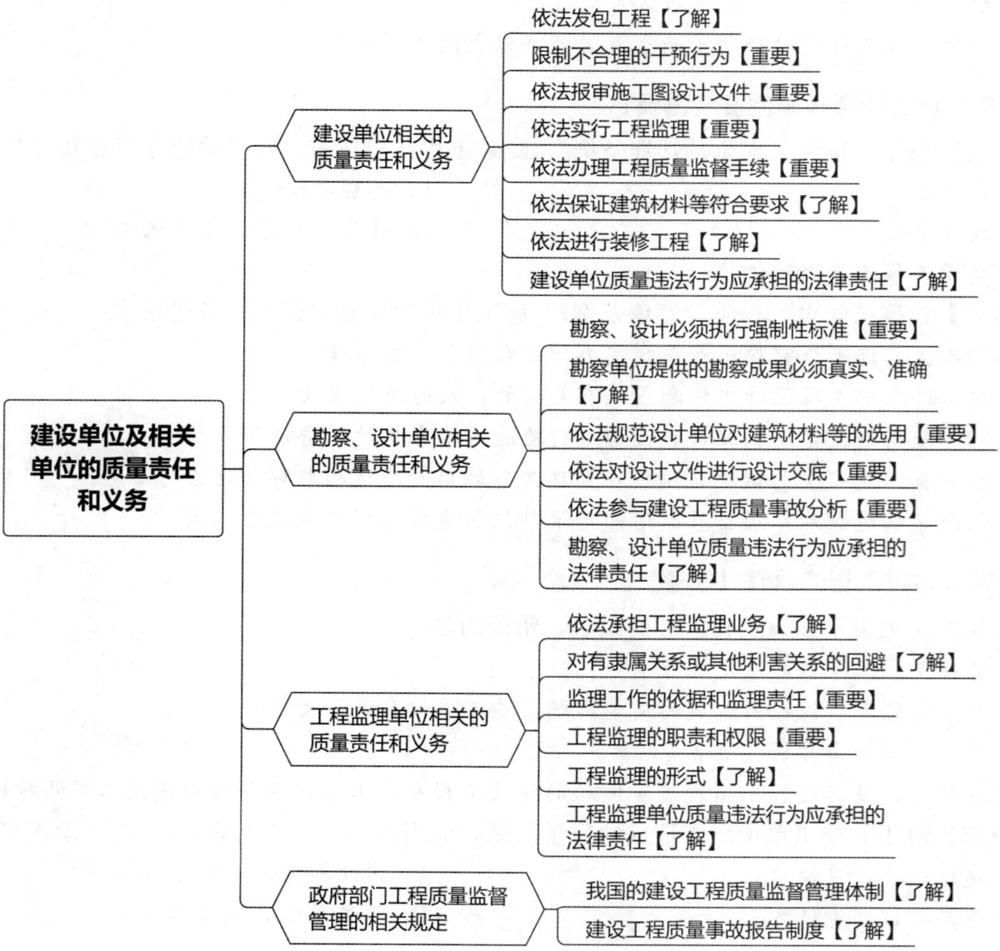

考点 1 依法发包工程【了解】

【单选】下列关于建设单位质量责任和义务的说法中，正确的是（　　）。

A. 建设单位将工程发包给具有相应资质等级的单位，是保证工程质量的前提

B. 建设单位可根据工程特点合理划分标段，肢解分包工程

C. 勘察、设计、施工、监理任务的发包，必须采用公开招标方式

D. 为确保工程质量，重要设备、材料的采购可直接发包给特定生产厂商

考点 2 限制不合理的干预行为【重要】

【单选】建设单位的下列行为中，违反《建设工程质量管理条例》规定的是（　　）。

A. 迫使承包方以低价竞标

B. 要求施工单位缩短工期

C. 要求设计单位降低设计标准

D. 暗示施工单位违反工程建设强制性标准

考点 3 依法报审施工图设计文件【重要】

【单选】根据《建设工程质量管理条例》，建设单位应当向县级以上人民政府的（　　）报审施工图设计文件。

A. 建设投资主管部门

B. 城市规划行政主管部门

C. 建设行政主管部门

D. 工程质量监督机构

考点 4 依法实行工程监理【重要】

【单选】某建设工程依法应实行监理，下列符合《建设工程质量管理条例》规定的是（　　）。

A. 建设单位应当委托该工程的设计单位进行监理

B. 建设单位应当委托具有工程监理相应资质等级的单位进行监理

C. 监理单位不能与建设单位有隶属关系

D. 施工监理单位不能与该工程的设计单位有利害关系

考点 5 依法办理工程质量监督手续【重要】

【单选】关于工程质量监督手续的办理，下列说法正确的是（　　）。

A. 施工单位在开工前，应当按照国家有关规定办理工程质量监督手续

B. 应先办理施工许可证或者开工报告，再办理工程质量监督手续

C. 建设单位在开工后，应当按照国家有关规定办理工程质量监督手续

D. 可委托工程质量监督机构办理工程质量监督手续，接受政府主管部门的工程质量监督

考点 6 依法保证建筑材料等符合要求【了解】

【单选】某工程施工承包合同约定由建设单位采购钢材，某批钢材进场后施工单位检验发现其等级不符合设计要求，则施工单位（　　）。

A. 应当将这批钢材使用到工程上，因合同约定由建设单位采购钢材

B. 可以将这批钢材使用到工程上，因建设单位承诺对由此引起的质量问题担责

C. 可以将这批钢材使用到工程上，因该工程的设计过于保守

D. 不得将这批钢材使用到工程上，并应通知建设单位予以退换

考点 7 依法进行装修工程【了解】

【单选】某学院教学楼装修改造过程中，施工单位的下列行为被禁止的是（   ）。
A. 按照设计图纸改动电器线路布置
B. 按照建设单位要求将原门洞口扩大
C. 按照设计单位要求对结构梁进行加固
D. 按照监理单位要求做防水层蓄水试验

考点 8 建设单位质量违法行为应承担的法律责任【了解】

【单选】某建设单位不按合同约定，要求施工单位压缩工期。为此，该建设单位应承担的法律责任是限期改正，并处一定额度的罚款。该罚款额度是（   ）。
A. 10 万元以下
B. 10 万元以上 20 万元以下
C. 50 万元以上
D. 20 万元以上 50 万元以下

考点 9 勘察、设计必须执行强制性标准【重要】

【单选】关于勘察、设计单位相关质量责任和义务的说法，正确的是（   ）。
A. 按照法律、法规和工程建设强制性标准进行设计
B. 指定建筑材料、专用设备、工艺生产线的生产厂、供应商，以保证材料的供应
C. 设计文件应当符合国家规定的设计深度要求，无需标注工程合理使用年限
D. 依法联合施工单位进行安全技术交底

考点 10 勘察单位提供的勘察成果必须真实、准确【了解】

【单选】设计文件注明的工程合理使用年限的起算日期是（   ）。
A. 核发施工许可证之日
B. 工程缺陷责任期满之日
C. 工程竣工验收合格之日
D. 工程法定保修期满之日

考点 11 依法规范设计单位对建筑材料等的选用【重要】

【单选】根据《建筑法》和《建设工程质量管理条例》，如对建筑材料、设备等无特殊要求，设计单位在设计文件中选用的建筑材料、构配件和设备应当（   ）。
A. 放宽质量要求
B. 注明生产厂、供应商
C. 符合建设单位的要求
D. 注明规格、型号、性能，必须符合国家标准

考点 12 依法对设计文件进行设计交底【重要】

【单选】下列关于设计文件技术交底的说法，符合《建设工程质量管理条例》规定的是（   ）。
A. 在报审施工图文件前，设计单位应当向施工单位详细说明该施工图设计文件
B. 在报审施工图文件时，设计单位应当向建设单位简要说明该施工图设计文件
C. 在施工图文件审查合格后，设计单位应当向施工单位详细说明该施工图设计文件

D. 在施工图文件审查合格后，设计单位应当向建设单位详细说明该施工图设计文件

考点13 依法参与建设工程质量事故分析【重要】

【单选】在发生工程质量事故后，下列有关设计单位法定义务的说法符合《建设工程质量管理条例》规定的是（　　）。

A. 设计单位应当对因设计造成的质量事故，提出相应的技术处理方案

B. 设计单位应当参与建设工程质量事故处理，并提出事故责任认定方案

C. 设计单位应当参与建设工程质量事故分析，并对全部事故提出相应的技术处理方案

D. 设计单位应当参与建设工程质量事故分析，并提出相应的设计变更方案

考点14 勘察、设计单位质量违法行为应承担的法律责任【了解】

【多选】某设计单位违反工程建设强制性标准进行设计，造成工程质量事故。该设计单位可能受到的行政处罚包括（　　）。

A. 责令停业整顿

B. 降低资质等级

C. 责令改正，并处以10万元以上30万元以下的罚款

D. 情节严重的，吊销资质证书

E. 依法对造成的损失承担赔偿责任

考点15 依法承担工程监理业务【了解】

【单选】工程监理单位应依法承担工程监理业务，下列工程监理单位的行为正确的是（　　）。

A. 将本单位资质借给其他工程监理单位承担工程监理业务

B. 以其他工程监理单位名义承担工程监理业务

C. 在本单位资质等级许可的范围内承担工程监理业务

D. 将已中标的工程监理业务转让给具备相同资质的其他工程监理单位

考点16 对有隶属关系或其他利害关系的回避【了解】

【多选】工程监理单位在接受监理委托时，应当按照《建筑法》和《建设工程质量管理条例》规定自行回避的情形有（　　）。

A. 与被监理工程的施工承包单位隶属于同一上级单位

B. 与被监理工程的建设单位隶属于同一上级单位

C. 与被监理工程的建筑材料供应单位隶属于同一上级单位

D. 与被监理工程的设备供应单位具有商业合作关系

E. 与被监理工程的设计单位具有合作关系

考点17 监理工作的依据和监理责任【重要】

1. 【单选】根据《建设工程质量管理条例》，下列文件中，不属于工程监理单位对施工质量实施监理的依据的是（　　）。

A. 工程施工图纸

B. 法律、法规

C. 监理合同

D. 施工合同中约定采用的推荐性标准

2. **【多选】**某工程监理公司是施工项目的监理单位，其监理的依据包括（　　）。

A. 该项目施工单位与建设单位签订的施工承包合同

B.《建设工程质量管理条例》

C.《建筑法》

D. 该项目设计单位与建设单位签订的设计承包合同

E. 工程建设强制性标准

考点 18 工程监理的职责和权限【重要】

【单选】未经（　　）签字，建筑材料、建筑构配件和设备不得在工程上使用或者安装，施工单位不得进行下一道工序的施工。未经（　　）签字，建设单位不拨付工程款，不进行竣工验收。

A. 总监理工程师，总监理工程师

B. 总监理工程师，监理工程师

C. 监理工程师，监理工程师

D. 监理工程师，总监理工程师

考点 19 工程监理的形式【了解】

【多选】下列属于监理工程师在建设工程施工中的监理形式的有（　　）。

A. 旁站

B. 平行检验

C. 巡视

D. 重点抽查

E. 巡查

考点 20 工程监理单位质量违法行为应承担的法律责任【了解】

【单选】某监理单位与施工单位弄虚作假，将不合格的建筑材料按照合格签字，降低了工程质量。为此，该监理单位受到了相应的处罚及罚款，适宜的罚款数额应为（　　）。

A. 10 万元以上 50 万元以下

B. 20 万元以上 50 万元以下

C. 50 万元以上 100 万元以下

D. 100 万元以上 200 万元以下

考点 21 我国的建设工程质量监督管理体制【了解】

【单选】按照《建设工程质量管理条例》，下列关于我国的建设工程质量监督行政管理体制的说法中，不正确的是（　　）。

A. 国务院交通行政主管部门负责对全国的交通建设工程质量的监督管理

B. 国务院建设行政主管部门负责对全国的建设工程质量实施统一监督管理

C. 建设工程质量监督管理由建设行政主管部门委托的建设工程质量监督机构具体实施

D. 县级以上地方人民政府建设行政主管部门对本行政区域内的建设工程质量实施监督管理

考点 22 建设工程质量事故报告制度【了解】

【单选】建设工程发生质量事故，有关单位应当在规定的时限内向当地建设行政主管部门和其他有关部门报告。规定的时限为（　　）小时。

A. 6

B. 12

C. 24

D. 48

2Z207040 建设工程竣工验收制度

知识脉络

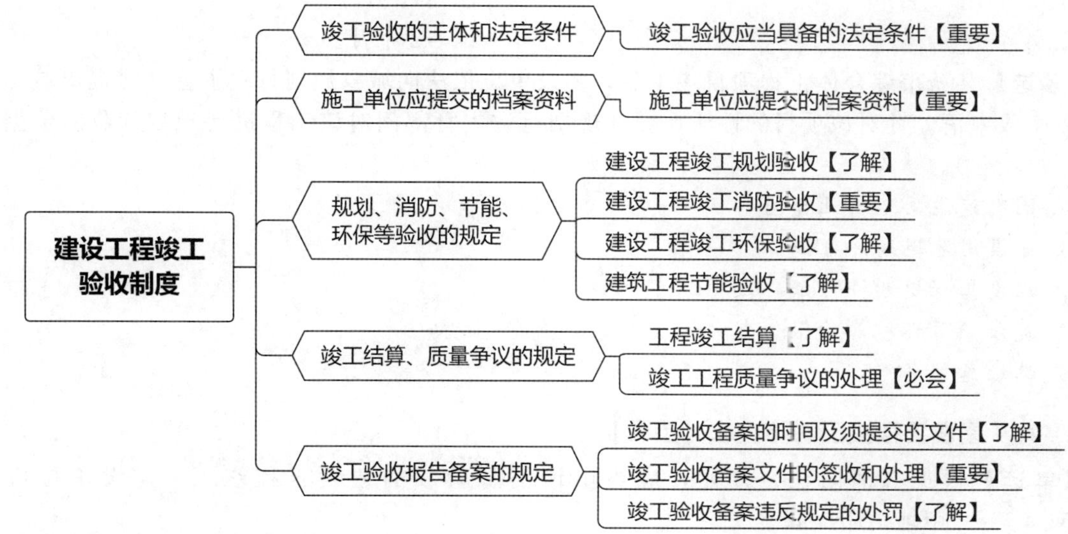

考点 1 竣工验收应当具备的法定条件【重要】

1. 【单选】根据《建设工程质量管理条例》，属于建设工程竣工验收应当具备条件的说法，错误的是（　　）。
   A. 完成建设工程设计和合同约定的各项内容
   B. 有勘察、设计、施工等单位共同签署的质量合格文件
   C. 有完整的技术档案和施工管理资料
   D. 有工程使用的主要建筑材料、建筑构配件和设备的进场试验报告
2. 【多选】建设工程竣工验收应当具备的条件包括（　　）。
   A. 完成建设工程设计和合同约定的主要内容
   B. 有工程使用的主要建筑材料、建筑构配件和设备的进场试验报告
   C. 有勘察、设计、施工、工程监理等单位分别签署的质量合格文件
   D. 有施工单位签署的工程保修书
   E. 有建设单位签署的质量合格文件
3. 【单选】关于竣工验收，下列说法正确的是（　　）。
   A. 建设单位收到工程竣工报告后，应当组织有关单位进行竣工验收
   B. 在竣工验收后，承包单位应当向建设单位提供完整的竣工资料和工程竣工报告
   C. 实行监理的建设工程完工后，建设单位可委托监理单位竣工验收
   D. 竣工验收就是检查整个工程项目是否已全部达到设计要求

考点 2 施工单位应提交的档案资料【重要】

【单选】在建设工程竣工验收后，向建设行政主管部门或者其他有关部门移交建设项目档案的主体是（　　）。
A. 施工单位　　　　B. 建设单位

C. 设计单位　　D. 监理单位

考点 3　建设工程竣工规划验收【了解】

1. **【单选】**建设单位在工程竣工验收合格后，应当在规定的期限内向城乡规划主管部门报送有关竣工验收资料。该期限为（　　）。

A. 1 个月　　B. 3 个月

C. 6 个月　　D. 12 个月

2. **【多选】**某城市综合体工程项目竣工后，建设单位依法向城乡规划行政主管部门提出竣工规划验收申请。针对该项目的性质，城乡规划行政主管部门对该工程进行规划验收的依据包括（　　）。

A. 国有建设用地出让合同

B. 建设用地规划许可证

C. 建设工程规划许可证

D. 建设项目环境影响报告书

E. 选址意见书

考点 4　建设工程竣工消防验收【重要】

【单选】根据《消防法》规定，应当申请消防验收的建设工程竣工，建设单位应当向（　　）申请消防验收。

A. 公安机关消防机构　　B. 住房和城乡建设主管部门

C. 设计单位　　D. 施工单位

考点 5　建设工程竣工环保验收【了解】

【单选】根据 2017 年 7 月国务院经修改后发布的《建设项目环境保护管理条例》规定，下列说法错误的是（　　）。

A. 建设单位在环境保护设施验收过程中，应当如实查验、监测、记载建设项目环境保护设施的建设和调试情况，不得弄虚作假

B. 分期建设、分期投入生产或者使用的建设项目，其相应的环境保护设施应当分期验收

C. 编制环境影响报告书、环境影响报告表的建设项目竣工后，施工单位应当按照国务院环境保护行政主管部门规定的标准和程序，对配套建设的环境保护设施进行验收，编制验收报告

D. 编制环境影响报告书、环境影响报告表的建设项目，其配套建设的环境保护设施经验收合格，方可投入生产或者使用；未经验收或者验收不合格的，不得投入生产或者使用

考点 6　建筑工程节能验收【了解】

【单选】根据《建筑节能工程施工质量验收规范》，节能分项工程验收的主持人应是（　　）。

A. 建设单位项目负责人

B. 总监理工程师

C. 监理工程师

D. 设计单位节能设计人

考点 7 工程竣工结算【了解】

1. 【单选】根据《建筑工程施工发包与承包计价管理办法》，发承包双方在合同中对竣工结算文件提交、审核没有明确约定，且国家没有相关规定时，可认为约定的期限为（　　）日。

A. 14　　B. 15

C. 28　　D. 30

2. 【单选】发包人对工程质量有异议，拒绝办理竣工决算，但该工程已实际投入使用，该质量争议的解决方法是（　　）。

A. 按工程保修合同执行

B. 就争议部分根据有资质的鉴定机构的检测结果确定方案

C. 按工程质量监督机构的处理决定执行后办理竣工结算

D. 采取诉讼的方式解决

考点 8 竣工工程质量争议的处理【必会】

1. 【单选】根据最高人民法院《关于审理建设工程施工合同纠纷案件适用法律问题的解释（一）》，关于竣工工程质量责任的说法，正确的是（　　）。

A. 发包人指定分包人分包专业工程，应由分包人对承包人承担责任

B. 建设工程未经竣工验收投入使用后，承包人在合理使用寿命内对地基基础工程质量承担民事责任

C. 建设工程未经竣工验收投入使用，不免除承包人的保修责任

D. 建设工程竣工时发现的质量问题，如果不是承包人的原因导致的，承包人有权拒绝修复

2. 【单选】某写字楼项目在交付使用前发现了若干质量缺陷，发包方要求施工单位进行返修。施工单位下列答复正确的是（　　）。

A. 质量缺陷不是由施工单位原因造成的，施工单位不负责返修

B. 只要存在质量缺陷，施工单位都负责返修

C. 施工单位负责返修，但发包人应承担返修费用

D. 施工单位负责返修，但因承担其他工程任务，需要等一段时间才能返修

3. 【多选】根据最高人民法院司法解释，发包人对建设工程的质量缺陷应当承担过错责任的有（　　）。

A. 提供的设计有缺陷

B. 直接指定分包人分包专业工程

C. 提供的场地滞后

D. 建设项目必须进行招标而未招标

E. 指定购买的建筑材料不符合强制性标准

4. 【单选】某地基基础设施工程未经竣工验收，建设单位擅自提前使用，2 年后发现该工程出现质量问题。关于该工程质量责任的说法，正确的是（　　）。

A. 设计文件中该工程的合理使用年限内，施工企业应当承担质量责任

B. 超过 2 年保修期后，施工企业不承担保修责任

C. 由于建设单位提前使用，施工企业不需要承担质量责任

D. 施工企业是否承担质量责任，取决于建设单位是否已经全额支付工程款

考点 9 竣工验收备案的时间及须提交的文件【了解】

1. 【单选】建设单位应当在工程竣工验收合格后的（　　）日内到县级以上建设主管部门或者

其他有关部门备案。

A. 15　　B. 30

C. 45　　D. 60

2. **【多选】**建设单位办理工程竣工验收备案时，应当提交的文件有（　　）。

A. 工程竣工验收备案表

B. 工程竣工验收报告

C. 施工单位签署的工程质量保修书

D. 施工合同

E. 法律、行政法规规定应当由规划等部门出具的认可文件或者准许使用文件

考点 10　竣工验收备案文件的签收和处理【重要】

【单选】《房屋建筑和市政基础设施工程竣工验收备案管理办法》规定，建设单位应当向工程所在地的县级以上地方人民政府建设主管部门报送竣工验收备案文件。其中，工程竣工验收备案表一式两份，分别保存在（　　）。

A. 建设单位和备案机关　　B. 建设单位和设计单位

C. 建设单位和施工单位　　D. 设计单位和备案机关

考点 11　竣工验收备案违反规定的处罚【了解】

【单选】某建设单位在工程竣工验收合格后，未按规定移交地下管线工程档案，造成施工单位在施工中损坏了地下管线，受到建设主管部门的处罚。下列不属于该案处罚范围的是（　　）。

A. 责令改正，处 1 万元以上 10 万元以下的罚款

B. 对单位直接负责的主管人员和其他直接责任人员，处单位罚款数额 5%以上 10%以下的罚款

C. 依法承担地下管线损害相应的赔偿责任

D. 构成犯罪的，依法追究刑事责任

2Z207050　建设工程质量保修制度

知识脉络

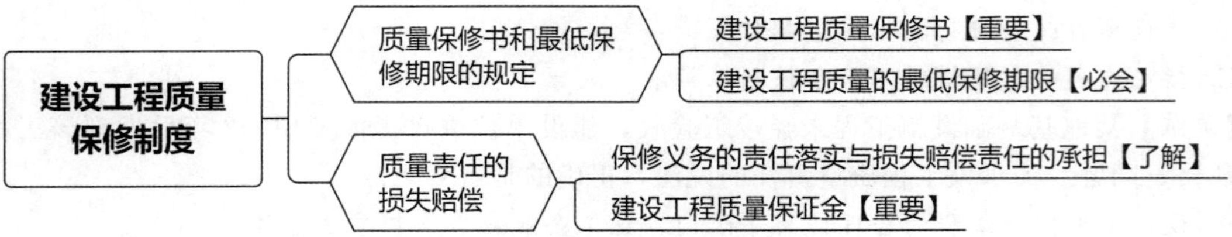

考点 1　建设工程质量保修书【重要】

1. **【单选】**根据《建设工程质量管理条例》，施工单位向建设单位提交工程质量保修书的时间是（　　）。

A. 工程竣工验收合格后　　B. 工程竣工同时

C. 提交工程竣工验收报告时　　D. 工程竣工结算后

2. 【多选】根据《建设工程质量管理条例》，工程承包单位出具的工程质量保修书中，应当明确的内容有（　　）。

A. 保修范围　　B. 保修期限
C. 保修价格　　D. 保修责任
E. 保修效果

3. 【多选】发、承包双方需要在质量保修书中明确的有（　　）。

A. 保修范围　　B. 保修人员
C. 保修金的预留和返还　　D. 保修期限
E. 保修责任

考点 2 建设工程质量的最低保修期限【必会】

1. 【单选】某高层住宅工程结构设计合理使用年限为 50 年，屋面防水为一级，设计使用年限为 15 年，工程于 2014 年 8 月 5 日竣工验收合格并交付使用。下列施工单位出具的质量保修书的内容中，不符合法律法规要求的是（　　）。

A. 基础工程的保修期限为该工程的合理使用年限
B. 屋面防水工程的保修期限为 7 年
C. 供热系统的保修期限为自 2014 年采暖期起，到 2016 年采暖期结束日止
D. 电气管线、给水排水管道、装修工程的保修期限为 1 年

2. 【单选】根据《建设工程质量管理条例》，建设工程保修期自（　　）之日起计算。

A. 竣工验收合格　　B. 交付使用
C. 发包方支付全部价款　　D. 竣工验收备案

3. 【单选】建设工程保修期的起始日是（　　）。

A. 工程竣工之日　　B. 竣工验收合格之日
C. 工程交付之日　　D. 工程投入使用之日

4. 【单选】根据《建设工程质量管理条例》，装修工程和主体结构工程的最低保修期限为（　　）。

A. 2 年和 3 年　　B. 5 年和合理使用年限
C. 2 年和 5 年　　D. 2 年和合理使用年限

5. 【多选】关于保修范围和最低保修期限的说法，正确的有（　　）。

A. 基础设施工程、房屋建筑的地基基础工程和主体结构工程，为设计文件规定的该工程合理使用年限
B. 屋面防水工程和有防水要求的卫生间、房间，最低保修期限为 2 年
C. 供热与供冷系统，为 1 个采暖期、供冷期
D. 电气管线、给水排水管道、设备安装和装修工程，最低保修期限为 2 年
E. 外墙面的防渗漏，最低保修期限为 5 年

考点 3 保修义务的责任落实与损失赔偿责任的承担【了解】

1. 【单选】某工程竣工验收合格后第 11 年，部分梁板发生不同程度的断裂，经有相应资质的质量鉴定机构鉴定，确认断裂原因为混凝土施工养护不当致其强度不符合设计要求，则该质量缺陷应由（　　）。

A. 建设单位维修并承担维修费用
B. 施工单位维修并承担维修费用

C. 施工单位维修，设计单位承担维修费用

D. 施工单位维修，混凝土供应单位承担维修费用

2. 【单选】对在保修期限内和保修范围内发生的质量问题，应当（　　）。

A. 由质量缺陷的责任方履行保修义务，由建设单位承担保修费用

B. 由质量缺陷的责任方履行保修义务并承担保修费用

C. 由施工单位履行保修义务并承担保修费用

D. 由施工单位履行保修义务，由质量缺陷责任方承担保修费用

考点 4　建设工程质量保证金【重要】

1. 【单选】建设工程质量保证金是从应付的工程款中预留，用以保证承包人对建设工程出现的缺陷进行维修的资金。该缺陷出现的时间应在（　　）内。

A. 缺陷责任期　　B. 保修期

C. 竣工验收期　　D. 工程使用期

2. 【多选】按照《建设工程质量保证金管理办法》中关于工程建设缺陷责任期的规定，下列说法正确的有（　　）。

A. 缺陷责任期一般为 1 年，最长不超过 2 年

B. 缺陷责任期从工程通过竣工验收之日起计

C. 承包人导致竣工迟延的，缺陷责任期从实际通过竣工验收之日起计

D. 发包人导致竣工迟延的，在承包人提交竣工验收报告后进入缺陷责任期

E. 发包人导致竣工迟延的，在承包人提交竣工验收报告后 60 天，自动进入缺陷责任期

3. 【单选】某工程在缺陷责任期内发现质量缺陷，经鉴定该缺陷是由于承包人原因造成的。下列有关承包人责任和费用承担的说法中，错误的是（　　）。

A. 承包人应负责维修，并承担鉴定及维修费用

B. 承包人不维修也不承担费用，发包人可按合同约定扣除保证金，并由承包人承担违约责任

C. 承包人维修并承担相应费用后，免除其对工程的一般损失赔偿责任

D. 承包人不维修而愿承担费用的，发包人可负责组织维修，并按合同约定从保证金中扣除费用

4. 【单选】下列关于保证金的说法，正确的是（　　）。

A. 建设工程领域，除投标保证金、履约保证金、工程质量保证金、农民工工资保证金外，其他保证金一律取消

B. 承包人不可以银行保函替代预留质量保证金

C. 已缴纳履约保证金的，发包人可同时预留工程质量保证金

D. 发包人除采用工程质量保险方式外，还可以向承包人要求预留质量保证金

PART 8

2Z208000

解决建设工程纠纷法律制度

学习计划：

扫码即听
本章导学

2Z208010 建设工程纠纷主要种类和法律解决途径

知识脉络

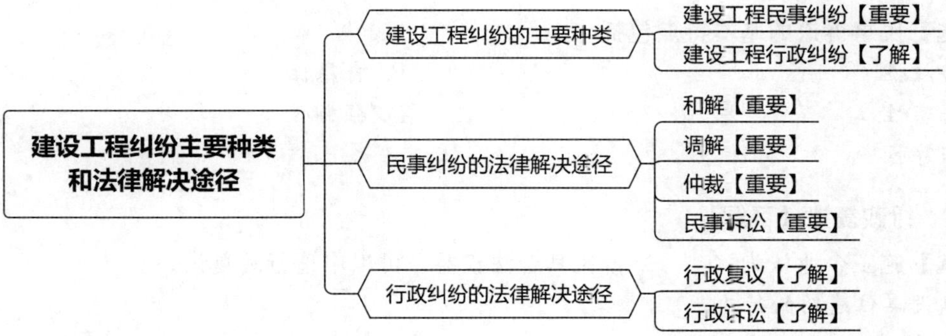

考点 1 建设工程民事纠纷【重要】

【单选】某建设工程项目的发包方和承包商之间发生工程款结算的纠纷，双方最终依据施工合同中约定的仲裁条款通过仲裁的方式解决了纠纷，上述纠纷属于（　　）。

A. 民事纠纷　　B. 行政纠纷

C. 刑事附带民事纠纷　　D. 程序纠纷

考点 2 建设工程行政纠纷【了解】

【单选】下列关于建设工程领域行政行为的说法，正确的是（　　）。

A. 行政强制包括行政强制措施、行政强制执行和行政处罚

B. 行政主体在实施行政行为时，具有单方意志性

C. 没收违法所得和罚款都属于行政强制措施

D. 引发行政纠纷的行政行为主要有行政许可、行政处罚、行政奖励和行政裁决等

考点 3 和解【重要】

【单选】关于民事纠纷和解的说法，正确的是（　　）。

A. 当事人达成和解协议的，进行中的诉讼程序自动终结

B. 和解协议具有强制执行力

C. 和解只能发生在诉讼或仲裁程序中

D. 和解可以与仲裁、诉讼程序相结合

考点 4 调解【重要】

【单选】下列不属于调解的主要方式的是（　　）。

A. 行业调解　　B. 专业机构调解

C. 人民调解　　D. 双方调解

考点 5 仲裁【重要】

1. 【单选】“一裁定终局”体现了仲裁的（　　）特点。

A. 专业性　　B. 自愿性

C. 独立性　　D. 快捷性

2. 【多选】下列案件纠纷中，受《仲裁法》调整的有（　　）。

A. 婚姻、继承纠纷　　B. 建设工程施工合同纠纷

C. 农业承包合同纠纷　　D. 加工承揽合同纠纷

E. 劳动争议纠纷

考点 6　民事诉讼【重要】

【多选】民事诉讼的基本特点包括（　　）。

A. 公权性　　B. 自愿性

C. 保密性　　D. 强制性

E. 程序性

考点 7　行政复议【了解】

【单选】施工企业认为（　　）侵犯其合法权益，可以申请行政复议。

A. 建设单位违约的行为

B. 总监理工程师的停工决定

C. 上级企业的处理决定

D. 行政机关的罚款

考点 8　行政诉讼【了解】

【单选】下列选项中，能作为行政诉讼被告的是（　　）。

A. 建设单位　　B. 施工单位

C. 鉴定机构　　D. 北京市住房与城乡建设管理委员会

2Z208020　民事诉讼制度

知识脉络

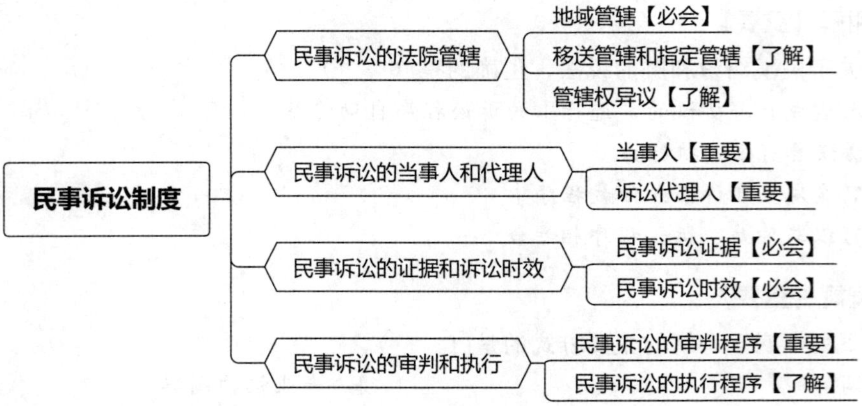

考点 1　地域管辖【必会】

1. 【单选】关于民事案件的地域管辖，下列说法错误的是（　　）。

A. 对公民提起的民事诉讼，由被告住所地人民法院管辖

B. 被告住所地与经常居住地不一致的，由经常居住地人民法院管辖

C. 经常居住地是指公民离开住所至起诉时已连续居住满 6 个月的地方

D. 同一诉讼的几个被告住所地在两个以上人民法院辖区的，各人民法院都有管辖权

2. 【单选】赵某跟随同乡的包工头周某进城务工两年。现赵某欲对拖欠其工资 3 万元的包工头周某提起诉讼，下列说法正确的是（　　）。

A. 此案应由中级人民法院管辖

B. 此案应由赵某住所地人民法院管辖

C. 此案应由周某住所地人民法院管辖

D. 此案应由周某租住房屋所在地人民法院管辖

3. 【单选】关于人民法院管辖权的说法，错误的是（　　）。

A. 建设工程施工合同纠纷按照不动产纠纷确定管辖

B. 不动产纠纷由不动产所在地人民法院管辖

C. 不动产未登记的，由被告住所地人民法院管辖

D. 法律规定两个以上人民法院都有管辖权的诉讼，原告可以向其中一个人民法院起诉

4. 【单选】对于一般的合同纠纷提起的诉讼，由被告住所地或者（　　）人民法院管辖。

A. 原告营业地　　B. 合同履行地

C. 合同签订地　　D. 原告住所地

考点 2　移送管辖和指定管辖【了解】

【多选】关于民事诉讼管辖制度的说法，正确的有（　　）。

A. 甲区基层法院受理某技术转让合同纠纷案件后，发现自己没有级别管辖权，将案件移送至甲市中级人民法院审理，属于管辖权转移

B. 因房屋买卖合同纠纷提起的诉讼应由房屋所在地人民法院管辖

C. 房屋买卖合同纠纷案件不可约定管辖法院

D. 移送管辖有可能是因为受理法院违反了级别管辖的规定所导致

E. 当事人可以通过协议变更案件的级别管辖

考点 3　管辖权异议【了解】

【单选】关于管辖权异议的说法，错误的是（　　）。

A. 当事人对一审案件的地域管辖和级别管辖均可提出异议

B. 通常情况下，当事人只能在提交答辩状期间提出管辖权异议

C. 管辖权异议成立的，法院应当裁定将案件移送有管辖权的法院；异议不成立的，裁定驳回

D. 受诉人民法院应当在受理异议之日起 30 日内作出裁定

考点 4　当事人【重要】

【多选】狭义的民事诉讼当事人包括（　　）。

A. 原告　　B. 被告

C. 共同诉讼人　　D. 第三人

E. 诉讼代理人

考点 5　诉讼代理人【重要】

1. 【单选】下列不可以被委托为诉讼代理人的人员是（　　）。

A. 律师、基层法律服务工作者

B. 当事人的近亲属或者工作人员

C. 当事人所在社区、单位以及有关社会团体推荐的公民

D. 与当事人所有相关的人

2. **【单选】**甲因与某施工企业发生合同纠纷，委托律师李某全权代理诉讼，但未作具体的授权，则律师李某在诉讼中有权实施的行为是（　　）。

A. 提起反诉

B. 进行和解

C. 提出管辖权异议

D. 部分变更诉讼请求

3. **【单选】**在民事诉讼中，一般授权所行使的诉讼权利为（　　）。

A. 代为承认对方的诉讼请求　　B. 进行和解

C. 变更诉讼请求　　D. 法庭辩论

考点 6　民事诉讼证据【必会】

1. **【单选】**在一起钢材买卖合同纠纷的诉讼过程中，作为买方的施工企业将钢材厂家在互联网上发布的价目表下载并打印出来，拿到法庭上作为证据出示。该证据属于（　　）。

A. 书证　　B. 物证

C. 视听资料　　D. 电子数据

2. **【单选】**关于诉讼证据当事人的陈述，下列说法错误的是（　　）。

A. 当事人陈述的于己不利的事实，无须对方举证

B. 当事人对于己不利的事实明确表示承认的，无须对方举证

C. 一方当事人对于另一方当事人主张的于己不利的事实既不承认也不否认，视为对该事实的承认

D. 当事人在场对诉讼代理人的自认明确否认的，不视为自认

3. **【单选】**在一起经济纠纷案件中，原告举出一盘经当事人同意录制的录音带作为证据，该证据属于民事诉讼法规定的（　　）。

A. 物证　　B. 书证

C. 视听资料　　D. 鉴定结论

4. **【单选】**下列材料不属于《民事诉讼法》中规定的证据种类的是（　　）。

A. 书证　　B. 证人证言

C. 律师代理意见　　D. 鉴定意见

5. **【单选】**下列证据中，属于民事证据中书证的是（　　）。

A. 法律条文　　B. 法院的司法解释

C. 施工合同复印件　　D. 建筑施工规范

6. **【多选】**张师傅在拆卸模板时受伤，为工伤赔偿问题将劳务分包单位起诉到法院，想请唯一目击事故过程的王师傅出庭为其作证，王师傅对此有顾虑。下列关于王师傅出庭作证的说法中，正确的有（　　）。

A. 王师傅有义务出庭作证

B. 王师傅作证有利于查明事实，分包单位负责人应当支持其出庭

C. 王师傅作证对单位不利，分包单位负责人应当劝阻其出庭作证

D. 到法院开庭时，王师傅已经离开工地所在城市，出庭确实有困难，经法院许可，可以提交书面证言

E. 王师傅在书面证言中，应当客观陈述其亲身感知的事实，不得使用猜测、推断或者评论性的语言

7. 【多选】下列属于我国法定的证据种类的有（　　）。

A. 直接证据　B. 间接证据

C. 证人证言　D. 物证

E. 现场笔录

8. 【单选】关于证据的调查收集和保全制度，说法正确的是（　　）。

A. 申请法院调查收集证据，应当在开庭审理时提交书面申请

B. 当事人申请证据保全的，应当在被告提交答辩状期间向人民法院提出

C. 人民法院进行证据保全，应当要求当事人或者诉讼代理人到场

D. 人民法院进行证据保全，可以采用查封、扣押、拍照等方法

9. 【单选】下列证据不能单独作为认定案件事实的依据的是（　　）。

A. 未成年人所作的证言

B. 视听资料

C. 无法与原件、原物核对的复制件、复制品

D. 未出庭作证的证人证言

10. 【单选】关于认证的说法，错误的是（　　）。

A. 存有疑点的视听资料不能作为认定案件事实依据的证据

B. 与一方当事人有利害关系的证人出具的证言不能单独作为认定案件事实的证据

C. 存有疑点的电子数据不能单独作为认定案件事实依据的证据

D. 无法与原件核对的复印件不能单独作为认定案件事实的证据

考点 7 民事诉讼时效【必会】

1. 【单选】某工程施工合同约定 2017 年 1 月 1 日业主应向承包商支付工程款，如果承包商一直没有提出索要工程款的要求，业主也没有主动提出同意支付工程款，则（　　）。

A. 截止于 2020 年 1 月 1 日，承包商丧失诉讼权

B. 2020 年 1 月 1 日以后，即使业主同意支付工程款，承包商也无权收取

C. 截止于 2020 年 1 月 1 日，承包商丧失胜诉权

D. 承包商获得工程款的权利最长保护 2 年

2. 【单选】某建设单位支付工程最终结算款的时间应为 2017 年 4 月 1 日。由于建设单位逾期未予支付，故施工单位于 2017 年 8 月 1 日致函建设单位要求付款，但未得到任何答复。施工单位请求人民法院保护其权利的诉讼时效期间届满的时间为（　　）。

A. 2018 年 4 月 1 日　B. 2018 年 8 月 1 日

C. 2019 年 4 月 1 日　D. 2020 年 8 月 1 日

3. 【单选】诉讼时效期间应当从（　　）起计算。

A. 侵害行为停止时　B. 当事人知道或应当知道权利被侵害时

C. 当事人权利被侵害并产生损害后果时　D. 当事人提起赔偿主张之日

4. 【单选】按照合同的约定，2018 年 1 月 1 日发包方应该向承包方支付工程款，但没有支付。2018 年 7 月 1 日至 8 月 1 日之间，当地发生了特大洪水，导致承包方不能行使请求权。2018 年 12 月 3 日，承包方向法院提起诉讼，请求发包方支付拖欠的工程款，2018 年 12 月 31 日法院做出判决。下列说法正确的是（　　）。

A. 2018 年 7 月 1 日至 8 月 1 日之间诉讼时效中止

B. 2018 年 12 月 31 日起诉讼时效中止

C. 2018 年 12 月 3 日起诉讼时效中断

D. 2018 年 7 月 1 日至 8 月 1 日之间诉讼时效中断

5. **【多选】**当事人对债权请求权提出的诉讼时效抗辩中，不能得到法院支持的请求权有（　　）。

A. 延付或拒付租金请求权

B. 寄存财务被丢失的赔偿请求权

C. 兑付国债本息请求权

D. 基于投资关系产生的缴付出资请求权

E. 支付工程款请求权

6. **【多选】**关于诉讼时效中止，说法正确的有（　　）。

A. 自中止时效的原因消除之日起满 6 个月，诉讼时效期间届满

B. 权利人向义务人提出履行请求，诉讼时效中止

C. 《民法典》施行之日，中止时效的原因尚未消除的，应当适用《民法典》关于诉讼时效中止的规定

D. 在诉讼时效期间的最后 6 个月内，权利人被义务人或者其他人控制无法主张权利，不能行使请求权的，诉讼时效中止

E. 在诉讼时效期间的最后 6 个月内，因权利人提起诉讼或者申请仲裁的，诉讼时效中止

考点 8　民事诉讼的审判程序【重要】

1. **【单选】**下列关于民事诉讼期间的说法，错误的是（　　）。

A. 对一审裁定不服的上诉期是 10 日

B. 对一审判决不服的上诉期是 15 日

C. 一审普通程序的审理期限是 6 个月

D. 再审应当在判决、裁定发生法律效力之日起 1 年内提出

2. **【多选】**下列关于人民法院审理案件的说法，正确的有（　　）。

A. 被告不提出答辩状，不能进行审理

B. 人民法院审理案件一般以不公开审理为原则

C. 涉及个人隐私、商业秘密的案件，一律不公开审理

D. 普通程序的审判组织应当采用合议庭制度

E. 当事人应当在举证时限内提交证据

3. **【单选】**工人甲在现场作业时摔伤，将所在单位乙公司起诉至法院。乙公司对于人民法院作出的要求其先予支付部分工伤员工医疗费用的裁定表示不服，则下列说法正确的是（　　）。

A. 乙公司可以自收到裁定之日起 10 日内上诉

B. 乙公司可以自作出裁定之日起 15 日内上诉

C. 乙公司可以自收到裁定之日起 15 日内上诉

D. 乙公司对此先予支付裁定不得上诉

考点 9　民事诉讼的执行程序【了解】

1. **【单选】**下列不属于执行根据的是（　　）。

A. 依法应由人民法院执行的行政处罚决定、行政处理决定

B. 经人民法院裁定承认其效力的外国法院作出的判决
C. 人民法院依督促程序发布的支付令
D. 公证机关依法赋予强制执行效力的债权文书

2. 【单选】根据《民事诉讼法》，下列不属于人民法院应裁定中止执行的情形是（　　）。
A. 申请人表示可以延期执行的
B. 案外人对执行标的提出确有理由异议的
C. 被执行人隐匿可执行财产的
D. 作为一方当事人的公民死亡，需要等待继承人继承权利或承担义务的

2Z208030　仲裁制度

知识脉络

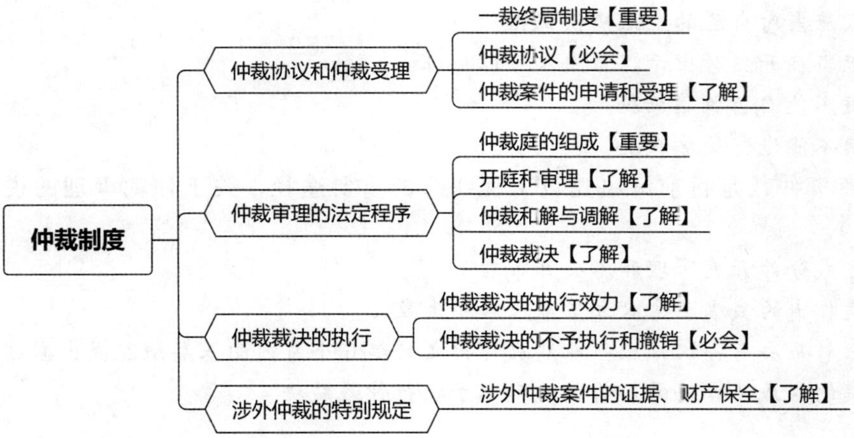

考点 1　一裁终局制度【重要】

【多选】下列不属于商事仲裁基本制度的有（　　）。
A. 协议仲裁制度　　B. 两审终审制
C. 一裁终局制度　　D. 公开审理制度
E. 排除法院管辖制度

考点 2　仲裁协议【必会】

【多选】关于仲裁协议的说法，正确的有（　　）。
A. 仲裁协议应当采用书面形式
B. 仲裁协议可以是口头订立的，但需双方认可
C. 仲裁协议必须在争议发生前达成
D. 没有仲裁协议，也就无法进行仲裁
E. 有效的仲裁协议排除了人民法院对合同争议的管辖权

考点 3　仲裁案件的申请和受理【了解】

【单选】甲乙双方均愿就合同纠纷以仲裁方式解决，但始终未达成书面协议。后甲向仲裁委员会申请仲裁，此时仲裁委员会正确的处理方法是（　　）。
A. 受理

B. 驳回申请，令双方补充协议后再申请

C. 交给人民法院处理

D. 不予受理

考点 4 仲裁庭的组成【重要】

【单选】下列关于仲裁庭组成的说法，正确的是（　　）。

A. 仲裁庭可以由 3 名仲裁员或 1 名仲裁员组成，由 3 名仲裁员组成的设首席仲裁员

B. 由若干名仲裁员组成仲裁庭的，不设首席仲裁员

C. 仲裁庭由 2 名仲裁员组成，当事人双方各选定 1 名

D. 仲裁庭可以由 1 名仲裁员和 2 名陪审员组成

考点 5 开庭和审理【了解】

1.【多选】下列关于仲裁开庭和审理的说法，正确的有（　　）。

A. 仲裁审理可以采用开庭审理和书面审理两种方式

B. 当事人应当对自己的主张提供证据

C. 证据应当在开庭时出示，当事人可以质证

D. 仲裁庭不能自行收集证据

E. 仲裁庭不能进行缺席裁决

2.【单选】商事仲裁是目前解决建设工程纠纷的重要途径，关于仲裁审理的说法，正确的是（　　）。

A. 审理方式分为开庭审理和不公开审理

B. 仲裁庭作出的裁决送达双方当事人后即生效

C. 当事人对裁决有异议，应当在裁决作出之日起 6 个月内向基层法院提出撤销

D. 仲裁庭的组成不合法的，将被裁定不予执行仲裁裁决

考点 6 仲裁和解与调解【了解】

1.【多选】采用和解的方式解决纠纷，既有利于维持和发展双方的合作关系，又使当事人之间的争议得以较为经济和及时地解决。下列关于和解的说法，错误的有（　　）。

A. 和解应该发生在仲裁、诉讼程序之外

B. 当事人申请仲裁后，达成和解协议的，应撤回仲裁申请

C. 当事人达成和解协议，撤回仲裁申请后反悔的，可以根据仲裁协议申请仲裁

D. 发生争议后，当事人可以自行和解，如果达成一致意见，就无需仲裁或诉讼

E. 当事人在诉讼中和解的，原告既可以撤诉，双方也可以请求人民法院对和解事项制作调解书

2.【单选】甲公司与乙公司就某一合同纠纷进行仲裁，达成和解协议，向仲裁委员会申请撤回仲裁申请。后乙公司未按和解协议履行其义务。甲公司解决此纠纷的做法正确的是（　　）。

A. 甲公司可以依据仲裁协议重新申请仲裁

B. 甲公司只能向法院提起诉讼

C. 甲公司可以向法院提起诉讼，也可以与乙公司重新达成仲裁协议申请仲裁

D. 甲公司可以向仲裁委员会申请恢复仲裁程序

考点 7 仲裁裁决【了解】

1.【单选】某仲裁委员会仲裁一施工合同纠纷案件，首席仲裁员甲认为应裁决合同无效，仲裁

庭组成人员乙、丙认为应裁决合同有效，但乙认为应裁决解除合同，丙认为应裁决继续履行合同，则仲裁庭应（　　）。

A. 按甲的意见作出　　B. 按乙或丙的意见作出

C. 请示仲裁委员会主任并按其意见作出　　D. 重新组成仲裁庭经评议后作出

2. **【单选】**甲公司和乙公司之间的合同纠纷案件经仲裁委员会仲裁作出裁决，双方对裁决不服，认为仲裁庭认定的事实存在严重错误，而该仲裁委员会随后也发现当事人反映的事实确实存在，仲裁庭认定的事实严重错误。对此，正确的处理方式是（　　）。

A. 甲公司和乙公司重新达成仲裁协议申请仲裁

B. 仲裁委员会撤销该仲裁裁决，由当事人重新选任仲裁员进行仲裁

C. 甲公司和乙公司就已经裁决的事项向人民法院提起诉讼

D. 甲公司和乙公司请求人民法院撤销该仲裁裁决

考点 8　仲裁裁决的执行效力【了解】

【单选】仲裁裁决作出后，当事人应当履行裁决。一方当事人不履行的，（　　）。

A. 由仲裁机构强制执行

B. 另一方当事人可就已经裁决的事项提起诉讼

C. 由仲裁机构向人民法院申请执行

D. 另一方当事人向人民法院申请执行

考点 9　仲裁裁决的不予执行和撤销【必会】

1. **【单选】**根据《仲裁法》，仲裁裁决不予执行的情形不包括（　　）。

A. 仲裁协议是发生纠纷后签订的

B. 裁决的事项不属于仲裁协议的范围或者仲裁机构无权仲裁的

C. 仲裁庭的组成或者仲裁的程序违反法定程序的

D. 裁决所根据的证据是伪造的

2. **【单选】**当事人申请撤销仲裁裁决，应当向（　　）提出。

A. 仲裁委员会的上级主管机关　　B. 仲裁委员会所在地的中级人民法院

C. 仲裁委员会所在地的基层人民法院　　D. 被告所在地的基层人民法院

3. **【多选】**仲裁庭对当事人申请仲裁的争议案件经过审理并作出仲裁裁决后，对于国内仲裁裁决，当事人可以申请撤销仲裁裁决的情形有（　　）。

A. 裁决的事项不属于仲裁协议的范围或者仲裁委员会无权仲裁的

B. 裁决所根据的证据是伪造的

C. 对方当事人隐瞒了足以影响公正裁决的证据的

D. 仲裁裁决适用法律错误

E. 仲裁庭的组成或者仲裁的程序违反法定程序的

考点 10　涉外仲裁案件的证据、财产保全【了解】

【单选】当事人申请采取财产保全的，中华人民共和国的涉外仲裁机构应当将当事人的申请，提交被申请人住所地或者财产所在地的（　　）裁定。

A. 基层人民法院　　B. 中级人民法院

C. 高级人民法院　　D. 仲裁委员会

2Z208040　调解与和解制度

知识脉络

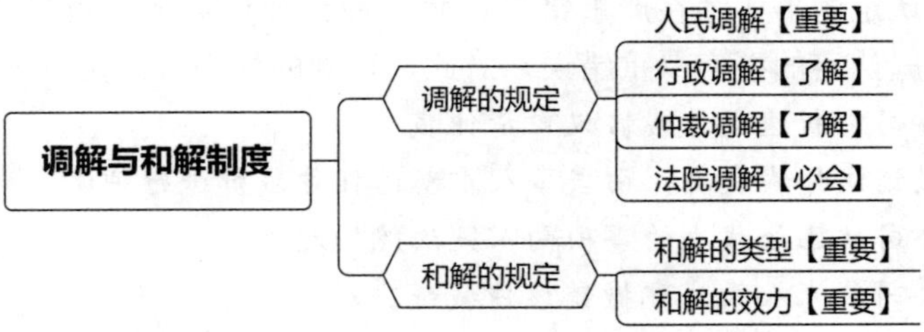

考点 1　人民调解【重要】

1.【单选】关于人民调解的说法，正确的是（　　）。

A. 人民调解应当遵循公开调解原则

B. 人民调解的组织形式是人民调解委员会

C. 经调解达成的调解协议具有强制执行力

D. 人民调解协议必须采取书面形式

2.【多选】下列法律文书中，可以申请人民法院强制执行的有（　　）。

A. 双方当事人已经签收的行政调解书

B. 双方签收的专业调解机构制作的调解协议

C. 一方签收的人民法院调解书

D. 经过司法确认的人民调解委员会制作的调解书

E. 双方当事人签收的仲裁调解书

考点 2　行政调解【了解】

【单选】在某建筑工地上，施工单位与周边居民产生民事纠纷，双方同意采用行政调解方式解决，主持该项调解的应当是（　　）。

A. 施工方上级单位

B. 建设单位

C. 当地政府建设主管部门

D. 人民法院

考点 3　仲裁调解【了解】

【单选】甲乙双方的合同纠纷于 2014 年 8 月 7 日开庭仲裁，9 月 4 日经仲裁庭调解，双方达成了调解协议，10 月 4 日仲裁庭根据调解协议制定了调解书，10 月 6 日调解书交由双方签收，根据《仲裁法》有关规定，下列说法正确的是（　　）。

A. 该调解书与仲裁裁决书具有同等法律效力

B. 该调解书自 2014 年 10 月 4 日产生法律效力

C. 若当事人签收调解书后，则申请人应撤回仲裁申请

D. 若当事人签收调解书后反悔，仲裁庭应当及时作出裁决

考点 4 法院调解【必会】

1. 【单选】甲乙双方因工程施工合同发生纠纷，甲公司向法院提起了民事诉讼。审理过程中，在法院的主持下，双方达成了调解协议，法院制作了调解书并送达了双方当事人。双方签收后，乙公司又反悔，则下列说法正确的是（　　）。

A. 甲公司可以向人民法院申请强制执行

B. 人民法院应当根据调解书进行判决

C. 人民法院应当认定调解书无效并及时判决

D. 人民法院应当撤销诉讼

2. 【多选】民事纠纷中，当事人达成调解协议，人民法院可以不制作调解书的有（　　）。

A. 调解和好的离婚案件

B. 能够即时履行的案件

C. 调解维持赡养关系的案件

D. 标的额较小的案件

E. 调解继续履行的案件

考点 5 和解的类型【重要】

【单选】甲诉讼乙损害赔偿一案，双方在诉讼中达成和解协议，下列关于本案的说法，正确的是（　　）。

A. 当事人无权向法院申请撤诉

B. 因当事人已达成和解协议，法院应当裁定终结诉讼程序

C. 当事人可以申请法院依和解协议内容制作调解书

D. 当事人可以申请法院依和解协议内容制作判决书

考点 6 和解的效力【重要】

【单选】下列关于争议解决方式中的和解方式，说法正确的是（　　）。

A. 双方当事人在自愿协商的基础上达成的和解协议，产生法律强制力

B. 当事人申请仲裁后自行和解，达成和解协议的，由仲裁庭根据和解协议作出裁决书

C. 当事人申请仲裁后自行和解，达成和解协议的，可以撤回仲裁申请

D. 在诉讼中和解的，由法院制作调解书，产生法律效力

2Z208050 行政强制、行政复议和行政诉讼制度

知识脉络

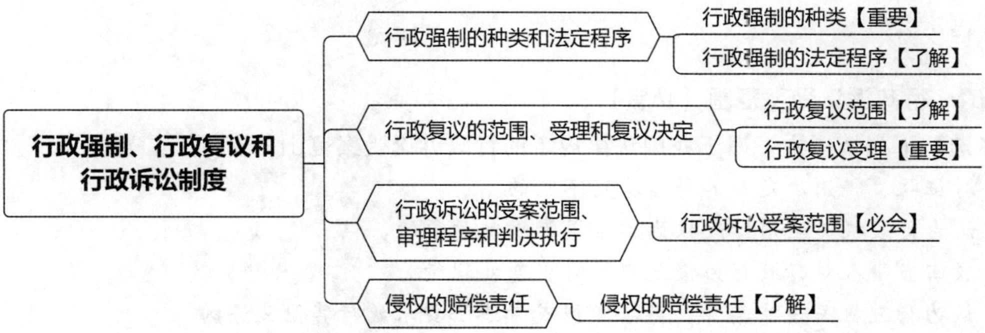

考点 1 行政强制的种类【重要】

1.【多选】下列属于行政强制措施的有（　　）。

A. 排除妨碍、恢复原状

B. 代履行

C. 划拨存款

D. 限制公民人身自由

E. 冻结汇款

2.【多选】行政法规可以设定的行政强制措施包括（　　）。

A. 查封场所、设施或者财物

B. 限制公民人身自由

C. 冻结存款、汇款

D. 依法处理查封、扣押的场所

E. 扣押财物

考点 2 行政强制的法定程序【了解】

【单选】某工商局以涉嫌非法销售汽车为由扣押某公司 5 辆汽车，下列说法正确的是（　　）。

A. 工商局可以委托城管执法局实施扣押

B. 工商局扣押汽车的最长期限为 90 日

C. 对扣押车辆，工商局可以委托第三人保管

D. 对扣押车辆进行检测的费用，由某公司承担

考点 3 行政复议范围【了解】

【单选】下列不能提起行政复议的行为是（　　）。

A. 认为行政机关违法集资、征收财物、摊派费用

B. 行政处罚

C. 某市建设行政主管部门下达有关文件，对内部工作人员予以警告处分

D. 认为行政机关侵犯其合法的经营自主权的

考点 4 行政复议受理【重要】

【单选】行政复议机关受到复议申请后，应当在（　　）日内进行审查，依法决定是否受理，并书面告知申请人。

A. 5　　B. 7

C. 15　　D. 3

考点 5 行政诉讼受案范围【必会】

【多选】下列情形中，属于我国法律规定的行政诉讼受案范围的有（　　）。

A. 对征收、征用决定及其补偿决定不服的

B. 认为行政机关滥用行政权力排除或者限制竞争的

C. 驳回当事人对行政行为提起申诉的重复处理行为

D. 认为行政机关违法集资、摊派费用或者违法要求履行其他义务的

E. 对公民、法人或者其他组织权利义务不产生实际影响的行为

考点 6 侵权的赔偿责任【了解】

【多选】下列情形中，属于国家不承担赔偿责任情形的有（　　）。

A. 行政机关工作人员与行使职权无关的个人行为

B. 因公民、法人和其他组织自己的行为致使损害发生的

C. 法律规定的其他情形

D. 违法征收、征用财产的

E. 造成财产损害的其他违法行为

PART 9

全真模拟试卷

学习计划：

《建设工程法规及相关知识》全真模拟试卷（一）

一、单项选择题（共60题，每题1分，每题的备选项中，只有1个最符合题意）

1. 根据我国法的形式，《市政公用设施抗灾设防管理规定》属于（　　）。

A. 地方性法规

B. 部门规章

C. 行政法规

D. 地方政府规章

2. 关于法的效力层级，说法正确的是（　　）。

A. 一般法优于特别法

B. 部门规章之间对同一事项的规定不一致时，由国务院裁决

C. 旧法优于新法

D. 宪法与法律出现冲突，由全国人大裁决

3. 关于法定代表人的说法，正确的是（　　）。

A. 法定代表人代表法人从事民事活动

B. 公司章程对法定代表人权利的限制，可以对抗善意第三人

C. 因过错履行职务行为损害他人，由法定代表人承担责任

D. 法人可以有法定代表人

4. 下列组织中，具有法人资格的组织是（　　）。

A. 项目监理部

B. 项目经理部

C. 设计单位

D. 投标联合体

5. 某建设项目工程款迟迟不到位，施工企业为了索要工程款，聘请律师代为诉讼。该行为属于（　　）。

A. 委托代理

B. 法定代理

C. 指定代理

D. 表见代理

6. 2019年4月20日赵某与某开发公司签订商品房买卖合同，内容为购买一套$120m^2$的期房，并赠送停车位一个，2019年12月26日开发商依据合同规定的时间交房时，通知赵某，由于面积太小不符合该公司赠送停车位的规定，因此不能赠送赵某停车位，当时合同约定的赠送停车位事项属于销售人员田某的错误，公司已经将田某处分了。下列说法中，正确的是（　　）。

A. 赵某可以要求开发商继续履行合同

B. 田某和开发商应当向赵某承担连带责任

C. 赵某只能向田某追究责任

D. 赵某不能要求开发商继续履行合同

7. 下列关于建设用地使用权的设立，说法不正确的是（　　）。

A. 建设用地使用权只能设立于国家所有的土地

B. 建设用地使用权可以在土地的地表、地上或者地下分别设立

C. 建设用地使用权抵押的，附着于该土地上的建筑物应一并抵押

D. 建设用地使用权期间届满的，自动续期

8. 未进行不动产登记而使得不动产物权的转让行为不生效，则当事人应由此承担（　　）责任。

A. 侵权

B. 违约

C. 不当得利

D. 无因管理

9. 某工程项目为赶工期而昼夜施工，严重影响了相邻小区居民的休息，经现场劝阻无效，居民便成立维权小组与该施工企业谈判，要求其停止夜间施工，并赔偿 2 万元作为抚慰金。关于该施工企业与相邻小区居民之间的关系，下列说法正确的是（　　）。

A. 其间构成了不当得利之债

B. 其间构成了无因管理之债

C. 其间构成了侵权之债

D. 其间没有形成债的关系

10. 下列关于知识产权属性的表述中，正确的是（　　）。

A. 知识产权都具有绝对的排他性

B. 知识产权的期限都是一致的

C. 知识产权都具有新颖性

D. 知识产权在本质上是一种物权

11. 根据《民法典》，除担保合同另有约定外，主合同无效的，担保合同（　　）。

A. 效力待定

B. 可变更

C. 无效

D. 可撤销

12. 在保险合同订立中，按照保险合同负有支付保险费义务的是（　　）。

A. 受益人

B. 投保人

C. 被保险人

D. 保险人

13. 关于法律责任的说法，正确的是（　　）。

A. 法律责任只因违反法律规定的义务而形成的法律后果

B. 法律明确规定了法律责任的范围和性质

C. 法律责任的认定和追究，只能由司法机关依法定程序进行

D. 法律责任包括了不利和有利的法律后果

14. 下列法律责任中，属于刑事处罚的是（　　）。

A. 处分

B. 暂扣执照

C. 恢复原状

D. 罚金

15. 关于申请领取施工许可证条件的说法，正确的是（　　）。

A. 有保证工程进度的基本制度

B. 建设工程所需投资已经全部到位

C. 施工图设计文件已按规定通过了审查

D. 已经与施工企业签订了合作协议

16. 从事建筑活动的建筑业企业，应当具备的条件不包括（　　）。

A. 有符合规定的净资产

B. 有符合规定的主要人员

C. 有符合规定的技术装备

D. 有良好的工程业绩

17. 根据最高人民法院《关于审理建设工程施工合同纠纷案件适用法律问题的解释（一）》，关于实际施工人主张工程价款的说法，正确的是（　　）。

A. 实际施工人只能起诉与其有合同关系的转包人或违法分包人

B. 实际施工人以发包人为被告主张权利的，人民法院不得追加转包人或违法分包人为本案当事人

C. 实际施工人以发包人为被告主张权利的，人民法院应当追加转包人或者违法分包人为本案第三人

D. 发包人和转包人或违法分包人对实际施工人就工程价款的清偿承担连带责任

18. 关于工程建设项目是否必须招标的说法，正确的是（　　）。

A. 使用国有企业事业单位自有资金的工程建设项目必须进行招标

B. 施工单项合同估算价为人民币 150 万元，但项目总投资额为人民币 3000 万元的工程建设项目必须进行招标

C. 部分使用财政预算资金的总投资额为人民币 200 万元的建设工程项目

D. 国有控股公司投资的施工总承包金额为 500 万元的项目必须招标

19. 对于应当招标的工程建设项目，经批准可以不采用招标发包的情形是（　　）。

A. 拟公开招标的费用与项目价值相比，不值得

B. 当地投标企业较少

C. 采购人依法能够自行建设、生产或者提供

D. 受自然地域限制的

20. 对于招标程序和要求的说法，正确的是（　　）。

A. 依法必须进行招标的项目，招标人必须采用委托招标的方式

B. 招标项目按照国家有关规定需要履行项目审批手续的，应当先履行项目审批手续

C. 招标文件可以不包括拟签订合同的主要条款

D. 招标人对已发出的招标文件进行必要的澄清或者修改的，应当重新招标

21. 下列关于开标与评标活动，说法正确的是（　　）。

A. 评标委员会成员名单应当在开标时公布

B. 招标文件设有标底和最高投标限价的，应当在评标后公布

C. 投标人对开标有异议的，应当在开标现场当场提出

D. 投标人提交两个以上报价且未声明哪一个有效的，评标委员会可以要求投标人书面澄清说明

22. 某项目 2019 年 3 月 1 日确定了中标人，2019 年 3 月 8 日发出了中标通知书，2019 年 3 月 12 日中标人收到了中标通知书，则签订合同的日期应该不迟于（　　）。

A. 2019 年 3 月 16 日

B. 2019 年 3 月 31 日

C. 2019 年 4 月 7 日

D. 2019 年 4 月 11 日

扫码听课

23. 关于投标文件撤回和撤销的说法，正确的是（　　）。

A. 投标人撤回已提交的投标文件，应当在投标截止时间前通知招标人

B. 投标人可以选择电话或书面方式通知招标人撤回投标文件

C. 招标人收到的投标保证金，应当自收到投标人撤回通知之日起 10 日内退还

D. 投标截止时间后投标人撤销投标文件的，招标人应当退还投标保证金

扫码听课

24. 建设工程项目中，可行的发包方式是（　　）。

A. 将监理业务委托给该项目的设计单位

B. 将项目管理咨询业务委托给该项目的工程总承包单位

C. 将设备采购业务委托给该项目的工程监理单位

D. 将监理业务委托给该项目的施工承包单位

扫码听课

25. 甲公司投标承包了一栋高档写字楼工程的施工总承包业务，经业主方认可将其中的专业工程分包给了具有相应资质等级的乙公司，工程施工中因乙分包的工程发生了质量事故给业主造成了 10 万元的损失而产生了赔偿责任。对此，正确的处理方式应当是（　　）。

A. 业主方只能要求乙赔偿

B. 如果业主方要求甲赔偿，甲可以以乙是业主认可的分包商为由而拒绝

C. 甲不能拒绝业主方的 10 万元赔偿要求，但赔偿后可按分包合同的约定向乙追赔

D. 乙可以拒绝甲的追赔要求

扫码听课

26. 某施工单位因借用其他企业的资质证书骗取中标，被有关主管部门取消 3 个月投标资格。根据《招标投标违法行为记录公告暂行办法》，则该违法行为记录公告期限应为（　　）。

A. 3 个月

B. 6 个月

C. 1 年

D. 2 年

扫码听课

27. 关于合同形式的说法，正确的是（　　）。

A. 合同必须采用书面形式

B. 口头形式属于合同的其他形式

C. 未依法采取书面形式订立的合同无效

D. 合同可以采用数据电文形式

扫码听课

28. 分包工程发生质量、安全、进度等问题给建设单位造成损失的，关于承担方的说法，正确的是（　　）。

A. 分包单位只对总承包单位负责

B. 建设单位只能向给其造成损失的分包单位主张权利

C. 总承包单位赔偿金额超过其应承担份额的，有权向有责任的分包单位追偿

D. 建设单位与分包单位无合同关系，无权向分包单位主张权利

扫码听课

29. 某施工总承包单位与分包单位在分包合同中约定：分包施工中出现任何安全事故，均由分包单位对建设单位承担责任，该约定（　　）。

A. 因显失公平而无效

B. 由于部分单位自愿签署而有效

C. 对总承包单位和分包单位亦无效

D. 因违反法律、法规强制性规定而无效

扫码听课

30. 可以撤销建筑业企业资质的情形是（　　）。

A. 企业取得资质后不再符合相应资质条件的

B. 企业取得资质后发生重大安全事故的

C. 资质许可机关违反法定程序准予资质许可的

D. 资质证书有效期到期后未及时办理续期手续的

扫码听课

31. 当事人在合同订立后因一方违约而应向另一方支付违约金，下列关于违约金的支付，正确的是（　　）。

A. 双方可以在合同中约定因违约产生的损失赔偿额，并按此支付

B. 约定的违约金低于造成的损失的，当事人不能请求人民法院增加

C. 约定的违约金高于造成的损失的，当事人可以请求人民法院或者仲裁机构予以适当减少

D. 违约方支付违约金后，合同终止

扫码听课

32. 根据《劳动合同法》，用人单位自用工之日起（　　）不与劳动者订立书面劳动合同的，视为用人单位与劳动者已订立无固定期限劳动合同。

A. 满 1 个月

B. 超过 1 个月不满 1 年

C. 满 1 年

D. 超过 6 个月不满 1 年

扫码听课

33. 根据《劳动合同法》及相关法规，下列关于劳动者可以单方解除劳动合同的表述中，正确的是（　　）。

A. 劳动者提前 30 日以书面形式通知用人单位，可解除劳动合同

B. 劳动者试用期内应提前 15 天通知用人单位，方可解除劳动合司

C. 劳动者被非法限制人身自由强迫劳动的，不得解除劳动合同

D. 劳动者不满意用人单位的严格管理，可随时解除劳动合同

扫码听课

34. 下列争议中，属于劳动争议的是（　　）。

A. 企业职工沈某与某地方劳动保障行政部门发生工伤认定的争议

B. 公司股东李某与其他企业的经济纠纷

C. 王某与社会保险机构因退休费用产生的争议

D. 进城务工的黄某与劳务分包公司因工资报酬产生的争议

扫码听课

35. 甲公司向乙公司定作一批预制板，乙开工不久，甲需要将预制板加厚，遂要求乙停止制作。关于甲权利义务的说法，正确的是（　　）。

A. 甲应支付相应部分报酬

B. 甲不得中途要求乙停止制作

C. 甲应支付全部约定报酬

D. 甲不用赔偿乙损失

36. 某工程施工中由某水泥厂为施工企业供应水泥，延迟交货 1 周，延迟交货导致施工企业每天损失 0.4 万元，第一天晚上施工企业为减少损失，采取紧急措施共花费 1 万元，使剩余 6 天共损失 0.7 万元。水泥厂因违约应向施工企业赔偿的损失为（　　）。

A. 1.1 万元

B. 1.7 万元

C. 2.1 万元

D. 2.8 万元

37. 某房地产开发公司与某金融机构签订了一份借款合同，合同中约定了借款的用途、数额、期限等内容。在履行合同中该金融机构未能按约定的期限提供贷款，造成了房地产开发公司的损失，此时金融机构（　　）。

A. 不承担任何责任

B. 可提出解除借款合同

C. 可延期提供贷款

D. 应赔偿房地产开发公司的损失

38. 李某与王某签订租房合同，双方共同约定房屋租赁期限为 1 年，则下列说法错误的是（　　）。

A. 应以书面方式订立

B. 若以口头方式订立，该合同无效

C. 若以口头方式订立，出租人可随时解除合同

D. 若以口头方式订立，承租人可随时解除合同

39. 货运合同的托运人未按照约定包装货物，承运人可以（　　）。

A. 留置货物

B. 要求赔偿

C. 解除合同

D. 拒绝运输

40. 关于施工中产生的固体废物污染环境防治的说法，正确的是（　　）。

A. 施工现场的生活垃圾实行散装清运

B. 处置建筑垃圾的单位在运输建筑垃圾时，应当随车携带建筑垃圾处置核准文件

C. 施工企业可以将建筑垃圾交给从事建筑垃圾运输的个人运输

D. 转移固体废物出省、自治区、直辖市行政区域处置的，应当同时向固体废物移出地和接受地的省级生态环境主管部门提出申请

41. 下列建筑施工条件中，属于建筑施工企业申领安全生产许可证应当具备的条件是（　　）。
A. 建设资金已经落实
B. 主要负责人经有关部门考核合格
C. 配备了兼职安全生产管理人员
D. 为职工办理了意外伤害保险

42. 根据《建设工程安全生产管理条例》，属于施工单位安全责任的是（　　）。
A. 提供相邻构筑物的有关资料
B. 制定安全生产规章制度和操作规程
C. 确定建设工程安全作业环境及安全施工措施所需费用
D. 申领施工许可证应当提供有关安全施工措施的资料

43. 下列情形中，属于施工作业人员的安全生产义务的是（　　）。
A. 对本单位的安全生产工作提出建议
B. 接受安全生产教育和培训
C. 发现直接危及人身安全的紧急情况时停止作业
D. 拒绝违章指挥和强令冒险作业

44. 对于达到一定规模且危险性较大的基坑支护与降水分部工程施工，须严格按施工程序进行，下列做法中，不正确的是（　　）。
A. 施工单位在施工组织设计中编制安全技术措施
B. 施工方案中应附具安全验算结果
C. 施工方案应经施工单位项目负责人、总监理工程师签字后实施
D. 应由专职安全生产管理人员进行现场监督

45. 下列情形中，视同为工伤的情形是（　　）。
A. 在工作时间和工作场所内，因工作原因受到事故伤害的
B. 在工作单位突发疾病，并在48小时内经抢救无效死亡
C. 因工外出期间，由于工作原因受到伤害或者发生事故下落不明的
D. 在上下班途中，受到非本人主要责任的交通事故或者城市轨道交通、客运轮渡、火车事故伤害的

46. 关于生产安全事故应急救援的说法，错误的是（　　）。
A. 生产经营单位应当加强生产安全事故应急工作，建立、健全生产安全事故应急工作责任制，其主要负责人对本单位的生产安全事故应急工作全面负责
B. 生产经营单位应当针对本单位可能发生的生产安全事故的特点和危害，进行风险辨识和评估
C. 生产经营单位应当制定相应的生产安全事故应急救援预案，可不向本单位从业人员公布
D. 生产安全事故应急救援预案应当符合有关法律、法规、规章和标准的规定，具有科学性、针对性和可操作性，明确规定应急组织体系、职责分工以及应急救援程序和措施

47. 某高层建筑在地下桩基施工中，基坑发生坍塌，造成10人死亡，直接经济损失900余万元，本次事故属于（　　）。
A. 重大事故
B. 特别重大事故
C. 较大事故
D. 一般事故

48. 根据《建筑法》，对涉及（　　）的装修工程，建设单位应在施工前委托原设计单位或具有相应资质条件的设计单位提出设计方案。

A. 增加工程造价总额

B. 建筑主体和承重结构变动

C. 增加工程内部装饰

D. 改变建筑工程局部使用功能

49. 下列关于工程监理职责和权限的说法中，正确的是（　　）。

A. 未经监理工程师签字，建筑材料、建筑构配件和设备不得在工程上使用或者安装

B. 未经监理工程师签字，建设单位不拨付工程款

C. 未经监理工程师签字，建设单位不进行竣工验收

D. 监理工程师无权决定是否允许施工单位进行下一道工序的施工

50. 关于工程建设标准分类的说法，正确的是（　　）。

A. 国家标准和行业标准分为强制性标准和推荐性标准

B. 国家标准、企业标准是推荐性标准

C. 标准分为国家标准、行业标准、地方标准、团体标准和企业标准

D. 团体性标准分为强制性标准和推荐性标准

51. 某写字楼装修工程，总承包单位甲经建设单位同意，将装修工程分包给某分包单位乙施工。工程竣工验收发现：飘窗处墙体出现渗雨，部分房间地面石材出现大面积花斑。对于上述质量问题的责任承担，说法正确的是（　　）。

A. 由甲承担责任，乙无责

B. 由甲和乙承担连带责任

C. 甲对飘窗墙体渗雨问题负责，乙对地面石材花斑问题负责

D. 甲对飘窗墙体渗雨问题负责，甲和乙对地面石材花斑问题负连带责任

52. 关于建设工程返修中法律责任的说法，正确的是（　　）。

A. 因施工企业原因造成的质量问题，施工企业应当负责返修并承担费用

B. 已发现的工程质量缺陷，由缺陷责任方修复

C. 严重工程质量问题相关责任单位已被撤销的，不可追究项目负责人的责任

D. 建设工程返修的质量问题仅指竣工验收时发现的质量问题

53. 下列不属于必须委托监理单位的建设工程的是（　　）。

A. 成片开发建设的住宅小区工程

B. 利用国际组织资金援助的工程

C. 省级重点建设工程

D. 中型公用事业工程

54. 关于工程质量监督手续的办理，下列说法正确的是（　　）。

A. 施工单位在开工前，应当按照国家有关规定办理工程质量监督手续

B. 应先办理施工许可证或者开工报告，再办理工程质量监督手续

C. 建设单位在开工后，应当按照国家有关规定办理工程质量监督手续

D. 可委托工程质量监督机构办理工程质量监督手续，接受政府主管部门的工程质量监督

55. 建设工程质量保修书的提交时间是（　　）。

A. 自提交工程竣工验收报告之日起 15 日内

B. 工程竣工验收合格之日

C. 自工程竣工验收合格之日起 15 日内

D. 提交工程竣工验收报告时

56. 关于建设工程质量保修的说法，正确的是（　　）。

A. 不同类型的建设工程，质量保修范围不同

B. 合同约定的保修期限不能高于法定保修期限

C. 工程的合理使用年限与施工企业的质量责任年限无关

D. 建设工程保修期的起始日是工程实际竣工之日

57. 关于行政行为特征的说法，错误的是（　　）。

A. 行政行为的主体是法定的

B. 实施行政行为具有单方意志性

C. 行政行为多属于无偿的行为

D. 行政行为具有不可裁量性

58. 某施工企业和某律师签订的授权委托书中仅写“全权代理”，而无具体授权事项，则该律师有（　　）的权利。

A. 代为承认、放弃诉讼请求

B. 提出管辖权异议

C. 进行和解

D. 提起反诉或者上诉

59. 下列关于仲裁与诉讼特点的表述，错误的是（　　）。

A. 仲裁以不公开审理为原则，诉讼则以不公开审理为例外

B. 仲裁实行一裁终局制，诉讼实行两审终审制

C. 仲裁机构由双方协商确定，管辖人民法院则不能由双方约定

D. 仲裁和诉讼是两种独立的争议解决方式

60. 根据《行政诉讼法》，下列属于行政诉讼受案范围的是（　　）。

A. 方某在妻子失踪后向公安局报案要求立案侦查，遭拒绝后向法院起诉确认公安局的行为违法

B. 区房管局以王某不履行双方签订的房屋征收补偿协议为由向法院起诉

C. 某企业以工商局滥用行政权力限制竞争为由向法院起诉

D. 张某对劳动争议仲裁裁决不服向法院起诉

二、多项选择题（共 20 题，每题 2 分，每题的备选项中，有 2 个或 2 个以上的符合题意，至少有 1 个错项。错选，本题不得分；少选，所选的每个选项得 0.5 分）

61. 根据《民法典》，关于代理的说法，正确的有（　　）。

A. 代理包括委托代理、法定代理和指定代理

B. 委托代理中，被代理人是以意思表示的方法将代理权授予代理人的，故又称“意定代理”或“任意代理”

C. 授权委托书应当载明代理人的姓名或者名称、代理事项、权限和期间，并由被代理人签名或者盖章

D. 被代理人知道或者应当知道代理人的代理行为违法未作反对表示的，被代理人和代理

人应当承担连带责任

E. 无民事行为能力人、限制民事行为能力人的监护人是其法定代理人

62. 某施工单位与A材料供应商订立了材料买卖合同，却误将货款支付给B材料供应商，随后施工单位索要回货款支付给A材料供应商。关于本案中债的性质，下列说法正确的有（　　）。

A. 向A供应商支付货款属于合同之债

B. 向B供应商支付货款属于合同之债

C. A、B供应商之间原本没有债的关系

D. B供应商获得货款形成无因管理之债

E. B供应商获得货款形成不当得利之债

扫码听课

63. 下列可以设立行政许可的有（　　）。

A. 法律

B. 行政法规

C. 部门规章

D. 设区的市政府规章

E. 国务院的决定

扫码听课

64. 某建设项目领取了施工许可证后开工，于2018年2月1号因故停工，2019年3月10号决定恢复施工，则（　　）。

A. 施工单位应该在2018年3月1号之前向施工许可证颁发机关报告

B. 在恢复施工前，建设单位应该重新申请施工许可证

C. 在恢复施工前，建设单位应该报发证机关核验施工许可证

D. 建设项目经核验不符合条件的，发证机关应当收回该项目施工许可证

E. 经核验不符合条件的，待条件具备后，发证机关返还其施工许可证

扫码听课

65. 根据《劳动法》，关于妇女、未成年人劳动保护的说法，正确的有（　　）。

A. 企业应当为未成年工定期进行健康检查

B. 企业不得聘用未满18周岁的未成年人

C. 企业不得安排未成年人从事有毒有害的劳动

D. 企业不得安排妇女从事高处、低温、冷水作业

E. 企业不得安排妇女从事国家规定的第4级体力劳动强度的劳动

扫码听课

66. 甲、乙两个施工单位组成联合体投标，双方约定，如因施工质量问题导致建设单位索赔，各自承担索赔额的50%。施工过程中建设单位因质量原因索赔12万元，则下列关于此索赔和赔偿责任承担的说法，正确的有（　　）。

A. 如甲无过错，则其有权拒绝先行赔付

B. 建设单位可直接要求甲承担12万元

C. 建设单位可直接要求乙承担12万元

D. 建设单位应当要求质量缺陷的过错方承担主要责任

E. 先行赔付的一方，有权就超出50%的部分向另一方追偿

扫码听课

67. 关于外商投资，下列说法正确的有（　　）。

A. 只限于外国的自然人、企业或者其他组织直接在中国境内进行的投资活动

B. 不包括外国的自然人、企业或者其他组织间接在中国境内进行的投资活动

C. 包括外国投资者单独或者与其他投资者在中国境内设立外商投资企业

扫码听课

D. 包括外国投资者单独或者与其他投资者共同在中国境内投资新建项目

E. 包括外国投资者取得中国境内企业的股份、股权、财产份额或者其他类似权益

68. 根据《民法典》规定，对构成委托代理终止情形的说法，正确的有（　　）。

A. 代理人辞去委托

B. 委托人可以随时解除委托合同

C. 受托人可以随时解除委托合同

D. 解除合同造成对方损失的，解除方应当赔偿对方的直接损失和合同履行后可以获得的利益

E. 解除合同造成对方损失的，除不可归责于该当事人的事由外，无偿委托合同的解除方应当赔偿因解除时间不当造成的直接损失

69. 某市的一家建筑工程公司准备实施经济性裁员，依据《劳动法》的规定，在下列人员中，该建筑工程公司不得与其解除劳动合同的有（　　）。

A. 女职工赵某，怀孕 5 个月

B. 业务员小钱，感冒后感染肺炎，尚在规定的医疗期内

C. 职工孙某，患职业病丧失劳动能力，卧病在家

D. 工程师老李，在本单位已经连续工作 20 年，目前已经 58 岁，且 3 年后退休

E. 员工张某为公司的业务骨干

70. 关于建筑施工企业负责人带班检查的说法，正确的有（　　）。

A. 超过一定规模的危险性较大的分部分项工程施工时，施工企业负责人应到施工现场进行带班检查

B. 工程出现险情或发现重大隐患时，施工企业负责人应到施工现场带班检查

C. 应认真做好检查记录，并分别在企业和工程项目所在地建设行政主管部门存档备案

D. 建筑施工企业负责人要定期带班检查，每月检查时间不少于其工作日的 20%

E. 对于有分公司的企业集团，集团负责人因故不能到现场的，可口头通知工程所在地的分公司负责人带班检查

71. 甲家旁边有一建筑工地正在施工。某日，一货车经过甲家门前，由于颠簸掉落货物一件，被甲拾得据为己有。其后，甲发现有利可图，遂在门前洒落许多砖石。次日，果然又拾得两袋车上颠落的货包。关于甲行为性质的说法，正确的有（　　）。

A. 侵权

B. 无因管理

C. 合同行为

D. 不当得利

E. 法律行为

72. 施工企业安全费用的提取和使用管理，符合规定的有（　　）。

A. 建设工程施工企业安全费用以建筑安装工程造价为计提依据

B. 施工企业安全防护、文明施工措施的报价，不得低于工程所在地定额费用的 90%

C. 合同工期在一年以内的，建设单位预付安全、文明措施项目费月不得低于该费用总额的 30%

D. 分包合同应当明确由总承包单位统一管理安全、文明施工措施费用

E. 总承包单位不按照约定支付费用，造成分包单位不能及时落实安全防护措施导致发生事故，应负同等责任

73. 关于勘察、设计单位的质量责任和义务的说法，正确的有（　　）。

A. 依法对设计文件进行技术交底

B. 依法保证使用的建筑材料等符合要求

C. 依法审查施工图纸设计文件

D. 依法办理工程质量监督手续

E. 依法承揽工程的勘察、设计业务

74. 关于建筑意外伤害保险的说法，正确的有（　　）。

A. 意外伤害保险费由施工企业支付

B. 施工企业办理建筑意外伤害保险时，投保的保险金额不得低于当地建设行政主管部门确定的最低保险金额

C. 保险期间应涵盖工程项目开工之日到工程竣工验收合格日，工程提前竣工的，保险责任自行终止

D. 已在企业所在地参加工伤保险的人员，从事现场施工时不得参加建筑意外伤害保险

E. 工程项目中有分包项目，由分包单位办理意外伤害保险并承担投保费用

75. 根据《建筑工程五方责任主体项目负责人质量终身责任追究暂行办法》，下列不属于建筑工程五方责任主体的有（　　）。

A. 建设单位项目负责人

B. 工程质量监管单位项目负责人

C. 设计单位项目负责人

D. 施工单位项目经理

E. 监理单位专业监理工程师

76. 根据法律相关规定，建设单位具有下列情形之一，造成建设工程质量缺陷，应当承担过错责任的有（　　）。

A. 提供的设计有缺陷

B. 指定购买的建筑材料、构配件不符合强制性标准

C. 直接指定分包人分包专业工程

D. 建筑地质情况变化

E. 遇到不可抗力

77. 导致民事诉讼时效中止的事由有（　　）。

A. 权利人向义务人提出履行请求

B. 继承开始后未确定继承人或者遗产管理人

C. 权利人被义务人或者其他人控制

D. 义务人同意履行义务

E. 不可抗力

78. 合同双方当事人可以在书面合同中协议选择（　　）人民法院管辖，以解决双方争议纠纷。

A. 合同备案地

B. 被告住所地

C. 合同签订地

D. 合同履行地

E. 原告住所地

79. 下列关于仲裁审理制度的说法，正确的有（　　）。

A. 仲裁案件的审理必须开庭进行审理

B. 仲裁案件的审理可以由当事人协议不开庭

C. 涉及国家秘密的案件不应当公开审理

D. 当事人有充分的自由选择商定审理是否公开，不受限制

E. 仲裁案件是否开庭审理以及是否公开审理应当由双方当事人协商确定

扫码听课

80. 在下列调解书中，（　　）生效后具有强制执行力。

A. 行业调解

B. 司法调解

C. 行政调解

D. 经法院确认的人民调解

E. 仲裁调解

扫码听课

《建设工程法规及相关知识》全真模拟试卷（二）

一、单项选择题（共60题，每题1分，每题的备选项中，只有1个最符合题意）

1. 下列关于我国法的形式和效力层级，说法正确的是（　　）。
   A. 行政规章是由国家最高行政机关制定的法律规范性文件
   B. 部门规章是由设区的市以上地方人民政府各行政部门制定的法律规范性文件
   C. 地方政府规章的效力低于法律、行政法规，高于同级地方性法规
   D. 地方性法规只在本辖区内有效，其效力低于法律和行政法规

扫码听课

2. 关于施工企业法人与项目经理部法律关系的说法，正确的是（　　）。
   A. 施工企业自成立时起取得法人资格
   B. 项目经理部是施工企业内部常设机构
   C. 项目经理部行为的法律后果由项目经理承担
   D. 项目经理不按时支付材料款的行为后果由施工企业法人承担

扫码听课

3. 关于建设工程代理行为的说法，正确的是（　　）。
   A. 建设工程承包活动属于法定代理
   B. 建筑材料设备的采购不得委托代理
   C. 建设工程诉讼只能委托律师代理
   D. 建设工程招标活动可以委托代理

扫码听课

4. 下列关于用益物权的说法中，正确的是（　　）。
   A. 用益物权的权能是占有、处分、收益
   B. 不动产租赁权属于用益物权
   C. 住宅建设用地使用权届满的，自动续期
   D. 不动产征收后，用益物权人可以获得适当补偿

扫码听课

5. 下列授予专利权的条件中，属于共性条件的是（　　）。
   A. 创造性
   B. 实用性
   C. 新颖性
   D. 艺术性

扫码听课

6. 关于土地所有权的说法，正确的是（　　）。
   A. 中华人民共和国境内的全部土地属于国家所有
   B. 国家土地利用总体规划将土地分为草地、耕地和林地
   C. 草地的承包期为30年至50年
   D. 无居民海岛属于农民集体所有

扫码听课

7. 关于人身保险合同的说法，正确的是（　　）。
   A. 人身保险合同只能由被保险人与保险人订立
   B. 被保险人不能是受益人
   C. 受益人可以由被保险人指定
   D. 投保人不能是被保险人

扫码听课

8. 某开发商在一大型商场项目的开发建设中，违反安全管理规定，指令他人冒险作业，因而造成重大安全事故。该事故责任主体应该承担的刑事责任是（　　）。

A. 重大责任事故罪

B. 重大劳动安全事故罪

C. 工程重大责任事故罪

D. 工程重大安全事故罪

9. 根据《建筑工程施工许可管理办法》，下列建设工程开工前建设单位应当申请领取施工许可证的是（　　）。

A. 投资额为 25 万元的公共厕所

B. 建筑面积为 $600m^2$ 的地铁临时办公室

C. 建筑面积为 $325m^2$ 的公园管理用房

D. 农民自建低层住宅

10. 关于核验施工许可证的说法，正确的是（　　）。

A. 中止施工经核验符合条件期间，由建设单位做好建设工程的维护管理工作

B. 在建的建筑工程因故中止施工的，施工企业应当自中止之日起 3 个月内报发证机关核验

C. 中止施工满 6 个月的，在建工程恢复施工前，应当报发证机关核验施工许可证

D. 经核验不符合条件的，不允许其恢复施工，待条件具备后再申请核验

11. 关于二级建造师变更注册的说法，正确的是（　　）。

A. 变更注册后，注册有效期重新计算

B. 申请变更注册应当提交工作调动证明

C. 因变更注册申报不及时导致工程项目出现损失的，由注册建造师承担责任

D. 变更注册只能由原聘用企业申请

12. 关于无资质承揽工程的法律规定，下列说法正确的是（　　）。

A. 无资质的“实际施工人”不能以发包人为被告主张权利

B. 无资质承包主体签订的专业分包合同或劳务分包合同都是无效合同

C. 当无资质的“实际施工人”以合同相对方为被告起诉时，法院不应受理

D. 当作为无资质的“实际施工人”的利益受到侵害时，不能向合同相对方主张权利

13. 甲同时具有建筑工程专业和机电工程专业的注册建造师资格，其担任项目负责人的某施工项目将电梯安装部分分包，乙是机电工程专业的注册建造师，负责分包工程。对于施工文件的签署，下列说法错误的是（　　）。

A. 甲对该工程施工管理文件签章

B. 电梯安装部分的施工管理文件由乙签章

C. 电梯安装部分的质量合格文件上甲必须签章

D. 修改签章后的施工管理文件，应征得签章人同意

14. 招标人可以采用两阶段方式进行招标的项目是（　　）。

A. 建设规模 100 万平方米以上，建设周期 3 年以上的项目

B. 项目初步设计已完成且施工图设计尚未完成的项目

C. 技术复杂或者无法精确拟定技术规格的项目

D. 构成内容多且专业性强的大型项目

15. 根据《建筑工程施工发包与承包计价管理办法》，下列关于最高投标限价及工程量清单的说法，正确的是（　　）。

A. 国有资金投资的建筑工程招标的，可以设有最高投标限价

B. 招标人设有最高投标限价的，应当在评标时公布最高投标限价

C. 投标报价可以高于最高投标限价

D. 工程量清单应当作为招标文件的组成部分

16. 下列关于投标文件提交的说法中，正确的是（　　）。

A. 不按要求密封的投标文件，招标人检查无误后可以签收

B. 招标人收到投标文件后，应拆开检查投标文件的组成内容是否符合要求

C. 招标人收到的有效投标文件少于5份的，应当重新招标

D. 投标人不按招标文件要求提交投标保证金的，其投标文件应被否决

17. 关于投标联合体的说法，正确的是（　　）。

A. 联合体应在中标后提交共同投标协议

B. 联合体各方均应当具备招标文件规定的相应资格条件

C. 联合体通过资格预审后，其组成成员可以变化，但最迟应在提交投标文件截止时间前完成

D. 由不同专业的单位组成联合体，按照资质等级较低的单位确定其资质等级

18. 依法必须招标的建设项目，招标人应当自确定中标人之日起（　　）日内，向有关行政监督部门提交招标投标情况的书面报告。

A. 15

B. 20

C. 30

D. 60

19. 下列关于建设工程分包的说法，正确的是（　　）。

A. 专业承包企业可以将部分专业工程发包给有相应资质的企业

B. 专业作业承包人可以将部分劳务作业分包

C. 施工总承包单位可以将房屋建筑工程的钢结构工程分包给其他单位

D. 专业作业承包人必须经过建设单位认可

20. 对于违法发包、转包、分包、挂靠等行为的行政处罚追溯期限，应当从违法发包、转包、分包、挂靠的建筑工程（　　）之日起计算。

A. 验收合格

B. 合同终止

C. 合同解除

D. 竣工验收

21. 下列行为中，属于建设工程施工企业承揽业务不良的是（　　）。

A. 将承包的工程转包或违法分包

B. 拖欠工程款

C. 允许其他单位或个人以本单位名义承揽工程

D. 对建筑安全事故隐患不采取措施予以消除

22. 施工单位于6月1日提交工程竣工验收报告，建设单位因故拖延不予组织竣工验收；同年10月8日建设单位组织竣工验收时因监理单位过错未能正常进行；10月20日建设单位实际使用该工程。双方就实际竣工日期发生争议，则施工单位承担的保修期应于（　　）起计算。

A. 6月1日

B. 8月30日

C. 10月8日

D. 10月20日

扫码听课

23. 施工合同中对支付工程款的时间约定不明，但建设工程实际交付使用的，计息日期的计算是（　　）。

A. 从交付之日起计算

B. 从竣工验收之日起计算

C. 从当事人起诉之日起计算

D. 从提交竣工结算文件之日起计算

扫码听课

24. 下列款项中，属于承包人行使建设工程价款优先受偿权应当包含的内容是（　　）。

A. 发包人欠付工程价款的利息

B. 承包人实际支付的建筑物配件价款

C. 承包人的机械租赁费用

D. 承包人因发包人违约产生的损失

扫码听课

25. 甲施工企业与乙水泥厂签订水泥供应合同，在约定的履行日期届满时，水泥厂未能按时供应水泥。由于甲施工企业没有采取适当措施寻找货源，致使损失扩大。对于扩大的损失应该由（　　）。

A. 乙水泥厂承担

B. 双方连带责任

C. 双方按比例承担

D. 甲施工企业承担

扫码听课

26. 关于建设工程施工合同一般条款的说法，不正确的是（　　）。

A. 建设单位的名称应以营业执照上名称为准

B. 合同标的是财产

C. 履行地点为施工行为地

D. 应当采用书面形式

扫码听课

27. 某施工单位因施工需求于2015年8月向模板制造厂定作钢模板，双方商定模板制造厂应于9月10日交货，施工单位支付定金。9月8日，模板制造厂通知施工单位，因工作失误制造出来的钢模板尺寸不符合图纸要求，要求迟延履行合同。施工单位因工地接受安全检查，未对模板制造厂要求作出答复。施工单位于9月16日通知模板制造厂，取消钢模板定作合同。此时，模板制造厂已按施工单位要求做好全部钢模板，因此不许取消，双方发生争议，下列说法正确的是（　　）。

A. 施工单位和制造厂的合同已经变更，故制造厂应承担违约责任

B. 施工单位和制造厂的合同没有变更，故制造厂不应承担违约责任

C. 施工单位无权解除合同，应接受制造厂的履行

D. 施工单位有权解除合同，但应赔偿制造厂所受损失

扫码听课

28. 李某研发了一种混凝土添加剂，向国家专利局提出实用新型专利申请。2010 年 5 月 12 日国家专利局收到李某的专利申请文件，经过审查，2013 年 8 月 16 日国家专利局授予李某专利权。该专利权届满的期限是（　　）。

A. 2033 年 8 月 16 日
B. 2030 年 5 月 12 日
C. 2023 年 8 月 16 日
D. 2020 年 5 月 12 日

29. 乙施工企业向甲建设单位主张支付工程款，甲以工程质量不合格为由拒绝支付，乙将其工程款的债权转让给丙并通知了甲。丙向甲主张该债权时，甲仍以质量原因拒绝支付。关于该案中债权转让的说法，正确的是（　　）。

A. 乙的债权属于法定不得转让的债权
B. 甲可以向丙行使因质量原因拒绝支付的抗辩
C. 乙转让债权应当经过甲同意
D. 乙转让债权的通知可以不用通知甲

30. 因施工企业原因，工程未能如期竣工。建设单位听取监理单位建议后，在建设行政主管部门协调下同意不追究施工企业之前的违约责任。之后发生地震致使工期再次拖延，则因此产生的工期责任由（　　）负责。

A. 建设单位
B. 施工企业
C. 监理单位
D. 建设行政主管部门

31. 某市甲公司与在公司工作了 15 年的王某解除合同并进行经济补偿，王某平均月工资 8000 元，该公司职工在本地区上年度月平均工资为 2000 元。下列关于王某的经济补偿说法正确的是（　　）。

A. 甲公司应当给予王某 12 万元经济补偿
B. 甲公司应当给予王某 3 万元经济补偿
C. 甲公司应当给予王某 9 万元经济补偿
D. 甲公司应当给予王某 7.2 万元经济补偿

32. 下列情形中，用人单位可以解除劳动合同，但是应当提前 30 天以书面形式通知劳动者本人的是（　　）。

A. 王某在试用期内迟到、早退，不符合录用条件
B. 李某因为犯盗窃罪，被判处有期徒刑 3 年
C. 孔某在外出执行任务时因公负伤，成为残疾人
D. 吴某在休息日酗酒后摔伤住院，出院后不能从事原工作也不能从事单位另行安排的工作

33. 某建筑企业的劳动争议仲裁委员会应由（　　）组成。

A. 企业的法定代表人与劳动行政部门的代表
B. 企业的工会代表与劳动行政部门的代表
C. 企业代表、同级工会代表和劳动行政部门的代表
D. 企业的职工代表、企业代表和劳动行政部门的代表

34. 甲根据乙的选择，向丙购买了 1 台大型设备，出租给乙使用。乙在该设备安装完毕后，发现不能正常运行。下列说法错误的是（　　）。

A. 乙可以基于设备质量瑕疵而直接向丙索赔

B. 甲不对乙承担违约责任

C. 乙应当按照约定支付租金

D. 租赁期满后由乙取得该设备的所有权

35. 在买卖合同中，出卖人出卖交由承运人运输的在途标的物，除当事人另有约定的以外，毁损、灭失的风险自（　　）时起由买受人承担。

A. 标的物交付

B. 合同成立

C. 合同生效

D. 支付贷款

36. 因工程建设需要拆除、改动城镇排水与污水处理设施的，（　　）应当制定拆除、改动方案，报城镇排水主管部门审核，并承担重建、改建和采取临时措施的费用。

A. 施工单位

B. 建设单位

C. 监理单位

D. 勘察设计单位

37. 下列法律责任中，属于民事责任承担方式的是（　　）。

A. 警告

B. 吊销许可证

C. 责令停产停业

D. 停止侵害

38. 关于在文物保护单位保护范围和建设控制地带内从事建设活动的说法，正确的是（　　）。

A. 文物保护单位的保护范围内及其周边的一定区域不得进行爆破作业

B. 在全国重点文物保护单位的保护范围内进行爆破作业，必须经国务院批准

C. 因特殊情况需要在文物保护单位的保护范围内进行爆破作业的，应经核定公布该文物保护单位的人民政府批准

D. 在省级重点文物保护单位的保护范围内进行爆破作业的，必须经国务院文物行政部门同意

39. 某施工单位在参加投标过程中有违法行为，建设行政主管部门的处罚决定于 5 月 20 日作出，施工单位 5 月 25 日收到。8 月 1 日施工单位欲通过有关途径申请撤消该处罚决定，则说法正确的是（　　）。

A. 施工单位可以申请复议，也可以不经过复议直接起诉

B. 施工单位应先申请复议，不服复议可以向法院起诉

C. 施工单位只能向法院提起行政诉讼

D. 施工单位既不可以申请复议，也不可以向法院起诉

40. 关于工程分包的说法，正确的是（　　）。

A. 分包单位应当具有相应的资质条件

B. 中标人可以将中标项目肢解后分别向他人分包

C. 专业分包工程可以再次分包

D. 分包单位就分包工程承担按份责任

41. 根据《安全生产法》，不属于生产经营单位主要负责人安全生产职责的是（　　）。

A. 组织制定并实施本单位的生产安全事故应急救援预案

B. 保证本单位安全生产投入的有效实施

C. 及时、如实报告生产安全事故

D. 落实本单位安全生产责任制

42. 某施工单位项目经理未对施工现场内的安全危险因素进行说明，便要求安装拆卸工甲进入现场作业，则该项目经理侵犯了甲的（　　）。

A. 劳动权

B. 知情权

C. 紧急避险权

D. 拒绝权

43. 基坑支护与降水工程是一个危险性较大的工程，对于基坑支护与降水工程的说法，不正确的是（　　）。

A. 施工单位应该在施工组织设计中编制安全技术措施

B. 需要编制专项施工方案，并附安全验算结果

C. 专项施工方案经项目技术负责人签字后实施

D. 由专职安全管理人员进行现场监督

44. 使用承租的机械设备和施工机具及配件的，由（　　）共同进行验收。

A. 建设单位、监理单位和施工企业

B. 监理单位、施工企业和安装单位

C. 施工总承包单位、分包单位、出租单位和安装单位

D. 建设单位、施工企业和安全生产监督管理部门

45. 关于施工企业安全费用的说法，正确的是（　　）。

A. 采取经评审的最低投标价法评标的招标项目，安全费用在竞标时可以降低

B. 安全费用以工程造价为计提依据

C. 安全费用不列入工程造价

D. 施工总承包单位与分包单位分别计提安全费用

46. 关于建筑施工企业安全生产许可证的说法，正确的是（　　）。

A. 建筑施工企业破产、倒闭的，安全生产许可证应当撤销

B. 建筑施工企业变更名称的，应当在变更后10日内到原发证机关办理变更手续

C. 建筑施工企业应当向县级建设主管部门申请领取安全生产许可证

D. 发生重大安全事故的，安全生产许可证应当吊销

47. 下列工程建设国家标准中，不属于强制性标准的是（　　）。

A. 勘察、规划、设计等通用的综合标准

B. 施工、验收等重要的通用的质量标准

C. 重要的通用的实验和评定方法等标准

D. 重要的通用的信息管理标准

48. 根据《建设工程质量管理条例》，关于施工单位质量责任的说法，正确的是（　　）。

A. 建立质量责任制，对工程施工质量负责

B. 在施工过程中发现设计文件和图纸有差错的，按照强制性标准进行施工

C. 不涉及结构安全的材料，可以不做检验

D. 隐蔽工程在隐蔽前，应当通知技术负责人和总监理工程师

49. 下列关于工程质量检测规定的说法中，正确的是（　　）。

A. 检测报告经建设单位或者工程监理单位确认后，由建设单位归档

B. 检测机构不得转包检测业务

C. 检测机构和检测人员有义务推荐建筑材料、构配件和设备

D. 检测机构可以与所检测项目相关的设计单位有隶属关系

50. 关于仲裁的开庭和审理，以下说法正确的是（　　）。

A. 仲裁应当开庭审理

B. 仲裁庭开庭进行的，应当以当事人协议开庭为前提

C. 仲裁应当公开进行

D. 当事人协议仲裁不公开进行的，仲裁庭有权决定公开进行

51. 某纠纷诉讼时效还剩 1 年，自 1 月 1 日至当年 12 月 31 日止；在当年 5 月 1 日当地发生强烈地震，造成交通中断，当事人无法起诉；8 月 1 日恢复正常。下列说法正确的是（　　）。

A. 构成时效中断

B. 时效延至次年 6 月 30 日

C. 时效延至次年 2 月 28 日

D. 时效延至次年 1 月 31 日

52. 仲裁实行一裁终局制度，体现了仲裁的（　　）。

A. 专业性

B. 独立性

C. 快捷性

D. 保密性

53. 建设工程民事纠纷经不同主体调解成功并制作了调解书，其中可以强制执行的是（　　）。

A. 双方签收的由人民调解委员会制作的调解书

B. 双方签收的仲裁调解书

C. 人民法院依法作出但原告方拒绝签收的调解书

D. 双方签收的由人民政府职能部门依法作出的调解书

54. 某市质量监督站一科长李某因涉嫌制假被公安机关拘留，处以 5000 元罚款，没收其全部违法所得。市质量监督站知道此事后将李某开除，李某不服公安机关和质量监督站的做法，就以下事项提出行政复议，其中超出行政复议范围的事项是（　　）。

A. 被拘留

B. 被罚款 5000 元

C. 被质量监督站开除

D. 被没收违法所得

55. 关于安全生产事故调查的管辖，下列说法错误的是（　　）。

A. 特别重大事故由国务院或者授权有关部门组织事故调查组进行调查

B. 因事故伤亡人数变化导致事故等级发生变化，依照规定应当由上级人民政府负责调查的，上级人民政府可以另行组织事故调查组进行调查

C. 一般事故，县级人民政府可以委托事故发生单位组织事故调查组进行调查

D. 较大事故的发生地与事故发生单位不在一个行政区域的，由事故发生地人民政府负责调查

56. 关于建筑意外伤害保险的说法，正确的是（　　）。

A. 应当由建设单位统一投保

B. 保险期限自开工之日起算

C. 费用由作业人员负担

D. 保险期限至缺陷责任期届满之日止

57. 关于生产经营单位生产安全事故应急救援预案的修订，下列说法正确的是（　　）。

A. 制定后无需修订

B. 只有出现法定变更事由时才进行修订

C. 无法定变更事由，也至少每 3 年修订一次

D. 修订后的应急预案无需备案

58. 根据《仲裁法》，合议仲裁庭作出仲裁裁决应当（　　）。

A. 按照首席仲裁员的意见作出

B. 按照多数仲裁员的意见作出

C. 按照仲裁委员会主任的意见作出

D. 按照首席仲裁员和仲裁委员会主任的共同意见作出

59. 根据《生产安全事故报告和调查处理条例》，下列情形中，移动事故现场物件需满足的条件是（　　）。

A. 抢救财产的需要

B. 疏通交通的需要

C. 经项目负责人同意

D. 保证移动物件人员的安全

60. 依法实施强制监理的工程项目，对施工组织设计中的安全技术措施或者专项施工方案是否符合工程建设强制性标准负有审查责任的是（　　）。

A. 发包人驻工地代表

B. 工程监理单位

C. 设计单位

D. 项目技术负责人

二、多项选择题（共 20 题，每题 2 分，每题的备选项中，有 2 个或 2 个以上的符合题意，至少有 1 个错项。错选，本题不得分；少选，所选的每个选项得 0.5 分）

61. 甲施工企业项目经理乙擅自将工地剩余建材以甲的名义卖给丙材料商，下列说法中，正确的有（　　）。

A. 该买卖行为有效

B. 乙有撤销权

C. 丙有催告权

D. 构成表见代理

E. 甲有追认权

62. 甲施工企业误将应当支付给乙材料供应商的货款支付给丙材料供应商，关于甲、乙和丙之间债的发生根据及其处理的说法，正确的有（　　）。

A. 丙应当将货款返还给乙

B. 甲向乙支付货款属于合同之债

C. 丙获得货款后属于无因管理之债

D. 乙和丙之间没有债权和债务关系

E. 丙获得货款构成不当得利之债

63. 根据有关担保的法律规定，下列属于不得抵押的财产有（　　）。

A. 土地所有权

B. 农村集体宅基地土地使用权

C. 学校教学楼

D. 正在建造的建筑物

E. 被扣押的房屋

64. 建设工程民事责任的主要承担方式有（　　）。

A. 修理

B. 返还财产

C. 赔偿损失

D. 消除危险

E. 继续履行

65. 招标人的下列行为中，属于以不合理条件限制、排斥潜在投标人或投标人的有（　　）。

A. 就同一招标项目向潜在投标人或者投标人提供有差别的项目信息

B. 对潜在投标人或者投标人采取不同的资格审查或者评标标准

C. 限定或者指定特定的专利、商标、品牌、原产地或者供应商

D. 依法必须进行招标的项目，非法限定潜在投标人或者投标人的所有制形式或组织形式

E. 根据招标项目的具体特点，设定资格、技术、商务条件

66. 根据《招标投标法实施条例》，关于投标保证金的说法，正确的有（　　）。

A. 投标保证金有效期应当与投标有效期一致

B. 投标保证金不得超过招标项目估算价的 2%

C. 两阶段投标中要求提交投标保证金的，应当在第一阶段提出

D. 招标人应当在中标通知书发出后 5 日内退还中标人的投标保证金

E. 未中标的投标人的投标保证金及银行同期存款利息，招标人最迟应当在书面合同签订后 5 日内退还

67. 关于违约金的说法，正确的有（　　）。

A. 支付违约金是一种民事责任的承担方式

B. 约定的违约金低于造成的损失时，当事人可以请求人民法院或者仲裁机构予以增加

C. 违约方支付违约金后，非违约方有权要求其继续履行

D. 当事人既约定违约金又约定定金的，一方违约时，对方可以同时适用违约金条款和定金条款

E. 约定的违约金过分高于造成的损失的，当事人可以请求人民法院或者仲裁机构予以适

当减少

68. 建设单位因急于投产，擅自使用了未经竣工验收的工程。使用过程中，建设单位发现该工程主体结构出现质量缺陷，遂以质量不符合约定为由将施工单位诉至人民法院。关于该合同纠纷的说法，正确的有（　　）。

A. 由于建设单位擅自提前使用，施工单位不需要承担保修责任

B. 施工单位是否承担保修责任，取决于建设单位是否已经足额支付工程款

C. 承包人应当在建设工程的合理使用寿命内对地基基础和主体结构质量承担民事责任

扫码听课

D. 主体结构的最低保修期限应是 50 年，施工单位需要承担保修责任

E. 主体结构的最低保修期限是设计文件规定的合理使用年限，施工单位应当承担保修责任

69. 承包商与某材料供应商于 2014 年 3 月 1 日签订了一份供货合同，合同中约定材料供应商在 2014 年 6 月 1 日向承包商交付货物 100 吨。在合同中约定了违约金为标的物价款的 5%，该商品属于政府定价商品，其价格变化见下表。如果材料供应商在 2014 年 8 月 1 日才交货，则下列说法正确的有（　　）。

时间	2014.3.1	2014.6.1	2014.8.1
价格/（元/吨）	700	800	900

A. 该事件属于材料供应商违约

B. 材料供应商应该支付违约金 4000 元

C. 材料供应商应该支付违约金 4500 元

D. 材料供应商共可收回 76000 元

扫码听课

E. 材料供应商共可收回 85500 元

70. 某公司聘用首次就业的王某，口头约定劳动合同期限 2 年，试用期 3 个月，月工资 1200 元，试用期满后 1500 元。2015 年 7 月 1 日起，王某上班，不久即与同事李某确立恋爱关系。9 月，由经理办公会讨论决定并征得工会主席同意，公司公布施行《工作纪律规定》，要求同事不得有恋爱或婚姻关系，否则一方必须离开公司。公司据此解除王某的劳动合同。经查明，当地月最低工资标准为 1000 元，公司与王某一直未签订书面劳动合同，但为王某买了失业保险。下列说法正确的有（　　）。

A. 试用期超过法定期限

B. 试用期工资符合法律规定

C. 王某及该公司累计缴纳失业保险费尚未满 1 年，无权领取失业保险金

扫码听课

D. 王某被解除劳动合同的原因与其能否领取失业保险金无关

E. 王某与该公司因未签订书面劳动合同，故不存在劳动关系

71. 根据《绿色施工导则》，关于非传统水源利用的说法，正确的有（　　）。

A. 优先采用雨水搅拌、雨水养护，有条件的地区和工程应当采用中水养护

B. 现场机具、设备等的用水，优先采用非传统水源，尽量不使用市政自来水

C. 处于基坑降水阶段的工地，优先采用雨水作为混凝土搅拌用水

扫码听课

D. 大型施工现场，尤其是雨量充沛地区的大型施工现场建立雨水收集利用系统，充分收集自然降水用于施工和生活中适宜的部位

E. 力争施工中非传统水源的循环水的再利用量大于 30%

72. 人民法院审理行政案件，以（　　）为依据。

A. 部门规章
B. 法律
C. 行政法规
D. 地方性法规
E. 地方政府规章

73. 某建筑施工企业制订了如下安全生产教育培训工作制度，其中符合法律规定的有（　　）。

A. 对管理人员和作业人员每年进行 2 次安全生产教育培训
B. 对安全生产教育培训考核不合格的人员，不得竞聘上岗
C. 项目经理必须经有关主管部门考核合格方可任职
D. 登高架设作业人员，按照企业有关规定经过安全作业培训即可上岗
E. 作业人员进入新的施工现场前，必须接受安全生产教育培训

74. 设计单位的安全责任包括（　　）。

A. 按照法律、法规和工程建设强制性标准进行设计
B. 提出防范安全生产事故的指导意见和措施建议
C. 对安全技术措施或专项施工方案进行审查
D. 依法对施工安全事故隐患进行处理
E. 对设计成果的实施承担责任

75. 合法有效的仲裁协议必须同时具有的内容有（　　）。

A. 选定的仲裁委员会
B. 仲裁事项
C. 仲裁地点
D. 选定的仲裁员
E. 请求仲裁的意思表示

76. 根据《建设工程质量管理条例》，建设工程竣工验收应当具备的条件有（　　）。

A. 完成建设工程设计和合同约定的各项内容
B. 有监理单位和施工单位共同签署的质量合格文件
C. 有完整的技术档案和施工管理资料
D. 有工程使用的主要建筑材料、建筑构配件和设备的进场试验报告
E. 有建设单位签署的工程保修书

77. 关于项目负责人带班生产的说法，正确的有（　　）。

A. 在同一时期最多能承担两个工程项目的管理工作
B. 应加强对重点部位、关键环节的控制
C. 要认真做好带班生产记录并签字存档备查
D. 每月带班生产时间不得少于本月施工时间的 60%
E. 因其他事务需离开施工现场时，应向工程项目的建设单位请假

78. 根据《建筑施工企业安全生产许可证管理规定》，安全生产许可证颁发管理机关可以撤销已经颁发的安全生产许可证的情形有（　　）。

A. 安全许可证颁发管理机关工作人员滥用职权颁发安全生产许可证的
B. 安全许可证颁发管理机关工作人员超越法定职权颁发安全生产许可证的
C. 安全许可证颁发管理机关工作人员违反法定程序颁发安全生产许可证的

D. 安全许可证颁发管理机关工作人员对不具备安全生产条件的施工企业颁发安全生产许可证的

E. 取得安全生产许可证的施工企业发生较大安全生产事故的

79. 关于施工总承包单位与分包单位对建设工程承担质量责任的说法，正确的有（　　）。

A. 总承包单位应当对全部建设工程质量负责

B. 分包合同应当约定分包单位对建设单位的质量责任

C. 当分包工程发生质量问题，建设单位可以向总承包单位或分包单位请求赔偿，总承包单位或分包单位赔偿后，有权就不属于自己责任的赔偿向另一方追偿

D. 分包单位对分包工程的质量责任，总承包单位未尽到相应监管义务的，承担相应的补充责任

E. 当分包工程发生质量问题，建设单位应当向总承包单位请求赔偿，总承包单位赔偿后，有权要求分包单位赔偿

80. 在正常使用条件下，关于建设工程质量法定最低保修期限的说法，正确的有（　　）。

A. 屋面防水工程为 5 年

B. 供热与供冷系统为 2 个采暖期、供冷期

C. 基础设施工程为设计文件规定的该工程的合理使用年限

D. 装修工程为 5 年

E. 给排水管道为 2 年

参考答案与解析

2Z201000　建设工程基本法律知识

2Z201010　建设工程法律体系

考点 1　法律体系的基本框架

1. 【答案】D

【解析】在我国法律体系中，根据所调整的社会关系性质不同，可以划分为不同的部门法。部门法又称法律部门，是根据一定标准、原则所制定的同类法律规范的总称。

2. 【答案】ACDE

【解析】我国法律体系的基本框架是由宪法及宪法相关法、民法商法、行政法、经济法、社会法、刑法、诉讼与非诉讼程序法等构成。

考点 2　法的形式

1. 【答案】ABD

【解析】我国法的形式是制定法形式，具体可分为以下七类：宪法；法律；行政法规；地方性法规、自治条例和单行条例；部门规章；地方政府规章；国际条约。选项C、E不属于我国法的形式。

2. 【答案】A

【解析】宪法是由全国人民代表大会依照特别程序制定的具有最高效力的根本法。

3. 【答案】B

【解析】宪法是我国的根本大法，具有最高的法律效力。行政法规的法律地位和法律效力仅次于宪法和法律，高于地方性法规和部门规章。《建筑法》属于法律，《建设工程安全管理条例》属于行政法规，《北京市建设工程房屋拆迁管理办法》属于地方政府规章。

4. 【答案】BCD

【解析】下列事项只能制定法律：

(1) 国家主权的事项。

(2) 各级人民代表大会、人民政府、人民法院和人民检察院的产生、组织和职权。

(3) 民族区域自治制度、特别行政区制度、基层群众自治制度。

(4) 犯罪和刑罚。

(5) 对公民政治权利的剥夺、限制人身自由的强制措施和处罚。

(6) 税种的设立、税率的确定和税收征收管理等税收基本制度。

(7) 对非国有财产的征收。

(8) 民事基本制度。

(9) 基本经济制度以及财政、海关、金融和外贸的基本制度。

(10) 诉讼和仲裁制度。

(11) 必须由全国人民代表大会及其常务委员会制定法律的其他事项。

选项E属于行政法规可以规定的事项。

5. 【答案】ABD

【解析】行政法规是国家最高行政机关国务院根据宪法和法律就有关执行法律和履行行政管理职权的问题，以及依据全国人民代表大会及其常务委员会特别授权所制定的规范性文件的总称。现行的建设行政法规主要有《建设工程质量管理条例》《建设工程安全生产管理条例》《建设工程勘察设计管理条例》《城市房地产开发经营管理条例》等。选项C，《天津市住宅管理条例》属于地方性法规。选项E，《招标公告发布暂行办法》属于部门规章。

【知识点拓展】

各类法的形式及其制定机关见下表：

法的形式	制定机关	具体表现形式
宪法	全国人大	《宪法》
法律	全国人大及其常委	《××法》
行政法规	国务院	《××条例》
地方性法规、自治条例、单行条例	省级、设区的市人大及常委	《地名＋条例》
部门规章	国务院各部、委	《××规定/办法/实施细则》
地方政府规章	省级、设区的市政府	《地名＋规定/办法/实施细则》
国际条约	—	—

6. **【答案】** C

【解析】 省、自治区、直辖市的人民代表大会及其常务委员会根据本行政区域的具体情况和实际需要，在不同宪法、法律、行政法规相抵触的前提下，可以制定地方性法规。地方性法规的表现形式是“地名＋条例”，所以《北京市建筑市场管理条例》属于地方性法规。

7. **【答案】** B

【解析】 地方政府规章的表现形式是“地名＋规定/办法/实施细则”。

选项A属于法律；选项C属于地方性法规；选项D属于部门规章。

考点3 法的效力层级

1. **【答案】** D

【解析】 我国法的效力层级是：宪法至上；上位法优于下位法；特别法优于一般法；新法优于旧法等。

2. **【答案】** D

【解析】《建筑法》属于法律，《建设工程质量管理条例》《建设工程安全生产管理条例》属于行政法规，《注册建造师管理规定》《建设工程施工现场管理规定》属于部门规章，《北京市建筑市场管理条例》《河北省建筑市场管理条例》属于地方性法规。

在我国法律体系中，法律的效力是上位法优于下位法，具体表现为：宪法＞法律＞行政法规＞地方性法规和部门规章。

3. **【答案】** B

【解析】 选项A错误，特别法优于一般法，是指公法权力主体在实施公权力行为中，当一般规定与特别规定不一致时，优先适用特别规定。

选项B正确，地方性法规的效力高于本级和下级地方政府规章。

选项C错误，宪法是我国的根本大法，具有最高的法律效力。宪法作为根本法和母法，还是其他立法活动的最高法律依据。任何法律、法规都必须遵循宪法而产生，无论是维护社会稳定、保障社会秩序，还是规范经济秩序，都不能违背宪法的基本准则。

选项D错误，行政法规的法律地位和法律效力仅次于宪法和法律，高于地方性法规和部门规章。

4. **【答案】** A

【解析】 地方性法规与部门规章之间对同一事项的规定不一致，不能确定如何适用时，由国务院提出意见，国务院认为应当适用地方性法规的，应当决定在该地方适用地方性法规的规定；认为应当适用部门规章的，应当提请全国人民代表大会常务委员会裁决。

5. **【答案】** ACDE

【解析】 地方性法规、规章之间不一致时，由有关机关依照下列规定的权限作出裁决：

(1) 同一机关制定的新的一般规定与旧的特别规定不一致时，由制定机关裁决。

(2) 地方性法规与部门规章之间对同一事项的规定不一致，不能确定如何适用时，由国务院提出意见，国务院认为应当适用地方性法规的，应当决定在该地方适用地方性法规的规定；认为应当适用部门规章的，应当提请全国人民代表大会常务委员会裁决。

（3）部门规章之间、部门规章与地方政府规章之间对同一事项的规定不一致时，由国务院裁决。

2Z201020 建设工程法人制度

考点 1 法人应当具备的条件

1.【答案】D

【解析】《民法典》规定，法人是具有民事权利能力和民事行为能力，依法独立享有民事权利和承担民事义务的组织。

2.【答案】ACD

【解析】法人应当具备的条件：

（1）依法成立。

（2）应当有自己的名称、组织机构、住所、财产或者经费。

（3）能够独立承担民事责任。

（4）有法定代表人。

考点 2 法人的分类

1.【答案】B

【解析】法人分为营利法人、非营利法人和特别法人。

2.【答案】C

【解析】选项A错误，法人分为营利法人，非营利法人和特别法人三大类。

选项B错误，法人应当具有法定代表人，这是《民法典》对法人应具备条件的要求之一。

选项D错误，法人章程或者法人权力机构对法定代表人代表权的限制，不得对抗善意相对人。

3.【答案】C

【解析】选项A、B属于非营利法人；选项D属于营利法人。机关法人、农村集体经济组织法人、城镇农村的合作经济组织法人、基层群众性自治组织法人，为特别法人。

【知识点拓展】

（1）营利法人包括有限责任公司、股份有限公司和其他企业法人等。

（2）非营利法人包括事业单位、社会团体、基金会、社会服务机构等。

考点 3 法人在建设工程中的地位

1.【答案】C

【解析】法人在建设工程中的地位，表现在其具有民事权利能力和民事行为能力。依法独立享有民事权利和承担民事义务，方能承担民事责任。

2.【答案】A

【解析】在建设工程中，大多数建设活动主体都是法人。施工单位、勘察设计单位、监理单位通常是具有法人资格的组织。建设单位一般也应当具有法人资格。但有时候，建设单位也可能是没有法人资格的其他组织。

3.【答案】C

【解析】在建设工程中，大多数建设活动主体都是法人。施工单位、勘察设计单位、监理单位通常是具有法人资格的组织。建设单位一般也应当具有法人资格。但有时候，建设单位也可能是没有法人资格的其他组织。

考点 4 项目经理部的概念和设立

1.【答案】BCE

【解析】选项A、D错误，由于项目经理部不具备独立的法人资格，无法独立承担民事责任。所以，项目经理部行为的法律后果将由企业法人承担。

2.【答案】D

【解析】项目经理部不具备法人资格，而是施工企业根据建设工程施工项目而组建的非常设的下属机构。

3.【答案】A

【解析】项目经理部不具备法人资格，而是施工企业根据建设工程施工项目而组建的非常设的下属机构。

4.【答案】A

【解析】项目经理部不具有法人资格，不能独立承担民事责任，项目经理是施工企业法定代表人在项目上的授权代表，其在行使职权时产生的法律后果应当由施工企业承担。

5.【答案】C

【解析】选项A、B错误，项目经理部不具备法人资格，而是施工企业根据建设工程施工项目而组建的非常设的下属机构。

选项C正确，选项D错误，项目经理根据企业法人的授权，组织和领导本项目经理部的全面工作。由于项目经理部不具备独立的法人资格，无法独立承担民事责任。所以，项目经理部行为的法律后果将由企业法人承担。

考点 5 项目经理是企业法人授权在建设工程施工项目上的管理者

1. 【答案】A
【解析】根据《民法典》的相关规定，项目经理部属于施工企业内部的现场生产组织机构，没有独立法人资格；项目经理是企业法人授权的项目管理者。

2. 【答案】B
【解析】选项A错误，选项B正确，项目经理是法人授权的项目管理者，是岗位职务，不一定是法定代表人。
选项C、D错误，项目经理部是施工企业为完成某项施工任务而设立的组织，由项目经理以及管理人员组成，是一次性的具有弹性的现场生产组织机构，不是法人。项目经理部行为的法律后果由企业法人承担。

考点 6 项目经理部行为的法律后果由企业法人承担

1. 【答案】A
【解析】选项B错误，项目经理部是由一个项目经理与技术、生产、材料、成本等管理人员组成的项目管理班子，是一次性的具有弹性的现场生产组织机构。
选项C错误，由于项目经理部不具备独立的法人资格，无法独立承担民事责任。所以，项目经理部行为的法律后果将由企业法人承担。
选项D错误，项目经理部不具备法人资格，而是施工企业根据建设工程施工项目而组建的非常设的下属机构。

2. 【答案】A
【解析】选项B错误，施工项目必须设有一个项目经理。
选项C错误，项目经理没有法人资格。
选项D错误，项目经理的执业行为由所在企业承担法律后果。

3. 【答案】A
【解析】法人的分支机构虽然可以作为合同的主体，但不具备法人资格，不能独立的承担义务，法律上的权利义务必须由其母公司承担，所以该题中法律责任应由施工企业而非项目部来承担。

4. 【答案】A
【解析】由于项目经理部不具备独立的法人资格，无法独立承担民事责任。所以，项目经理部行为的法律后果将由企业法人承担。

2Z201030 建设工程代理制度

考点 1 代理的法律特征

【答案】A
【解析】代理是指代理人在代理权限范围内以被代理人的名义实施的民事法律行为，其法律后果直接由被代理人承受的民事法律制度。代理的法律特征如下：
(1) 代理人必须在代理权限范围内实施代理行为。选项B错误。
(2) 代理人一般应该以被代理人的名义实施代理行为。选项D错误。
(3) 代理行为必须是具有法律意义的行为。代理人为被代理人实施的是能够产生法律上的权利义务关系。选项C错误。
(4) 代理行为的法律后果归属于被代理人。选项A正确。

考点 2 代理的种类

1. 【答案】AD
【解析】我国《民法典》规定，根据代理权产生的不同，把代理划分为委托代理和法定代理。

2. 【答案】B
【解析】委托代理按照被代理人的委托行使代理权。因委托代理中，被代理人是以意思表示的方法将代理权授予代理人的，故又称“意定代理”或“任意代理”。

3. 【答案】A
【解析】代理包括委托代理和法定代理。委托代理按照被代理人的委托行使代理权。法定代理是指根据法律的规定而发生的代理。

4.【答案】B

【解析】法定代理是指根据法律的规定而发生的代理。例如，《民法典》规定，无民事行为能力人、限制民事行为能力人的监护人是其法定代理人。

5.【答案】C

【解析】《民法典》规定，无民事行为能力人、限制民事行为能力人的监护人是其法定代理人，故此行为属于法定代理。

考点 3 建设工程代理行为的设立

1.【答案】B

【解析】建设工程的承包活动不得委托代理。《建筑法》规定，禁止承包单位将其承包的全部建筑工程转包给他人，禁止承包单位将其承包的全部建筑工程肢解以后以分包的名义分别转包给他人。施工总承包的，建筑工程主体结构的施工必须由总承包单位自行完成。

2.【答案】ABE

【解析】2017年6月经修改后颁布的《民事诉讼法》第58条规定，下列人员可以被委托为诉讼代理人：

(1) 律师、基层法律服务工作者。

(2) 当事人的近亲属或者工作人员。

(3) 当事人所在社区、单位以及有关社会团体推荐的公民。

选项D具有迷惑性，应为“近亲属”。

3.【答案】ACD

【解析】委托代理授权采用书面形式的，授权委托书应当载明代理人的姓名或者名称、代理事项、权限和期间，并由委托人签名或者盖章。

考点 4 建设工程代理行为的终止

1.【答案】C

【解析】《民法典》规定，有下列情形之一的，委托代理终止：

(1) 代理期间届满或者代理事务完成。

(2) 被代理人取消委托或者代理人辞去委托。

(3) 代理人丧失民事行为能力。

(4) 代理人或者被代理人死亡。

(5) 作为被代理人或者代理人的法人、非法人组织终止。

2.【答案】ABCE

【解析】《民法典》规定，有下列情形之一的，委托代理终止：

(1) 代理期间届满或者代理事务完成。

(2) 被代理人取消委托或者代理人辞去委托。

(3) 代理人丧失民事行为能力。

(4) 代理人或者被代理人死亡。

(5) 作为被代理人或者代理人的法人、非法人组织终止。

考点 5 建设工程代理法律关系

1.【答案】D

【解析】事件是在“急需”和“赶时间”的紧急情况下发生的转代理行为，此时可以不经过被代理人的同意，而且行为后果由被代理人承担。因此小张的代理行为有效，老李应当承认该购买合同。

2.【答案】B

【解析】选项B错误，表见代理是指行为人虽无权代理，但由于行为人的某些行为，造成了足以使善意相对人相信其有代理权的表象，而与善意相对人进行的、由本人承担法律后果的代理行为。无权代理区别于表见代理。

3.【答案】D

【解析】王某实质上无代理权，但是却有使第三人相信其有代理权的表象，因此构成表见代理，选项A、C错误。在表见代理中，本人受表见代理人与相对人之间实施的法律行为的约束，签订的合同有效，选项B错误。

4.【答案】A

【解析】选项B错误，代理涉及三方当事人，即被代理人、代理人和代理关系所涉及的第三人。

选项C错误，民事法律行为的委托代理，可以用书面形式，也可以用口头形式。但是，法律规定用书面形式的，应当用书面形式。

选项D错误，代理人知道被委托代理的事

项违法仍然进行代理活动的，或者被代理人知道代理人的代理行为违法不表示反对的，被代理人和代理人负连带责任。

2Z201040　建设工程物权制度

考点1　物权的种类

1.【答案】C
【解析】《民法典》规定，物权包括所有权、用益物权和担保物权。本题中，选项A属于担保物权；选项B属于所有权；选项D属于用益物权；选项C属于知识产权。

2.【答案】D
【解析】处分权是指依法对财产进行处置，决定财产在事实上或法律上命运的权能。处分权的行使决定着物的归属。处分权是所有人的最基本的权利，是所有权内容的核心。

3.【答案】ABCE
【解析】用益物权包括土地承包经营权、建设用地使用权、宅基地使用权、居住权和地役权。

4.【答案】B
【解析】占有权是指对财产实际掌握、控制的权能。使用权是指对财产的实际利用和运用的权能。收益权是指收取由原物产生出来的新增经济价值的权能。处分权是指依法对财产进行处置，决定财产在事实上或法律上命运的权能。

考点2　与土地相关的物权

1.【答案】AC
【解析】根据《民法典》规定，我国实行土地的社会主义公有制，即全民所有制和劳动群众集体所有制。全民所有即国家所有土地的所有权由国务院代表国家行使。农村集体经济组织实行家庭承包经营为基础、统分结合的双层经营体制。农民集体所有和国家所有由农民集体使用的耕地、林地、草地以及其他用于农业的土地，依法实行土地承包经营制度。耕地的承包期为30年。草地的承包期为30年至50年。林地的承包期为30年至70年。承包期限届满，由土地承包经营权人依照农村土地承包的法律规定继续承包。国家实行土地用途管制制度。国家编制土地利用总体规划，规定土地用途，将土地分为农用地、建设用地和未利用地。严格限制农用地转为建设用地，控制建设用地总量，对耕地实行特殊保护。

2.【答案】BD
【解析】选项B错误，设立建设用地使用权，可以采取出让或者划拨等方式。选项D错误，住宅建设用地使用权期间届满的，自动续期。非住宅建设用地使用权期间届满后的续期，依照法律规定办理。

3.【答案】B
【解析】地役权，是指为使用自己不动产的便利或提高其效益而按照合同约定利用他人不动产的权利。他人的不动产为供役地，自己的不动产为需役地。从性质上说，地役权是按照当事人的约定设立的用益物权。

4.【答案】CE
【解析】选项A、B错误，选项C正确。地役权，是指为使用自己不动产的便利或提高其效益而按照合同约定利用他人不动产的权利。他人的不动产为供役地，自己的不动产为需役地。
选项D错误，地役权自地役权合同生效时设立。当事人要求登记的，可以向登记机构申请地役权登记；未经登记，不得对抗善意第三人。
选项E正确，需役地以及需役地上的土地承包经营权、建设用地使用权部分转让时，转让部分涉及地役权的，受让人同时享有地役权。

5.【答案】A
【解析】选项A正确，选项B错误，地役权，是指为使用自己不动产的便利或提高其效益而按照合同约定利用他人不动产的权利。甲乙之间设立的是地役权，而非担保物权。
选项C错误，地役权自地役权合同生效时设立。公证和登记都不是地役权设立的条件。当事人要求登记的，可以向登记机构申请地役权登记；未经登记，不得对抗善意第三人。
选项D错误，需役地以及需役地上的土地

承包经营权、建设用地使用权部分转让时，转让部分涉及地役权的，受让人同时享有地役权。因此，甲公司将需役地上的建设用地使用权转让给丙公司，丙公司享有地役权。

6. 【答案】C

【解析】地役权，是指为使用自己不动产的便利或提高其效益而按照合同约定利用他人不动产的权利。他人的不动产为供役地，自己的不动产为需役地。需役地以及需役地上的土地承包经营权、建设用地使用权部分转让时，转让部分涉及地役权的，受让人同时享有地役权。

因为从性质上说，地役权是按照当事人的约定设立的用益物权。所以甲不能以任何形式单独保留或出让地役权，只能和其房产一起转让，转让后受让人享有地役权。

7. 【答案】B

【解析】房随地走，地随房走。需役地以及需役地上的土地承包经营权、建设用地使用权部分转让时，转让部分涉及地役权的，受让人同时享有地役权。

考点 3　不动产物权的设立、变更、转让、消灭

1. 【答案】AB

【解析】选项A正确，不动产物权变动应当依照法律规定登记，自记载于不动产登记簿时发生法律效力。选项B正确，当事人之间订立有关设立、变更、转让和消灭不动产物权的合同，除法律另有规定或者合同另有约定外，自合同成立时生效。选项C错误，依法属于国家所有的自然资源，所有权可以不登记。选项D错误，未办理物权登记的，不影响合同效力。选项E错误，不动产物权转让必须经过登记才发生物权变动的效力，不是自愿登记。

2. 【答案】D

【解析】当事人之间订立有关设立、变更、转让和消灭不动产物权的合同，除法律另有规定或者合同另有约定外，自合同成立时生效；未办理物权登记的，不影响合同效力。

3. 【答案】ABE

【解析】选项A、B、E正确，不动产物权的设立、变更、转让、消灭，应当依照法律规定登记，自记载于不动产登记簿时发生效力。经依法登记，发生效力；未经登记，不发生效力，但法律另有规定的除外。选项C错误，不动产登记，由不动产所在地的登记机构办理。选项D错误，依法属于国家所有的自然资源，所有权可以不登记。

考点 4　动产物权的设立和转让

【答案】B

【解析】动产物权以占有和交付为公示手段。动产物权的设立和转让，应当依照法律规定交付。动产物权的设立和转让，自交付时发生效力，但法律另有规定的除外。船舶、航空器和机动车等物权的设立、变更、转让和消灭，未经登记，不得对抗善意第三人。

考点 5　物权的保护

1. 【答案】B

【解析】选项A错误，物权受到侵害的，权利人可以通过和解、调解、仲裁、诉讼等途径解决。

选项B正确，损害赔偿是保护物权的民事途径之一，对于物权保护方式，可以单独适用，也可以根据权利被侵害的情形合并适用。

选项C错误，侵害物权，除承担民事责任外，违反行政管理规定的，依法承担行政责任；构成犯罪的，依法追究刑事责任。

选项D错误，因物权的归属、内容发生争议的，利害关系人可以请求确认权利，而不是请求返还原物。

2. 【答案】ACDE

【解析】物权的保护，是指通过法律规定的方法和程序保障物权人在法律许可的范围内对其财产行使占有、使用、收益、处分权利的制度。物权受到侵害的，权利人可以通过和解、调解、仲裁、诉讼等途径解决。

3. 【答案】ABD

【解析】选项C错误，无权占有不动产或者动产的，权利人可以请求返还原物。

选项E错误，对于物权保护方式，可以单独适用，也可以根据权利被侵害的情形合并适用。

2Z201050 建设工程债权制度

考点1 债的概念

【答案】D

【解析】债是特定当事人之间的法律关系。债权人只能向特定的人主张自己的权利，债务人也只需向享有该项权利的特定人履行义务，即债的相对性。

考点2 债的内容

【答案】C

【解析】债权相对性理论的内涵，可以归纳为以下三个方面：

(1) 债权主体的相对性。

(2) 债权内容的相对性。

(3) 债权责任的相对性。

考点3 建设工程债的产生

1. 【答案】C

【解析】合同引起债的关系，是债发生的最主要、最普遍的依据。

2. 【答案】D

【解析】无因管理，是指未受他人委托，也无法律上的义务，为避免他人利益受损失而自愿为他人管理事务或提供服务的事实行为。无因管理在管理人员或服务人员与受益人之间形成了债的关系。无因管理产生的债被称为无因管理之债。

3. 【答案】ABC

【解析】选项A、B正确，建设工程债的产生，最主要的是合同。施工合同的订立，会在施工单位与建设单位之间产生债；材料设备买卖合同的订立，会在施工单位与材料设备供应商之间产生债的关系。

选项C正确，选项D、E错误，不当得利，是指没有法律根据，有损于他人利益而自身取得利益的行为。由于不当得利造成他人利益的损害，因此在得利者与受害者之间形成债的关系。受损失的人有权请求其返还不当利益。不当得利产生的债被称为不当得利之债。

4. 【答案】A

【解析】不当得利，是指没有法律根据，有损于他人利益而自身取得利益的行为。由于不当得利造成他人利益的损害，因此在得利者与受害者之间形成债的关系。受损失的人有权请求其返还不当利益。不当得利产生的债被称为不当得利之债。

5. 【答案】D

【解析】不当得利，是指没有法律根据，有损于他人利益而自身取得利益的行为。由于不当得利造成他人利益的损害，因此在得利者与受害者之间形成债的关系。受损失的人有权请求其返还不当利益。不当得利产生的债被称为不当得利之债。

6. 【答案】D

【解析】不当得利，是指没有法律根据，有损于他人利益而自身取得利益的行为。由于不当得利造成他人利益的损害，因此在得利者与受害者之间形成债的关系。受损失的人有权请求其返还不当利益。不当得利产生的债被称为不当得利之债。

考点4 建设工程债的常见种类

1. 【答案】A

【解析】《民法典》规定，建筑物、构筑物或者其他设施倒塌、塌陷造成他人损害的，由建设单位与施工单位承担连带责任，但是建设单位与施工单位能够证明不存在质量缺陷的除外。建设单位、施工单位赔偿后，有其他责任人的，有权向其他责任人追偿。因所有人、管理人、使用人或者第三人的原因，建筑物、构筑物或者其他设施倒塌、塌陷造成他人损害的，由所有人、管理人、使用人或者第三人承担侵权责任。

2. 【答案】C

【解析】《民法典》规定，建筑物、构筑物或者其他设施倒塌、塌陷造成他人损害的，由建设单位与施工单位承担连带责任，但是建设单位与施工单位能够证明不存在质量缺陷的除外。建设单位、施工单位赔偿后，有其他责任人的，有权向其他责任人追偿。因所有人、管理人、使用人或者第三人的原因，建筑物、构筑物或者其他设施倒塌、塌陷造成他人损害的，由所有人、管理人、使用人或者第三人承担侵权责任。

3.【答案】ADE

【解析】施工合同债是发生在建设单位和施工单位之间的债。施工合同的义务主要是完成施工任务和支付工程款。对于完成施工任务，建设单位是债权人，施工单位是债务人；对于支付工程款，则相反。

4.【答案】D

【解析】侵权，是指公民或法人没有法律依据而侵害他人的财产权利或人身权利的行为，在侵权行为人和被侵权人之间形成债的关系。

2Z201060　建设工程知识产权制度

考点 1　知识产权的法律特征

1.【答案】A

【解析】知识产权同其他财产所有权一样，具有绝对的排他性。权利人对智力成果享有专有权，其他人若要利用这一成果必须经过权利人同意，否则构成侵权。

2.【答案】ACDE

【解析】知识产权是权利人对其创造的智力成果依法享有的权利。按照《民法典》的规定，知识产权是权利人依法就下列客体享有的专有的权利：①作品；②发明、实用新型、外观设计；③商标；④地理标志；⑤商业秘密；⑥集成电路布图设计；⑦植物新品种；⑧法律规定的其他客体。

3.【答案】D

【解析】选项D错误，知识产权在空间上的效力并不是无限的，而要受到地域的限制，其效力只及于确认和保护知识产权的一国法律所能及的地域内。

考点 2　建设工程知识产权的常见种类

1.【答案】A

【解析】发明专利权的期限为20年，自申请日起计算。

2.【答案】B

【解析】注册商标的有效期为10年，自核准注册之日起计算。

3.【答案】C

【解析】我国《专利法》保护的是发明创造专利权，并规定发明创造是指发明、实用新型和外观设计。授予专利权的发明和实用新型，应当具备新颖性、创造性和实用性。授予专利权的外观设计，除了新颖性外，还应当具备富有美感和适用于工业应用两个条件。

4.【答案】ACD

【解析】根据《商标法》规定，注册商标有效期满，需要继续使用的，应当在期满前12个月内申请续展注册；在此期间未能提出申请的，可以给予6个月的宽展期。宽展期满仍未提出申请的，注销其注册商标。每次续展注册的有效期为10年。

5.【答案】ABCD

【解析】选项E错误，商标设计者的人身权由《著作权法》保护。

考点 3　建设工程知识产权的保护

【答案】A

【解析】人民法院应当自接受当事人专利权申请之时起48小时内作出裁定；有特殊情况需要延长的，可以延长48小时。

考点 4　建设工程知识产权侵权的法律责任

【答案】C

【解析】赔偿损失的数额有4种确定方法：

(1) 侵权的赔偿数额按照权利人因被侵权所受到的实际损失确定。

(2) 根据侵权人因侵权所获得的利益确定。

(3) 权利人的损失或者侵权人获得的利益难以确定的，参照该知识产权许可使用费的倍数合理确定。

(4) 权利人的损失、侵权人获得的利益和该知识产权许可使用费均难以确定的，人民法院可以根据知识产权的类型、侵权行为的性质和情节等因素，确定给予一定数额的赔偿。

本题中，权利人的实际损失可以确定的，即减少的销量乘以每件的售价。

2Z201070 建设工程担保制度

考点 1 担保与担保合同的规定

【答案】D

【解析】担保方式为保证、抵押、质押、留置和定金。

考点 2 保证的基本法律规定

1. 【答案】ACDE

【解析】保证合同的内容一般包括被保证的主债权的种类、数额，债务人履行债务的期限，保证的方式、范围和期间等条款。

2. 【答案】ABCE

【解析】保证合同担保的范围包括主债权及利息、违约金、损害赔偿金和实现债权的费用。

3. 【答案】A

【解析】当事人在保证合同中约定，债务人不能履行债务时，由保证人承担保证责任的，为一般保证。一般保证的保证人在主合同纠纷未经审判或者仲裁，并就债务人财产依法强制执行仍不能履行债务前，有权拒绝向债权人承担保证责任，但是有下列情形之一的除外：

(1) 债务人下落不明，且无财产可供执行。

(2) 人民法院已经受理债务人破产案件。

(3) 债权人有证据证明债务人的财产不足以履行全部债务或者丧失履行债务能力。

(4) 保证人书面表示放弃该项权利。

当事人在保证合同中对保证方式没有约定或者约定不明确的，按照一般保证承担保证责任。

考点 3 建设工程施工常用的担保种类

【答案】D

【解析】建设工程施工常用的担保种类包括：

(1) 施工投标保证金。

(2) 施工合同履约保证金。

(3) 工程款支付担保。

(4) 预付款担保。

考点 4 抵押权

1. 【答案】C

【解析】债务人或者第三人有权处分的下列财产可以抵押：

(1) 建筑物和其他土地附着物。

(2) 建设用地使用权。

(3) 海域使用权。

(4) 生产设备、原材料、半成品、产品。

(5) 正在建造的建筑物、船舶、航空器。

(6) 交通运输工具。

(7) 法律、行政法规未禁止抵押的其他财产。

抵押人可以将上述所列财产一并抵押。

下列财产不得抵押：

(1) 土地所有权。

(2) 宅基地、自留地、自留山等集体所有土地的使用权，但是法律规定可以抵押的除外。

(3) 学校、幼儿园、医疗机构等为公益目的成立的非营利法人的教育设施、医疗卫生设施和其他公益设施。

(4) 所有权、使用权不明或者有争议的财产。

(5) 依法被查封、扣押、监管的财产。

(6) 法律、行政法规规定不得抵押的其他财产。

2. 【答案】A

【解析】债务人或者第三人有权处分的下列财产可以抵押：

(1) 建筑物和其他土地附着物。

(2) 建设用地使用权。

(3) 海域使用权。

(4) 生产设备、原材料、半成品、产品。

(5) 正在建造的建筑物、船舶、航空器。

(6) 交通运输工具。

(7) 法律、行政法规未禁止抵押的其他财产。

抵押人可以将上述所列财产一并抵押。

对于以上第 (1) 项至第 (3) 项规定的财产或者第 (5) 项规定的正在建造的建筑物抵押的，应当办理抵押登记。抵押权自登记时设立。

3. 【答案】C

【解析】选项C错误，抵押人转让抵押财产的，应当及时通知抵押权人。

4.【答案】B

【解析】塔吊属于动产，当事人以动产抵押的，抵押权自抵押合同生效时设立。

5.【答案】B

【解析】选项A错误，抵押物折价后，其价款超过债权数额的部分归抵押人所有，不足部分由债务人清偿。

选项C错误，抵押权人与抵押人未就抵押权实现方式达成协议的，抵押权人可以请求人民法院拍卖、变卖抵押财产。

选项D错误，同一财产向两个以上债权上抵押，登记的优于未登记的。抵押合同都登记的，按登记的先后顺序清偿。

考点 5 质权

【答案】D

【解析】权利质押是将权利凭证交付质押人或者办理出质登记的担保。债务人或者第三人可以将有权处分的下列权利出质：①汇票、本票、支票；②债券、存款单；③仓单、提单；④可以转让的基金份额、股权；⑤可以转让的注册商标专用权、专利权、著作权等知识产权中的财产权；⑥现有的以及将有的应收账款；⑦法律、行政法规规定可以出质的其他财产权利。

考点 6 留置

1.【答案】CE

【解析】选项A错误，留置的标的只能是合法占有的动产。

选项B错误，是否转移占有是质押和抵押的区别，但是留置权要成立，必须要有抵押人占有抵押物。

选项C正确，留置权人负有妥善保管留置物的义务。

选项D错误，留置物留置期间债权人可以与债务人协议处理留置物。

选项E正确，留置是指债权人按照合同约定占有债务人的动产，债务人不按照合同约定的期限履行债务的，债权人有权依照法律规定留置该财产，以该财产折价或者以拍卖、变卖该财产的价款优先受偿。

2.【答案】ADE

【解析】选项A、E正确，留置是指债权人按照合同约定占有债务人的动产，债务人不按照合同约定的期限履行债务的，债权人有权依照法律规定留置该财产，以该财产折价或者以拍卖、变卖该财产的价款优先受偿。

选项B错误，《民法典》规定，留置权人与债务人应当约定留置财产后的债务履行期限。

选项C错误，没有约定或者约定不明确的，留置权人应当给债务人60日以上履行债务的期限，但是鲜活易腐等不易保管的动产除外。

选项D正确，留置权人负有妥善保管留置物的义务。因保管不善致使留置物灭失或者毁损的，留置权人应当承担民事责任。

3.【答案】D

【解析】留置是指债权人按照合同约定占有债务人的动产，债务人不按照合同约定的期限履行债务的，债权人有权依照法律规定留置该财产，以该财产折价或者以拍卖、变卖该财产的价款优先受偿。

考点 7 定金

1.【答案】B

【解析】定金应当以书面形式约定。当事人在定金合同中应当约定交付定金的期限。定金合同从实际交付定金之日起生效。定金的数额由当事人约定，但不得超过主合同标的额的20%。

2.【答案】B

【解析】定金的数额不得超过主合同金额的20%。本题中定金为设计费的15%，200×15%=30（万元）。收受定金的一方不履行约定的债务的，应当双倍返还定金，即30×2=60（万元）。

3.【答案】A

【解析】定金的数额由当事人约定，但不得超过主合同标的额的20%。超过20%的部分不作为违约赔偿的定金范围，因此，本题合理的定金数额为20万元。甲公司实际支付25万元，甲公司可以要求退还支付的定金25万元，同时要求合理的定金数额20万作为赔偿，共45万元。

4.【答案】C

【解析】根据《民法典》的规定，违约金和定金只能选择适用，而不能同时合并适用，选择权属于未违约的一方。如果双倍返还定金，只能返还8万元；如果适用违约金，则可以得到6万元的违约金，加上返还的定金4万元，共计10万元，这样可以最大限度保护自己的利益。此题的关键是，如果不适用定金条款，而适用违约金条款的，交付的定金还是要予以返还。

2Z201080 建设工程保险制度

考点 1 保险概述

1.【答案】B

【解析】财产保险合同是以财产及其有关利益为保险标的的保险合同。在财产保险合同中，保险合同的转让应当通知保险人，经保险人同意继续承保后，依法转让合同。

2.【答案】D

【解析】选项D错误，被保险人是指其财产或者人身受保险合同保障，享有保险金请求权的人。

考点 2 保险索赔

【答案】ABDE

【解析】对于投保人而言，保险的根本目的是发生灾难事件时能够得到补偿，所以保险事故发生后第一事件是要保险公司进行理赔而不是上诉，选项C错误。

投保人需要做的有：

(1) 投保人进行保险索赔须提供必要的有效的证明。

(2) 投保人等应当及时提出保险索赔。

(3) 计算损失的大小。

如果一个建设工程项目同时由多家保险公司承保，则应当按照约定的比例向不同的保险公司提出索赔要求。

考点 3 建筑工程一切险（及第三者责任险）

【答案】ABDE

【解析】保险人对下列各项原因造成的损失不负责赔偿：

(1) 设计错误引起的损失和费用。

(2) 自然磨损、内在或潜在缺陷、物质本身变化、自燃、自热、氧化、锈蚀、渗漏、鼠咬、虫蛀、大气（气候或气温）变化、正常水位变化或其他渐变原因造成的保险财产自身的损失和费用。

(3) 因原材料缺陷或工艺不善引起的保险财产本身的损失以及为换置、修理或矫正这些缺点错误所支付的费用。

(4) 非外力引起的机械或电气装置的本身损失，或施工用机具、设备、机械装置失灵造成的本身损失。

(5) 维修保养或正常检修的费用。

(6) 档案、文件、账簿、票据、现金、各种有价证券、图表资料及包装物料的损失。

(7) 盘点时发现的短缺。

(8) 领有公共运输行驶执照的，或已由其他保险予以保障的车辆、船舶和飞机的损失。

(9) 除非另有约定，在保险工程开始以前已经存在或形成的位于工地范围内或其周围的属于被保险人的财产的损失。

(10) 除非另有约定，在本保险单保险期限终止以前，保险财产中已由工程所有人签发完工验收证书或验收合格或实际占有或使用或接收的部分。

考点 4 安装工程一切险（及第三者责任险）

1.【答案】C

【解析】安装工程一切险对于考核期的保险责任一般不超过3个月。

2.【答案】AE

【解析】选项A正确，建筑工程一切险的被保险人范围较宽，所有在工程进行期间，对该项工程承担一定风险的有关各方，均可作为被保险人。

选项B错误，工程开工前，发包人应当为建设工程办理保险，支付保险费用。

选项C错误，《建筑法》《建设工程安全生产管理条例》均规定，施工单位应当为施工现场从事危险作业的人员办理意外伤害保险。

选项D错误，任何情况下，保险期限的起

始或终止不得超出保险单明细表中列明的保险生效日或终止日。

选项E正确，安装工程一切险的保险期内，一般应包括一个试车考核期。试车考核期的长短一般根据安装工程合同中的约定进行确定。

3.【答案】B

【解析】保险人对下列原因造成的损失和费用，负责赔偿：

(1) 自然事件，指地震、海啸、雷电、飓风、台风、龙卷风、风暴、暴雨、洪水、水灾、冻灾、冰雹、地崩、山崩、雪崩、火山爆发、地面下陷下沉及其他人力不可抗拒的、破坏力强大的自然现象。

(2) 意外事故，指不可预料的以及被保险人无法控制并造成物质损失或人身伤亡的突发性事件，包括火灾和爆炸。

选项B为保险的除外责任。

2Z201090 建设工程法律责任制度

考点 1 法律责任的基本种类和特征

【答案】D

【解析】法律责任分为：违宪法律责任、刑事法律责任、民事法律责任、行政法律责任和国家赔偿责任。

考点 2 民事责任的种类

【答案】B

【解析】侵权责任是指行为人因过错侵害他人财产、人身而依法应当承担的责任；违约责任是指合同当事人违反法律规定或合同约定的义务而应承担的责任；刑事责任是指犯罪主体因违反刑法，实施了犯罪行为所应承担的法律责任；行政责任是指违反有关行政管理的法律法规规定，但尚未构成犯罪的行为。

考点 3 民事责任的承担方式

【答案】ABDE

【解析】《民法典》规定，承担民事责任的方式主要有：

(1) 停止侵害。

(2) 排除妨碍。

(3) 消除危险。

(4) 返还财产。

(5) 恢复原状。

(6) 修理、重作、更换。

(7) 继续履行。

(8) 赔偿损失。

(9) 支付违约金。

(10) 消除影响、恢复名誉。

(11) 赔礼道歉。

本题中，对于施工不当造成的毗邻建筑物处于危险状态和财产损害，应对其进行停止侵害、消除危险、恢复原状、赔偿损失等方式进行保护。

考点 4 行政处罚

【答案】AB

【解析】行政处罚的种类：

(1) 警告、通报批评。

(2) 罚款、没收违法所得、没收非法财物。

(3) 暂扣许可证件、降低资质等级、吊销许可证件。

(4) 限制开展生产经营活动、责令停产停业、责令关闭、限制从业。

(5) 行政拘留。

(6) 法律、行政法规规定的其他行政处罚。

考点 5 行政处分

【答案】ACDE

【解析】行政处分的种类包括：警告、记过、记大过、降级、撤职、开除。

考点 6 工程重大安全事故罪

【答案】C

【解析】主刑包括管制、拘役、有期徒刑、无期徒刑、死刑。附加刑包括罚金、剥夺政治权利、没收财产、驱逐出境，其中驱逐出境一般针对外国人适用。

考点 7 重大责任事故罪

【答案】B

【解析】重大责任事故罪：《刑法》第134条规定，在生产、作业中违反有关安全管理的规定，因而发生重大伤亡事故或者造成其他严重后果的，处3年以下有期徒刑或者拘役；情节特别恶劣的，处3年以上7年以下有期徒刑。强令他人违章冒险作业，或者明知存在重大事故隐患而不排除，因而发生重大伤亡事故或者造成其他严重后果的，处5年以下有期徒刑或者拘役；情节特别恶劣的，处5年以上有期徒刑。

考点8 重大劳动安全事故罪

【答案】 B

【解析】《刑法》第135条规定，安全生产设施或者安全生产条件不符合国家规定，因而发生重大伤亡事故或者造成其他严重后果的，对直接负责的主管人员和其他直接责任人员，处3年以下有期徒刑或者拘役；情节特别恶劣的，处3年以上7年以下有期徒刑。该施工企业的行为构成重大劳动安全事故罪。

考点9 串通投标罪

【答案】 C

【解析】《刑法》第223条规定，投标人相互串通投标报价，损害招标人或者其他投标人利益，情节严重的，处3年以下有期徒刑或者拘役，并处或者单处罚金。投标人与招标人串通投标，损害国家、集体、公民的合法利益的，依照以上规定处罚。

2Z202000 施工许可法律制度

2Z202010 建设工程施工许可制度

考点 1 施工许可证的适用范围

1.【答案】A

【解析】不需要办理施工许可证的建设工程：

(1) 限额以下小型工程，包括：①工程投资额30万元以下；②建筑面积为300m² 以下(两者均不包括本数)。

(2) 抢险救灾工程。

(3) 临时性建筑。

(4) 农民自建低层住宅。

(5) 军用房屋建筑工程。

(6) 按照国务院规定的权限和程序批准开工报告的建筑工程。

2.【答案】B

【解析】《建筑法》规定，按照国务院规定的权限和程序批准开工报告的建筑工程，不再领取施工许可证。

考点 2 施工许可证的申请主体

【答案】B

【解析】《建筑法》规定，建筑工程开工前，建设单位应当按照国家有关规定向工程所在地县级以上人民政府建设行政主管部门申请领取施工许可证。建设单位（又称业主或项目法人）是建设项目的投资者，为建设项目开工和施工单位进场做好各项前期准备工作，是建设单位应尽的义务。因此，施工许可证的申请领取，应该是由建设单位负责，而不是施工单位或者其他单位。

考点 3 施工许可证的法定批准条件

1.【答案】A

【解析】《建筑法》规定，申请领取施工许可证，应当具备下列条件：

(1) 已经办理该建筑工程用地批准手续。

(2) 依法应当办理建设工程规划许可证的，已经取得建设工程规划许可证。

(3) 需要拆迁的，其拆迁进度符合施工要求。

(4) 已经确定建筑施工企业。

(5) 有满足施工需要的资金安排、施工图纸及技术资料。

(6) 有保证工程质量和安全的具体措施。

2.【答案】A

【解析】在乡、村庄规划区内进行乡镇企业、乡村公共设施和公益事业建设的，须核发乡村建设规划许可证。

考点 4 申请延期的规定

1.【答案】C

【解析】建设单位应当自领取施工许可证之日起3个月内开工。因故不能按期开工的，应当向发证机关申请延期；延期以两次为限，每次不超过3个月。既不开工又不申请延期或者超过延期时限的，施工许可证自行废止。本题已经超过9个月未开工，因此原施工许可证已经自行废止。开工前需要重新申领新的施工许可证。

2.【答案】A

【解析】《建筑法》规定，建设单位应当自领取施工许可证之日起3个月内开工。因故不能按期开工的，应当向发证机关申请延期；延期以两次为限，每次不超过3个月。既不开工又不申请延期或者超过延期时限的，施工许可证自行废止。

考点 5 核验施工许可证的规定

1.【答案】C

【解析】建筑工程恢复施工时，应当向发证机关报告；中止施工满1年的工程恢复施工前，建设单位应当报发证机关核验施工许可证。

2.【答案】A

【解析】《建筑法》规定，在建的建筑工程因故中止施工的，建设单位应当自中止施工之日起1个月内，向发证机关报告。

3. 【答案】B

【解析】《建筑法》规定，在建的建筑工程因故中止施工的，建设单位应当自中止施工之日起1个月内，向发证机关报告，并按照规定做好建筑工程的维护管理工作。建筑工程恢复施工时，应当向发证机关报告；中止施工满1年的工程恢复施工前，建设单位应当报发证机关核验施工许可证。

4. 【答案】C

【解析】《建筑法》规定，在建的建筑工程因故中止施工的，建设单位应当自中止施工之日起1个月内，向发证机关报告，并按照规定做好建筑工程的维护管理工作。

考点 6 重新办理批准手续的规定

1. 【答案】D

【解析】对于实行开工报告制度的建设工程，《建筑法》规定，按照国务院有关规定批准开工报告的建筑工程，因故不能按期开工或者中止施工的，应当及时向批准机关报告情况。因故不能按期开工超过6个月的，应当重新办理开工报告的批准手续。

2. 【答案】B

【解析】建筑工程恢复施工时，应当向发证机关报告；中止施工满1年的工程恢复施工前，建设单位应当报发证机关核验施工许可证，因此不能自行恢复施工，选项B错误。

3. 【答案】D

【解析】选项A错误，不需要申请办理施工许可证的是工程投资额为30万元以下的建筑工程，不包括本数。

选项B错误，发证机关应当自收到申请之日起7日内，对符合条件的申请颁发施工许可证。

选项C错误，中止施工满1年的工程恢复施工前，建设单位应当报发证机关核验施工许可证，而不是施工单位。

选项D正确，在建的建筑工程因故中止施工的，建设单位应当自中止施工之日起1个月内向发证机关报告。

考点 7 未经许可擅自开工应承担的法律责任

【答案】AB

【解析】《建设工程质量管理条例》规定，建设单位未取得施工许可证或者开工报告未经批准，擅自施工的，责令停止施工，限期改正，处工程合同价款1%以上2%以下的罚款。

考点 8 规避办理施工许可证应承担的法律责任

【答案】C

【解析】《建筑工程施工许可管理办法》规定，对于未取得施工许可证或者为规避办理施工许可证将工程项目分解后擅自施工的，由有管辖权的发证机关责令停止施工，限期改正，对建设单位处工程合同价款1%以上2%以下罚款；对施工单位处3万元以下罚款。

考点 9 骗取和伪造施工许可证应承担的法律责任

【答案】D

【解析】建设单位伪造或者涂改施工许可证的，由发证机关责令停止施工，并处1万元以上3万元以下罚款，构成犯罪的，依法追究刑事责任。

2Z202020 施工企业从业资格制度

考点 1 施工企业资质的法定条件

【答案】D

【解析】企业净资产是指企业的资产总额减去负债以后的净额。净资产是属于企业所有并可以自由支配的资产，即所有者权益。相对于注册资本而言，它能够更准确地体现企业的经济实力。

考点 2 施工企业的资质序列、类别和等级

1. 【答案】D

【解析】按照住房和城乡建设部《建设工程企业资质管理制度改革方案》（建市〔2020〕94号）的规定，施工资质分为综合资质、施工总承包资质、专业承包资质和专业作业资质。

2. 【答案】C

【解析】选项A正确，建筑业企业资质分为综合资质、施工总承包资质、专业承包资质

和专业作业资质四个序列。

选项B正确，建筑业企业资质证书有效期届满，企业继续从事建筑施工活动的，应当于资质证书有效期届满3个月前，向原资质许可机关提出延续申请。

选项C错误，企业不再符合相应建筑业企业资质标准要求条件的，县级以上地方人民政府住房城乡建设主管部门、其他有关部门，应当责令其限期改正并向社会公告，整改期限最长不超过3个月；企业整改期间不得申请建筑业企业资质的升级、增项，不能承揽新的工程；逾期仍未达到建筑业企业资质标准要求条件的，资质许可机关可以撤回其建筑业企业资质证书。

选项D正确，被撤回建筑业企业资质证书的企业，可以在资质被撤回后3个月内，向资质许可机关提出核定低于原等级同类别资质的申请。

考点3 施工企业资质证书的申请、延续和变更

1. 【答案】D

【解析】选项A错误，资质许可机关应当在建筑业企业资质证书有效期届满前作出是否准予延续的决定；逾期未作出决定的，视为准予延续。

选项B错误，企业发生合并、分立、重组以及改制等事项，需承继原建筑业企业资质的，应当申请重新核定建筑业企业资质等级，而非直接承继原企业的资质等级。

选项C错误，企业不再符合相应建筑业企业资质标准要求条件的，县级以上地方人民政府住房城乡建设主管部门、其他有关部门按规定撤回。资质证书有效期届满，未依法申请延续的，应当注销。

选项D正确，其内容属于不予以批准升级申请或增项申请的情形之一。

2. 【答案】D

【解析】选项A错误，首次或增项申请均应申请最低等级资质。

选项B错误，企业发生合并、分立、重组以及改制等事项，需承继原建筑业企业资质的，应当申请重新核定建筑业企业资质等级。

选项C错误，被撤回建筑业企业资质证书的企业，可以在资质被撤回后3个月内，向资质许可机关提出核定低于原等级同类别资质的申请。

选项D正确，建筑业企业资质证书有效期届满向原资质许可机关提出延续申请，资质许可机关应当在建筑业企业资质证书有效期届满前作出是否准予延续的决定；逾期未作出决定的，视为准予延续。

3. 【答案】B

【解析】《建筑业企业资质管理规定》中规定，资质证书有效期为5年。

考点4 外商投资建筑业企业的规定

1. 【答案】D

【解析】外商投资，是指外国的自然人、企业或者其他组织（以下称外国投资者）直接或者间接在中国境内进行的投资活动，包括下列情形：

(1) 外国投资者单独或者与其他投资者共同在中国境内设立外商投资企业。

(2) 外国投资者取得中国境内企业的股份、股权、财产份额或者其他类似权益。

(3) 外国投资者单独或者与其他投资者共同在中国境内投资新建项目。

(4) 法律、行政法规或者国务院规定的其他方式的投资。

2. 【答案】D

【解析】外国投资者在依法需要取得许可的行业、领域进行投资的，应当依法办理相关许可手续。有关主管部门应当按照与内资一致的条件和程序，审核外国投资者的许可申请，法律、行政法规另有规定的除外。

考点5 禁止无资质承揽工程

1. 【答案】B

【解析】无资质承包主体签订的专业分包合同或者劳务分包合同都是无效合同。但是，当作为无资质的“实际施工人”的利益受到侵害时，其可以向合同相对方（即转包方或违法分包方）主张权利，甚至可以向建设工程项目的发包方主张权利。最高人民法院《关于审理建设工程施工合同纠纷案件适用

法律问题的解释（一）》（法释〔2020〕25号）规定，实际施工人以转包人、违法分包人为被告起诉的，人民法院应当依法受理。实际施工人以发包人为被告主张权利的，人民法院应当追加转包人或者违法分包人为本案第三人，在查明发包人欠付转包人或者违法分包人建设工程价款的数额后，判决发包人在欠付建设工程价款范围内对实际施工人承担责任。

2. 【答案】C

【解析】无资质承包主体签订的专业分包合同或者劳务分包合同都是无效合同。但是，当作为无资质的“实际施工人”的利益受到侵害时，其可以向合同相对方（即转包方或违法分包方）主张权利，甚至可以向建设工程项目的发包方主张权利。最高人民法院《关于审理建设工程施工合同纠纷案件适用法律问题的解释（一）》（法释〔2020〕25号）规定，实际施工人以转包人、违法分包人为被告起诉的，人民法院应当依法受理。实际施工人以发包人为被告主张权利的，人民法院应当追加转包人或者违法分包人为本案第三人，在查明发包人欠付转包人或者违法分包人建设工程价款的数额后，判决发包人在欠付建设工程价款范围内对实际施工人承担责任。

考点 6　禁止越级承揽工程

【答案】A

【解析】《建筑法》规定，两个以上不同资质等级的单位实行联合共同承包的，应当按照资质等级低的单位的业务许可范围承揽工程。

考点 7　禁止以他企业或他企业以本企业名义承揽工程的规定

【答案】A

【解析】《建设工程质量管理条例》规定，禁止施工单位超越本单位资质等级许可的业务范围或者以其他施工单位的名义承揽工程。

考点 8　企业申请办理资质违法行为应承担的法律责任

【答案】A

【解析】《建筑业企业资质管理规定》中规定，申请人隐瞒有关情况或者提供虚假材料申请建筑业企业资质的，不予受理或者不予行政许可，并给予警告，申请人在1年内不得再次申请建筑业企业资质。

考点 9　无资质承揽工程应承担的法律责任

【答案】B

【解析】《建设工程质量管理条例》规定，建设单位将建设工程发包给不具有相应资质等级的勘察、设计、施工单位或者委托给不具有相应资质等级的工程监理单位的，责令改正，处50万元以上100万元以下的罚款。

考点 10　超越资质等级承揽工程应承担的法律责任

【答案】ABCD

【解析】《建筑法》规定，超越本单位资质等级承揽工程的，责令停止违法行为，处以罚款，可以责令停业整顿，降低资质等级；情节严重的，吊销资质证书；有违法所得的，予以没收。

考点 11　允许其他单位或者个人以本单位名义承揽工程应承担的法律责任

【答案】A

【解析】《建筑法》规定，建筑施工企业转让、出借资质证书或者以其他方式允许他人以本企业的名义承揽工程的，责令改正，没收违法所得，并处罚款，可以责令停业整顿，降低资质等级；情节严重的，吊销资质证书。对因该项承揽工程不符合规定的质量标准造成的损失，建筑施工企业与使用本企业名义的单位或者个人承担连带赔偿责任。

考点 12　转包、违法分包等行为应承担的法律责任

【答案】B

【解析】《建筑法》规定，承包单位将承包的工程转包的，或者违反本法规定进行分包的，责令改正，没收违法所得，并处罚款，可以责令停业整顿，降低资质等级；情节严重的，吊销资质证书。承包单位有以上规定的违法行为的，对因转包工程或者违法分包的工程不符合规定的质量标准造成的损失，与接受转包或者分包的单位承担连带赔偿责任。因此，在本题中，中标人转让全部工程构成转包，转包工程出现质量问题，应由甲、乙承担连带赔偿责任。

2Z202030　建造师注册执业制度

考点 1　二级建造师的考试

【答案】C

【解析】二级建造师是指通过考核认定或考试合格取得中华人民共和国建造师资格证书，并按照规定注册，取得中华人民共和国建造师注册证书和执业印章，担任施工单位项目负责人及从事相关活动的专业技术人员。未取得注册证书和执业印章的，不得担任大中型建设工程项目的施工单位项目负责人，不得以注册建造师的名义从事相关活动。

考点 2　二级建造师的注册

1.【答案】A

【解析】《注册建造师管理规定》中规定，在注册有效期内，注册建造师变更执业单位，应当与原聘用单位解除劳动关系，并按照规定办理变更注册手续，变更注册后仍延续原注册有效期。注册证书与执业印章有效期为 3 年。

2.【答案】C

【解析】注册证书与执业印章有效期为 3 年，注册有效期满需继续执业的，应当在注册有效期届满 30 日前，按照规定申请延续注册。

考点 3　二级建造师的继续教育

【答案】D

【解析】注册一个专业的建造师在每一注册有效期内应参加继续教育不少于 120 学时，其中必修课 60 学时，选修课 60 学时。注册两个及以上专业的，每增加一个专业还应参加所增加专业 60 学时的继续教育，其中必修课 30 学时，选修课 30 学时。

考点 4　建造师的受聘单位

【答案】B

【解析】证书与资格分离，经注册后才可在全国范围内以建造师名义担任建设工程项目施工的项目经理。

考点 5　二级建造师执业岗位范围

1.【答案】B

【解析】选项 A 错误，施工管理文件应当由注册建造师签字并加盖执业印章，而不是二者有其一。

选项 C 错误，小型工程项目负责人不要求由注册建造师担任。

选项 D 错误，大型工程项目负责人必须由本专业一级注册建造师担任。

2.【答案】A

【解析】注册建造师不得同时担任两个及以上建设工程施工项目负责人。发生下列情形之一的除外：

(1) 同一工程相邻分段发包或分期施工的。

(2) 合同约定的工程验收合格的。

(3) 因非承包方原因致使工程项目停工超过 120 天（含），经建设单位同意的。

3.【答案】B

【解析】注册建造师担任施工项目负责人期间原则上不得更换。如发生下列情形之一的，应当办理书面交接手续后更换施工项目负责人：

(1) 发包方与注册建造师受聘企业已解除承包合同的。

(2) 发包方同意更换项目负责人的。

(3) 因不可抗力等特殊情况必须更换项目负责人的。

注册建造师担任施工项目负责人，在其承建的建设工程项目竣工验收或移交项目手续办结前，除以上规定的情形外，不得变更注册至另一企业。

考点 6　建造师的基本权利

1.【答案】ABD

【解析】《注册建造师管理规定》规定，注册建造师享有下列权利：

(1) 使用注册建造师名称。

(2) 在规定范围内从事执业活动。

(3) 在本人执业活动中形成的文件上签字并加盖执业印章。

(4) 保管和使用本人注册证书、执业印章。
(5) 对本人执业活动进行解释和辩护。
(6) 接受继续教育。
(7) 获得相应的劳动报酬。
(8) 对侵犯本人权利的行为进行申述。

2. **【答案】** D

【解析】《注册建造师管理规定》规定，注册建造师享有下列权利：
(1) 使用注册建造师名称。
(2) 在规定范围内从事执业活动。
(3) 在本人执业活动中形成的文件上签字并加盖执业印章。
(4) 保管和使用本人注册证书、执业印章。
(5) 对本人执业活动进行解释和辩护。
(6) 接受继续教育。
(7) 获得相应的劳动报酬。
(8) 对侵犯本人权利的行为进行申述。

考点 7 建造师的基本义务

1. **【答案】** C

【解析】《注册建造师管理规定》规定，注册建造师应当履行下列义务：
(1) 遵守法律、法规和有关管理规定，恪守职业道德。
(2) 执行技术标准、规范和规程。
(3) 保证执业成果的质量，并承担相应责任。
(4) 接受继续教育，努力提高执业水准。
(5) 保守在执业中知悉的国家秘密和他人的商业、技术等秘密。
(6) 与当事人有利害关系的，应当主动回避。
(7) 协助注册管理机关完成相关工作。

2. **【答案】** CE

【解析】《注册建造师管理规定》规定，注册建造师应当履行下列义务：
(1) 遵守法律、法规和有关管理规定，恪守职业道德。
(2) 执行技术标准、规范和规程。
(3) 保证执业成果的质量，并承担相应责任。
(4) 接受继续教育，努力提高执业水准。
(5) 保守在执业中知悉的国家秘密和他人的商业、技术等秘密。
(6) 与当事人有利害关系的，应当主动回避。
(7) 协助注册管理机关完成相关工作。

考点 8 注册机关的监督管理

【答案】 ABCE

【解析】《注册建造师管理规定》中规定，有下列情形之一的，注册机关依据职权或者根据利害关系人的请求，可以撤销注册建造师的注册：
(1) 注册机关工作人员滥用职权、玩忽职守作出准予注册许可的。
(2) 超越法定职权作出准予注册许可的。
(3) 违反法定程序作出准予注册许可的。
(4) 对不符合法定条件的申请人颁发注册证书和执业印章的。
(5) 依法可以撤销注册的其他情形。
申请人以欺骗、贿赂等不正当手段获准注册的，应当予以撤销。

考点 9 建造师继续教育违法行为应承担的法律责任

【答案】 B

【解析】 采用弄虚作假等手段取得《注册建造师继续教育证书》的，一经发现，立即取消当事人继续教育纪录，记入不良信用记录，对社会公布。

考点 10 未提供注册建造师信用档案信息应承担的法律责任

【答案】 D

【解析】《注册建造师管理规定》中规定，注册建造师或者其聘用单位未按照要求提供注册建造师信用档案信息的，由县级以上地方人民政府建设主管部门或者其他有关部门责令限期改正；逾期未改正的，可处以1000元以上1万元以下的罚款。

2Z203000　建设工程发承包法律制度

2Z203010　建设工程招标投标制度

考点 1　建设工程必须招标的范围

1. 【答案】ABDE

【解析】建设工程必须招标的规模标准：

(1) 施工单项合同估算价在400万元人民币以上的。

(2) 重要设备、材料等货物的采购，单项合同估算价在200万元人民币以上的。

(3) 勘察、设计、监理等服务的采购，单项合同估算价在100万元人民币以上的。同一项目中可以合并进行的勘察、设计、施工、监理以及工程建设有关的重要设备、材料等的采购，合并估算价合计达到前款规定标准的，必须招标。

2. 【答案】BC

【解析】选项A应当招标，必须招标范围内的各类工程建设项目，勘察、设计、监理等服务的采购，单项合同估算价在人民币100万元以上的必须招标。

选项B可以不招标，必须招标范围内的各类工程建设项目，施工单项合同估算价在人民400万元以上的必须招标。

选项C可以不招标，必须招标范围内的各类工程建设项目，重要设备、材料等货物的采购，单项合同估算价在人民币200万元以上的必须招标。

选项D应当招标，使用财政预算资金属于必须招标的范围，而且也达到了相应的规模，即同一项目中可以合并进行的勘察、设计、施工、监理以及与工程建设有关的重要设备、材料等的采购，合同估算价合计达到规定标准的，必须招标。

选项E应当招标，国有企业投资占主导地位的项目属于必须招标的范围，而且也达到了相应的规模，即同一项目中可以合并进行的勘察、设计、施工、监理以及与工程建设有关的重要设备、材料等的采购，合同估算价合计达到规定标准的，必须招标。

3. 【答案】B

【解析】建设工程必须招标的范围：

(1) 大型基础设施、公用事业等关系社会公共利益、公众安全的项目。

(2) 全部或者部分使用国有资金投资或者国家融资的项目。

(3) 使用国际组织或者外国政府贷款、援助资金的项目。

选项B不属于依法必须进行招标的范围。

4. 【答案】B

【解析】根据《工程建设项目招标范围和规模标准规定》，必须招标范围的各类工程建设项目，达到下列标准之一的，必须进行招标：

(1) 施工单项合同估算价在400万元人民币以上的。

(2) 重要设备、材料等货物的采购，单项合同估算价在200万元人民币以上的。

(3) 勘察、设计、监理等服务的采购，单项合同估算价在100万元人民币以上的。

考点 2　可以不进行招标的建设工程项目

1. 【答案】ABC

【解析】《招标投标法》规定，涉及国家安全、国家秘密、抢险救灾或者属于利用扶贫资金实行以工代赈、需要使用农民工等特殊情况，不适宜进行招标的项目，按照国家有关规定可以不进行招标。

2. 【答案】ABCD

【解析】《招标投标法》规定，涉及国家安全、国家秘密、抢险救灾或者属于利用扶贫资金实行以工代赈、需要使用农民工等特殊情况，不适宜进行招标的项目，按照国家有关规定可以不进行招标。选项B正确。

有下列情形之一的，可以不进行招标：

(1) 需要采用不可替代的专利或者专有技术。选项D正确。

(2) 采购人依法能够自行建设、生产或者提供。选项C正确。

(3) 已通过招标方式选定的特许经营项目投资人依法能够自行建设、生产或者提供。

(4) 需要向原中标人采购工程、货物或者服务，否则将影响施工或者功能配套要求。选项 A 正确。

(5) 国家规定的其他特殊情形。

考点 3 建设工程招标方式

1. **【答案】** DE

【解析】《招标投标法实施条例》规定，国有资金占控股或者主导地位的依法必须进行招标的项目，应当公开招标；但有下列情形之一的，可以邀请招标：

(1) 技术复杂、有特殊要求或者受自然环境限制，只有少量潜在投标人可供选择。

(2) 采用公开招标方式的费用占项目合同金额的比例过大。

2. **【答案】** AB

【解析】《招标投标法实施条例》规定，对技术复杂或者无法精确拟定技术规格的项目，招标人可以分两阶段进行招标。

3. **【答案】** D

【解析】 对技术复杂或者无法精确拟定技术规格的项目，招标人可以分两阶段进行招标。第一阶段，投标人按照招标公告或者投标邀请书的要求提交不带报价的技术建议，招标人根据投标人提交的技术建议确定技术标准和要求，编制招标文件。第二阶段，招标人向在第一阶段提交技术建议的投标人提供招标文件，投标人按照招标文件的要求提交包括最终技术方案和投标报价的投标文件。故选项 A、B 错误，选项 D 正确。

投标人不能自行决定在任意阶段，要求投标人提交包括投标报价的投标文件。故选项 C 错误。

考点 4 建设工程招标投标交易场所和招标公告发布

1. **【答案】** BDE

【解析】 选项 A 错误，招标人应当自收到评标报告之日起 3 日内公示中标候选人，公示期不得少于 3 日。

选项 B、E 正确，选项 C 错误，依法必须招标项目的中标候选人公示应当载明以下内容：

(1) 中标候选人排序、名称、投标报价、质量、工期（交货期），以及评标情况。

(2) 中标候选人按照招标文件要求承诺的项目负责人姓名及其相关证书名称和编号。

(3) 中标候选人响应招标文件要求的资格能力条件。

(4) 提出异议的渠道和方式。

(5) 招标文件规定公示的其他内容。

选项 D 正确，评标完成后，评标委员会应当向招标人提交书面评标报告和中标候选人名单。中标候选人应当不超过 3 个，并标明排序。评标报告应当由评标委员会全体成员签字。

2. **【答案】** D

【解析】 依法必须招标项目的资格预审公告和招标公告，应当载明以下内容：

(1) 招标项目名称、内容、范围、规模、资金来源。

(2) 投标资格能力要求，以及是否接受联合体投标。

(3) 获取资格预审文件或招标文件的时间、方式。

(4) 递交资格预审文件或投标文件的截止时间、方式。

(5) 招标人及其招标代理机构的名称、地址、联系人及联系方式。

(6) 采用电子招标投标方式的，潜在投标人访问电子招标投标交易平台的网址和方法。

(7) 其他依法应当载明的内容。

考点 5 招标基本程序

1. **【答案】** C

【解析】 选项 A 错误，招标人设有最高投标限价的，应当在招标文件中明确最高投标限价或者最高投标限价的计算方法。招标人不得规定最低投标限价。

选项 B 错误，潜在投标人或者其他利害关系人对招标文件有异议的，应当在投标截止时间 10 日前提出。

选项 D 错误，招标人对已发出的招标文件进行必要的澄清或者修改的，应当在招标文件要求提交投标文件截止时间至少15日前，以书面形式通知所有招标文件收受人。

2.【答案】BCD

【解析】《招标投标法》规定，招标人根据评标委员会提出的书面评标报告和推荐的中标候选人确定中标人。招标人也可以授权评标委员会直接确定中标人，选项A错误。

招标人和中标人不得再行订立背离合同实质性内容的其他协议，选项E错误。

3.【答案】CDE

【解析】《招标投标法实施条例》规定，按照国家有关规定需要履行项目审批、核准手续的依法必须进行招标的项目，其招标范围、招标方式、招标组织形式应当报项目审批、核准部门审批、核准。项目审批、核准部门应当及时将审批、核准确定的招标范围、招标方式、招标组织形式通报有关行政监督部门。

4.【答案】CDE

【解析】选项A错误，《招标投标法》规定，招标人具有编制招标文件和组织评标能力的，可以自行办理招标事宜。任何单位和个人不得强制其委托招标代理机构办理招标事宜。招标人委托招标的，招标人有权自行选择招标代理机构，任何单位和个人不得以任何方式为招标人指定招标代理机构。

选项B错误，招标代理机构在其资格许可和招标人委托的范围内开展招标代理业务，任何单位和个人不得非法干涉。招标代理机构不得在所代理的招标项目中投标或者代理投标，也不得为所代理的招标项目的投标人提供咨询。

5.【答案】C

【解析】招标人可以自行决定是否编制标底。一个招标项目只能有一个标底。标底必须保密。接受委托编制标底的中介机构不得参加受托编制标底项目的投标，也不得为该项目的投标人编制投标文件或者提供咨询。招标人设有最高投标限价的，应当在招标文件中明确最高投标限价或者最高投标限价的计算方法。招标人不得规定最低投标限价。

6.【答案】B

【解析】投标有效期从投标人提交投标文件截止之日起计算。

7.【答案】B

【解析】选项A错误，招标人不得规定最低投标限价。

选项B正确，招标人设有最高投标限价的，应当在招标文件中明确最高投标限价或者最高投标限价的计算方法。

选项C错误，招标人可以自行决定是否编制标底。

选项D错误，全部使用国有资金投资或者以国有资金投资为主的建筑工程，应当采用工程量清单计价；非国有资金投资的建筑工程，鼓励采用工程量清单计价。

8.【答案】CD

【解析】《招标投标法》规定，招标人具有编制招标文件和组织评标能力的，可以自行办理招标事宜。任何单位和个人不得强制其委托招标代理机构办理招标事宜。依法必须进行招标的项目，招标人自行办理招标事宜的，应当向有关行政监督部门备案。

9.【答案】BE

【解析】招标代理机构应当具备下列条件：

（1）有从事招标代理业务的营业场所和相应资金。

（2）有能够编制招标文件和组织评标的相应专业力量。

10.【答案】AC

【解析】《招标投标法实施条例》规定，招标人发售资格预审文件、招标文件收取的费用应当限于补偿印刷、邮寄的成本支出，不得以营利为目的。

11.【答案】CD

【解析】选项A错误，资格审查分为资格预审和资格后审。

选项B错误，资格预审结束后，招标人应当及时向资格预审申请人发出资格预审结果通知书。

选项E错误，资格后审在开标后由评标委员会按照招标文件的标准和方法对投标人资格进行审查。

12.【答案】A

【解析】《招标投标法》规定，开标应当在招标文件确定的提交投标文件截止时间的同一时间公开进行；开标地点应当为招标文件中预先确定的地点。开标由招标人主持，邀请所有投标人参加。

13. **【答案】** B

【解析】《招标投标法实施条例》规定，招标人应当按照招标文件规定的时间、地点开标。投标人少于 3 个的，不得开标；招标人应当重新招标。

14. **【答案】** D

【解析】 有下列情形之一的，评标委员会应当否决其投标：

(1) 投标文件未经投标单位盖章和单位负责人签字。

(2) 投标联合体没有提交共同投标协议。

(3) 投标人不符合国家或者招标文件规定的资格条件。

(4) 同一投标人提交两个以上不同的投标文件或者投标报价，但招标文件要求提交备选投标的除外。

(5) 投标报价低于成本或者高于招标文件设定的最高投标限价。

(6) 投标文件没有对招标文件的实质性要求和条件作出响应。

(7) 投标人有串通投标、弄虚作假、行贿等违法行为。

《招标投标法实施条例》进一步规定，未通过资格预审的申请人提交的投标文件，以及逾期送达或者不按照招标文件要求密封的投标文件，招标人应当拒收。

15. **【答案】** D

【解析】 选项 A 正确，任何单位和个人不得非法干预、影响评标的过程和结果。评标委员会应当按照招标文件确定的评标标准和方法，对投标文件进行评审和比较。

选项 B 正确，设有标底的，标底只能作为评标的参考，不得以投标报价是否接近标底作为中标条件，也不得以投标报价超过标底上下浮动范围作为否决投标的条件。

选项 C 正确，评标委员会成员拒绝在评标报告上签字又不书面说明其不同意见和理由的，视为同意评标结果。

选项 D 错误，评标委员会可以要求投标人对投标文件中含义不明确的内容作必要的澄清或者说明，但是澄清或者说明不得超出投标文件的范围或者改变投标文件的实质性内容。

16. **【答案】** C

【解析】 选项 A 错误，评标委员会成员的名单在中标结果确定前应当保密。

选项 B、D 错误，评标委员会成员人数为 5 人以上单数，其中技术、经济等方面的专家不得少于成员总数的 2/3。

17. **【答案】** D

【解析】 选项 A 错误，招标人根据评标委员会提出的书面评标报告和推荐的中标候选人确定中标人；也可以授权评标委员会直接确定中标人。

选项 B 错误，设有标底的，标底只能作为评标的参考，不得以投标报价是否接近标底作为中标条件，也不得以投标报价超过标底上下浮动范围作为否决投标的条件。

选项 C 错误，评标委员会成员拒绝在评标报告上签字又不书面说明其不同意见和理由的，视为同意评标结果。

选项 D 正确，评标委员会可以要求投标人对投标文件中含义不明确的内容作必要的澄清或者说明，但是澄清或者说明不得超出投标文件的范围或者改变投标文件的实质性内容。

18. **【答案】** B

【解析】 选项 A 错误，评标委员会成员的名单在中标结果确定前应当保密。

选项 C 错误，招标项目设有标底的，招标人应当在开标时公布。

选项 D 错误，中标候选人应当不超过 3 个，并标明排序。

19. **【答案】** ABDE

【解析】 有下列情形之一的，评标委员会应当否决其投标：

(1) 投标文件未经投标单位盖章和单位负责人签字。选项 D 正确。

(2) 投标联合体没有提交共同投标协议。选项 A 正确。

(3) 投标人不符合国家或者招标文件规定的资格条件。

(4) 同一投标人提交两个以上不同的投标

文件或者投标报价，但招标文件要求提交备选投标的除外。
(5) 投标报价低于成本或者高于招标文件设定的最高投标限价。
(6) 投标文件没有对招标文件的实质性要求和条件作出响应。选项 B 正确。
(7) 投标人有串通投标、弄虚作假、行贿等违法行为。选项 E 正确。

20. 【答案】C
【解析】选项 A 错误，选项 C 正确，《招标投标法》规定，招标人根据评标委员会提出的书面评标报告和推荐的中标候选人确定中标人。招标人也可以授权评标委员会直接确定中标人。
选项 B 错误，发包人将依法不属于必须招标的建设工程进行招标后，与承包人另行订立的建设工程施工合同背离中标合同的实质性内容，当事人请求以中标合同作为结算建设工程价款依据的，人民法院应予支持，但发包人与承包人因客观情况发生了在招标投标时难以预见的变化而另行订立建设工程施工合同的除外。
选项 D 错误，招标人和中标人应当自中标通知书发出之日起 30 日内，按照招标文件和中标人的投标文件订立书面合同。

考点 6 禁止肢解发包的规定

1. 【答案】BDE
【解析】《建筑法》规定，建筑工程的发包单位可以将建筑工程的勘察、设计、施工、设备采购一并发包给一个工程总承包单位，也可以将建筑工程勘察、设计、施工、设备采购的一项或者多项发包给一个工程总承包单位。

2. 【答案】B
【解析】建设单位将建设工程肢解发包的，责令改正，处工程合同价款 0.5%以上 1%以下的罚款；对全部或者部分使用国有资金的项目，并可以暂停项目执行或者暂停资金拨付。

考点 7 禁止限制、排斥投标人的规定

【答案】ACDE
【解析】招标人有下列行为之一的，属于以不合理条件限制、排斥潜在投标人或者投标人：
(1) 就同一招标项目向潜在投标人或者投标人提供有差别的项目信息。
(2) 设定的资格、技术、商务条件与招标项目的具体特点和实际需要不相适应或者与合同履行无关。
(3) 依法必须进行招标的项目以特定行政区域或者特定行业的业绩、奖项作为加分条件或者中标条件。
(4) 对潜在投标人或者投标人采取不同的资格审查或者评标标准。
(5) 限定或者指定特定的专利、商标、品牌、原产地或者供应商。
(6) 依法必须进行招标的项目非法限定潜在投标人或者投标人的所有制形式或者组织形式。
(7) 以其他不合理条件限制、排斥潜在投标人或者投标人。
招标人不得组织单个或者部分潜在投标人踏勘项目现场。

考点 8 投标人

1. 【答案】C
【解析】选项 C 错误，单位负责人为同一人或者存在控股、管理关系的不同单位，不得参加同一标段投标或者未划分标段的同一项目投标。

2. 【答案】D
【解析】投标人发生合并、分立、破产等重大变化的，应当及时书面告知招标人。投标人不再具备资格预审文件、招标文件规定的资格条件或者其投标影响招标公正性的，其投标无效。

考点 9 联合体投标

1. 【答案】C
【解析】《招标投标法》规定，国家有关规定或者招标文件对投标人资格条件有规定的，联合体各方均应当具备规定的相应资格条件。由同一专业的单位组成的联合体，按照资质等级较低的单位确定资质等级。

2. 【答案】D

【解析】资格预审后联合体增减、更换成员的，其投标无效。联合体各方在同一招标项目中以自己名义单独投标或者参加其他联合体投标的，相关投标均无效。

3. 【答案】A

【解析】选项B错误，联合体投标是一种特殊的投标人组织形式，一般适用于大型的或结构复杂的建设项目。

选项C错误，由同一专业的单位组成的联合体，按照资质等级较低的单位确定资质等级。

选项D错误，联合体中标的，联合体各方应当共同与招标人签订合同，就中标项目向招标人承担连带责任。

4. 【答案】D

【解析】选项A错误，联合体各方应当签订共同投标协议，明确约定各方拟承担的工作和责任，并将共同投标协议连同投标文件一并提交招标人。

选项B、C错误，对联合体各方不要求同专业或同等级。

选项D正确，《招标投标法》规定，两个以上法人或者其他组织可以组成一个联合体，以一个投标人的身份共同投标。

考点10 投标文件

1. 【答案】C

【解析】《招标投标法》规定，投标人在招标文件要求提交投标文件的截止时间前，可以补充、修改或者撤回已提交的投标文件，并书面通知招标人。

2. 【答案】D

【解析】投标人在招标文件要求提交投标文件的截止时间前，可以补充、修改或者撤回已提交的投标文件，并书面通知招标人。

考点11 投标保证金

1. 【答案】D

【解析】选项A错误，实行两阶段招标的，招标人要求投标人提交投标保证金的，应当在第二阶段提出。

选项B错误，投标保证金有效期与投标有效期一致，从提交投标文件截止时间开始计算。

选项C错误，招标人终止招标，已经收取投标保证金的，招标人应当及时退还所收取的投标保证金及银行同期存款利息。

2. 【答案】ACE

【解析】选项A正确，加快推行银行保函制度，在有条件的地区推行工程担保公司保函和工程保证保险。

选项B错误，严禁任何单位和部门将现金保证金挪作他用，保证金到期应当及时予以退还。

选项C正确，招标人要求中标人提供履约担保的，应当同时向中标人提供工程款支付担保。

选项D错误，以银行保函替代工程质量保证金的，银行保函金额不得超过工程价款结算总额的3%。

选项E正确，在工程项目竣工前，已经缴纳履约保证金的，建设单位不得同时预留工程质量保证金。

3. 【答案】ABCD

【解析】选项A正确，依法必须进行招标的项目的境内投标单位，以现金或者支票形式提交的投标保证金应当从其基本账户转出。招标人不得挪用投标保证金。

选项B、C正确，选项E错误，招标人在招标文件中要求投标人提交投标保证金的，投标保证金不得超过招标项目估算价的2%。

选项D正确，投标人撤回已提交的投标文件，招标人已收取投标保证金的，应当自收到投标人书面撤回通知之日起5日内退还。投标截止后投标人撤销投标文件的，招标人可以不退还投标保征金。

4. 【答案】C

【解析】招标人在招标文件中要求投标人提交投标保证金的，投标保证金不得超过招标项目估算价的2%。投标保证金有效期应当与投标有效期一致。

考点12 禁止投标人相互串通投标

1. 【答案】AB

【解析】有下列情形之一的，属于投标人相

互串通投标：
(1) 投标人之间协商投标报价等投标文件的实质性内容。
(2) 投标人之间约定中标人。
(3) 投标人之间约定部分投标人放弃投标或者中标。
(4) 属于同一集团、协会、商会等组织成员的投标人按照该组织要求协同投标。
(5) 投标人之间为谋取中标或者排斥特定投标人而采取的其他联合行动。

2. **【答案】** AD

【解析】 有下列情形之一的，视为投标人相互串通投标：
(1) 不同投标人的投标文件由同一单位或者个人编制。
(2) 不同投标人委托同一单位或者个人办理投标事宜。
(3) 不同投标人的投标文件载明的项目管理成员为同一人。
(4) 不同投标人的投标文件异常一致或者投标报价呈规律性差异。
(5) 不同投标人的投标文件相互混装。
(6) 不同投标人的投标保证金从同一单位或者个人的账户转出。

考点 13 禁止招标人与投标人串通投标

1. **【答案】** ADE

【解析】《招标投标法实施条例》规定，禁止招标人与投标人串通投标。有下列情形之一的，属于招标人与投标人串通投标：
(1) 招标人在开标前开启投标文件并将有关信息泄露给其他投标人。
(2) 招标人直接或者间接向投标人泄露标底、评标委员会成员等信息。
(3) 招标人明示或者暗示投标人压低或者抬高投标报价。
(4) 招标人授意投标人撤换、修改投标文件。
(5) 招标人明示或者暗示投标人为特定投标人中标提供方便。
(6) 招标人与投标人为谋求特定投标人中标而采取的其他串通行为。

2. **【答案】** D

【解析】《招标投标法实施条例》规定，禁止招标人与投标人串通投标。有下列情形之一的，属于招标人与投标人串通投标：
(1) 招标人在开标前开启投标文件并将有关信息泄露给其他投标人。
(2) 招标人直接或者间接向投标人泄露标底、评标委员会成员等信息。
(3) 招标人明示或者暗示投标人压低或者抬高投标报价。
(4) 招标人授意投标人撤换、修改投标文件。
(5) 招标人明示或者暗示投标人为特定投标人中标提供方便。
(6) 招标人与投标人为谋求特定投标人中标而采取的其他串通行为。

考点 14 禁止投标人以行贿手段谋取中标

【答案】 B

【解析】 本题考查的是禁止投标人以行贿手段谋取中标。

根据《反不正当竞争法》的规定，经营者在交易活动中，可以以明示方式向交易相对方支付折扣，或者向中间人支付佣金。经营者向交易相对方支付折扣、向中间人支付佣金的，应当如实入账。接受折扣、佣金的经营者也应当如实入账。《招标投标法》也规定，禁上投标人以向招标人或者评标委员会成员行贿的手段谋取中标。选项A、C、D错误。

投标人在投标书中明确予以折扣，不是行贿，而是一种价格优惠，不违反法律法规的强制性规定。选项B正确。

考点 15 投标人不得以低于成本的报价竞标

【答案】 C

【解析】《建筑工程施工发包与承包计价管理办法》中规定，投标报价低于工程成本或者高于最高投标限价总价的，评标委员会应当否决投标人的投标。

考点 16 投标人不得以他人名义投标或以其他方式弄虚作假骗取中标

【答案】 C

【解析】投标人有下列情形之一的，属于《招标投标法》第33条规定的以其他方式弄虚作假的行为：
(1) 使用伪造、变造的许可证件。
(2) 提供虚假的财务状况或者业绩。
(3) 提供虚假的项目负责人或者主要技术人员简历、劳动关系证明。
(4) 提供虚假的信用状况。
(5) 其他弄虚作假的行为。
不同投标人的投标保证金从同一单位或者个人的账户转出视为投标人相互串通投标，属于违法行为。

考点17 中标的法定要求

1. 【答案】A
【解析】投标人或者其他利害关系人对依法必须进行招标的项目的评标结果有异议的，应当在中标候选人公示期间提出。
2. 【答案】C
【解析】中标通知书对招标人和中标人具有法律效力。中标通知书发出后，招标人改变中标结果的，或者中标人放弃中标项目的，应当依法承担法律责任。
3. 【答案】D
【解析】中标人确定后，招标人应当向中标人发出中标通知书，并同时将中标结果通知所有未中标的投标人，选项D错误。
4. 【答案】B
【解析】选项A错误，《招标投标法》规定，招标文件要求中标人提交履约保证金的，中标人应当提供。
选项B正确，中标人应当按照合同约定履行义务，完成中标项目。
选项C错误，《招标投标法实施条例》规定，履约保证金不得超过中标合同金额的10%。
选项D错误，《国务院办公厅关于促进建筑业持续健康发展的意见》规定，引导承包企业以银行保函或担保公司保函的形式，向建设单位提供履约担保。
5. 【答案】A
【解析】《招标投标法实施条例》规定，履约保证金不得超过中标合同金额的10%，即：8650×10%=865（万元），所以履约保证金应不高于865万元，只有选项A不高于865万元。

考点18 招标投标投诉与处理

1. 【答案】B
【解析】《招标投标法实施条例》规定，投标人或者其他利害关系人认为招标投标活动不符合法律、行政法规规定的，可以自知道或者应当知道之日起10日内向有关行政监督部门投诉。投诉应当有明确的请求和必要的证明材料。但是，对资格预审文件、招标文件、开标以及对依法必须进行招标项目的评标结果有异议的，应当依法先向招标人提出异议，其异议答复期间不计算在以上规定的期限内。
2. 【答案】DE
【解析】投标人或其他利害关系人认为招标投标活动不符合法律、行政法规规定的，可以自知道或者应当知道之日起10日内向有关行政监督部门投诉。但对资格预审文件、招标文件、开标以及对依法必须招标项目的评标结果有异议的，应当依法先向招标人提出异议，其异议答复期间不计算在以上规定的期限内。行政监督部门应当自收到投诉之日起3个工作日内决定是否受理投诉。行政监督部门应当自受理投诉之日起30个工作日内作出书面处理决定。

考点19 招标人违法行为应承担的法律责任

【答案】A
【解析】招标人以不合理的条件限制或者排斥潜在投标人的，对潜在投标人实行歧视待遇的，强制要求投标人组成联合体共同投标的，或者限制投标人之间竞争的，责令改正，可以处1万元以上5万元以下的罚款。

考点20 投标人违法行为应承担的法律责任

【答案】BD
【解析】《招标投标法》规定，投标人相互串通投标或者与招标人串通投标的，投标人以向招标人或者评标委员会成员行贿的手段谋取中标的，中标无效，处中标项目金额5‰以上10‰以下的罚款，对单位直接负责的主管人员和其他直接责任人员处单位罚款数额5%以上10%以下的罚款；有违法所得的，并处没收违法所得；情节严重的，取消其1年至2年内参加依法必须进行招标的项目的投标资格并予以公告，直至由工商行政管理机关吊销营业执照；构成犯罪的，依法追究刑事责任。给他人造成损失的，依法承担赔偿责任。

考点 21 中标人违法行为应承担的法律责任

【答案】D

【解析】《招标投标法》规定，中标人将中标项目转让给他人的，将中标项目肢解后分别转让给他人的，违反本法规定将中标项目的部分主体、关键性工作分包给他人的，或者分包人再次分包的，转让、分包无效，处转让、分包项目金额5‰以上10‰以下的罚款；有违法所得的，并处没收违法所得；可以责令停业整顿；情节严重的，由工商行政管理机关吊销营业执照。

考点 22 其他法律责任

【答案】ABC

【解析】《招标投标法实施条例》规定，依法必须进行招标的项目的招标投标活动违反招标投标法和本条例的规定，对中标结果造成实质性影响，且不能采取补救措施予以纠正的，招标、投标、中标无效，应当依法重新招标或者评标。

2Z203020 建设工程承包制度

考点 1 工程总承包项目的发包和承包

1. 【答案】C

【解析】企业投资项目的工程总承包宜采用总价合同，政府投资项目的工程总承包应当合理确定合同价格形式。

2. 【答案】DE

【解析】工程总承包单位应当同时具有与工程规模相适应的工程设计资质和施工资质，或者由具有相应资质的设计单位和施工单位组成联合体。

3. 【答案】CDE

【解析】选项A错误，建设单位依法采用招标或者直接发包等方式选择工程总承包单位。工程总承包项目范围内的设计、采购或者施工中，有任一项属于依法必须进行招标的项目范围且达到国家规定规模标准的，应当采用招标的方式选择工程总承包单位。

选项B错误，选项C正确，工程总承包单位应当同时具有与工程规模相适应的工程设计资质和施工资质，或者由具有相应资质的设计单位和施工单位组成联合体。

选项D正确，联合体各方应当共同与建设单位签订工程总承包合同，就工程总承包项目承担连带责任。

选项E正确，工程总承包单位不得是工程总承包项目的代建单位、项目管理单位、监理单位、造价咨询单位、招标代理单位。

4. 【答案】AB

【解析】政府投资项目的项目建议书、可行性研究报告、初步设计文件编制单位及其评估单位，招标人公开已经完成的项目建议书、可行性研究报告、初步设计文件的，可以经招投标程序成为工程总承包单位。

考点 2 工程总承包项目实施

【答案】B

【解析】选项A错误，政府投资项目的项目建议书、可行性研究报告、初步设计文件编制单位及其评估单位，一般不得成为该项目的工程总承包单位。

选项B正确，鼓励施工单位申请取得工程设计资质，具有一级及以上施工总承包资质的单位可以直接申请相应类别的工程设计甲级资质。

选项C错误，鼓励设计单位申请取得施工资质，已取得工程设计综合资质、行业甲级资质、建筑工程专业甲级资质的单位，可以直接申请相应类别施工总承包一级资质。

选项D错误，工程总承包项目经理应当具备下列条件：

(1) 取得相应工程建设类注册执业资格，包括注册建筑师、勘察设计注册工程师、注册建造师或者注册监理工程师等；未实施注册执业资格的，取得高级专业技术职称。
(2) 担任过与拟建项目相类似的工程总承包项目经理、设计项目负责人、施工项目负责人或者项目总监理工程师。
(3) 熟悉工程技术和工程总承包项目管理知识以及相关法律法规、标准规范。
(4) 具有较强的组织协调能力和良好的职业道德。

考点 3　工程总承包企业的责任

【答案】AE
【解析】选项 A 正确，工程总承包单位应当同时具有与工程规模相适应的工程设计资质和施工资质，或者由具有相应资质的设计单位和施工单位组成联合体。
选项 B 错误，鼓励施工单位申请取得工程设计资质，具有一级及以上施工总承包资质的单位可以直接申请相应类别的工程设计甲级资质。
选项 C、D 错误，总承包单位和分包单位就分包工程对建设单位承担连带责任。
选项 E 正确，设计单位和施工单位组成联合体的，应当根据项目的特点和复杂程度，合理确定牵头单位。

考点 4　共同承包的适用范围

【答案】BCD
【解析】选项 A、E 属于共同承包的规定。共同承包是指由两个以上具备承包资格的单位共同组成非法人的联合体，以共同的名义对工程进行承包的行为。由同一专业的单位组成的联合体，按照资质等级较低的单位确定资质等级。

考点 5　共同承包的资质要求

【答案】B
【解析】《建筑法》规定，两个以上不同资质等级的单位实行联合共同承包的，应当按照资质等级低的单位的业务许可范围承揽工程。

考点 6　共同承包的责任

【答案】A
【解析】联合体向建设单位承担的连带责任是法定连带责任，当出现责任事故时，建设单位可向联合体任何一方要求赔偿，当事人不得拒绝，但事后可对超出自己应承担责任的部分向其他方追偿。

考点 7　分包工程的范围

1. 【答案】A
【解析】《建筑法》规定，建筑工程总承包单位可以将承包工程中的部分工程发包给具有相应资质条件的分包单位。禁止承包单位将其承包的全部建筑工程转包给他人，禁止承包单位将其承包的全部建筑工程肢解以后以分包的名义分别转包给他人。施工总承包的，建筑工程主体结构的施工必须由总承包单位自行完成。
2. 【答案】A
【解析】中标人按照合同约定或者经招标人同意，可以将中标项目的部分非主体、非关键性工作分包给他人完成。承担施工总承包的企业可以对所承接的工程全部自行施工，也可以将非主体工程或者劳务作业分包给具有相应专业承包资质或者劳务分包资质的其他建筑业企业。将全部工程肢解分包属于变相转包，故选项 A 不符合规定。

考点 8　分包单位的条件与认可

【答案】C
【解析】劳务作业分包由劳务作业发包人与劳务作业承包人通过劳务合同约定，可不经建设单位认可。

考点 9　分包单位不得再分包

【答案】C
【解析】《建筑法》规定，禁止分包单位将其承包的工程再分包。《招标投标法》也规定，接受分包的人不得再次分包。这主要是防止层层分包，"层层剥皮"，导致工程质量安全和工期等难以保障。为此，《房屋建筑和市政基础设施工程施工分包管理办法》中规定，除专业承包企业可以将其承包工程中的劳务作业发包给劳务分包企业外，专业分包工程承包人和劳务作业承包人都必须自行完成所承包的任务。

考点10　转包、违法分包和挂靠行为的界定

【答案】 CE

【解析】 根据《建筑工程施工发包与承包违法行为认定查处管理办法》规定，存在下列情形之一的，属于违法分包：

(1) 承包单位将其承包的工程分包给个人的。

(2) 施工总承包单位或专业承包单位将工程分包给不具备相应资质单位的。

(3) 施工总承包单位将施工总承包合同范围内工程主体结构的施工分包给其他单位的，钢结构工程除外。

(4) 专业分包单位将其承包的专业工程中非劳务作业部分再分包的。

(5) 专业作业承包人将其承包的劳务再分包的。

(6) 专业作业承包人除计取劳务作业费用外，还计取主要建筑材料款和大中型施工机械设备、主要周转材料费用的。

选项C属于挂靠；选项E属于转包。

考点11　发包单位违法行为应承担的法律责任

【答案】 D

【解析】《建筑法》规定，发包单位将工程发包给不具有相应资质条件的承包单位的，或者违反本法规定将建筑工程肢解发包的，责令改正，处以罚款。《建设工程质量管理条例》规定，建设单位将建设工程发包给不具有相应资质等级的勘察、设计、施工单位或者委托给不具有相应资质等级的工程监理单位的，责令改正，处50万元以上100万元以下的罚款。

考点12　承包单位违法行为应承担的法律责任

【答案】 C

【解析】 工程质量不符合质量标准而给业主造成了较大的经济损失，建筑公司和王某应承担连带责任。

2Z203030　建筑市场信用体系建设

考点1　不良信用信息

1. **【答案】** C

【解析】 2016年9月经修改后发布的《注册建造师管理规定》规定，违法违规行为、被投诉举报处理、行政处罚等情况应当作为注册建造师的不良行为记入其信用档案。注册建造师信用档案信息按照有关规定向社会公示。

2. **【答案】** B

【解析】 选项B错误，优良信用信息是指建筑市场各方主体在工程建设活动中获得的县级以上行政机关或群团组织表彰奖励等信息。不是“省级”。

考点2　施工单位不良行为记录的认定标准

1. **【答案】** BCD

【解析】 施工单位资质不良行为的认定标准：

(1) 未取得资质证书承揽工程的，或超越本单位资质等级承揽工程的。

(2) 以欺骗手段取得资质证书承揽工程的。

(3) 允许其他单位或个人以本单位名义承揽工程的。

(4) 未在规定期限内办理资质变更手续的。

(5) 涂改、伪造、出借、转让《建筑业企业资质证书》的。

(6) 按照国家规定需要持证上岗的技术工种的作业人员未经培训、考核，未取得证书上岗，情节严重的。

2. **【答案】** B

【解析】 建筑市场施工单位不良行为记录认定标准分为5大类。选项A、C属于承揽业务不良行为；选项B属于资质不良行为；选项D属于工程安全不良行为。

3. **【答案】** B

【解析】 根据《全国建筑市场各方主体不良行为记录认定标准》，选项A属于承揽业务不良行为；选项B属于资质不良行为；选项C属于工程质量不良行为；选项D属于工程安全不良行为。

4. **【答案】** A

【解析】 按照《全国建筑市场各方主体不良

行为记录认定标准》，承揽业务不良行为认定标准包括：
(1) 利用向发包单位及其工作人员行贿、提供回扣或者给予其他好处等不正当手段承揽业务的。
(2) 相互串通投标或与招标人串通投标的，以向招标人或评标委员会成员行贿的手段谋取中标的。
(3) 以他人名义投标或以其他方式弄虚作假，骗取中标的。
(4) 不按照与投标人订立的合同履行义务，情节严重的。
(5) 将承包的工程转包或违法分包的。
选项B属于工程质量不良行为；选项C属于资质不良行为；选项D属于拖欠工程款或工人工资不良行为。

5. **【答案】**A
【解析】按照《全国建筑市场各方主体不良行为记录认定标准》，选项B属于工程质量不良行为；选项C属于拖欠工程款或工人工资不良行为；选项D属于资质不良行为。

6. **【答案】**ABC
【解析】工程质量不良行为的认定标准：
(1) 在施工中偷工减料的，使用不合格建筑材料、建筑构配件和设备的，或者有不按照工程设计图纸或施工技术标准施工的其他行为的。
(2) 未按照节能设计进行施工的。
(3) 未对建筑材料、建筑构配件、设备和商品混凝土进行检测，或未对涉及结构安全的试块、试件以及有关材料取样检测的。
(4) 工程竣工验收后，不向建设单位出具质量保修书的，或质量保修的内容、期限违反规定的。
(5) 不履行保修义务或者拖延履行保修义务的。

7. **【答案】**B
【解析】工程质量不良行为认定标准：
(1) 在施工中偷工减料的，使用不合格建筑材料、建筑构配件和设备的，或者有不按照工程设计图纸或施工技术标准施工的其他行为的。
(2) 未按照节能设计进行施工的。
(3) 未对建筑材料、建筑构配件、设备和商品混凝土进行检测，或未对涉及结构安全的试块、试件以及有关材料取样检测的。
(4) 工程竣工验收后，不向建设单位出具质量保修书的，或质量保修的内容、期限违反规定的。
(5) 不履行保修义务或者拖延履行保修义务的。
选项A、C、D均为承揽业务不良行为认定标准。

8. **【答案】**DE
【解析】工程质量不良行为的认定标准：
(1) 在施工中偷工减料的，使用不合格建筑材料、建筑构配件和设备的，或者有不按照工程设计图纸或施工技术标准施工的其他行为的。
(2) 未按照节能设计进行施工的。
(3) 未对建筑材料、建筑构配件、设备和商品混凝土进行检测，或未对涉及结构安全的试块、试件以及有关材料取样检测的。
(4) 工程竣工验收后，不向建设单位出具质量保修书的，或质量保修的内容、期限违反规定的。
(5) 不履行保修义务或者拖延履行保修义务的。
选项A属于资质不良行为；选项B属于承揽业务不良行为；选项C属于工程安全不良行为。
【名师点拨】考生应当注意五大类不良行为之间的区别。

9. **【答案】**C
【解析】承揽业务不良行为认定标准：
(1) 利用向发包单位及其工作人员行贿、提供回扣或者给予其他好处等不正当手段承揽业务的。
(2) 相互串通投标或与招标人串通投标的，以向招标人或评标委员会成员行贿的手段谋取中标的。
(3) 以他人名义投标或以其他方式弄虚作假，骗取中标的。
(4) 不按照与招标人订立的合同履行义务，情节严重的，选项C符合。
(5) 将承包的工程转包或违法分包的。

资质不良行为认定标准：

(1) 未取得资质证书承揽工程的，或超越本单位资质等级承揽工程的，选项 A 符合。

(2) 以欺骗手段取得资质证书承揽工程的。

(3) 允许其他单位或个人以本单位名义承揽工程的，选项 B 符合。

(4) 未在规定期限内办理资质变更手续的。

(5) 涂改、伪造、出借、转让《建筑业企业资质证书》的，选项 D 符合。

(6) 按照国家规定需要持证上岗的技术工种的作业人员未经培训、考核，未取得证书上岗，情节严重的。

考点 3 建筑市场诚信行为的公布

1. **【答案】** BD

【解析】《招标投标违法行为记录公告暂行办法》规定，国务院有关行政主管部门和省级人民政府有关行政主管部门应自招标投标违法行为行政处理决定作出之日起 20 个工作日内对外进行记录公告。违法行为记录公告期限为 6 个月。依法限制招标投标当事人资质（资格）等方面的行政处理决定，所认定的限制期限长于 6 个月的，公告期限从其决定。

2. **【答案】** C

【解析】《建筑市场诚信行为信息管理办法》规定，属于《全国建筑市场各方主体不良行为记录认定标准》范围的不良行为记录除在当地发布外，还将由建设部统一在全国公布，公布期限与地方确定的公布期限相同。通过与工商、税务、纪检、监察、司法、银行等部门建立的信息共享机制，获取的有关建筑市场各方主体不良行为记录的信息，省、自治区、直辖市建设行政主管部门也应在本地区统一公布。

《招标投标违法行为记录公告暂行办法》规定，对招标投标违法行为所作出的以下行政处理决定应给予公告：

(1) 警告。

(2) 罚款。

(3) 没收违法所得。

(4) 暂停或者取消招标代理资格。

(5) 取消在一定时期内参加依法必须进行招标的项目的投标资格。

(6) 取消担任评标委员会成员的资格。

(7) 暂停项目执行或追回已拨付资金。

(8) 暂停安排国家建设资金。

(9) 暂停建设项目的审查批准。

(10) 行政主管部门依法作出的其他行政处理决定。

招标投标违法行为记录公告不得公开涉及国家秘密、商业秘密、个人隐私的记录。但是，经权利人同意公开或者行政机关认为不公开可能对公共利益造成重大影响的涉及商业秘密、个人隐私的违法行为记录，可以公开。

3. **【答案】** A

【解析】《招标投标违法行为记录公告暂行办法》第十三条：行政处理决定在被行政复议或行政诉讼期间，公告部门依法不停止对违法行为记录的公告，但行政处理决定被依法停止执行的除外。

4. **【答案】** B

【解析】 建筑市场各方主体的信用信息公开期限为：

(1) 基本信息长期公开。

(2) 优良信用信息公开期限一般为 3 年。

(3) 不良信用信息公开期限一般为 6 个月至 3 年，并不得低于相关行政处罚期限。具体公开期限由不良信用信息的认定部门确定。

5. **【答案】** B

【解析】 选项 A 错误，招标投标违法行为记录公告不得公开涉及国家秘密、商业秘密、个人隐私的记录。但是，经权利人同意公开或者行政机关认为不公开可能对公共利益造成重大影响的涉及商业秘密、个人隐私的违法行为记录，可以公开。

选项 C 错误，被公告的招标投标当事人认为公告记录与行政处理决定的相关内容不符的，可向公告部门提出书面更正申请，并提供相关证据。公告部门在作出答复前不停止对违法行为记录的公告。

选项D错误，行政处理决定在被行政复议或行政诉讼期间，公告部门依法不停止对违法行为记录的公告，但行政处理决定被依法停止执行的除外。

2Z204000 建设工程合同和劳动合同法律制度

2Z204010 建设工程合同制度

考点 1 建设工程施工合同的法定形式

【答案】A

【解析】《民法典》明确规定，建设工程合同应当采用书面形式。

考点 2 合同的内容

【答案】ABDE

【解析】合同的内容由当事人约定，一般包括以下条款：

(1) 当事人的姓名或者名称和住所。

(2) 标的，如有形财产、无形财产、劳务、工作成果等。

(3) 数量，应选择使用共同接受的计量单位、计量方法和计量工具。

(4) 质量，可约定质量检验方法、质量责任期限与条件、对质量提出异议的条件与期限等，质量要求不明确的，按照强制性国家标准履行；没有强制性国家标准的，按照推荐性国家标准履行；没有推荐性国家标准的，按照行业标准履行；没有国家标准、行业标准的，按照通常标准或者符合合同目的的特定标准履行。

(5) 价款或者报酬，应规定清楚计算价款或者报酬的方法。

(6) 履行期限、地点和方式。

(7) 违约责任，可在合同中约定定金、违约金、赔偿金额以及赔偿金的计算方法等。

(8) 解决争议的方法。

考点 3 建设工程施工合同的内容

1. 【答案】D

【解析】工程质量条款是明确施工人施工要求，确定施工人责任的依据。施工人必须按照工程设计图纸和施工技术标准施工，不得擅自修改工程设计，不得偷工减料。发包人也不得明示或者暗示施工人违反工程建设强制性标准，降低建设工程质量。

2. 【答案】ACD

【解析】材料和设备供应责任，是指由哪一方当事人提供工程所需材料设备及其应承担的责任。材料和设备可以由发包人负责提供，也可以由施工人负责采购。如果按照合同约定由发包人负责采购建筑材料、构配件和设备的，发包人应当保证建筑材料、构配件和设备符合设计文件和合同要求。施工人则须按照工程设计要求、施工技术标准和合同约定，对建筑材料、构配件和设备进行检验。

考点 4 建设工程施工发承包双方的主要义务

1. 【答案】ABCD

【解析】发包人的主要义务包括：

(1) 不得违法发包。《民法典》规定，发包人不得将应当由一个承包人完成的建设工程肢解成若干部分发包给数个承包人。

(2) 提供必要施工条件。发包人未按照约定的时间和要求提供原材料、设备、场地、资金、技术资料的，承包人可以顺延工程日期，并有权要求赔偿停工、窝工等损失。

(3) 及时检查隐蔽工程。隐蔽工程在隐蔽以前，承包人应当通知发包人检查。发包人没有及时检查的，承包人可以顺延工程日期，并有权要求赔偿停二、窝工等损失。

(4) 及时验收工程。建设工程竣工后，发包人应当根据施工图纸及说明书、国家颁发的施工验收规范和质量检验标准及时进行验收。

(5) 支付工程价款。发包人应当按照合同约定的时间、地点和方式等，向承包人支付工程价款。

2. 【答案】A

【解析】《民法典》规定，承包人对于施工质量缺陷应当进行无偿修理，这是承包人的法定义务。

3. 【答案】D

【解析】发包人的主要义务包括：

(1) 不得违法发包。《民法典》规定，发包人不得将应当由一个承包人完成的建设工程肢解成若干部分发包给数个承包人。

(2) 提供必要施工条件。发包人未按照约定的时间和要求提供原材料、设备、场地、资金、技术资料的，承包人可以顺延工程日期，并有权要求赔偿停工、窝工等损失。

(3) 及时检查隐蔽工程。隐蔽工程在隐蔽以前，承包人应当通知发包人检查。发包人没有及时检查的，承包人可以顺延工程日期，并有权要求赔偿停工、窝工等损失。

(4) 及时验收工程。建设工程竣工后，发包人应当根据施工图纸及说明书、国家颁发的施工验收规范和质量检验标准及时进行验收。

(5) 支付工程价款。发包人应当按照合同约定的时间、地点和方式等，向承包人支付工程价款。

考点 5 建设工程工期

1. 【答案】C

【解析】选项 C 错误，开工通知发出后，尚不具备开工条件的，以开工条件具备的时间为开工日期。

2. 【答案】A

【解析】最高人民法院《关于审理建设工程施工合同纠纷案件适用法律问题的解释（一）》规定，当事人对建设工程实际竣工日期有争议的，按照以下情形分别处理：

(1) 建设工程经竣工验收合格的，以竣工验收合格之日为竣工日期。

(2) 承包人已经提交竣工验收报告，发包人拖延验收的，以承包人提交验收报告之日为竣工日期。

(3) 建设工程未经竣工验收，发包人擅自使用的，以转移占有建设工程之日为竣工日期。

考点 6 工程价款的支付

1. 【答案】D

【解析】当事人对欠付工程价款利息计付标准有约定的，按照约定处理。没有约定的，按照同期同类贷款利率或者同期贷款市场报价利率计息。利息从应付工程价款之日开始计付。当事人对付款时间没有约定或者约定不明的，下列时间视为应付款时间：

(1) 建设工程已实际交付的，为交付之日。

(2) 建设工程没有交付的，为提交竣工结算文件之日。

(3) 建设工程未交付，工程价款也未结算的，为当事人起诉之日。

2. 【答案】D

【解析】利息从应付工程价款之日计付。当事人对付款时间没有约定或者约定不明的，下列时间视为应付款时间：

(1) 建设工程已实际交付的，为交付之日。

(2) 建设工程没有交付的，为提交竣工结算文件之日。

(3) 建设工程未交付，工程价款也未结算的，为当事人起诉之日。

3. 【答案】A

【解析】当事人对垫资和垫资利息有约定，承包人请求按照约定返还垫资及其利息的，人民法院应予支持，但是约定的利息计算标准高于垫资时的同类贷款利率或者同期贷款市场报价利率的部分除外，选项 B、C、D 错误。

4. 【答案】D

【解析】选项 A 错误，欠付工程款的利息从应付工程款之日计付。

选项 B 错误，当事人对垫资和垫资利息有约定，承包人请求按照约定返还垫资及其利息的，应予支持。

选项 C 错误，承包人应当在合理期限内行使建设工程价款优先受偿权，但最长不得超过 18 个月，自发包人应当给付建设工程价款之日起算。

选项 D 正确，当事人对欠付工程价款利息计付标准有约定的，按照约定处理。没有约定的，按照同期同类贷款利率或者同期贷款市场报价利率计息。

5. 【答案】ACE

【解析】选项 A 正确，建设工程质量合格，承包人请求其承建工程的价款就工程折价或者拍卖的价款优先受偿的，人民法院应予支持。

选项 B 错误，未竣工的建设工程质量合格，承包人请求其承建工程的价款就其承建工程部分折价或者拍卖的价款优先受偿的，人民法院应予支持。

选项C正确，承包人就逾期支付建设工程价款的利息、违约金、损害赔偿金等主张优先受偿的，人民法院不予支持。

选项D错误，承包人应当在合理期限内行使建设工程价款优先受偿权，但最长不得超过18个月，自发包人应当给付建设工程价款之日起算。

选项E正确，发包人与承包人约定放弃或者限制建设工程价款优先受偿权，损害建筑工人利益，发包人根据该约定主张承包人不享有建设工程价款优先受偿权的，人民法院不予支持。

6. 【答案】B

【解析】当事人就同一建设工程订立的数份建设工程施工合同均无效，但建设工程质量合格，一方当事人请求参照实际履行的合同关于工程价款的约定折价补偿承包人的，人民法院应予支持。实际履行的合同难以确定，当事人请求参照最后签订的合同关于工程价款的约定折价补偿承包人的，人民法院应予支持。

7. 【答案】D

【解析】选项A错误，承包人应当在合理期限内行使建设工程价款优先受偿权，但最长不得超过18个月，自发包人应当给付建设工程价款之日起算。

选项B错误，最高人民法院《关于审理建设工程施工合同纠纷案件适用法律问题的解释（一）》规定，承包人根据民法典第807条规定享有的建设工程价款优先受偿权优于抵押权和其他债权。

选项C错误，承包人就逾期支付建设工程价款的利息、违约金、损害赔偿金等主张优先受偿的，人民法院不予支持。

选项D正确，建设工程质量合格，承包人请求其承建工程的价款就工程折价或者拍卖的价款优先受偿的，人民法院应予支持。

考点7 承担赔偿损失责任的构成要件

【答案】ABCD

【解析】承担赔偿损失责任的构成要件有：

（1）具有违约行为。

（2）造成损失后果。

（3）违约行为与财产等损失之间有因果关系。

（4）违约人有过错，或者虽无过错，但法律规定应当赔偿。

考点8 约定赔偿损失与法定赔偿损失

【答案】D

【解析】约定的违约金低于造成的损失的，当事人可以请求人民法院或者仲裁机构予以增加；约定的违约金过分高于造成的损失的，当事人可以请求人民法院或者仲裁机构予以适当减少。定金的数额由当事人约定，但不得超过主合同标的额的20%。本题中，违约金＝40×10%＝4（万元），损失12万元，故违约金可要求增加到12万元。违约金和定金二选一：①定金双倍返还：40×20%×2＋2＝18（万元）。②违约金＋定金＝12＋10＝22（万元）。

考点9 赔偿损失的限制

1. 【答案】C

【解析】《民法典》规定，当事人一方违约后，对方应当采取适当措施防止损失的扩大；没有采取适当措施致使损失扩大的，不得就扩大的损失要求赔偿。当事人因防止损失扩大而支出的合理费用，由违约方承担。对于当事人一方违反合同的，另一方不能任凭损失的扩大，在接到对方的通知后，应当及时采取措施防止损失扩大，即使没有接到对方通知，也应当采取适当措施；如果没有及时采取措施致使损失扩大的，无权就扩大的损失部分请求赔偿。所以，水泥厂因违约应向施工企业赔偿的损失为：0.4＋1＋0.7＝2.1（万元）。

2. 【答案】B

【解析】《民法典》规定，当事人一方违约后，对方应当采取适当措施防止损失的扩大；没有采取适当措施致使损失扩大的，不得就扩大的损失要求赔偿。本题中，甲方没有采取措施减损，导致损失扩大到5万元，但经鉴定机构鉴定，乙方的违约行为给甲方造成的损失是2万元，因此只能获得乙方违约行为所造成的损失2万元。

考点10 建设工程施工合同中的赔偿损失

1. 【答案】ABD

【解析】本题中，承包人承担损失的判断是以承包人是否违反国家法律法规和合同的有关规定为依据的。选项A属于承包人的责任；选项B属于承包人违法分包，须与分包商承担连带赔偿责任；选项C属于发包方的责任；选项D属于承包人保管不善的责任；选项E，发包方采购的材料经承包方验收入库后的材料本应由承包人负责看管，但是出现不可抗力事件后，可以免责。故选项A、B、D应由承包人承担损失。

2. 【答案】BCD

【解析】承包人应当承担的赔偿损失：

(1) 转让、出借资质证书等造成的损失。

(2) 转包、违法分包造成的损失。

(3) 偷工减料等造成的损失。

(4) 与监理单位串通造成的损失。

(5) 不履行保修义务造成的损失。

(6) 保管不善造成的损失。

(7) 合理使用期限内造成的损失。

考点11 无效合同

1. 【答案】CDE

【解析】选项A错误，不得仅以超越经营范围确认合同无效。

选项B错误，违反法律、行政法规的强制性规定的民事法律行为无效。但是，该强制性规定不导致该民事法律行为无效的除外。

选项C正确，违背公序良俗的民事法律行为无效。

选项D正确，自然人的行为能力分三种情况：完全行为能力、限制行为能力、无行为能力。

选项E正确，行为人具有相应的民事行为能力是有效民事行为必备条件之一。

2. 【答案】AB

【解析】建设工程施工合同无效、被撤销或者确定不发生效力后，行为人因该行为取得的财产，应当予以返还；不能返还或者没有必要返还的，应当折价补偿。有过错的一方应当赔偿对方由此所受到的损失；双方都有过错的，应当各自承担相应的责任。

3. 【答案】A

【解析】无效合同是指合同内容或者形式违反了法律、行政法规的强制性规定和社会公共利益，因而不能产生法律约束力，不受到法律保护的合同。无效合同的特征是：

(1) 具有违法性。

(2) 具有不可履行性。

(3) 自订立之时就不具有法律效力。

选项A错误，选项B、D正确。

《民法典》规定，无效的或者被撤销的民事法律行为自始没有法律约束力。民事法律行为部分无效，不影响其他部分效力的，其他部分仍然有效。选项C正确。

4. 【答案】C

【解析】免责条款无效，是指没有法律约束力的免责条款。《民法典》规定，合同中的下列免责条款无效：

(1) 造成对方人身伤害的。

(2) 因故意或者重大过失造成对方财产损失的。

5. 【答案】C

【解析】《民法典》规定，合同中的下列免责条款无效：

(1) 造成对方人身伤害的。

(2) 因故意或者重大过失造成对方财产损失的。

6. 【答案】ACD

【解析】建设工程无效施工合同的主要情形：

(1) 承包人未取得建筑施工企业资质或者超越资质等级的。

(2) 没有资质的实际施工人借用有资质的建筑施工企业名义的。

(3) 建设工程必须进行招标而未招标或者中标无效的。

(4) 承包人非法转包、违法分包建设工程的。

7. 【答案】A

【解析】《民法典》规定，建设工程施工合同无效，但是建设工程经验收合格的，可以参照合同关于工程价款的约定折价补偿承包人。建设工程施工合同无效，且建设工程经验收不合格的，按照以下情形处理：

(1) 修复后的建设工程经验收合格的，发包人可以请求承包人承担修复费用。

(2) 修复后的建设工程经验收不合格的，承包人无权请求参照合同关于工程价款的约定折价补偿。

(3) 发包人对因建设工程不合格造成的损失有过错的，应当承担相应的责任。

8. 【答案】B

【解析】建设工程施工合同无效，但是建设工程经验收合格的，可以参照合同关于工程价款的约定折价补偿承包人。

9. 【答案】A

【解析】根据《民法典》规定，建设工程施工合同无效，但是建设工程经验收合格的，可以参照合同关于工程价款的约定折价补偿承包人。建设工程施工合同无效，且建设工程经验收不合格的，按照以下情形处理：

(1) 修复后的建设工程经验收合格的，发包人可以请求承包人承担修复费用。

(2) 修复后的建设工程经验收不合格的，承包人无权请求参照合同关于工程价款的约定折价补偿。发包人对因建设工程不合格造成的损失有过错的，应当承担相应的责任。

10. 【答案】CD

【解析】建设工程无效施工合同的主要情形：

(1) 承包人未取得建筑施工企业资质或者超越资质等级的。

(2) 没有资质的实际施工人借用有资质的建筑施工企业名义的。

(3) 建设工程必须进行招标而未招标或者中标无效的。

(4) 承包人非法转包、违法分包建设工程的。

考点12 效力待定合同

1. 【答案】D

【解析】《民法典》规定的效力待定合同有两种，即限制行为能力人订立的合同，无权代理人订立的合同。选项D属于限制行为能力人订立的合同。

2. 【答案】D

【解析】行为人没有代理权、超越代理权或代理权终止后以被代理人的名义订立合同，相对人有正当的理由相信行为人有代理权的，即表见代理，该代理行为有效。采购员拿着公司的空白合同书与乙公司签订合同，乙公司有理由相信采购员是全权代理公司的业务。

3. 【答案】DE

【解析】选项A错误，限制民事行为能力人实施的纯获利益的民事法律行为或者与其年龄、智力、精神健康状况相适应的民事法律行为有效；实施的其他民事法律行为经法定代理人同意或者追认后有效。

选项B错误，法定代理人未作表示的，视为拒绝追认。

选项C错误，相对人知道或者应当知道行为人无权代理的，相对人和行为人按照各自的过错承担责任。

选项D正确，无权代理人以被代理人的名义订立合同，被代理人已经开始履行合同义务或者接受相对人履行的，视为对合同的追认。

选项E正确，行为人实施的行为未被追认的，善意相对人有权请求行为人履行债务或者就其受到的损害请求行为人赔偿。但是，赔偿的范围不得超过被代理人追认时相对人所能获得的利益。

4. 【答案】B

【解析】效力待定合同的相对人可以催告法定代理人自收到通知之日起30日内予以追认。合同被追认之前，善意相对人有撤销的权利。效力待定合同是指合同虽然已经成立，但因其不完全符合有关生效要件的规定，其合同效力能否发生尚未确定，须经法律规定的条件具备才能生效。

考点13 合同的履行

【答案】C

【解析】合同生效后，当事人不得因其主体名称的变更或者法定代表人、负责人、承办人的变动而不履行合同义务。

考点14 合同的变更

1. 【答案】B

【解析】选项A错误，合同成立后，合同的基础条件发生了当事人在订立合同时无法预见的、不属于商业风险的重大变化，继续履行合同对于当事人一方明显不公平的，受不利影响的当事人可以与对方重新协商。

选项B正确，约定不明的，推定为未变更。

选项C错误，工程变更不一定会导致合同变更。

选项D错误，合同变更需当事人协商一致。

2. 【答案】D

【解析】约定不明的，推定为未变更，因此合同继续履行。

考点15 合同权利义务的转让

1. 【答案】ACE

【解析】《民法典》规定，债权人可以将合同的权利全部或部分转让给第三人，但有下列情形之一的除外：

(1) 根据债权性质不得转让。

(2) 按照当事人约定不得转让。

(3) 依照法律规定不得转让。

2. 【答案】C

【解析】《民法典》规定，债务人将债务的全部或者部分转移给第三人的，应当经债权人同意。

考点16 可撤销合同

1. 【答案】ABE

【解析】选项A正确，可撤销合同的种类有：①因重大误解订立的合同；②在订立合同时显失公平的合同；③以欺诈手段订立的合同；④以胁迫的手段订立的合同。

选项B、E正确，选项C、D错误，有下列情形之一的，撤销权消灭：①当事人自知道或者应当知道撤销事由之日起1年内、重大误解的当事人自知道或者应当知道撤销事由之日起90日内没有行使撤销权；②当事人受胁迫，自胁迫行为终止之日起1年内没有行使撤销权；③当事人知道撤销事由后明确表示或者以自己的行为表明放弃撤销权；④当事人自民事法律行为发生之日起5年内没有行使撤销权的，撤销权消灭。

2. 【答案】B

【解析】《民法典》规定，可撤销合同的种类有：

(1) 因重大误解订立的合同。

(2) 在订立合同时显失公平的合同。

(3) 以欺诈手段订立的合同。

(4) 以胁迫的手段订立的合同。

3. 【答案】D

【解析】选项A、B、C属于可撤销合同，《民法典》规定，可撤销合同的种类有：①因重大误解订立的合同；②在订立合同时显失公平的合同；③以欺诈手段订立的合同；④以胁迫的手段订立的合同。

选项D不属于可撤销合同。承包人非法转包、违法分包建设工程或者没有资质的实际施工人借用有资质的建筑施工企业名义与他人签订建设工程施工合同的行为无效。

考点17 合同的终止

1. 【答案】ACD

【解析】合同的终止，是指依法生效的合同，因具备法定的或当事人约定的情形，合同的债权、债务归于消灭，债权人不再享有合同的权利，债务人也不必再履行合同的义务。

《民法典》规定，有下列情形之一的，债权债务终止：

(1) 债务已经履行。

(2) 债务相互抵销。

(3) 债务人依法将标的物提存。

(4) 债权人免除债务。

(5) 债权债务同归于一人。

(6) 法律规定或者当事人约定终止的其他情形。

合同解除的，该合同的权利义务关系终止。

2. 【答案】C

【解析】合同的解除分为两大类：

(1) 约定解除合同。《民法典》规定，当事人协商一致，可以解除合同。当事人可以约定一方解除合同的条件。解除合同的条件成就时，解除权人可以解除合同。

(2) 法定解除合同。《民法典》规定，有下列情形之一的，当事人可以解除合同：①因不可抗力致使不能实现合同目的。②在履行期限届满之前，当事人一方明确表示或者以自己的行为表明不履行主要债务。③当事人一方延迟履行主要债务，经催告后在合理期限内仍未履行。④当事人一方延迟履行债务或者有其他违约行为致使不能实现合同目的。⑤法律规定的其他情形。

法定解除是法律直接规定解除合同的条件，当条件具备时，解除权人可直接行使解除权；约定解除则是双方的法律行为，单方行为不能导致合同的解除。

3. 【答案】ABC

【解析】有下列情形之一的，债权债务终止：

(1) 债务已经履行。

(2) 债务相互抵销。

(3) 债务人依法将标的物提存。

(4) 债权人免除债务。

(5) 债权债务同归于一人。

(6) 法律规定或者当事人约定终止的其他情形。

4. 【答案】B

【解析】《民法典》规定，有下列情形之一的，当事人可以解除合同：

(1) 因不可抗力致使不能实现合同目的，选项A错误。

(2) 在履行期限届满前，当事人一方明确表示或者以自己的行为表明不履行主要债务，选项B正确。

(3) 当事人一方延迟履行主要债务，经催告后在合理期限内仍未履行，选项C错误。

(4) 当事人一方延迟履行债务或者有其他违约行为致使不能实现合同目的。

(5) 法律规定的其他情形。

以持续履行的债务为内容的不定期合同，当事人可以随时解除合同，但是应当在合理期限之前通知对方，选项D错误。

5. 【答案】B

【解析】合同解除具有如下特征：

(1) 合同的解除适用于合法有效的合同，而无效合同、可撤销合同不发生合同解除。

(2) 合同解除须具备法律规定的条件。非依照法律规定，当事人不得随意解除合同。

(3) 合同解除须有解除的行为。无论哪一方当事人享有解除合同的权利，其必须向对方提出解除合同的意思表示，才能达到合同解除的法律后果。

(4) 合同解除使合同关系自始消灭或者向将来消灭，可视为当事人之间未发生合同关系，或者合同尚存的权利义务不再履行。

考点18 违约责任的概念和特征

【答案】ACDE

【解析】违约责任具有如下特征：

(1) 违约责任的产生是以合同当事人不履行合同义务为条件的。

(2) 违约责任具有相对性。

(3) 违约责任主要具有补偿性，即旨在弥补或补偿因违约行为造成的损害后果。

(4) 违约责任可以由合同当事人约定，但约定不符合法律要求的，将会被宣告无效或被撤销。

(5) 违约责任是民事责任的一种形式。

考点19 当事人承担违约责任应具备的条件

【答案】B

【解析】供应商没有按合同约定及时提供原料，属于合同的违约的内容，应当承担违约责任。

考点20 承担违约责任的种类

1. 【答案】D

【解析】选项A错误，给付定金的一方不履行债务或者履行债务不符合约定，致使不能实现合同目的的，无权请求返还定金；收受定金的一方不履行债务或者履行债务不符合约定，致使不能实现合同目的的，应当双倍返还定金。

选项B错误，定金应当以书面形式约定。

选项C错误，定金的数额由当事人约定，但不得超过主合同标的额的20%。

选项D正确，当事人在定金合同中应当约定交付定金的期限。定金合同从实际交付定金之日起生效。

2. 【答案】C

【解析】根据《民法典》的规定，违约金和

定金只能选择适用，而不能同时合并适用，选择权属于未违约的一方。如果双倍返还定金，只能返还8万元；如果适用违约金，则可以得到6万元的违约金，加上返还的定金4万元，共计10万元，这样可以最大限度保护自己的利益。此题的关键是如果不适用定金条款，而适用违约金条款的，交付的定金还是要予以返还。

3.【答案】B

【解析】违约金和定金只能选择一种，不得同时使用，但是交付的定金可以收回（单倍）。选择违约金：违约金＋定金收回＝6＋4＝10（万元）；选择定金：双倍返还8万元。

4.【答案】C

【解析】定金和违约金只能两者选一，本题都是15万元。违约金具有赔偿损失的作用，违约金不足以赔偿损失，可以增加，本题损失12万元，未超过违约金15万，可以不考虑。因此，最多可获得的金额是双倍返还定金30万元。

5.【答案】B

【解析】当事人既约定违约金，又约定定金的，一方违约时，对方可以选择适用违约金或者定金条款。

6.【答案】B

【解析】《民法典》规定，当事人一方不履行合同义务或者履行合同义务不符合约定，应当承担继续履行、采取补救措施或者赔偿损失等违约责任。违约金有法定违约金和约定违约金两种：由法律规定的违约金为法定违约金；由当事人约定的违约金为约定违约金。当事人可以约定一方违约时应当根据违约情况向对方支付一定数额的违约金，也可以约定因违约产生的损失赔偿额的计算方法。约定的违约金低于造成的损失的，人民法院或者仲裁机构可以根据当事人的请求予以增加；约定的违约金过分高于造成的损失的，人民法院或者仲裁机构可以根据当事人的请求予以适当减少。

考点21 违约责任的免除

1.【答案】CE

【解析】《民法典》规定，当事人一方因不可抗力不能履行合同的，根据不可抗力的影响，部分或者全部免除责任，但是法律另有规定的除外。因不可抗力不能履行合同的，应当及时通知对方，以减轻可能给对方造成的损失，并应当在合理期限内提供证明。当事人迟延履行后发生不可抗力的，不免除其违约责任。选项C、E属于不可抗力因素，所以可以免除违约责任。

2.【答案】B

【解析】《民法典》规定，当事人一方因不可抗力不能履行合同的，根据不可抗力的影响，部分或者全部免除责任，但是法律另有规定的除外。因不可抗力不能履行合同的，应当及时通知对方，以减轻可能给对方造成的损失，并应当在合理期限内提供证明。当事人迟延履行后发生不可抗力的，不免除其违约责任。

3.【答案】D

【解析】本题虽然发生了不可抗力，但是乙方因管理不善而导致工期拖延的违约责任是不能免除的。因为不可抗力发生的时间不是在合同约定的施工期内，而是乙方违约后发生的，因此因不可抗力导致工期拖延的时间仍然是属于乙方工期的延误。

考点22 合同示范文本的作用

【答案】A

【解析】如果缺乏合同示范文本，一些当事人签订的合同不规范，条款不完备，漏洞较多，将给合同履行带来很大困难，不仅影响合同履约率，还导致合同纠纷增多，解决纠纷的难度增大。

考点23 建设工程合同示范文本

【答案】ADE

【解析】《建设工程施工合同（示范文本）》由合同协议书、通用合同条款、专用合同条款三部分组成。

考点24 合同示范文本的法律地位

【答案】C

【解析】合同示范文本对当事人订立合同起参考作用，但不要求当事人必须采用合同示范文本，即合同的成立与生效同当事人是否采用合同示范文本无直接关系。合同示范文本具有引导性、参考性，但无法律强制性，为非强制性使用文本。

2Z204020 劳动合同及劳动者权益保护制度

考点 1 订立劳动合同应当遵守的原则

【答案】B

【解析】劳动合同是在市场经济体制下，用人单位与劳动者进行双向选择、确定劳动关系、明确双方权利与义务的协议，是保护劳动者合法权益的基本依据。所谓劳动关系，是指劳动者与用人单位在实现劳动过程中建立的社会经济关系。由于存在着劳动关系，劳动者和用人单位都要受劳动法律的约束与规范。

考点 2 劳动合同的种类

【答案】C

【解析】以完成一定工作任务为期限的劳动合同，是指用人单位与劳动者约定以某项工作的完成为合同期限的劳动合同。

考点 3 劳动合同的基本条款

1. 【答案】B

【解析】劳动合同应当具备以下条款：

(1) 用人单位的名称、住所和法定代表人或者主要负责人。

(2) 劳动者的姓名、住址和居民身份证或者其他有效身份证件号码。

(3) 劳动合同期限。

(4) 工作内容和工作地点。

(5) 工作时间和休息休假。

(6) 劳动报酬。

(7) 社会保险。

(8) 劳动保护、劳动条件和职业危害防护。

(9) 法律、法规规定应当纳入劳动合同的其他事项。

2. 【答案】ABE

【解析】劳动合同应当具备以下条款：

(1) 用人单位的名称、住所和法定代表人或者主要负责人。

(2) 劳动者的姓名、住址和居民身份证或者其他有效身份证件号码。

(3) 劳动合同期限。

(4) 工作内容和工作地点。

(5) 工作时间和休息休假。

(6) 劳动报酬。

(7) 社会保险。

(8) 劳动保护、劳动条件和职业危害防护。

(9) 法律、法规规定应当纳入劳动合同的其他事项。

3. 【答案】BCD

【解析】用人单位与劳动者可以约定试用期、培训、保守秘密、补充保险和福利待遇等其他事项。

考点 4 订立劳动合同应当注意的事项

1. 【答案】A

【解析】用人单位自用工之日起即与劳动者建立劳动关系。《劳动合同法》规定，建立劳动关系，应当订立书面劳动合同。

2. 【答案】A

【解析】劳动合同仅约定试用期的，试用期不成立，该期限为劳动合同期限。

3. 【答案】D

【解析】劳动者在试用期的工资不得低于本单位相同岗位最低档工资或者劳动合同约定工资的80%，并不得低于用人单位所在地的最低工资标准。

4. 【答案】BDE

【解析】劳动合同期限3个月以上不满1年的，试用期不得超过1个月；劳动合同期限1年以上不满3年的，试用期不得超过2个月；3年以上固定期限和无固定期限的劳动合同，试用期不得超过6个月。同一用人单位与同一劳动者只能约定1次试用期。以完成一定工作任务为期限的劳动合同或者劳动合同期限不满3个月的，不得约定试用期。试用期包含在劳动合同期限内。劳动合同仅约定试用期的，试用期不成立，该期限为劳动合同期限。

5. 【答案】D

【解析】劳动合同期限3个月以上不满1年的，试用期不得超过1个月；劳动合同期限1年以上不满3年的，试用期不得超过2个月；3年以上固定期限和无固定期限的劳动合同，试用期不得超过6个月。因此，“2020年5月31日”为正确答案。

6.【答案】B

【解析】《劳动法》第26条规定，下列劳动合同无效或者部分无效：

(1) 以欺诈、胁迫的手段或者乘人之危，使对方在违背真实意思的情况下订立或者变更劳动合同的。

(2) 用人单位免除自己的法定责任、排除劳动者权利的。

(3) 违反法律、行政法规强制性规定的。

7.【答案】AB

【解析】《劳动法》第26条规定，下列劳动合同无效或者部分无效：

(1) 以欺诈、胁迫的手段或者乘人之危，使对方在违背真实意思的情况下订立或者变更劳动合同的。

(2) 用人单位免除自己的法定责任、排除劳动者权利的。

(3) 违反法律、行政法规强制性规定的。

8.【答案】A

【解析】劳动合同期限3个月以上不满1年的，试用期不得超过1个月；劳动合同期限1年以上不满3年的，试用期不得超过2个月；3年以上固定期限和无固定期限的劳动合同，试用期不得超过6个月。同一用人单位与同一劳动者只能约定1次试用期。劳动合同仅约定试用期的，试用期不成立，该期限为劳动合同期限。

9.【答案】D

【解析】劳动合同期限3个月以上不满1年的，试用期不得超过1个月；劳动合同期限1年以上不满3年的，试用期不得超过2个月；3年以上固定期限和无固定期限的劳动合同，试用期不得超过6个月。同一用人单位与同一劳动者只能约定1次试用期。劳动合同仅约定试用期的，试用期不成立，该期限为劳动合同期限。

考点5 集体合同

【答案】BD

【解析】企业职工一方与用人单位通过平等协商，可以就劳动报酬、工作时间、休息休假、劳动安全卫生、保险福利等事项订立集体合同。集体合同草案应当提交职工代表大会或者全体职工讨论通过。

考点6 劳动合同的履行和变更

1.【答案】D

【解析】劳动报酬是指劳动者为用人单位提供劳动而获得的各种报酬，通常包括三个部分：

(1) 货币工资，包括各种工资、奖金、津贴、补贴等。

(2) 实物报酬，即用人单位以免费或低于成本价提供给劳动者的各种物品和服务等。

(3) 社会保险，即用人单位为劳动者支付的医疗、失业、养老、工伤等保险金。

2.【答案】ABDE

【解析】用人单位如果变更名称、法定代表人、主要负责人或者投资人等事项，不影响劳动合同的履行。

3.【答案】ACD

【解析】根据《劳动合同法》的规定，用人单位与劳动者协商一致，可以变更劳动合同约定的内容。变更劳动合同，应当采用书面形式。变更后的劳动合同文本由用人单位和劳动者各执一份。变更劳动合同时应当注意：

(1) 必须在劳动合同依法订立之后，在合同没有履行或者尚未履行完毕之前的有效时间内进行。

(2) 必须坚持平等自愿、协商一致的原则，即须经用人单位和劳动者双方当事人的同意。

(3) 不得违反法律法规的强制性规定。

(4) 劳动合同的变更须采用书面形式。

考点7 劳动合同的解除和终止

1.【答案】C

【解析】在试用期内，劳动者可解除劳动合同，但应当提前3日通知用人单位。

2.【答案】C

【解析】在试用期内，劳动者提前3日以书面形式通知用人单位，可以解除劳动合同。

转正以后劳动者须提前30日以书面形式通知用人单位，可以解除劳动合同。本题中，试用期为3个月，则转正时间为9月10日，小李8月17日拟解除劳动合同，处于试用期内，应提前3日以书面形式通知用人单位。

3.【答案】D

【解析】《劳动合同法》规定，劳动者提前30日以书面形式通知用人单位，可以解除劳动合同。

4.【答案】ABDE

【解析】《劳动合同法》第39条规定，劳动者有下列情形之一的，用人单位可以解除劳动合同：

(1) 在试用期间被证明不符合录用条件的。

(2) 严重违反用人单位的规章制度的。

(3) 严重失职，营私舞弊，给用人单位造成重大损害的。

(4) 劳动者同时与其他用人单位建立劳动关系，对完成本单位的工作任务造成严重影响，或者经用人单位提出，拒不改正的。

(5) 因《劳动合同法》第26条第1款第1项规定的情形致使劳动合同无效的。

(6) 被依法追究刑事责任的。

经济性裁员是指用人单位由于经营不善等经济原因，一次性辞退部分劳动者的情形。经济性裁员仍属用人单位单方解除劳动合同。选项C属于用人单位不得解除劳动合同的情形。

5.【答案】C

【解析】为了保护一些特殊群体劳动者的权益，《劳动合同法》第42条规定，劳动者有下列情形之一的，用人单位不得依照该法第40条、第41条的规定解除劳动合同：

(1) 从事接触职业病危害作业的劳动者未进行离岗前职业健康检查，或者疑似职业病病人在诊断或者医学观察期间的。

(2) 在本单位患职业病或者因工负伤并被确认丧失或者部分丧失劳动能力的。

(3) 患病或者非因工负伤，在规定的医疗期内的。

(4) 女职工在孕期、产期、哺乳期的。

(5) 在本单位连续工作满15年，且距法定退休年龄不足5年的。

(6) 法律、行政法规规定的其他情形。

6.【答案】C

【解析】《劳动合同法》第40条规定，解除劳动合同的，用人单位应当向劳动者支付经济补偿。第47条规定，经济补偿按劳动者在本单位工作的年限，每满1年支付1个月工资的标准向劳动者支付。6个月以上不满1年的，按1年计算；不满6个月的，向劳动者支付半个月工资的经济补偿。

7.【答案】D

【解析】劳动合同补偿标准中的月工资是指劳动者在劳动合同解除或终止前12个月的平均工资。

8.【答案】ABE

【解析】为了保护一些特殊群体劳动者的权益，《劳动合同法》第42条规定，劳动者有下列情形之一的，用人单位不得依照该法第40条、第41条的规定解除劳动合同：

(1) 从事接触职业病危害作业的劳动者未进行离岗前职业健康检查，或者疑似职业病病人在诊断或者医学观察期间的。

(2) 在本单位患职业病或者因工负伤并被确认丧失或者部分丧失劳动能力的。

(3) 患病或者非因工负伤，在规定的医疗期内的。

(4) 女职工在孕期、产期、哺乳期的。

(5) 在本单位连续工作满15年，且距法定退休年龄不足5年的。

(6) 法律、行政法规规定的其他情形。

用人单位违反《劳动合同法》规定解除或者终止劳动合同，劳动者要求继续履行劳动合同的，用人单位应当继续履行；劳动者不要求继续履行劳动合同或者劳动合同已经不能继续履行的，用人单位应当依法向劳动者支付赔偿金。赔偿金标准为经济补偿标准的2倍。

9.【答案】D

【解析】根据《劳动合同法》第42条的规定，女职工在孕期、产期、哺乳期的，用人单位不得解除劳动合同。

10.【答案】ACD

【解析】经济性裁员是指用人单位由于经营

不善等经济原因，一次性辞退部分劳动者的情形。经济性裁员仍属用人单位单方解除劳动合同。依据《劳动合同法》第42条规定，劳动者有下列情形之一的，用人单位不得依照该法第40条、第41条的规定解除劳动合同：

(1) 从事接触职业病危害作业的劳动者未进行离岗前职业健康检查，或者疑似职业病病人在诊断或者医学观察期间的。

(2) 在本单位患职业病或者因工负伤并被确认丧失或者部分丧失劳动能力的。

(3) 患病或者非因工负伤，在规定的医疗期内的。

(4) 女职工在孕期、产期、哺乳期的。

(5) 在本单位连续工作满15年，且距法定退休年龄不足5年的。

(6) 法律、行政法规规定的其他情形。

11. **【答案】** ADE

【解析】 劳动者解除劳动合同，应当提前30日以书面形式通知用人单位，试用期内提前3日通知用人单位。但是，用人单位以暴力、威胁或者非法限制人身自由的手段强迫劳动者劳动的，或者用人单位违章指挥、强令冒险作业危及劳动者人身安全的，劳动者可以立即解除劳动合同，不需事先告知用人单位。

12. **【答案】** ABE

【解析】《劳动合同法》在赋予劳动者单方解除权的同时，也赋予用人单位对劳动合同的单方解除权，以保障用人单位的用工自主权。《劳动合同法》第39条规定，劳动者有下列情形之一的，用人单位可以解除劳动合同：

(1) 在试用期间被证明不符合录用条件的。

(2) 严重违反用人单位的规章制度的。

(3) 严重失职，营私舞弊，给用人单位造成重大损害的。

(4) 劳动者同时与其他用人单位建立劳动关系，对完成本单位的工作任务造成严重影响，或者经用人单位提出，拒不改正的。

(5) 因《劳动合同法》第26条第1款第1项规定的情形致使劳动合同无效的。

(6) 被依法追究刑事责任的。

13. **【答案】** BDE

【解析】《劳动合同法》第40条规定，有下列情形之一的，用人单位提前30日以书面形式通知劳动者本人或者额外支付劳动者1个月工资后，可以解除劳动合同：

(1) 劳动者患病或者非因工负伤，在规定的医疗期满后不能从事原工作，也不能从事由用人单位另行安排的工作的。

(2) 劳动者不能胜任工作，经过培训或者调整工作岗位，仍不能胜任工作的。

(3) 劳动合同订立时所依据的客观情况发生重大变化，致使劳动合同无法履行，经用人单位与劳动者协商，未能就变更劳动合同内容达成协议的。

14. **【答案】** ABE

【解析】 根据《劳动合同法》第19条规定：劳动合同可以约定试用期。试用期最长不得超过6个月。《劳动合同法》第39条规定，劳动者有下列情形之一的，用人单位可以解除劳动合同：

(1) 在试用期间被证明不符合录用条件的。

(2) 严重违反用人单位的规章制度的。

(3) 严重失职，营私舞弊，给用人单位造成重大损害的。

(4) 劳动者同时与其他用人单位建立劳动关系，对完成本单位的工作任务造成严重影响，或者经用人单位提出，拒不改正的。

(5) 因《劳动合同法》第26条第1款第1项规定的情形致使劳动合同无效的。

(6) 被依法追究刑事责任的。

选项C、D符合劳动法的规定。

15. **【答案】** C

【解析】 用人单位违反《劳动合同法》规定解除或者终止劳动合同，劳动者要求继续履行劳动合同的，用人单位应当继续履行；劳动者不要求继续履行劳动合同或者劳动合同已经不能继续履行的，用人单位应当依法向劳动者支付赔偿金。赔偿金标准为经济补偿标准的2倍。经济补偿的标准，按劳动者在本单位工作的年限，每满1年支付1个月工资，6个月以上不满1年的，按1年计算；不满6个月的，支付半个月工资。劳动者工资高于用人单位所在直辖市、设区的市级人民政府公布的本地区上年度职工月平均工资3倍的，按职工月平均工资3倍的数额支付。

因此，王某在2010年1月至2014年10月应当得到经济补偿，补偿时间为4年9个月工资，按5年计算。按照6倍职工月平均工资计算，最终补偿金额为：2×3×5×2000=6（万元）。

考点8 劳务派遣

1.【答案】A

【解析】选项A错误，用工单位不得将被派遣劳动者再派遣到其他用人单位。

选项B正确，经营劳务派遣业务，应当向劳动行政部门依法申请行政许可；经许可的，依法办理相应的公司登记。未经许可，任何单位和个人不得经营劳务派遣业务。

选项C正确，劳务派遣用工是补充形式，只能在临时性、辅助性或者替代性的工作岗位上实施。

选项D正确，劳务派遣的显著特征是劳动者的聘用与使用分离。

2.【答案】B

【解析】选项A错误，用工单位应当按照同工同酬原则，对被派遣劳动者与本单位同类岗位的劳动者实行相同的劳动报酬分配办法。

选项B正确，经营劳务派遣业务，应当向劳动行政部门依法申请行政许可。

选项C错误，劳务派遣是合法的用工模式，施工单位可根据自身状况采用多种合法用工模式，劳务派遣是否是主要用工模式需要行业统计，本选项的判断目前没有依据。

选项D错误，劳务派遣只能在临时性、辅助性或者替代性的工作岗位上实施。

3.【答案】A

【解析】2014年1月人力资源和社会保障部发布的《劳务派遣暂行规定》规定，临时性工作岗位是指存续时间不超过6个月的岗位；辅助性工作岗位是指为主营业务岗位提供服务的非主营业务岗位；替代性工作岗位是指用工单位的劳动者因脱产学习、休假等原因无法工作的一定期间内，可以由其他劳动者替代工作的岗位。

4.【答案】D

【解析】选项A错误，劳务派遣用工是补充形式，只能在临时性、辅助性或者替代性的工作岗位上实施。

选项B错误，临时性工作岗位是指存续时间不超过6个月的岗位。

选项C错误，被派遣劳动者在无工作期间，劳务派遣单位应当按照所在地人民政府规定的最低工资标准，向其按月支付报酬。

5.【答案】B

【解析】劳务派遣用工是补充形式，只能在临时性、辅助性或者替代性的工作岗位上实施。

6.【答案】B

【解析】劳务派遣单位与被派遣劳动者应当订立劳动合同。该劳动合同除应当载明《劳动合同法》第17条规定的事项外，还应当载明被派遣劳动者的用工单位以及派遣期限、工作岗位等情况。劳务派遣单位应当与被派遣劳动者订立2年以上的固定期限劳动合同，按月支付劳动报酬；被派遣劳动者在无工作期间，劳务派遣单位应当按照所在地人民政府规定的最低工资标准，向其按月支付报酬。

7.【答案】C

【解析】劳务派遣（又称劳动力派遣、劳动派遣或人才租赁），是指依法设立的劳务派遣单位与劳动者订立劳动合同，依据与接受劳务派遣单位（即实际用工单位）订立的劳务派遣协议，将劳动者派遣到实际用工单位工作，由派遣单位向劳动者支付工资、福利及社会保险费用，实际用工单位提供劳动条件并按照劳务派遣协议支付用工费用的新型用工方式。

8.【答案】B

【解析】2014年1月人力资源和社会保障部发布的《劳务派遣暂行规定》规定，临时性工作岗位是指存续时间不超过6个月的岗位；辅助性工作岗位是指为主营业务岗位提供服务的非主营业务岗位；替代性工作岗位是指用工单位的劳动者因脱产学习、休假等原因无法工作的一定期间内，可以由其他劳动者替代工作的岗位。

考点 9 加强和完善建筑劳务管理

【答案】B

【解析】《国务院办公厅关于全面治理拖欠农民工工资问题的意见》（国办发〔2016〕1号）中规定，严格规范劳动用工管理。在工程建设领域，坚持施工企业与农民工先签订劳动合同后进场施工，全面实行农民工实名制管理制度，建立劳动计酬手册，记录施工现场作业农民工的身份信息、劳动考勤、工资结算等信息，逐步实现信息化实名制管理。施工总承包企业要加强对分包企业劳动用工和工资发放的监督管理，在工程项目部配备劳资专管员，建立施工人员进出场登记制度和考勤计量、工资支付等管理台账，实时掌握施工现场用工及其工资支付情况，不得以包代管。施工总承包企业和分包企业应将经农民工本人签字确认的工资支付书面记录保存两年以上备查。

考点 10 改革工程建设领域用工方式

【答案】C

【解析】选项A正确，《国务院办公厅关于全面治理拖欠农民工工资问题的意见》中规定，加快培育建筑产业工人队伍，推进农民工组织化进程。鼓励施工企业将一部分技能水平高的农民工招用为自有工人，不断扩大自有工人队伍。引导具备条件的劳务作业班组向专业企业发展。

选项B正确，实行施工现场维权信息公示制度。

选项C错误，选项D正确，施工总承包企业负责在施工现场醒目位置设立维权信息告示牌，明示业主单位、施工总承包企业及所在项目部、分包企业、行业监管部门等基本信息；明示劳动用工相关法律法规、当地最低工资标准、工资支付日期等信息；明示属地行业监管部门投诉举报电话和劳动争议调解仲裁、劳动保障监察投诉举报电话等信息，实现所有施工场地全覆盖。

考点 11 劳动者的工作时间和休息休假

【答案】C

【解析】用人单位应当按照下列标准支付高于劳动者正常工作时间工资的工资报酬：安排劳动者延长工作时间的，支付不低于工资150%的工资报酬；休息日安排劳动者工作又不能安排补休的，支付不低于工资200%的工资报酬；法定休假日安排劳动者工作的，支付不低于工资300%的工资报酬。所以，张某的加班费为：$100\times3+100\times2\times2=700$（元）。

考点 12 劳动者的工资

1.【答案】AE

【解析】选项A正确，选项C、D错误，工资应当以货币形式按月支付给劳动者本人。不得克扣或者无故拖欠劳动者的工资。劳动者在法定休假日和婚丧假期间以及依法参加社会活动期间，用人单位应当依法支付工资。

选项B错误，工资是指用人单位依据国家有关规定和劳动关系双方的约定，以货币形式支付给劳动者的劳动报酬，如计时工资、计件工资、奖金、津贴和补贴等。

选项E正确，用人单位支付给劳动者的工资在剔除以下项目后不得低于最低工资标准：

(1) 延长工作时间工资。

(2) 中班、夜班、高温、低温、井下、有毒有害等特殊工作环境、条件下的津贴。

(3) 法律法规规定的其他劳动者的福利待遇。

2.【答案】ABE

【解析】人力资源和社会保障部关于印发《拖欠农民工工资"黑名单"管理暂行办法》（人社部规〔2017〕16号）规定，用人单位存在下列情形之一的，人力资源社会保障行政部门应当自查处违法行为并作出行政处理或处罚决定之日起20个工作日内，按照管辖权限将其列入拖欠工资"黑名单"：

(1) 克扣、无故拖欠农民工工资报酬，数额达到认定拒不支付劳动报酬罪数额标准的。

(2) 因拖欠农民工工资违法行为引发群体性事件、极端事件造成严重不良社会影响的。

选项C、D错误，将劳务违法分包、转包给不具备用工主体资格的组织和个人造成拖欠农民工工资且符合前款规定情形的，应将违法分包、转包单位及不具备用工主体资格的组织和个人一并列入拖欠农民工工资“黑名单”。

3.【答案】A

【解析】选项A正确，选项D错误，劳动者在法定休假日和婚丧假期间以及依法参加社会活动期间，用人单位应当依法支付工资。

选项B错误，工资是指用人单位依据国家有关规定和劳动关系双方的约定，以货币形式支付给劳动者的劳动报酬，如计时工资、计件工资、奖金、津贴和补贴等。

选项C错误，工资应当以货币形式按月支付给劳动者本人。不得克扣或者无故拖欠劳动者的工资。

考点 13 劳动安全卫生制度

【答案】B

【解析】《劳动法》规定，用人单位必须建立、健全劳动安全卫生制度，严格执行国家劳动安全卫生规程和标准，对劳动者进行劳动安全卫生教育，防止劳动过程中的事故，减少职业危害。用人单位必须为劳动者提供符合国家规定的劳动安全卫生条件和必要的劳动防护用品，对从事有职业危害作业的劳动者应当定期进行健康检查。选项B不属于劳动安全卫生制度的要求。

考点 14 女职工和未成年工的特殊保护

1.【答案】C

【解析】《劳动法》规定，禁止安排女职工从事矿山井下、国家规定的第4级体力劳动强度的劳动和其他禁忌从事的劳动。不得安排女职工在经期从事高处、低温、冷水作业和国家规定的第3级体力劳动强度的劳动。不得安排女职工在怀孕期间从事国家规定的第3级体力劳动强度的劳动和孕期禁忌从事的活动。对怀孕7个月以上的女职工，不得安排其延长工作时间和夜班劳动。

2.【答案】A

【解析】2020年10月经修改后公布的《中华人民共和国未成年人保护法》规定，本法所称未成年人是指未满18周岁的公民。任何组织或者个人不得招用未满16周岁未成年人，国家另有规定的除外。

3.【答案】D

【解析】不得安排女职工在怀孕期间从事国家规定的第3级体力劳动强度的劳动和孕期禁忌从事的劳动。女职工生育享受不少于90天的产假。不得安排未成年工从事矿山井下、有毒有害、国家规定的第4级体力劳动强度的劳动和其他禁忌从事的劳动。用人单位应当对未成年工定期进行健康检查。

4.【答案】C

【解析】根据题意，小刚属于未成年工，我国《劳动法》对未成年工的特殊保护规定主要包括：不得安排未成年工从事矿山井下、有毒有害、国家规定的第4级体力劳动强度的劳动和其他禁忌从事的劳动；用人单位应当对未成年工定期进行健康检查。

5.【答案】C

【解析】《劳动法》规定，禁止安排女职工从事矿山井下、国家规定的第4级体力劳动强度的劳动和其他禁忌从事的劳动。不得安排女职工在经期从事高处、低温、冷水作业和国家规定的第3级体力劳动强度的劳动。不得安排女职工在怀孕期间从事国家规定的第3级体力劳动强度的劳动和孕期禁忌从事的活动。对怀孕7个月以上的女职工，不得安排其延长工作时间和夜班劳动。选项C是针对怀孕7个月以上的女职工。

6.【答案】AB

【解析】《劳动法》规定，禁止安排女职工从事矿山井下、国家规定的第4级体力劳动强度的劳动和其他禁忌从事的劳动。不得安排女职工在经期从事高处、低温、冷水作业和国家规定的第3级体力劳动强度的劳动。不得安排女职工在怀孕期间从事国家规定的第3级体力劳动强度的劳动和孕期禁忌从事的活动。对怀孕7个月以上的女职工，不得安排其延长工作时间和夜班劳动。女职工生育享受不少于90天的产假。《劳动法》还规定，禁止用人单位招用未满16周岁的未成年人。不得安排未成年工从事矿山井下、有毒有害、国家规定的第4级体力劳动强度的劳动和其他禁忌从事的劳动。用人单位应对未成年工定期进行健康检查。

考点 15　劳动者的社会保险与福利

1. **【答案】** BCDE

【解析】《中华人民共和国社会保险法》（以下简称《社会保险法》）规定，国家建立基本养老保险、基本医疗保险、工伤保险、失业保险、生育保险等社会保险制度，保障公民在年老、疾病、工伤、失业、生育等情况下依法从国家和社会获得物质帮助的权利。

2. **【答案】** CE

【解析】职工应当参加基本养老保险，由用人单位和职工共同缴纳基本养老保险费。职工应当参加职工基本医疗保险，由用人单位和职工按照国家规定共同缴纳基本医疗保险费。职工应当参加工伤保险，由用人单位缴纳工伤保险费，职工不缴纳工伤保险费。《社会保险法》规定，职工应当参加失业保险，由用人单位和职工按照国家规定共同缴纳失业保险费。《社会保险法》规定，职工应当参加生育保险，由用人单位按照国家规定缴纳生育保险费，职工不缴纳生育保险费。

考点 16　劳动争议的范围

1. **【答案】** AE

【解析】按照2007年12月公布的《中华人民共和国劳动争议调解仲裁法》和最高人民法院《关于审理劳动争议案件适用法律问题的解释（一）》（法释〔2020〕26号）的规定，劳动争议的范围主要是：

(1) 因确认劳动关系发生的争议。

(2) 因订立、履行、变更、解除和终止劳动合同发生的争议。

(3) 因除名、辞退和辞职、离职发生的争议。

(4) 因工作时间、休息休假、社会保险、福利、培训以及劳动保护发生的争议。

(5) 因劳动报酬、工伤医疗费、经济补偿或者赔偿金等发生的争议。

(6) 劳动者与用人单位在履行劳动合同过程中发生的纠纷。

(7) 劳动者与用人单位之间没有订立书面劳动合同，但已形成劳动关系后发生的纠纷。

(8) 劳动者与用人单位因劳动关系是否已经解除或者终止，以及应否支付解除或者终止劳动关系经济补偿金发生的纠纷。

(9) 劳动者与用人单位解除或者终止劳动关系后，请求用人单位返还其收取的劳动合同定金、保证金、抵押金、抵押物发生的纠纷，或者办理劳动者的人事档案、社会保险关系等移转手续发生的纠纷。

(10) 劳动者以用人单位未为其办理社会保险手续，且社会保险经办机构不能补办导致其无法享受社会保险待遇为由，要求用人单位赔偿损失发生的纠纷。

(11) 劳动者退休后，与尚未参加社会保险统筹的原用人单位因追索养老金、医疗费、工伤保险待遇和其他社会保险待遇而发生的纠纷。

(12) 劳动者因为工伤、职业病，请求用人单位依法给予工伤保险待遇发生的纠纷。

(13) 劳动者依据劳动合同法第85条规定，要求用人单位支付加付赔偿金发生的纠纷。

(14) 因企业自主进行改制发生的纠纷。

(15) 法律、法规规定的其他劳动争议。

最高人民法院《关于审理劳动争议案件适用法律问题的解释（一）》规定，下列纠纷不属于劳动争议：

(1) 劳动者请求社会保险经办机构发放社会保险金的纠纷。

(2) 劳动者与用人单位因住房制度改革产生的公有住房转让纠纷。

(3) 劳动者对劳动能力鉴定委员会的伤残等级鉴定结论或者对职业病诊断鉴定委员会的职业病诊断鉴定结论的异议纠纷。

(4) 家庭或者个人与家政服务人员之间的纠纷。

(5) 个体工匠与帮工、学徒之间的纠纷。

(6) 农村承包经营户与受雇人之间的纠纷。

选项D属于实习关系，不属于劳动合同关系。

考点 17　劳动争议的解决方式

1. **【答案】** B

【解析】劳动争议仲裁委员会由劳动行政部门代表、同级工会代表、用人单位方面的代表组成。

2.【答案】B

【解析】《劳动法》规定，劳动争议当事人对仲裁裁决不服的，可以自收到仲裁裁决书之日起15日内向人民法院提起诉讼。

3.【答案】B

【解析】《劳动法》规定，劳动争议当事人对仲裁裁决不服的，可以自收到仲裁裁决15日内向人民法院提起诉讼。

4.【答案】B

【解析】根据《劳动法》规定，用人单位与劳动者发生劳动争议，当事人可以依法申请调解、仲裁、提起诉讼，也可以协商解决。因此，王某应向劳动争议仲裁委员会申请仲裁，当事人申请仲裁无须双方达成一致协议，只要一方申请，仲裁委员会即可受理。

5.【答案】C

【解析】劳动争议仲裁实行强制性原则，仲裁时效为1年，当事人不服仲裁结果的，可在收到裁决书后的15日内提起诉讼。

6.【答案】D

【解析】劳动争议申请仲裁的时效期间为1年，其仲裁时效期间从当事人知道或者应当知道其权利被侵害之日起计算。

7.【答案】C

【解析】劳动争议仲裁委员会由劳动行政部门代表、同级工会代表、用人单位方面的代表组成。劳动争议仲裁委员会主任由劳动行政部门代表担任。

考点18 集体合同争议的解决

【答案】B

【解析】因履行集体合同发生争议，当事人协商解决不成的，可以向劳动争议仲裁委员会申请仲裁，故选项B正确。

考点19 劳动合同订立中违法行为应承担的法律责任

【答案】B

【解析】《劳动合同法》规定，用人单位自用工之日起超过1个月不满1年未与劳动者订立书面劳动合同的，应当向劳动者每月支付2倍的工资。用人单位自用工之日起满1年不与劳动者订立书面劳动合同的，视为用人单位与劳动者已订立无固定期限劳动合同。

考点20 劳动合同履行、变更、解除和终止中违法行为应承担的法律责任

【答案】A

【解析】劳务派遣单位、用工单位违反法律有关劳务派遣规定的，由劳动行政部门责令限期改正；逾期不改正的，以每人5000元以上1万元以下的标准处以罚款，对劳务派遣单位，吊销其劳务派遣业务经营许可证。用工单位给被派遣劳动者造成损害的，劳务派遣单位与用工单位承担连带赔偿责任。

2Z204030 相关合同制度

考点1 承揽合同的特征

1.【答案】B

【解析】在承揽合同中，提出工作要求，按约定接受工作成果并给付酬金的一方称为定作人；完成工作并交付工作成果，按约定获取报酬的一方称为承揽人。

2.【答案】D

【解析】承揽合同的特征：

(1) 承揽合同以完成一定的工作并交付工作成果为标的。

(2) 承揽人须以自己的设备、技术和劳力完成所承揽的工作。承揽人有权将其承揽的辅助工作交由第三人完成。

(3) 承揽人工作具有独立性。

考点2 承揽合同当事人的权利义务

1.【答案】D

【解析】定作人未向承揽人支付报酬或者材料费等价款的，承揽人对完成的工作成果享有留置权或者有权拒绝交付，但是当事人另有约定的除外。

2.【答案】C

【解析】选项A错误，承揽人发现定作人提供的材料不符合约定的，应该及时通知定作人更换、补齐或者采取其他措施。

选项B错误，共同承揽人对定作人承担连带责任。

选项D错误，承揽人在工作期间，应当接受定作人必要的监督检验。

3. 【答案】ABCD

【解析】定作人的义务包括：

(1) 按照约定提供材料和协助承揽人完成工作的义务。

(2) 支付报酬的义务。

(3) 依法赔偿损失的义务。

(4) 验收工作成果的义务。

考点3 承揽合同的解除

【答案】CE

【解析】对于承揽合同，定作人享有随时解除权。但是给承揽人造成的损失，应当予以赔偿。

考点4 买卖合同的法律特征

【答案】ABCD

【解析】买卖合同具有以下法律特征：

(1) 买卖合同是一种转移财产所有权的合同。

(2) 买卖合同是有偿合同。

(3) 买卖合同是双务合同。

(4) 买卖合同是诺成合同。

考点5 买卖合同当事人的权利义务

1. 【答案】A

【解析】如果出卖人对于出卖的标的物没有所有权或处分权，或者没有完全的所有权或处分权，或者其处分涉及第三人的物权、知识产权等权益，则称其标的物存在权利瑕疵，出卖人因此应当承担权利瑕疵担保责任。

2. 【答案】ACD

【解析】选项A、C、D正确，买卖合同中，买受人的义务包括支付价款、受领标的物、对标的物进行检验和及时通知等。

选项B错误，对标的物瑕疵担保是出卖人的义务。

选项E错误，对发电机生产厂的生产过程进行管理是发电机生产厂的内部事务，非买受人的义务。

考点6 标的物毁损灭失风险的承担

1. 【答案】B

【解析】本题考核买卖合同的风险转移。标的物毁损、灭失的风险，在标的物交付之前由出卖人承担，交付之后由买受人承担，但法律另有规定或者当事人另有约定的除外。本题中，标的物尚未交付，所以风险由出卖人承担。

2. 【答案】D

【解析】选项A错误，出卖人出卖交由承运人运输的在途标的物，除当事人另有约定的以外，毁损、灭失的风险自合同成立时起由买受人承担。

选项B错误，标的物毁损、灭失的风险，在标的物交付之前由出卖人承担，交付之后由买受人承担。

选项C错误，出卖人按照约定未交付有关标的物的单证和资料的，不影响标的物毁损、灭失风险的转移。

选项D正确，买卖合同中标的物毁损、灭失的风险由买受人承担的，不影响买受人要求出卖人承担违约责任的权利。

考点7 孳息的归属和买卖合同的解除

【答案】A

【解析】标的物在交付之前产生的孳息，归出卖人所有，交付之后产生的孳息，归买受人所有。

考点8 借款合同的法律规定

1. 【答案】A

【解析】借款合同一般为要式合同，须以书面形式订立，但自然人之间的借款合同不受此限制。自然人之间的借款合同，自贷款人提供借款时生效。赵某未将借款交予钱某，其先前的借款约定没得到实现。

2. 【答案】C

【解析】借款合同原则上为有偿合同（有息借款），也可以是无偿合同（无息借款）。自然人之间的借款合同如果没有约定利息，贷款人主张利息的，人民法院不予支持。

考点9 借款合同当事人的权利义务

【答案】AE

【解析】贷款人的主要义务是提供借款和不

得预扣利息，故选项A、E正确。选项B、C、D属于借款人的义务。

考点10 借款合同的其他规定

【答案】ABE

【解析】选项C错误，借款合同自交付借款时成立。

选项D错误，不得超过合同成立时1年期贷款市场报价利率的4倍。

考点11 租赁合同的内容和类型

1.【答案】ACDE

【解析】租赁合同的内容包括租赁物的名称、数量、用途、租赁期限、租金及其支付期限和方式、租赁物维修等条款。

2.【答案】ABC

【解析】选项A正确，租赁合同根据租赁标的物不同，可分为动产租赁和不动产租赁。此外，根据是否约定租赁期限，还可分为定期租赁和不定期租赁。

选项B正确，租赁合同可以约定租赁期限，但租赁期限不得超过20年。超过20年的，超过部分无效。

选项C正确，租赁期限6个月以上的，应当采用书面形式。

选项D错误，租赁合同是诺成合同，而不是实践合同。

选项E错误，未明确租赁期限。关于租赁合同的形式，视租赁期限而定：租赁期限在6个月以下的，为不要式合同；租赁期限6个月以上的，为要式合同，否则视为不定期租赁。

考点12 融资租赁合同的法律特征

1.【答案】BDE

【解析】融资租赁合同通常涉及三方主体。其法律效力不是买卖和租赁两个合同效力的简单叠加，故选项A错误。

在一定条件下出租人也可以是买受人，具有二重性，故选项B正确。

融资租赁合同是要式合同，《民法典》规定融资租赁合同应当采用书面形式，故选项C"可以"的说法错误。

在融资租赁合同中，承租人享有买受人的权利但不承担买受人的义务，对租赁物进行维修和瑕疵担保承担义务的是出卖人，故选项D、E正确。

2.【答案】D

【解析】融资租赁合同不同于租赁合同。融资租赁合同的出租人不负担租赁物的维修与瑕疵担保义务，但承租人须向出租人履行交付租金义务。

考点13 融资租赁合同当事人的权利义务

【答案】BD

【解析】根据融资租赁合同，虽然出卖人是向出租人主张价金，但却需按照约定向承租人交付标的物，包括履行瑕疵担保义务。承租人应当履行占有租赁物期间的维修义务。

考点14 货运合同的法律特征

【答案】ACDE

【解析】货运合同具有以下法律特征：

（1）货运合同是双务、有偿合同。

（2）货运合同的标的是运输行为。

（3）货运合同是诺成合同。

（4）货运合同当事人的特殊性。货运合同的收货人和托运人可以是同一人，但在大多数情况下不是同一人。

考点15 货运合同当事人的权利义务

【答案】D

【解析】《民法典》规定，不可抗力发生时，承运人不承担货物毁损的责任和时间延误的后果。

考点16 多式联运合同

【答案】C

【解析】因托运人托运货物时的过错造成多式联运经营人损失的，即使托运人已经转让多式联运单据，托运人仍然应当承担损害赔偿责任。因此，甲公司应承担损害赔偿责任。

考点17 委托合同的法律特征

【答案】BCDE

【解析】委托合同的目的是为他人处理或管理事务，委托合同的订立以双方相互信任为前提，但委托合同未必是有偿合同。委托合同是一种典型的提供劳务的合同。合同订立后，受托人在委托的权限内所实施的行为，等同于委托人自己的行为；委托的事务可以是法律行为，也可以是事实行为。它不同于民事代理，后者委托的只能是法律行为。它也不同于行纪合同，后者委托的仅是商事贸易行为。如果没有双方的相互信任和了解，委托合同关系难以成立，即使是建立了委托关系，也难以巩固。因此，在委托合同关系成立并生效后，如果一方对另一方产生了不信任，可随时终止委托合同。委托合同可以是有偿合同，也可以是无偿合同。

考点 18 委托合同当事人的权利义务

1.【答案】B

【解析】有偿的委托合同，因受托人的过错给委托人造成损失的，委托人可以要求赔偿损失。无偿的委托合同，因受托人的故意或者重大过失给委托人造成损失的，委托人可以要求赔偿损失。受托人超越权限给委托人造成损失的，应当赔偿损失。

2.【答案】A

【解析】有偿的委托合同，因受托人的过错给委托人造成损失的，委托人可以要求赔偿损失。无偿的委托合同，因受托人的故意或者重大过失给委托人造成损失的，委托人可以要求赔偿损失。受托人超越权限给委托人造成损失的，应当赔偿损失。

考点 19 委托合同的终止

【答案】ABE

【解析】委托人或受托人可以随时解除委托合同。因解除合同造成对方损失的，除不可归责于该当事人的事由外，无偿委托合同的解除方应当赔偿因解除时间不当造成的直接损失，有偿委托合同的解除方应当赔偿对方的直接损失和合同履行后可以获得的利益。

2Z205000 建设工程施工环境保护、节约能源和文物保护法律制度

2Z205010 施工现场环境保护制度

考点 1 施工现场环境噪声污染的防治

1. 【答案】D

【解析】《环境噪声污染防治法》规定，在城市市区噪声敏感建筑物集中区域内，禁止夜间进行产生环境噪声污染的建筑施工作业，但抢修、抢险作业和因生产工艺上要求或者特殊需要必须连续作业的除外。因特殊需要必须连续作业的，必须有县级以上人民政府或者其有关主管部门的证明。以上规定的夜间作业，必须公告附近居民。选项D应向生态环境主管部门申报。

2. 【答案】ACE

【解析】《环境噪声污染防治法》规定，在城市市区噪声敏感建筑物集中区域内，禁止夜间进行产生环境噪声污染的建筑施工作业，但抢修、抢险作业和因生产工艺上要求或者特殊需要必须连续作业的除外。因特殊需要必须连续作业的，必须有县级以上人民政府或者其有关主管部门的证明。以上规定的夜间作业，必须公告附近居民。

3. 【答案】C

【解析】《建筑施工场界环境噪声排放标准》中规定，建筑施工过程中场界环境噪声不得超过规定的排放限值。建筑施工场界环境噪声排放限值，昼间70dB（A），夜间55dB（A）。

考点 2 建设项目环境噪声污染的防治

【答案】CDE

【解析】本题考核点为环境保护设施的“三同时”制度。建设项目的环境噪声、废气、废水、固体废物等污染防治设施都必须与主体工程同时设计、同时施工、同时投产使用。

考点 3 交通运输噪声污染的防治

【答案】ABCD

【解析】《环境噪声污染防治法》规定，在城市市区范围内行驶的机动车辆的消声器和喇叭必须符合国家规定的要求。机动车辆必须加强维修和保养，保持技术性能良好，防治环境噪声污染。

考点 4 对产生环境噪声污染企业事业单位的规定

【答案】A

【解析】对于在噪声敏感建筑物集中区域内造成严重环境噪声污染的企业事业单位，限期治理。被限期治理的单位必须按期完成治理任务。

考点 5 施工现场大气污染的防治

【答案】B

【解析】暂时不能开工的建设用地，建设单位应当对裸露地面进行覆盖；超过3个月的，应当进行绿化、铺装或者遮盖。

考点 6 建设项目大气污染的防治

【答案】A

【解析】城市范围内主要路段的施工工地应设置高度不小于2.5m的封闭围挡，一般路段的施工工地应设置高度不小于1.8m的封闭围挡。

考点 7 施工现场水污染的防治

1. 【答案】A

【解析】选项A正确，《城镇污水排入排水管网许可管理办法》规定，城镇排水主管部门实施排水许可不得收费。

选项B错误，各类施工作业需要排水的，由建设单位申请领取排水许可证。

选项C错误，因施工作业需要向城镇排水设施排水的，排水许可证的有效期，由城镇排水主管部门根据排水状况确定，但不得超过施工期限。

选项D错误，排水户应当按照排水许可证确定的排水类别、总量、时限、排放口位置和数量、排放的污染物项目和浓度等要求排放污水，而非按照实际需要的类别和总量

排放。

2. 【答案】ABCD

【解析】排水户不得有下列危及城镇排水设施安全的行为：

(1) 向城镇排水设施排放、倾倒剧毒、易燃易爆物质、腐蚀性废液和废渣、有害气体和烹饪油烟等。

(2) 堵塞城镇排水设施或者向城镇排水设施内排放、倾倒垃圾、渣土、施工泥浆、油脂、污泥等易堵塞物。

(3) 擅自拆卸、移动和穿凿城镇排水设施。

(4) 擅自向城镇排水设施加压排放污水。

排水户因发生事故或者其他突发事件，排放的污水可能危及城镇排水与污水处理设施安全运行的，应当立即停止排放，采取措施消除危害，并按规定及时向城镇排水主管部门等有关部门报告。

3. 【答案】A

【解析】禁止向水体排放油类、酸液、碱液或者剧毒废液；禁止向水体排放、倾倒工业废渣、城镇垃圾和其他废弃物；在饮用水水源保护区内，禁止设置排污口；禁止利用渗井、渗坑、裂隙、溶洞，私设暗管，篡改、伪造监测数据，或者不正常运行水污染防治设施等逃避监管的方式排放水污染物；兴建地下工程设施或者进行地下勘探、采矿等活动，应当采取防护性措施，防止地下水污染。

考点 8 建设工程项目水污染的防治

【答案】BC

【解析】禁止在饮用水水源一级保护区内新建、改建、扩建与供水设施和保护水源无关的建设项目；已建成的与供水设施和保护水源无关的建设项目，由县级以上人民政府责令拆除或者关闭。禁止在饮用水水源二级保护区内新建、改建、扩建排放污染物的建设项目；已建成的排放污染物的建设项目，由县级以上人民政府责令拆除或者关闭。禁止在饮用水水源准保护区内新建、扩建对水体污染严重的建设项目；改建建设项目，不得增加排污量。

考点 9 发生事故或者其他突发性事件的规定

【答案】D

【解析】《水污染防治法》规定，企业事业单位发生事故或者其他突发性事件，造成或者可能造成水污染事故的，应当立即启动本单位的应急方案，采取隔离等应急措施，防止水污染物进入水体，并向事故发生地的县级以上地方人民政府或者生态环境主管部门报告。

考点 10 施工现场固体废物污染环境的防治

1. 【答案】D

【解析】转移固体废物出省、自治区、直辖市行政区域储存、处置的，应当向固体废物移出地的省、自治区、直辖市人民政府生态环境主管部门提出申请。移出地的省、自治区、直辖市人民政府生态环境主管部门应当及时商经接受地的省、自治区、直辖市人民政府生态环境主管部门同意后，在规定期限内批准转移该固体废物出省、自治区、直辖市行政区域。未经批准的，不得转移。甲省产生大量建筑垃圾到乙省填埋，应向甲省生态环境主管部门报告并经乙省生态环境主管部门许可。

2. 【答案】B

【解析】加强建筑垃圾的回收再利用，力争建筑垃圾的再利用和回收率达到30%；建筑物拆除产生的废弃物的再利用和回收率力争大于40%。

考点 11 施工现场环境噪声污染防治违法行为应承担的法律责任

【答案】ABDE

【解析】《环境噪声污染防治法》规定，未经生态环境主管部门批准，擅自拆除或者闲置环境噪声污染防治设施，致使环境噪声排放超过规定标准的，由县级以上地方人民政府生态环境主管部门责令改正，并处罚款。排放环境噪声的单位违反规定，拒绝生态环境主管部门或者其他依照本法规定行使环境噪声监督管理权的部门、机构现场检查或者在被检查时弄虚作假的，生态环境主管部门或者其他依照本法规定行使环境噪声监督管理权的监督管理部门、机构可以根据不同情节，给予警告或者处以罚款。建筑施工单位违反规定，在城市市区噪声敏感建筑物集中区域内，夜间进行禁止进行的产生环境噪声污染的建筑施工作业的，由工程所在地县级以上地方人民政府生态环境主管部门责令改正，可以并处罚款。机动车辆不按照规定使用声响装置的，由当地公安机关根据不同情节给予警告或者处以罚款。受到环境噪声污染危害的单位和个人，有权要求加害人排除危害；造成损失的，依法赔偿损失。赔偿责任和赔偿金额的纠纷，可以根据当事人的请求，由生态环境主管部门或者其他环境噪声污染防治工作的监督管理部门、机构调解处理；调解不成的，当事人可以向人民法院起诉。当事人也可以直接向人民法院起诉。

考点 12 施工现场大气污染防治违法行为应承担的法律责任

【答案】 B

【解析】 选项 B 正确，运输煤炭、垃圾、渣土、砂石、土方、灰浆等散装、流体物料的车辆应当采取密闭或者其他措施防止物料遗撒造成扬尘污染，并按照规定路线行驶。装卸物料应当采取密闭或者喷淋等方式防治扬尘污染。贮存煤炭、煤矸石、煤渣、煤灰、水泥、石灰、石膏、砂土等易产生扬尘的物料应当密闭；不能密闭的，应当设置不低于堆放物高度的严密围挡，并采取有效覆盖措施防治扬尘污染。码头、矿山、填埋场和消纳场应当实施分区作业，并采取有效措施防治扬尘污染。

考点 13 施工现场水污染防治违法行为应承担的法律责任

【答案】 B

【解析】 违反法律、行政法规和国务院生态环境主管部门的规定设置排污口的，由县级以上地方人民政府生态环境主管部门责令限期拆除，处 2 万元以上 10 万元以下的罚款；逾期不拆除的，强制拆除，所需费用由违法者承担，处 10 万元以上 50 万元以下的罚款；情节严重的，可以责令停产整治。

考点 14 施工现场固体废物污染环境防治违法行为应承担的法律责任

【答案】 ABCE

【解析】《固体废物污染环境防治法》规定，违反本法规定，有下列行为之一，由县级以上地方人民政府环境卫生主管部门责令改正，处以罚款，没收违法所得：

(1) 随意倾倒、抛撒、堆放或者焚烧生活垃圾的。

(2) 擅自关闭、闲置或者拆除生活垃圾处理设施、场所的。

(3) 工程施工单位未编制建筑垃圾处理方案报备案，或者未及时清运施工过程中产生的固体废物的。

(4) 工程施工单位擅自倾倒、抛撒或者堆放工程施工过程中产生的建筑垃圾，或者未按照规定对施工过程中产生的固体废物进行利用或者处置的。

……

(7) 在运输过程中沿途丢弃、遗撒生活垃圾的。

单位有以上第 (1) 项、第 (7) 项行为之一，处 5 万元以上 50 万元以下的罚款；单位有以上第 (2) 项、第 (3) 项、第 (4) 项、第 (5) 项、第 (6) 项行为之一，处 10 万元以上 100 万元以下的罚款；个人有以上第 (1) 项、第 (5) 项、第 (7) 项行为之一，处 100 元以上 500 元以下的罚款。选项 D 是关于违反有关危险废物污染环境防治的行为。

考点 15 施工现场土壤污染防治违法行为应承担的法律责任

【答案】 C

【解析】 2018 年 8 月公布的《中华人民共和国土壤污染防治法》规定，有下列行为之一的，由地方人民政府生态环境主管部门或者其他负有土壤污染防治监督管理职责的部门责令改正，处以罚款；拒不改正的，责令停产整治：……④拆除设施、设备或者建筑物、构筑物，企业事业单位未采取相应的土壤污染防治措施或者土壤污染重点监管单位未制定、实施土壤污染防治工作方案的；……⑦建设和运行污水集中处理设施、固体废物处置设施，未依照法律法规和相关标准的要求采取措施防止土壤污染的。有前款规定行为之一的，处2万元以上20万元以下的罚款；有以上…第④项…第⑦项规定行为之一，造成严重后果的，处20万元以上200万元以下的罚款。

考点16　按日连续处罚的法律规定

【答案】A

【解析】《环境保护法》规定，企业事业单位和其他生产经营者违法排放污染物，受到罚款处罚，被责令改正，拒不改正的，依法作出处罚决定的行政机关可以自责令改正之日的次日起，按照原处罚数额按日连续处罚。前款规定的罚款处罚，依照有关法律法规按照防治污染设施的运行成本、违法行为造成的直接损失或者违法所得等因素确定的规定执行。

选项A正确，选项C错误，按日连续处罚的标准应是原处罚数额。

选项B错误，根据一事不再罚的原则，如果已经改正，不能重复处罚。

选项D错误，不是责令改正之日起，而是责令改正之日的次日起。

2Z205020　施工节约能源制度

考点1　合理使用与节约能源的一般规定

1. 【答案】B

【解析】《绿色施工导则》规定，绿色施工是指工程建设中，在保证质量、安全等基本要求的前提下，通过科学管理和技术进步，最大限度地节约资源与减少对环境负面影响的施工活动，实现四节一环保（节能、节地、节水、节材和环境保护）。

2. 【答案】D

【解析】建筑节能是解决建设项目建成后使用过程中的节能问题，如《民用建筑节能条例》规定，民用建筑节能，是指在保证民用建筑使用功能和室内热环境质量的前提下，降低其使用过程中能源消耗的活动。

考点2　建筑节能的规定

【答案】D

【解析】选项D错误，未经监理工程师签字，墙体材料、保温材料、门窗、采暖制冷系统和照明设备不得在建筑上使用或者安装，施工单位不得进行下一道工序的施工。

考点3　施工节能的规定

1. 【答案】D

【解析】《绿色施工导则》规定，图纸会审时，应审核节材与材料资源利用的相关内容，达到材料损耗率比定额损耗率降低30%。

2. 【答案】A

【解析】非传统水源利用：

(1) 优先采用中水搅拌、中水养护，有条件的地区和工程应收集雨水养护。

(2) 处于基坑降水阶段的工地，宜优先采用地下水作为混凝土搅拌用水、养护用水、冲洗用水和部分生活用水。

(3) 现场机具、设备、车辆冲洗，喷洒路面，绿化浇灌等用水，优先采用非传统水源，尽量不使用市政自来水。

(4) 大型施工现场，尤其是雨量充沛地区的大型施工现场建立雨水收集利用系统，充分收集自然降水用于施工和生活中适宜的部位。

(5) 力争施工中非传统水源和循环水的再利用量大于30%。

3. 【答案】D

【解析】《绿色施工导则》对临时用地保护的规定：

(1) 应对深基坑施工方案进行优化，减少土方开挖和回填量，最大限度地减少对土地的扰动，保护周边自然生态环境。

(2) 红线外临时占地应尽量使用荒地、废地，少占用农田和耕地。

(3) 利用和保护施工用地范围内原有绿色

植被。

考点 4 节能技术进步

【答案】D

【解析】选项A正确，利用财政性资金引进循环经济重大技术、装备的，应当制定消化、吸收和创新方案，报有关主管部门审批并由其监督实施；有关主管部门应当根据实际需要建立协调机制，对重大技术、装备的引进和消化、吸收、创新实行统筹协调，并给予资金支持。

选项B正确，国家实行固定资产投资项目节能评估和审查制度。

选项C正确，选项D错误，不符合强制性节能标准的项目，建设单位不得开工建设；已经建成的，不得投入生产、使用。政府投资项目不符合强制性节能标准的，依法负责项目审批的机关不得批准建设。

考点 5 节能激励措施

【答案】ABDE

【解析】按照《节约能源法》《循环经济促进法》的规定，主要有如下相关的节能激励措施：

(1) 财政安排节能专项资金。

(2) 税收优惠。

(3) 信贷支持。

(4) 价格政策。

(5) 表彰奖励。

考点 6 违反建筑节能标准违法行为应承担的法律责任

【答案】D

【解析】《节约能源法》规定，设计单位、施工单位、监理单位违反建筑节能标准的，由建设主管部门责令改正，处10万元以上50万元以下罚款；情节严重的，由颁发资质证书的部门降低资质等级或者吊销资质证书；造成损失的，依法承担赔偿责任。因此，被罚单位包括设计单位、施工单位、监理单位。

考点 7 使用黏土砖及其他施工节能违法行为应承担的法律责任

【答案】A

【解析】《民用建筑节能条例》规定，施工单位有下列行为之一的，由县级以上地方人民政府建设主管部门责令改正，处10万元以上20万元以下的罚款；情节严重的，由颁发资质证书的部门责令停业整顿，降低资质等级或者吊销资质证书；造成损失的，依法承担赔偿责任：

(1) 未对进入施工现场的墙体材料、保温材料、门窗、采暖制冷系统和照明设备进行查验的。

(2) 使用不符合施工图设计文件要求的墙体材料、保温材料、门窗、采暖制冷系统和照明设备的。

(3) 使用列入禁止使用目录的技术、工艺、材料和设备的。

考点 8 用能单位其他违法行为应承担的法律责任

【答案】A

【解析】本题考查的是建设单位的节能义务。按照建筑节能的有关规定，合同约定由建设单位采购墙体材料、保温材料、门窗、采暖制冷系统和照明设备的，建设单位应当保证其符合施工图设计文件要求。

2Z205030 施工文物保护制度

考点 1 水下文物的保护范围

【答案】C

【解析】根据《水下文物保护管理条例》的规定，水下文物是指遗存于下列水域的具有历史、艺术和科学价值的人类文化遗产：

(1) 遗存于中国内水、领海内的一切起源于中国的、起源国不明的和起源于外国的文物。

(2) 遗存于中国领海以外依照中国法律由中国管辖的其他海域内的起源于中国的和起源国不明的文物。

(3) 遗存于外国领海以外的其他管辖海域以及公海区域内的起源于中国的文物。

以上规定内容不包括1911年以后的与重大

历史事件、革命运动以及著名人物无关的水下遗存。

考点 2　属于国家所有的文物范围

【答案】D

【解析】下列可移动文物，属于国家所有：

(1) 中国境内出土的文物，国家另有规定的除外。

(2) 国有文物收藏单位以及其他国家机关、部队和国有企业、事业组织等收藏、保管的文物。

(3) 国家征集、购买的文物。

(4) 公民、法人和其他组织捐赠给国家的文物。

(5) 法律规定属于国家所有的其他文物。

考点 3　属于集体所有和私人所有的文物保护范围

【答案】D

【解析】《文物保护法》规定，属于集体所有和私人所有的纪念建筑物、古建筑和祖传文物以及依法取得的其他文物，其所有权受法律保护。文物的所有者必须遵守国家有关文物保护的法律、法规的规定。

考点 4　文物保护单位和文物的分级

【答案】B

【解析】珍贵文物分为一级文物、二级文物和三级文物。

考点 5　文物保护单位的保护范围

【答案】A

【解析】全国重点文物保护单位和省级文物保护单位自核定公布之日起1年内，由省、自治区、直辖市人民政府划定必要的保护范围，作出标志说明，建立记录档案，设置专门机构或者指定专人负责管理。

考点 6　文物保护单位的建设控制地带

【答案】C

【解析】全国重点文物保护单位的建设控制地带，经省、自治区、直辖市人民政府批准，由省、自治区、直辖市人民政府的文物行政主管部门会同城乡规划行政主管部门划定并公布。

考点 7　历史文化名城、名镇、名村的保护

【答案】B

【解析】在历史文化名城、名镇、名村保护范围内进行下列活动，应当保护其传统格局、历史风貌和历史建筑；制订保护方案，并依照有关法律、法规的规定办理相关手续：

(1) 改变园林绿地、河湖水系等自然状态的活动。

(2) 在核心保护范围内进行影视摄制、举办大型群众性活动。

(3) 其他影响传统格局、历史风貌或者历史建筑的活动。

考点 8　在文物保护单位保护范围和建设控制地带施工的规定

1.【答案】C

【解析】《文物保护法》规定，在文物保护单位的保护范围和建设控制地带内，不得建设污染文物保护单位及其环境的设施，不得进行可能影响文物保护单位安全及其环境的活动。全国重点文物保护单位的建设控制地带，经省、自治区、直辖市人民政府批准，由省、自治区、直辖市人民政府的文物行政主管部门会同城乡规划行政主管部门划定并公布。

选项C错误，应为征得国务院文物行政部门同意，而不是批准。

2.【答案】B

【解析】《文物保护法》规定，一切机关、组织和个人都有依法保护文物的义务。

3.【答案】D

【解析】《文物保护法》规定，文物保护单位的保护范围内不得进行其他建设工程或者爆破、钻探、挖掘等作业。但是，因特殊情况需要在文物保护单位的保护范围内进行其他建设工程或者爆破、钻探、挖掘等作业的，必须保证文物保护单位的安全，并经核定公布该文物保护单位的人民政府批准，在批准前应当征得上一级人民政府文物行政部门同意。在全国重点文物保护单位的保护范围内进行其他建设工程或者爆破、钻探、挖掘等作业的，必须经省、自治区、直辖市人民政府批准，在批准前应当征得国务院文物行政部门同意。

考点 9　施工发现文物的报告和保护

1. 【答案】B

【解析】根据《文物保护法》规定，文物行政部门接到报后，如无特殊情况，应当在24小时内赶赴现场。

2. 【答案】D

【解析】《文物保护法》规定，在进行建设工程或者在农业生产中，任何单位或者个人发现文物，应当保护现场，立即报告当地文物行政部门，文物行政部门接到报告后，如无特殊情况，应当在24小时内赶赴现场，并在7日内提出处理意见。

考点 10　哄抢、私分国有文物等违法行为应承担的法律责任

【答案】B

【解析】《文物保护法》规定，有下列行为之一，尚不构成犯罪的，由县级以上人民政府文物主管部门会同公安机关追缴文物；情节严重的，处5000元以上5万元以下的罚款：

(1) 发现文物隐匿不报或者拒不上交的。

(2) 未按照规定移交拣选文物的。

考点 11　未取得相应资质证书擅自承担文物保护单位修缮、迁移、重建工程违法行为应承担的法律责任

【答案】C

【解析】未取得相应等级的文物保护工程资质证书，擅自承担文物保护单位的修缮、迁移、重建工程的，由文物行政主管部门责令限期改正；逾期不改正，或者造成严重后果的，处5万元以上50万元以下的罚款；构成犯罪的，依法追究刑事责任。

考点 12　历史文化名城、名镇、名村保护范围内违法行为应承担的法律责任

【答案】B

【解析】未经城乡规划主管部门会同同级文物主管部门批准，有下列行为之一的，由城市、县人民政府城乡规划主管部门责令停止违法行为、限期恢复原状或者采取其他补救措施；有违法所得的，没收违法所得；逾期不恢复原状或者不采取其他补救措施的，城乡规划主管部门可以指定有能力的单位代为恢复原状或者采取其他补救措施，所需费用由违法者承担；造成严重后果的，对单位并处5万元以上10万元以下的罚款，对个人并处1万元以上5万元以下的罚款；造成损失的，依法承担赔偿责任：

(1) 拆除历史建筑以外的建筑物、构筑物或者其他设施的。

(2) 对历史建筑进行外部修缮装饰、添加设施以及改变历史建筑的结构或者使用性质的。

2Z206000 建设工程安全生产法律制度

2Z206010 施工安全生产许可证制度

考点 1 申请领取安全生产许可证的条件

1. **【答案】** D

【解析】《建筑施工企业安全生产许可证管理规定》中规定，建筑施工企业取得安全生产许可证，应当具备12项安全生产条件：

(1) 建立、健全安全生产责任制，制定完备的安全生产规章制度和操作规程。选项A正确。

(2) 保证本单位安全生产条件所需资金的投入。

(3) 设置安全生产管理机构，按照国家有关规定配备专职安全生产管理人员。

(4) 主要负责人、项目负责人、专职安全生产管理人员经建设主管部门或者其他有关部门考核合格。

(5) 特种作业人员经有关业务主管部门考核合格，取得特种作业操作资格证书。

(6) 管理人员和作业人员每年至少进行1次安全生产教育培训并考核合格。

(7) 依法参加工伤保险，依法为施工现场从事危险作业的人员办理意外伤害保险，为从业人员交纳保险费。选项C正确。

(8) 施工现场的办公、生活区及作业场所和安全防护用具、机械设备、施工机具及配件符合有关安全生产法律、法规、标准和规程的要求。

(9) 有职业危害防治措施，并为作业人员配备符合国家标准或者行业标准的安全防护用具和安全防护服装。

(10) 有对危险性较大的分部分项工程及施工现场易发生重大事故的部位、环节的预防、监控措施和应急预案。选项D错误。

(11) 有生产安全事故应急救援预案、应急救援组织或者应急救援人员，配备必要的应急救援器材、设备。选项B正确。

(12) 法律、法规规定的其他条件。

2. **【答案】** ABDE

【解析】《建筑施工企业安全生产许可证管理规定》中规定，建筑施工企业取得安全生产许可证，应当具备12项安全生产条件（节选）：

(1) 建立、健全安全生产责任制，制定完备的安全生产规章制度和操作规程。选项A正确。

(2) 保证本单位安全生产条件所需资金的投入。选项E正确。

(3) 设置安全生产管理机构，按照国家有关规定配备专职安全生产管理人员。选项D正确。

(5) 特种作业人员经有关业务主管部门考核合格，取得特种作业操作资格证书。选项B正确。

(7) 依法参加工伤保险，依法为施工现场从事危险作业的人员办理意外伤害保险，为从业人员交纳保险费。选项C错误，并不是要求“全员”。

考点 2 安全生产许可证的申请

【答案】 C

【解析】 建筑施工企业从事建筑施工活动前，应当依照《建筑施工企业安全生产许可证管理规定》，向企业注册所在地省、自治区、直辖市人民政府住房城乡建设主管部门申请领取安全生产许可证。

考点 3 安全生产许可证的有效期

1. **【答案】** B

【解析】 安全生产许可证的有效期为3年，企业应当于期满前3个月向原安全生产许可证颁发管理机关办理延期手续。本题2015年2月1日办理的安全生产许可证，3年有效期至2018年1月31日，期满前3个月办理延期手续，因此，2018年1月31日和其前3个月满足续期时间规定。

2. **【答案】** B

【解析】《安全生产许可证条例》规定，安全生产许可证的有效期为3年。

考点 4 政府监管

【答案】BCE

【解析】选项A错误，安全生产许可证的有效期为3年。

选项B正确，建筑施工企业未取得安全生产许可证的，不得从事建筑施工活动。

选项C正确，住房城乡建设主管部门在审核发放施工许可证时，应当对已经确定的建筑施工企业是否有安全生产许可证进行审查，对没有取得安全生产许可证的，不得颁发施工许可证。

选项D错误，企业在安全生产许可证有效期内，严格遵守有关安全生产的法律法规，未发生死亡事故的，安全生产许可证有效期届满时，经原安全生产许可证颁发管理机关同意，不再审查，安全生产许可证有效期延期3年。

选项E正确，企业取得安全生产许可证后，不得降低安全生产条件，并应当加强日常安全生产管理，接受安全生产许可证颁发管理机关的监督检查。

考点 5 未取得安全生产许可证擅自从事施工活动应承担的法律责任

【答案】A

【解析】《安全生产许可证条例》规定，未取得安全生产许可证擅自进行生产的，责令停止生产，没收违法所得，并处10万元以上50万元以下的罚款；造成重大事故或者其他严重后果，构成犯罪的，依法追究刑事责任。

考点 6 安全生产许可证有效期满未办理延期手续继续从事施工活动应承担的法律责任

【答案】C

【解析】《安全生产许可证条例》规定，安全生产许可证有效期满未办理延期手续，继续进行生产的，责令停止生产，限期补办延期手续，没收违法所得，并处5万元以上10万元以下的罚款；逾期仍不办理延期手续，继续进行生产的，依照未取得安全生产许可证擅自进行生产的规定处罚。

考点 7 转让安全生产许可证等应承担的法律责任

【答案】ABCE

【解析】《安全生产许可证条例》规定，转让安全生产许可证的，没收违法所得，处10万元以上50万元以下的罚款，并吊销其安全生产许可证；构成犯罪的，依法追究刑事责任；接受转让的，依照未取得安全生产许可证擅自进行生产的规定处罚。冒用安全生产许可证或者使用伪造的安全生产许可证的，依照未取得安全生产许可证擅自进行生产的规定处罚。

考点 8 以不正当手段取得安全生产许可证应承担的法律责任

【答案】C

【解析】建筑施工企业隐瞒有关情况或提供虚假材料申请安全生产许可证的，1年内不得申请安全生产许可证；以欺骗、贿赂等不正当手段取得安全生产许可证的，撤销证书，3年内不得再次申请安全生产许可证。

考点 9 暂扣安全生产许可证并限期整改的规定

【答案】A

【解析】《建筑施工企业安全生产许可证管理规定》中规定，取得安全生产许可证的建筑施工企业，发生重大安全事故的，暂扣安全生产许可证并限期整改。建筑施工企业不再具备安全生产条件的，暂扣安全生产许可证并限期整改；情节严重的，吊销安全生产许可证。

2Z206020 施工安全生产责任和安全生产教育培训制度

考点 1 施工单位的安全生产管理职责

【答案】B

【解析】生产经营单位的主要负责人对本单位安全生产工作负有下列职责：

（1）建立健全并落实本单位全员安全生产责任制，加强安全生产标准化建设。

（2）组织制定并实施本单位安全生产规章制度和操作规程。

（3）组织制定并实施本单位安全生产教育

和培训计划。
(4) 保证本单位安全生产投入的有效实施。
(5) 组织建立并落实安全风险分级管控和隐患排查治理双重预防工作机制，督促、检查本单位的安全生产工作，及时消除生产安全事故隐患。
(6) 组织制定并实施本单位的生产安全事故应急救援预案。
(7) 及时、如实报告生产安全事故。

考点 2 施工单位负责人施工现场带班制度

1. **【答案】** D
【解析】 选项 A 正确，建筑施工企业负责人带班检查时，应认真做好检查记录，并分别在企业和工程项目存档备查。
选项 B 正确，工程项目进行超过一定规模的危险性较大的分部分项工程施工时，建筑施工企业负责人应到施工现场进行带班检查。工程项目出现险情或发现重大隐患时，建筑施工企业负责人应到施工现场带班检查，督促工程项目进行整改，及时消除险情和隐患。
选项 C 正确，2011 年 7 月住房和城乡建设部发布的《建筑施工企业负责人及项目负责人施工现场带班暂行办法》规定，建筑施工企业负责人要定期带班检查，每月检查时间不少于其工作日的 25%。
选项 D 错误，《建筑施工企业负责人及项目负责人施工现场带班暂行办法》规定的两个必须到场不包括工程开工或停工复工的情形。
2. **【答案】** C
【解析】 建筑施工企业负责人要定期带班检查，每月检查时间不少于其工作日的 25%。

考点 3 生产安全事故隐患排查治理制度

【答案】 B
【解析】《房屋市政工程生产安全重大隐患排查治理挂牌督办暂行办法》第 3 条规定，建筑施工企业是房屋市政工程生产安全重大隐患排查治理的责任主体。

考点 4 施工项目负责人的安全生产责任

【答案】 A
【解析】 施工项目负责人的安全生产责任主要包括：
(1) 对建设工程项目的安全施工负责。
(2) 落实安全生产责任制度、安全生产规章制度和操作规程。
(3) 确保安全生产费用的有效使用。
(4) 根据工程的特点组织制定安全施工措施，消除安全事故隐患。
(5) 及时、如实报告生产安全事故情况。

考点 5 施工单位项目负责人施工现场带班制度

【答案】 C
【解析】《建筑施工企业负责人及项目负责人施工现场带班暂行办法》第 11 条规定，项目负责人每月带班生产时间不得少于本月施工时间的 80%。

考点 6 分包单位应当承担的法定安全生产责任

1. **【答案】** C
【解析】 建设工程实行施工总承包的，由总承包单位对施工现场的安全生产负总责。《建设工程安全生产管理条例》规定，总承包单位和分包单位对分包工程的安全生产承担连带责任。分包单位不服从总承包单位的管理出现事故的，由分包单位承担主要责任。总承包单位可以将非主体工程适当的分包给具有相应资质的施工建设单位，选项 C 错误。
2. **【答案】** B
【解析】《建设工程安全生产管理条例》规定，实行施工总承包的建设工程，由总承包单位负责上报事故。

考点 7 施工作业人员依法享有的安全生产保障权利

1. **【答案】** ABCD
【解析】 施工作业人员应当享有的安全生产权利包括：
(1) 施工安全生产的知情权和建议权。
(2) 施工安全防护用品的获得权。
(3) 批评、检举、控告权及拒绝违章指

挥权。
(4) 紧急避险权。
(5) 获得工伤保险和意外伤害保险赔偿的权利。
(6) 救治和请求民事赔偿权。
(7) 依靠公会维权和被派遣劳动者的权利。
选项A属于施工安全生产的知情权和建议权。选项B属于批评、检举、控告权及拒绝违章指挥权。选项C属于施工安全防护用品的获得权。选项E属于施工作业人员的安全生产义务。

2. 【答案】C
【解析】《安全生产法》规定，从业人员发现直接危及人身安全的紧急情况时，有权停止作业或者在采取可能的应急措施后撤离作业场所。

考点 8　施工作业人员应当履行的安全生产义务

【答案】ABD
【解析】施工作业人员主要应当履行如下安全生产义务：
(1) 守法遵章和正确使用安全防护用具等的义务。
(2) 接受安全生产教育培训的义务。
(3) 施工安全事故隐患报告的义务。
(4) 被派遣劳动者的义务。

考点 9　施工单位"安管人员"和特种作业人员的培训考核

1. 【答案】ABC
【解析】《建设工程安全生产管理条例》规定，施工单位的主要负责人、项目负责人、专职安全生产管理人员应当经建设行政主管部门或者其他部门考核合格后方可任职。
2. 【答案】ACDE
【解析】《建设工程安全生产管理条例》规定，垂直运输机械作业人员、安装拆卸工、爆破作业人员、起重信号工、登高架设作业人员等特种作业人员，必须按照国家有关规定经过专门的安全作业培训，并取得特种作业操作资格证书后，方可上岗作业。

考点 10　施工单位全员的安全生产教育培训

【答案】B
【解析】《建设工程安全生产管理条例》规定，施工单位应当对管理人员和作业人员每年至少进行一次安全生产教育培训，其教育培训情况记入个人工作档案。安全生产教育培训考核不合格的人员，不得上岗。

考点 11　进入新岗位或者新施工现场前的安全生产教育培训

【答案】C
【解析】《国务院安委会关于进一步加强安全培训工作的决定》中指出，严格落实企业职工先培训后上岗制度。建筑企业要对新职工进行至少32学时的安全培训，每年进行至少20学时的再培训。

考点 12　安全教育培训方式

【答案】C
【解析】本题考查的是安全教育培训方式。高危企业新职工安全培训合格后，要在经验丰富的工人师傅带领下，实习至少2个月后方可独立上岗。

考点 13　施工单位违法行为应承担的法律责任

【答案】D
【解析】施工单位挪用列入建设工程概算的安全生产作业环境及安全施工措施所需费用的，责令限期改正，处挪用费用20%以上50%以下的罚款；造成损失的，依法承担赔偿责任。

2Z206030　施工现场安全防护制度

考点 1　编制安全技术措施、临时用电方案和安全专项施工方案

1. 【答案】B
【解析】施工单位应当在危大工程施工前组织工程技术人员编制专项施工方案。实行施工总承包的，专项施工方案应当由施工总承包单位组织编制。危大工程实行分包的，专项施工方案可以由相关专业分包单位组织编制。
2. 【答案】C
【解析】选项A错误，实行施工总承包的，

专项施工方案应当由施工总承包单位组织编制。危大工程实行分包的，专项施工方案可以由相关专业分包单位组织编制。
选项B错误，对于超过一定规模的危大工程和涉及深基坑、地下暗挖工程、高大模板工程的专项施工方案才需要组织专家论证。
选项D错误，专家论证前应由施工单位和总监理工程师审核。

3.【答案】BC
【解析】《建设工程安全生产管理条例》规定，达到一定规模的危险性较大的起重吊装工程的专项施工方案，须经施工单位技术负责人、总监理工程师签字后方可实施。

考点2 安全施工技术交底

1.【答案】C
【解析】建设工程施工前，施工单位负责项目管理的技术人员应当对有关安全施工的技术要求向施工作业班组、作业人员作出详细说明，并由双方签字确认。施工前对有关施工技术要求作出详细说明，就是通常所说的安全技术交底。

2.【答案】A
【解析】建设工程施工前，施工单位负责项目管理的技术人员应当对有关安全施工的技术要求向施工作业班组、作业人员作出详细说明，并由双方签字确认。

考点3 施工现场安全防护

1.【答案】B
【解析】《建设工程安全生产管理条例》规定，施工单位应当在施工现场入口处、施工起重机械、临时用电设施、脚手架、出入通道口、楼梯口、电梯井口、孔洞口、桥梁口、隧道口、基坑边沿、爆破物及有害危险气体和液体存放处等危险部位，设置明显的安全警示标志。因此，施工单位为责任主体。

2.【答案】ABCE
【解析】施工单位应当在施工现场入口处、施工起重机械、临时用电设施、脚手架、出入通道口、楼梯口、电梯井口、孔洞口、桥梁口、隧道口、基坑边沿、爆破物及有害危险气体和液体存放处等危险部位，设置明显的安全警示标志。

考点4 施工单位安全生产费用的提取和使用管理

1.【答案】A
【解析】选项A错误，选项B、C正确，生产经营单位应当具备的安全生产条件所必需的资金投入，由生产经营单位的决策机构、主要负责人或者个人经营的投资人予以保证，并对由于安全生产所必需的资金投入不足导致的后果承担责任。有关生产经营单位应当按照规定提取和使用安全生产费用，专门用于改善安全生产条件。安全生产费用在成本中据实列支。
选项D正确，建筑工程安全防护、文明施工措施费用是由《建筑安装工程费用项目组成》中措施费所含的文明施工费、环境保护费、临时设施费、安全施工费组成。

2.【答案】B
【解析】《危险化学品安全管理条例》规定，进行可能危及危险化学品管道安全的施工作业，施工单位应当在开工的7日前书面通知管道所属单位，并与管道所属单位共同制定应急预案，采取相应的安全防护措施。

3.【答案】D
【解析】财政部、原国家安全生产监督管理总局《企业安全生产费用提取和使用管理办法》（财企〔2012〕16号）中规定，建设工程施工企业以建筑安装工程造价为计提依据。各建设工程类别安全费用提取标准如下：
(1) 矿山工程为2.5%。
(2) 房屋建筑工程、水利水电工程、电力工程、铁路工程、城市轨道交通工程为2.0%。
(3) 市政公用工程、冶炼工程、机电安装工程、化工石油工程、港口与航道工程、公路工程、通信工程为1.5%。总包单位应将安全费用按比例直接支付分包单位并监督使用，分包单位不再重复提取。

考点5 施工单位消防安全责任人和消防安全职责

1.【答案】B
【解析】《消防法》规定，机关、团体、企

业、事业等单位应当履行下列消防安全职责：

(1) 落实消防安全责任制，制定本单位的消防安全制度、消防安全操作规程，制定灭火和应急疏散预案。

(2) 按照国家标准、行业标准配置消防设施、器材，设置消防安全标志，并定期组织检验、维修，确保完好有效。

(3) 对建筑消防设施每年至少进行一次全面检测，确保完好有效，检测记录应当完整准确，存档备查。

(4) 保障疏散通道、安全出口、消防车通道畅通，保证防火防烟分区、防火间距符合消防技术标准。

(5) 组织防火检查，及时消除火灾隐患。

(6) 组织进行有针对性的消防演练。

(7) 法律、法规规定的其他消防安全职责。

选项 A、C、D 符合上述规定。

《消防法》第 10 条规定，应由建设单位向有关部门报审消防设计图纸，选项 B 错误。

2. **【答案】** ABCE

【解析】 按照《消防法》的规定，除应当履行所有单位都应当履行的职责外，还应当履行下列消防安全职责：

(1) 确定消防安全管理人，组织实施本单位的消防安全管理工作。

(2) 建立消防档案，确定消防安全重点部位，设置防火标志，实行严格管理。

(3) 实行每日防火巡查，并建立巡查记录。

(4) 对职工进行岗前消防安全培训，定期组织消防安全培训和消防演练。

考点 6 施工现场的消防安全要求

1. **【答案】** C

【解析】 选项 A 错误，新建、改建、扩建工程的外保温材料一律不得使用易燃材料，严格限制使用可燃材料。

选项 B 错误，施工单位应当在施工组织设计中编制消防安全技术措施和专项施工方案，并由专职安全管理人员进行现场监督。

选项 C 正确，电焊、气焊、电工等特殊工种人员必须持证上岗。

选项 D 错误，公共建筑在营业、使用期间不得进行外保温材料施工作业，居住建筑进行节能改造作业期间应撤离居住人员，并设消防安全巡逻人员，严格分离用火用焊作业与保温施工作业，严禁在施工建筑内安排人员住宿。

2. **【答案】** B

【解析】 国务院《关于加强和改进消防工作的意见》规定，公共建筑在营业、使用期间不得进行外保温材料施工作业，居住建筑进行节能改造作业期间应撤离居住人员，并设消防安全巡逻人员，严格分离用火用焊作业与保温施工作业，严禁在施工建筑内安排人员住宿。新建、改建、扩建工程的外保温材料一律不得使用易燃材料，严格限制使用可燃材料。

考点 7 施工单位消防安全自我评估和防火检查

【答案】 B

【解析】 国务院《关于加强和改进消防工作的意见》中指出，要建立消防安全自我评估机制，消防安全重点单位每季度、其他单位每半年自行或委托有资质的机构对本单位进行一次消防安全检查评估，做到安全自查、隐患自除、责任自负。

考点 8 建设工程消防施工的质量和安全责任

【答案】 C

【解析】 特殊建设工程未经消防设计审查或者审查不合格的，建设单位、施工单位不得施工；其他建设工程，建设单位未提供满足施工需要的消防设计图纸及技术资料的，有关部门不得发放施工许可证或者批准开工报告。

考点 9 施工单位的消防安全教育培训和消防演练

【答案】 B

【解析】 施工单位应当根据国家有关消防法规和建设工程安全生产法规的规定，建立施工现场消防组织，制定灭火和应急疏散预案，并至少每半年组织一次演练，提高施工人员及时报警、扑灭初期火灾和自救逃生能力。

考点 10 工伤保险的规定

1. 【答案】ABCE

【解析】职工有下列情形之一的，应当认定为工伤：

(1) 在工作时间和工作场所内，因工作原因受到事故伤害的。

(2) 工作时间前后在工作场所内，从事与工作有关的预备性或者收尾性工作受到事故伤害的。

(3) 在工作时间和工作场所内，因履行工作职责受到暴力等意外伤害的。

(4) 患职业病的。

(5) 因工外出期间，由于工作原因受到伤害或者发生事故下落不明的。

(6) 在上下班途中，受到非本人主要责任的交通事故或者城市轨道交通、客运轮渡、火车事故伤害的。

(7) 法律、行政法规规定应当认定为工伤的其他情形。

2. 【答案】B

【解析】职工有下列情形之一的，不得认定为工伤或者视同工伤：

(1) 故意犯罪的。

(2) 醉酒或者吸毒的。

(3) 自残或者自杀的。

3. 【答案】A

【解析】职工因工作遭受事故伤害或者患职业病需要暂停工作接受工伤医疗的，在停工留薪期内，原工资福利待遇不变，由所在单位按月支付。停工留薪期一般不超过12个月，伤情严重或者情况特殊时，经设区的市级劳动能力鉴定委员会确认，可以适当延长，但延长不得超过12个月。

4. 【答案】D

【解析】选项A错误，职工与两个或两个以上单位建立劳动关系，工伤事故发生时，职工为之工作的单位为承担工伤保险责任的单位。

选项B错误，劳务派遣单位派遣的职工在用工单位工作期间因工伤亡的，派遣单位为承担工伤保险责任的单位。

选项C错误，单位指派到其他单位工作的职工因工伤亡的，指派单位为承担工伤保险责任的单位。

考点 11 建筑意外伤害保险的规定

【答案】B

【解析】《建设工程安全生产管理条例》规定，施工单位应当为施工现场从事危险作业的人员办理意外伤害保险。意外伤害保险费由施工单位支付。实行施工总承包的，由总承包单位支付意外伤害保险费。意外伤害保险期限自建设工程开工之日起至竣工验收合格止。

考点 12 施工现场安全防护违法行为应承担的法律责任

【答案】B

【解析】《建设工程安全生产管理条例》规定，施工单位有在城市市区内的建设工程的施工现场未实行封闭围挡行为的，责令限期改正；逾期未改正的，责令停业整顿，并处5万元以上10万元以下的罚款。

考点 13 施工单位安全费用违法行为应承担的法律责任

【答案】B

【解析】《建设工程安全生产管理条例》第63条规定，施工单位挪用列入建设工程概算的安全生产作业环境及安全施工措施所需费用的，责令限期改正，处挪用费用20%以上50%以下的罚款；造成损失的，依法承担赔偿责任。

考点 14 施工现场消防安全违法行为应承担的法律责任

【答案】D

【解析】当事人逾期不执行停产停业、停止使用、停止施工决定的，由作出决定的公安机关消防机构强制执行。

考点 15 工伤保险违法行为应承担的法律责任

【答案】B

【解析】《工伤保险条例》规定，工伤职工或者其近亲属骗取工伤保险待遇的，将被责令退还，并处骗取金额2倍以上5倍以下罚款。

2Z206040 施工安全事故的应急救援与调查处理

考点 1 生产安全事故的等级划分标准

1. 【答案】C

【解析】国务院《生产安全事故报告和调查处理条例》规定，根据生产安全事故造成的人员伤亡或者直接经济损失，事故等级划分为：特别重大事故、重大事故、较大事故和一般事故。其中，较大事故是指造成3人以上10人以下死亡，或者10人以上50人以下重伤，或者1000万元以上5000万元以下直接经济损失的事故。

2. 【答案】A

【解析】国务院《生产安全事故报告和调查处理条例》规定，根据生产安全事故造成的人员伤亡或者直接经济损失，事故一般分为以下等级：

(1) 特别重大事故，是指造成30人以上死亡，或者100人以上重伤（包括急性工业中毒，下同），或者1亿元以上直接经济损失的事故。

(2) 重大事故，是指造成10人以上30人以下死亡，或者50人以上100人以下重伤，或者5000万元以上1亿元以下直接经济损失的事故。

(3) 较大事故，是指造成3人以上10人以下死亡，或者10人以上50人以下重伤，或者1000万元以上5000万元以下直接经济损失的事故。

(4) 一般事故，是指造成3人以下死亡，或者10人以下重伤，或者1000万元以下直接经济损失的事故。

所称的“以上”包括本数，所称的“以下”不包括本数。

3. 【答案】A

【解析】特别重大事故，是指造成30人以上死亡，或者100人以上重伤（包括急性工业中毒），或者1亿元以上直接经济损失的事故。本题中，直接经济损失约合1.5亿元，应属于特别重大事故。

4. 【答案】A

【解析】特别重大事故，是指造成30人以上死亡，或者100人以上重伤（包括急性工业中毒），或者1亿元以上直接经济损失的事故。

考点 2 事故等级划分的补充性规定

【答案】A

【解析】《生产安全事故报告和调查处理条例》规定，国务院安全生产监督管理部门可以会同国务院有关部门，制定事故等级划分的补充性规定。

考点 3 施工生产安全事故应急救援预案的编制

1. 【答案】ACE

【解析】《生产安全事故应急预案管理办法》规定，生产经营单位的应急预案按照针对情况的不同，分为综合应急预案、专项应急预案和现场处置方案。

2. 【答案】ABCE

【解析】《生产安全事故应急条例》规定，有下列情形之一的，生产安全事故应急救援预案制定单位应当及时修订相关预案：

(1) 制定预案所依据的法律、法规、规章、标准发生重大变化。

(2) 应急指挥机构及其职责发生调整。

(3) 安全生产面临的风险发生重大变化。

(4) 重要应急资源发生重大变化。

(5) 在预案演练或者应急救援中发现需要修订预案的重大问题。

(6) 其他应当修订的情形。

选项D错误，没有此规定。

考点 4 施工生产安全事故应急救援预案的修订、教育培训和演练

【答案】B

【解析】建筑施工单位，应当至少每半年组织1次生产安全事故应急救援预案演练，并将演练情况报送所在地县级以上地方人民政府负有安全生产监督管理职责的部门。

考点 5 应急救援队伍与应急值班制度

【答案】ACE

【解析】选项B错误，建筑施工单位应当建立应急救援队伍。

选项D错误，建筑施工单位、应急救援队伍应当建立应急值班制度，配备应急值班人员。

考点 6 应急救援的组织实施

【答案】A

【解析】选项A错误，应急救援队伍根据救援命令参加生产安全事故应急救援所耗费用，由事故责任单位承担；事故责任单位无力承担的，由有关人民政府协调解决。

选项B、C、D正确，发生生产安全事故后，生产经营单位应当立即启动生产安全事故应急救援预案，采取下列一项或者多项应急救援措施，并按照国家有关规定报告事故情况：

(1) 迅速控制危险源，组织抢救遇险人员。

(2) 根据事故危害程度，组织现场人员撤离或者采取可能的应急措施后撤离。

(3) 及时通知可能受到事故影响的单位和人员。

(4) 采取必要措施，防止事故危害扩大和次生、衍生灾害发生。

(5) 根据需要请求邻近的应急救援队伍参加救援，并向参加救援的应急救援队伍提供相关技术资料、信息和处置方法。

(6) 维护事故现场秩序，保护事故现场和相关证据。

(7) 法律、法规规定的其他应急救援措施。

考点 7 施工总分包单位的职责分工

【答案】B

【解析】实行施工总承包的，由总承包单位统一组织编制建设工程生产安全事故应急救援预案。

考点 8 施工生产安全事故报告的基本要求

1. 【答案】A

【解析】《生产安全事故报告和调查处理条例》规定，事故发生后，事故现场有关人员应当立即向本单位负责人报告；单位负责人接到报告后，应当于1小时内向事故发生地县级以上人民政府安全生产监督管理部门和负有安全生产监督管理职责的有关部门报告。

2. 【答案】B

【解析】《建设工程安全生产管理条例》第50条规定，施工单位发生生产安全事故，应当按照国家有关伤亡事故报告和调查处理的规定，及时、如实地向负责安全生产监督管理的部门、建设行政主管部门或者其他有关部门报告。实行施工总承包的建设工程，由总承包单位负责上报事故。

考点 9 施工生产安全事故的调查

1. 【答案】BCD

【解析】事故调查组履行下列职责：

(1) 查明事故发生的经过、原因、人员伤亡情况及直接经济损失。

(2) 认定事故的性质和事故责任。

(3) 提出对事故责任者的处理建议。

(4) 总结事故教训，提出防范和整改措施。

(5) 提交事故调查报告。

2. 【答案】D

【解析】事故调查组应当自事故发生之日起60日内提交事故调查报告。

3. 【答案】C

【解析】《生产安全事故报告和调查处理条例》规定，特别重大事故由国务院或者国务院授权有关部门组织事故调查组进行调查。重大事故、较大事故、一般事故分别由事故发生地省级人民政府、设区的市级人民政府、县级人民政府负责调查。省级人民政府、设区的市级人民政府、县级人民政府可以直接组织事故调查组进行调查，也可以授权或者委托有关部门组织事故调查组进行调查。未造成人员伤亡的一般事故，县级人民政府也可以委托事故发生单位组织事故调查组进行调查，选项C错误。特别重大事故以下等级事故，事故发生地与事故发生单位不在同一个县级以上行政区域的，由事故发生地人民政府负责调查，事故发生单位所在地人民政府应当派人参加。

考点 10 施工生产安全事故的处理

【答案】B

【解析】重大事故、较大事故、一般事故，负责事故调查的人民政府应当自收到事故调查报告之日起15日内做出批复。

考点 11 生产安全事故应急违法行为应承担的法律责任

【答案】A

【解析】《安全生产法》规定，未按照规定制定生产安全事故应急救援预案或者未定期组织演练的，责令限期改正，可以处5万元以下的罚款；逾期未改正的，责令停产停业整顿，并处5万元以上10万元以下的罚款，对其直接负责的主管人员和其他直接责任人员处1万元以上2万元以下的罚款。

考点 12 事故报告及采取相应措施违法行为应承担的法律责任

【答案】D

【解析】《安全生产法》规定，生产经营单位的主要负责人在本单位发生生产安全事故时，不立即组织抢救或者在事故调查处理期间擅离职守或者逃匿的，给予降级、撤职的处分，并由应急管理部门处上一年年收入60%～100%的罚款；对逃匿的处15日以下拘留；构成犯罪的，依照刑法有关规定追究刑事责任。生产经营单位的主要负责人对生产安全事故隐瞒不报、谎报或者迟报的，依照前款规定处罚。

考点 13 事故责任单位及主要负责人应承担的法律责任

1. 【答案】A

【解析】《安全生产法》规定，生产经营单位发生生产安全事故造成人员伤亡、他人财产损失的，应当依法承担赔偿责任；拒不承担或者其负责人逃匿的，由人民法院依法强制执行。

2. 【答案】D

【解析】事故发生单位主要负责人受到刑事处罚或者撤职处分的，自刑罚执行完毕或者受处分之日起，5年内不得担任任何生产经营单位的主要负责人。

2Z206050 建设单位和相关单位的建设工程安全责任制度

考点 1 建设单位的安全责任

1. 【答案】D

【解析】建设单位相关的安全责任包括：

(1) 依法办理有关批准手续。

(2) 向施工单位提供真实、准确和完整的有关资料。

(3) 不得提出违法要求和随意压缩合同工期。

(4) 确定建设工程安全作业环境及安全施工措施所需费用。

(5) 不得要求购买、租赁和使用不符合安全施工要求的用具设备等。

(6) 申领施工许可证时应当提供有关安全施工措施的资料。

(7) 装修工程和拆除工程的规定。

(8) 建设单位违法行为应承担的法律责任。

2. 【答案】ADE

【解析】建设单位相关的安全责任有：依法办理有关批准手续；向施工单位提供真实、准确和完整的有关资料；不得提出违法要求和随意压缩合同工期；确定建设工程安全作业环境及安全施工措施所需费用；不得要求购买、租赁和使用不符合安全施工要求的用具设备等；申领施工许可证应当提供有关安全施工措施的资料；装修工程和拆除工程的规定：建设单位应当将拆除工程发包给具有相应资质等级的施工单位；建设单位违法行为应承担的法律责任。

3. 【答案】ABCE

【解析】建设单位相关的安全责任包括：

(1) 依法办理有关批准手续。

(2) 向施工单位提供真实、准确和完整的有关资料。

(3) 不得提出违法要求和随意压缩合同工期。

(4) 确定建设工程安全作业环境及安全施工措施所需费用。

(5) 不得要求购买、租赁和使用不符合安全施工要求的用具设备等。

(6) 申领施工许可证时应当提供有关安全施

工措施的资料。

(7) 装修工程和拆除工程的规定。

(8) 建设单位违法行为应承担的法律责任。

4. 【答案】D

【解析】选项D正确，建设单位应当在拆除工程施工15日前，将下列资料报送建设工程所在地的县级以上地方人民政府建设行政主管部门或者其他有关部门备案：施工单位资质等级证明；拟拆除建筑物、构筑物及可能危及毗邻建筑的说明；拆除施工组织方案；堆放、清除废弃物的措施。

5. 【答案】B

【解析】选项A、C、D属于建设单位的安全责任。选项B属于施工单位安全责任。

考点 2 勘察单位的安全责任

【答案】D

【解析】《建设工程安全生产管理条例》规定，勘察单位在进行勘察作业时，也易发生安全事故。为了保证勘察作业的安全，要求勘察人员必须严格执行操作规程，并应采取措施保证各类管线、设施和周边建筑物、构筑物的安全，为保障施工作业人员和相关人员的安全提供必要条件。

考点 3 设计单位的安全责任

1. 【答案】CDE

【解析】设计单位的安全责任：按照法律、法规和工程建设强制性标准进行设计；提出防范生产安全事故的指导意见和措施建议；对设计成果承担责任。

2. 【答案】D

【解析】《建设工程安全生产管理条例》规定，设计单位和注册建筑师等注册执业人员应当对其设计负责。

3. 【答案】AB

【解析】设计单位的安全责任：按照法律、法规和工程建设强制性标准进行设计；提出防范生产安全事故的指导意见和措施建议；对设计成果承担责任。

考点 4 勘察、设计单位应承担的法律责任

【答案】A

【解析】注册执业人员未执行法律、法规和工程建设强制性标准的，责令停止执业3个月以上1年以下；情节严重的，吊销执业资格证书，5年内不予注册。

考点 5 工程监理单位的安全责任

1. 【答案】B

【解析】根据《建设工程安全生产管理条例》，工程监理单位的安全责任主要体现在：

(1) 对安全技术措施或专项施工方案进行审查。工程监理单位应当审查施工组织设计中的安全技术措施或者专项施工方案是否符合工程建设强制性标准。

(2) 依法对施工安全事故隐患进行处理。工程监理单位在实施监理过程中，发现存在安全事故隐患的，应当要求施工单位整改；情况严重的，应当要求施工单位暂时停止施工，并及时报告建设单位。施工单位拒不整改或者不停止施工的，工程监理单位应当及时向有关主管部门报告。

(3) 承担建设工程安全生产的监理责任。工程监理单位和监理工程师应当按照法律、法规和工程建设强制性标准实施监理，并对建设工程安全生产承担监理责任。

选项A属于施工单位的安全责任。选项C属于建设单位的安全责任。选项D属于设计单位的安全责任。

2. 【答案】C

【解析】《建设工程安全生产管理条例》规定，工程监理单位在实施监理过程中，发现存在安全事故隐患的，应当要求施工单位整改；情况严重的，应当要求施工单位暂时停止施工，并及时报告建设单位。

考点 6 检验检测单位的安全责任

【答案】B

【解析】施工单位在使用施工起重机械和整体提升脚手架、模板等自升式架设设施前，应该验收。

考点 7 出租机械设备和施工机具及配件单位的安全责任

1. 【答案】C

【解析】《建设工程安全生产管理条例》规定，出租的机械设备和施工机具及配件，应当具有生产（制造）许可证、产品合格证。出租单位应当对出租的机械设备和施工机具及配件的安全性能进行检测，在签订租赁协议时，应当出具检测合格证明。禁止出租检测不合格的机械设备和施工机具及配件。

2. 【答案】ABE

【解析】《建设工程安全生产管理条例》规定，出租的机械设备和施工机具及配件，应当具有生产（制造）许可证、产品合格证。出租单位应当对出租的机械设备和施工机具及配件的安全性能进行检测，在签订租赁协议时，应当出具检测合格证明。

考点 8 施工起重机械和自升式架设设施安装、拆卸单位的安全责任

1. 【答案】B

【解析】安装、拆卸施工起重机械和整体提升脚手架、模板等自升式架设设施，应当编制拆装方案、制定安全施工措施，并由专业技术人员现场监督。

2. 【答案】C

【解析】根据《建设工程安全生产管理条例》规定，施工起重机械和整体提升脚手架、模板等自升式架设设施安装、拆卸单位有下列行为之一的，责令限期改正，处5万元以上10万元以下的罚款；情节严重的，责令停业整顿，降低资质等级，直至吊销资质证书；造成损失的，依法承担赔偿责任：

（1）未编制拆装方案、制定安全施工措施的。

（2）未由专业技术人员现场监督的。

（3）未出具自检合格证明或者出具虚假证明的。

（4）未向施工单位进行安全使用说明，办理移交手续的。

考点 9 建设工程安全生产的监督管理体制

【答案】C

【解析】建设行政主管部门或者其他有关部门可以将施工现场的监督检查委托给建设工程安全监督机构具体实施。

考点 10 政府主管部门实施安全生产行政执法工作的法定职权

【答案】A

【解析】生产经营单位拒绝、阻碍负有安全生产监督管理职责的部门依法实施监督检查的，责令改正；拒不改正的，处2万元以上20万元以下的罚款。

2Z207000　建设工程质量法律制度

2Z207010　工程建设标准

考点 1　工程建设国家标准

1. 【答案】C

【解析】工程建设国家标准分为强制性标准和推荐性标准。下列标准属于强制性标准：

(1) 工程建设勘察、规划、设计、施工（包括安装）及验收等通用的综合标准和重要的通用的质量标准。

(2) 工程建设通用的有关安全、卫生和环境保护的标准。

(3) 工程建设重要的通用的术语、符号、代号、量与单位、建筑模数和制图方法标准。

(4) 工程建设重要的通用的试验、检验和评定方法等标准。

(5) 工程建设重要的通用的信息技术标准。

(6) 国家需要控制的其他工程建设通用的标准。

强制性标准以外的标准是推荐性标准。

2. 【答案】C

【解析】工程建设国家标准分为强制性标准和推荐性标准。下列标准属于强制性标准：

(1) 工程建设勘察、规划、设计、施工（包括安装）及验收等通用的综合标准和重要的通用的质量标准。

(2) 工程建设通用的有关安全、卫生和环境保护的标准。

(3) 工程建设重要的通用的术语、符号、代号、量与单位、建筑模数和制图方法标准。

(4) 工程建设重要的通用的试验、检验和评定方法等标准。

(5) 工程建设重要的通用的信息技术标准。

(6) 国家需要控制的其他工程建设通用的标准。

强制性标准以外的标准是推荐性标准。

考点 2　工程建设行业标准

【答案】A

【解析】对没有推荐性国家标准、需要在全国某个行业范围内统一的技术要求，可以制定行业标准。行业标准不得与国家标准相抵触。行业标准在相应的国家标准实施后，应当及时修订或废止。

考点 3　工程建设团体标准

【答案】C

【解析】团体标准由本团体成员约定采用或供社会自愿采用。团体标准的技术要求不得低于强制性标准的相关技术要求；国家鼓励社会团体制定高于推荐性标准相关技术要求的团体标准；鼓励制定国际领先水平的团体标准。

考点 4　工程建设企业标准

【答案】B

【解析】选项 A 错误，企业可以根据需要自行制定企业标准，或者与其他企业联合制定企业标准。企业标准的制定无需行业主管部门批准。

选项 C 错误，国家鼓励社会团体、企业制定高于推荐性标准相关技术要求的团体标准、企业标准。

选项 D 错误，企业标准与团体标准是两个不同的标准，标准不相符。

考点 5　工程建设各方主体实施强制性标准的法律规定

【答案】D

【解析】《建设工程质量管理条例》规定，施工单位必须按照工程设计要求、施工技术标准和合同约定，对建筑材料、建筑构配件、设备和商品混凝土进行检验，检验结果要按规定格式形成书面记录，并由相关的专业人员签字；未经检验或者检验不合格的，不得使用。

考点 6　工程建设强制性标准的实施管理

1. 【答案】A

【解析】选项A错误，工程建设标准批准部门应当对工程项目执行强制性标准情况进行监督检查。

选项B正确，监督检查可以采取重点检查、抽查和专项检查的方式。

选项C正确，工程建设标准批准部门应当将强制性标准监督检查结果在一定范围内公告。

选项D正确，工程建设标准批准部门应当定期对建设项目规划审查机关、施工图设计文件审查单位、建筑安全监督管理机构、工程质量监督机构实施强制性标准的监督进行检查，对监督不力的单位和个人，给予通报批评，建议有关部门处理。

2. 【答案】B

【解析】监督检查的方式有重点检查、抽查和专项检查。

考点 7　建设单位违法行为应承担的法律责任

【答案】B

【解析】《实施工程建设强制性标准监督规定》中规定，建设单位有下列行为之一的，责令改正，并处以20万元以上50万元以下的罚款：

(1) 明示或者暗示施工单位使用不合格的建筑材料、建筑构配件和设备的。

(2) 明示或者暗示设计单位或者施工单位违反工程建设强制性标准，降低工程质量的。

考点 8　勘察、设计单位违法行为应承担的法律责任

【答案】ABCD

【解析】《实施工程建设强制性标准监督规定》中规定，勘察、设计单位违反工程建设强制性标准进行勘察、设计的，责令改正，并处以10万元以上30万元以下的罚款。有前款行为，造成工程质量事故的，责令停业整顿，降低资质等级；情节严重的，吊销资质证书；造成损失的，依法承担赔偿责任。选项E不属于行政处罚。

考点 9　施工企业违法行为应承担的法律责任

【答案】ABDE

【解析】《建筑法》规定，建筑施工企业在施工中偷工减料的，使用不合格的建筑材料、建筑构配件和设备的，或者有其他不按照工程设计图纸或者施工技术标准施工的行为的，责令改正，处以罚款；情节严重的，责令停业整顿，降低资质等级或者吊销资质证书；造成建筑工程质量不符合规定的质量标准的，负责返工、修理，并赔偿因此造成的损失；构成犯罪的，依法追究刑事责任。

考点 10　工程监理单位违法行为应承担的法律责任

【答案】C

【解析】《实施工程建设强制性标准监督规定》规定，工程监理单位违反强制性标准规定，将不合格的建设工程以及建筑材料、建筑构配件和设备按照合格签字的，责令改正，处50万元以上100万元以下的罚款，降低资质等级或者吊销资质证书；有违法所得的，予以没收；造成损失的，承担连带赔偿责任。

2Z207020　施工单位的质量责任和义务

考点 1　总分包单位的质量责任

1. 【答案】C

【解析】《建设工程质量管理条例》规定，建设工程实行总承包的，总承包单位应当对全部建设工程质量负责；建设工程勘察、设计、施工、设备采购的一项或者多项实行总承包的，总承包单位应当对其承包的建设工程或者采购的设备的质量负责。总承包单位依法将建设工程分包给其他单位的，分包单位应当按照分包合同的约定对其分包工程的质量向总承包单位负责，总承包单位与分包单位对分包工程的质量承担连带责任。

2. 【答案】D

【解析】总包单位与分包单位就分包工程对建设单位承担连带责任（法定连带责任），突破了合同的相对性，所以建设单位可以找分包单位乙公司承担责任。法定连带当然也可以向连带的任何一方主张承担全部责任。

3. 【答案】D

【解析】《建筑法》规定，建筑工程实行总承包的，工程质量由工程总承包单位负责，总承包单位将建筑工程分包给其他单位的，应当对分包工程的质量与分包单位承担连带责任。分包单位应当接受总承包单位的质量管理。

考点 2 按图施工，遵守标准

【答案】C

【解析】根据《建设工程质量管理条例》的规定，施工单位必须按照工程设计图纸和施工技术标准施工，不得擅自修改工程设计，不得偷工减料。施工单位在施工过程中发现设计文件和图纸有差错的，应当及时提出意见和建议。

考点 3 防止设计文件和图纸出现差错

【答案】D

【解析】施工单位在施工过程中发现设计文件和图纸中确实存在差错，有义务及时向相关单位提出，避免造成不必要的损失和质量问题。

考点 4 建筑材料、构配件、设备和商品混凝土的检验制度

【答案】B

【解析】《建设工程质量管理条例》规定，施工单位必须按照工程设计要求、施工技术标准和合同约定，对建筑材料、构配件、设备和商品混凝土进行检验，检验应当有书面记录和专人签字；未经检验或者检验不合格的，不得使用。

考点 5 施工检测的见证取样和送检制度

1. 【答案】B

【解析】选项A错误，不得自行取样，应当在建设单位或监理单位的见证下取样。

选项C、D错误，见证人员和取样人员应对试样的代表性和真实性负责。

2. 【答案】D

【解析】见证人员应由建设单位或该工程的监理单位中具备施工试验知识的专业技术人员担任，故选项A、B、C的说法错误。

在施工过程中，见证人员应按照见证取样和送检计划，对施工现场的取样和送检进行见证。取样人员应在试样或其包装上作出标识、封志。标识和封志应标明工程名称、取样部位、取样日期、样品名称和样品数量，并由见证人员和取样人员签字。见证人员和取样人员应对试样的代表性和真实性负责，故选项D正确。

3. 【答案】ABCE

【解析】下列试块、试件和材料必须实施见证取样和送检：

(1) 用于承重结构的混凝土试块。

(2) 用于承重墙体的砌筑砂浆试块。

(3) 用于承重结构的钢筋及连接接头试件。

(4) 用于承重墙的砖和混凝土小型砌块。

(5) 用于拌制混凝土和砌筑砂浆的水泥。

(6) 用于承重结构的混凝土中使用的掺加剂。

(7) 地下、屋面、厕浴间使用的防水材料。

(8) 国家规定必须实行见证取样和送检的其他试块、试件和材料。

4. 【答案】A

【解析】选项A错误，质量检测业务由工程项目建设单位委托具有相应资质的检测机构进行检测，而非施工单位委托。

选项B、C、D正确，检测报告经检测人员签字、检测机构法定代表人或者其授权的签字人签署，并加盖检测机构公章或者检测专用章后方可生效。检测机构应当建立档案管理制度，并应当单独建立检测结果不合格项目台账。检测人员不得同时受聘于两个或者两个以上的检测机构。

考点 6 施工质量检验制度

1. 【答案】AD

【解析】隐蔽工程在隐蔽前，施工单位应当通知建设单位和建设工程质量监督机构。

2. 【答案】CD

【解析】选项A属于建设单位的责任。选项B属于设计单位的责任。选项E的“陷阱”是隐蔽工程隐蔽后，应该是隐蔽工程隐蔽前。

考点 7 建设工程的返修

1.【答案】B

【解析】返修作为施工单位的法定义务，其返修包括施工过程中出现质量问题的建设工程和竣工验收不合格的建设工程两种情形。对于非施工单位原因造成的质量问题，施工单位也应当负责返修，但是因此而造成的损失及返修费用由责任方负责。

2.【答案】C

【解析】《建设工程质量管理条例》规定，施工单位对施工中出现质量问题的建设工程或者竣工验收不合格的建设工程，应当返修。对于非施工单位原因造成的质量问题，施工单位也应当负责返修，但是因此而造成的损失及返修费用由责任方负责。

考点 8 检验检测违法行为应承担的法律责任

【答案】C

【解析】《建设工程质量管理条例》规定，施工单位未对建筑材料、构配件、设备和商品混凝土进行检验，或者未对涉及结构安全的试块、试件以及有关材料取样检测的，责令改正，处10万元以上20万元以下的罚款；情节严重的，责令停业整顿，降低资质等级或者吊销资质证书；造成损失的，依法承担赔偿责任。

考点 9 构成犯罪的追究刑事责任

【答案】B

【解析】《刑法》第137条规定，建设单位、设计单位、施工单位、工程监理单位违反国家规定，降低工程质量标准，造成重大安全事故的，对直接责任人员处5年以下有期徒刑或者拘役，并处罚金；后果特别严重的，处5年以上10年以下有期徒刑，并处罚金。

2Z207030 建设单位及相关单位的质量责任和义务

考点 1 依法发包工程

【答案】A

【解析】建设单位将工程发包给具有相应资质等级的单位来承担，是保证建设工程质量的基本前提。建设单位不得将建设工程肢解分包。建设单位应当依法对工程建设项目的勘察、设计、施工、监理以及与工程建设有关的重要设备、材料等的采购进行招标。

考点 2 限制不合理的干预行为

【答案】D

【解析】《建设工程质量管理条例》规定，建设工程发包单位，不得迫使承包方以低于成本的价格竞标，不得任意压缩合理工期。建设单位不得明示或者暗示设计单位或者施工单位违反工程建设强制性标准，降低建设工程质量。

考点 3 依法报审施工图设计文件

【答案】C

【解析】《建设工程质量管理条例》规定，建设单位应当将施工图设计文件报县级以上人民政府建设行政主管部门或者其他有关部门审查。施工图设计文件未经审查批准的，不得使用。

考点 4 依法实行工程监理

【答案】B

【解析】《建设工程质量管理条例》规定，实行监理的建设工程，建设单位应当委托具有相应资质等级的工程监理单位进行监理，也可以委托具有工程监理相应资质等级并与被监理工程的施工承包单位没有隶属关系或者其他利害关系的该工程的设计单位进行监理。

考点 5 依法办理工程质量监督手续

【答案】D

【解析】选项A、B、C错误，《建设工程质量管理条例》规定，建设单位在开工前，应当按照国家有关规定办理工程质量监督手续，工程质量监督手续可以与施工许可证或者开工报告合并办理。

选项D正确，建设单位在开工之前，应当依法到建设行政主管部门或铁路、交通、水利等有关管理部门，或其委托的工程质量监督机构办理工程质量监督手续，接受政府主管部门的工程质量监督。

考点 6　依法保证建筑材料等符合要求

【答案】D

【解析】《建设工程质量管理条例》规定，按照合同约定，由建设单位采购建筑材料、建筑构配件和设备的，建设单位应当保证建筑材料、建筑构配件和设备符合设计文件和合同要求。建设单位不得明示或者暗示施工单位使用不合格的建筑材料、建筑构配件和设备。施工单位必须按照工程设计要求、施工技术标准和合同约定，对建筑材料、建筑构配件、设备和商品混凝土进行检验，检验应当有书面记录和专人签字；未经检验或者检验不合格的，不得使用。

考点 7　依法进行装修工程

【答案】B

【解析】《建设工程质量管理条例》规定，房屋建筑使用者在装修过程中，不得擅自变动房屋建筑主体和承重结构。

考点 8　建设单位质量违法行为应承担的法律责任

【答案】D

【解析】《建设工程质量管理条例》规定，建设单位要求施工单位压缩合同约定的工期，责令限期改正，处20万元以上50万元以下的罚款。

考点 9　勘察、设计必须执行强制性标准

【答案】A

【解析】勘察、设计单位相关的质量责任和义务包括以下内容：

(1) 依法承揽勘察、设计业务。

(2) 勘察、设计必须执行强制性标准。

(3) 勘察单位提供的勘察成果必须真实、准确。

(4) 设计文件应当符合国家规定的设计深度要求，注明工程合理使用年限。

(5) 依法规范设计单位对建筑材料等的选用。除有特殊要求的建筑材料、专用设备、工艺生产线等外，设计单位不得指定生产厂、供应商。

(6) 依法对设计文件进行技术交底，设计单位应当就审查合格的施工图设计文件向施工单位作出详细说明。

(7) 依法参与建设工程质量事故分析。

(8) 勘察、设计单位质量违法行为应承担的法律责任。

该题中，只有选项A表述正确。选项D中，施工单位进行的安全技术交底与设计单位进行的设计文件技术交底的概念、意义等均不同，不能混为一谈。

考点 10　勘察单位提供的勘察成果必须真实、准确

【答案】C

【解析】工程合理使用年限是指从工程竣工验收合格之日起，工程的地基基础、主体结构能保证在正常情况下安全使用的年限。

考点 11　依法规范设计单位对建筑材料等的选用

【答案】D

【解析】《建筑法》《建设工程质量管理条例》均规定，设计单位在设计文件中选用的建筑材料、建筑构配件和设备，应当注明规格、型号、性能等技术指标，其质量要求必须符合国家规定的标准。除有特殊要求的建筑材料、专用设备、工艺生产线等外，设计单位不得指定生产厂、供应商。

考点 12　依法对设计文件进行设计交底

【答案】C

【解析】《建设工程质量管理条例》规定，设计单位应当就审查合格的施工图设计文件向施工单位作出详细说明。

考点 13　依法参与建设工程质量事故分析

【答案】A

【解析】《建设工程质量管理条例》规定，设计单位应当参与建设工程质量事故分析，并对因设计造成的质量事故，提出相应的技术处理方案。

考点 14 勘察、设计单位质量违法行为应承担的法律责任

【答案】ABCD

【解析】《建设工程质量管理条例》规定，有下列行为之一的，责令改正，处 10 万元以上 30 万元以下的罚款：

(1) 勘察单位未按照工程建设强制性标准进行勘察的。

(2) 设计单位未根据勘察成果文件进行工程设计的。

(3) 设计单位指定建筑材料、建筑构配件的生产厂、供应商的。

(4) 设计单位未按照工程建设强制性标准进行设计的。

有以上所列行为，造成工程质量事故的，责令停业整顿，降低资质等级；情节严重的，吊销资质证书；造成损失的，依法承担赔偿责任。选项 E 属于民事范畴，不属于行政处罚，故选项 A、B、C、D 正确。

考点 15 依法承担工程监理业务

【答案】C

【解析】《建设工程质量管理条例》规定，工程监理单位应当依法取得相应等级的资质证书，并在其资质等级许可的范围内承担工程监理业务。禁止工程监理单位超越本单位资质等级许可的范围或者以其他工程监理单位的名义承担工程监理业务。禁止工程监理单位允许其他单位或者个人以本单位的名义承担工程监理业务。工程监理单位不得转让工程监理业务。

考点 16 对有隶属关系或其他利害关系的回避

【答案】ACD

【解析】《建筑法》规定，工程监理单位与被监理工程的承包单位以及建筑材料、建筑构配件和设备供应单位不得有隶属关系或者其他利害关系。《建设工程质量管理条例》规定，工程监理单位与被监理工程的施工承包单位以及建筑材料、建筑构配件和设备供应单位有隶属关系或者其他利害关系的，不得承担该项建设工程的监理业务。选项 B、E 不属于法定应当回避的情形，而选项 A、C、D 均属于依法应当回避的情形。

考点 17 监理工作的依据和监理责任

1.【答案】C

【解析】监理工作的主要依据包括：

(1) 法律、法规，如《建筑法》《民法典》《建设工程质量管理条例》等。

(2) 有关技术标准，如工程建设强制性标准以及建设工程承包合同中确认采用的推荐性标准等。

(3) 设计文件，施工图设计等设计文件既是施工的依据，也是监理单位对施工活动进行监督管理的依据。

(4) 建设工程承包合同，监理单位据此监督施工单位是否全面履行合同约定的义务。

2.【答案】ABCE

【解析】监理工作的主要依据包括：

(1) 法律、法规，如《建筑法》《民法典》《建设工程质量管理条例》等。

(2) 有关技术标准，如工程建设强制性标准以及建设工程承包合同中确认采用的推荐性标准等。

(3) 设计文件，施工图设计等设计文件既是施工的依据，也是监理单位对施工活动进行监督管理的依据。

(4) 建设工程承包合同，监理单位据此监督施工单位是否全面履行合同约定的义务。

考点 18 工程监理的职责和权限

【答案】D

【解析】未经监理工程师签字，建筑材料、建筑构配件和设备不得在工程上使用或者安装，施工单位不得进行下一道工序的施工。未经总监理工程师签字，建设单位不拨付工程款，不进行竣工验收。

考点 19 工程监理的形式

【答案】ABC

【解析】《建设工程质量管理条例》规定，监理工程师应当按照工程监理规范的要求，采取旁站、巡视和平行检验等形式，对建设工程实施监理。

考点 20　工程监理单位质量违法行为应承担的法律责任

【答案】C

【解析】《建设工程质量管理条例》规定，工程监理单位有下列行为之一的，责令改正，处50万元以上100万元以下的罚款，降低资质等级或者吊销资质证书；有违法所得的予以没收；造成损失的，承担连带赔偿责任：

(1) 与建设单位或者施工单位串通、弄虚作假、降低工程质量的。

(2) 将不合格的建设工程、建筑材料、建筑构配件和设备按照合格签字的。

考点 21　我国的建设工程质量监督管理体制

【答案】C

【解析】国务院建设行政主管部门对全国的建设工程质量实施统一监督管理。国务院铁路、交通、水利等有关部门按照国务院规定的职责分工，负责对全国的有关专业建设工程质量的监督管理。县级以上地方人民政府建设行政主管部门对本行政区域内的建设工程质量实施监督管理。建设工程质量监督管理，可以由建设行政主管部门或者其他有关部门委托的建设工程质量监督机构具体实施。

考点 22　建设工程质量事故报告制度

【答案】C

【解析】《建设工程质量管理条例》规定，建设工程发生质量事故，有关单位应当在24小时内向当地建设行政主管部门和其他有关部门报告。

2Z207040　建设工程竣工验收制度

考点 1　竣工验收应当具备的法定条件

1. 【答案】B

【解析】《建筑法》规定，交付竣工验收的建筑工程，必须符合规定的建筑工程质量标准，有完整的工程技术经济资料和经签署的工程保修书，并具备国家规定的其他竣工条件。建筑工程竣工经验收合格后，方可交付使用；未经验收或者验收不合格的，不得交付使用。

《建设工程质量管理条例》规定，建设工程竣工验收应当具备下列条件：

(1) 完成建设工程设计和合同约定的各项内容。

(2) 有完整的技术档案和施工管理资料。

(3) 有工程使用的主要建筑材料、建筑构配件和设备的进场试验报告。

(4) 有勘察、设计、施工、工程监理等单位分别签署的质量合格文件。

(5) 有施工单位签署的工程保修书。

2. 【答案】BCD

【解析】《建设工程质量管理条例》规定，建设工程竣工验收应当具备下列条件：

(1) 完成建设工程设计和合同约定的各项内容。

(2) 有完整的技术档案和施工管理资料。

(3) 有工程使用的主要建筑材料、建筑构配件和设备的进场试验报告。

(4) 有勘察、设计、施工、工程监理等单位分别签署的质量合格文件。

(5) 有施工单位签署的工程保修书。

建设工程经验收合格的，方可交付使用。

3. 【答案】A

【解析】《建设工程质量管理条例》规定，建设单位收到建设工程竣工报告后，应当组织设计、施工、工程监理等有关单位进行竣工验收。检查整个工程项目是否已按照设计要求和合同约定全部建设完成，并符合竣工验收条件。建设工程竣工验收应当具备下列条件：

(1) 完成建设工程设计和合同约定的各项内容。

(2) 有完整的技术档案和施工管理资料。

(3) 有工程使用的主要建筑材料、建筑构配件和设备的进场试验报告。

(4) 有勘察、设计、施工、工程监理等单位分别签署的质量合格文件。

(5) 有施工单位签署的工程保修书。建设工程经验收合格的，方可交付使用。

考点 2 施工单位应提交的档案资料

【答案】B

【解析】《建设工程质量管理条例》规定，建设单位应当严格按照国家有关档案管理的规定，及时收集、整理建设项目各环节的文件资料，建立健全建设项目档案，并在建设工程竣工验收后，及时向建设行政主管部门或者其他有关部门移交建设项目档案。

考点 3 建设工程竣工规划验收

1. 【答案】C

【解析】建设单位应当在竣工验收后 6 个月内向城乡规划主管部门报送有关竣工验收资料。

2. 【答案】BCE

【解析】《城乡规划法》规定，建设工程竣工后，建设单位应当依法向城乡规划行政主管部门提出竣工规划验收申请，由城乡规划行政主管部门按照选址意见书、建设用地规划许可证、建设工程规划许可证、乡村建设规划许可证及其有关规划的要求，对建设工程进行规划验收。

考点 4 建设工程竣工消防验收

【答案】B

【解析】2021 年 4 月经修改后公布的《中华人民共和国消防法》（以下简称《消防法》）规定，国务院住房和城乡建设主管部门规定应当申请消防验收的建设工程竣工，建设单位应当向住房和城乡建设主管部门申请消防验收。

考点 5 建设工程竣工环保验收

【答案】C

【解析】选项 C 错误，编制环境影响报告书、环境影响报告表的建设项目竣工后，建设单位应当按照国务院环境保护行政主管部门规定的标准和程序，对配套建设的环境保护设施进行验收，编制验收报告。

考点 6 建筑工程节能验收

【答案】C

【解析】节能分项工程验收应由监理工程师主持，施工单位项目技术负责人和相关专业的质量检查员、施工员参加，必要时可邀请设计单位相关专业的人员参加。

考点 7 工程竣工结算

1. 【答案】C

【解析】根据《建筑工程施工发包与承包计价管理办法》，发承包双方在合同中对竣工结算文件提交、审核没有明确约定的，应当按照国家有关规定执行；国家没有规定的，可认为其约定期限均为 28 日。

2. 【答案】A

【解析】发包人对工程质量有异议，已竣工验收或已竣工未验收但实际投入使用的工程，其质量争议按该工程保修合同执行；已竣工未验收且未实际投入使用的工程以及停工、停建工程的质量争议，应当就有争议部分的竣工结算暂缓办理，双方可就有争议的工程委托有资质的检测鉴定机构进行检测，根据检测结果确定解决方案，或按工程质量监督机构的处理决定执行，其余部分的竣工结算依照约定办理。

考点 8 竣工工程质量争议的处理

1. 【答案】B

【解析】选项 A 错误，发包人具有下列情形之一，造成建设工程质量缺陷，应当承担过错责任：

(1) 提供的设计有缺陷。

(2) 提供或者指定购买的建筑材料、建筑构配件、设备不符合强制性标准。

(3) 直接指定分包人分包专业工程。

选项 B 正确，选项 C 错误，建设工程未经竣工验收，发包人擅自使用后，又以使用部分质量不符合约定为由主张权利的，不予支持；但是承包人应当在建设工程的合理使用寿命内对地基基础工程和主体结构质量承担民事责任。

选项 D 错误，建设工程竣工时发现的质量问题或者质量缺陷，无论是建设单位的责任还是施工单位的责任，施工单位都有义务进行修复或返修。但是，对于非施工单位原因出现的质量问题或质量缺陷，其返修的费用和造成的损失应由责任方承担。

2. 【答案】B

【解析】《建设工程质量管理条例》规定，施工单位对施工中出现质量问题的建设工程或者竣工验收不合格的建设工程，应当负责返修。《民法典》规定，因施工人的原因致使建设工程质量不符合约定的，发包人有权要求施工人在合理期限内无偿修理或者返工、改建。对于非施工单位原因造成的质量问题，施工单位也应当负责返修，但是因此而造成的损失及返修费用由责任方负责。

3. 【答案】ABE

【解析】发包人具有下列情形之一，造成建设工程质量缺陷，应当承担过错责任：

(1) 提供的设计有缺陷。

(2) 提供或者指定购买的建筑材料、建筑构配件、设备不符合强制性标准。

(3) 直接指定分包人分包专业工程。

选项C属于违约责任。选项D，合同无效。

4. 【答案】A

【解析】建设工程未经竣工验收，发包人擅自使用后，又以使用部分质量不符合约定为由主张权利的，不予支持；但是承包人应当在建设工程的合理使用寿命内对地基基础工程和主体结构质量承担民事责任。

考点 9　竣工验收备案的时间及须提交的文件

1. 【答案】A

【解析】建设单位应当自工程竣工验收合格之日起15日内，依照规定，向工程所在地的县级以上地方人民政府建设主管部门备案。

2. 【答案】ABCE

【解析】建设单位办理工程竣工验收备案应当提交下列文件：

(1) 工程竣工验收备案表。

(2) 工程竣工验收报告。

(3) 法律、行政法规规定应当由规划等部门出具的认可文件或者准许使用文件。

……

(5) 施工单位签署的工程质量保修书。

(6) 法规、规章规定必须提供的其他文件。

考点 10　竣工验收备案文件的签收和处理

【答案】A

【解析】《房屋建筑和市政基础设施工程竣工验收备案管理办法》规定，备案机关收到建设单位报送的竣工验收备案文件，验证文件齐全后，应当在工程竣工验收备案表上签署文件收讫。工程竣工验收备案表一式两份，1份由建设单位保存，1份留备案机关存档。

考点 11　竣工验收备案违反规定的处罚

【答案】D

【解析】《城市地下管线工程档案管理办法》规定，建设单位违反本办法规定，未移交地下管线工程档案的，由建设主管部门责令改正，处1万元以上10万元以下的罚款；对单位直接负责的主管人员和其他直接责任人员，处单位罚款数额5%以上10%以下的罚款；因建设单位未移交地下管线工程档案，造成施工单位在施工中损坏地下管线的，建设单位依法承担相应的责任。

2Z207050　建设工程质量保修制度

考点 1　建设工程质量保修书

1. 【答案】C

【解析】《建设工程质量管理条例》规定，建设工程承包单位在向建设单位提交工程竣工验收报告时，应当向建设单位出具质量保修书。

2. 【答案】ABD

【解析】《建设工程质量管理条例》规定，建设工程承包单位在向建设单位提交工程竣工验收报告时，应当向建设单位出具质量保修书。质量保修书中应当明确建设工程的保修范围、保修期限和保修责任等。

3. 【答案】ADE

【解析】《建设工程质量管理条例》规定，建设工程承包单位在向建设单位提交工程竣工验收报告时，应当向建设单位出具质量保修书。质量保修书中应当明确建设工程的保修范围、保修期限和保修责任等。

考点 2　建设工程质量的最低保修期限

1. 【答案】D
【解析】《建设工程质量管理条例》规定，在正常使用条件下，建设工程的最低保修期限为：
(1) 基础设施工程、房屋建筑的地基基础工程和主体结构工程，为设计文件规定的该工程的合理使用年限。
(2) 屋面防水工程、有防水要求的卫生间、房间和外墙面的防渗漏，为5年。
(3) 供热与供冷系统，为2个采暖期、供冷期。
(4) 电气管线、给排水管道、设备安装和装修工程，为2年。
其他项目的保修期限由发包方与承包方约定。
2. 【答案】A
【解析】建设工程保修期的起始日是竣工验收合格之日。
3. 【答案】B
【解析】按照《建设工程质量管理条例》规定，建设工程保修期的起始日是竣工验收合格之日。
4. 【答案】D
【解析】《建设工程质量管理条例》规定，在正常使用条件下，建设工程的最低保修期限为：
(1) 基础设施工程、房屋建筑的地基基础工程和主体结构工程，为设计文件规定的该工程的合理使用年限。
(2) 屋面防水工程、有防水要求的卫生间、房间和外墙面的防渗漏，为5年。
(3) 供热与供冷系统，为2个采暖期、供冷期。
(4) 电气管线、给排水管道、设备安装和装修工程，为2年。
其他项目的保修期限由发包方与承包方约定。
5. 【答案】ADE
【解析】《建设工程质量管理条例》规定，在正常使用条件下，建设工程的最低保修期限为：
(1) 基础设施工程、房屋建筑的地基基础工程和主体结构二程，为设计文件规定的该工程的合理使用乍限。
(2) 屋面防水工程、有防水要求的卫生间、房间和外墙面的防渗漏，为5年。
(3) 供热与供冷系统，为2个采暖期、供冷期。
(4) 电气管线、给排水管道、设备安装和装修工程，为2年。

考点 3　保修义务的责任落实与损失赔偿责任的承担

1. 【答案】B
【解析】本题涉及的考点是质量缺陷维修费用的承担。建设工程在保修范围和保修期内发生质量问题的，施工单位应当履行保修义务，并对造成的损失承担赔偿责任。
2. 【答案】C
【解析】《建设工程质量管理条例》规定，建设工程在保修范围和保修期限内发生质量问题的，施工单位应当履行保修义务，并对造成的损失承担赔偿责任。

考点 4　建设工程质量保证金

1. 【答案】A
【解析】《建设工程质量保证金管理办法》规定，建设工程质量保证金（以下简称保证金）是指发包人与承包人在建设工程承包合同中约定，从应付的工程款中预留，用以保证承包人在缺陷责任期内对建设工程出现的缺陷进行维修的资金。
2. 【答案】ABC
【解析】缺陷是指建设工程质量不符合工程建设强制性标准、设计文件，以及承包合同的约定。缺陷责任期一般为1年，最长不超过2年，由发承包双方在合同中约定。缺陷责任期从工程通过竣工验收之日起计。由于承包人原因导致工程无法按规定期限进行竣工验收的，缺陷责任期从实际通过竣工验收之日起计。由于发包人原因导致工程无法按规定期限进行竣工验收的，在承包人提交竣工验收报告90天后，工程自动进入缺陷责任期。

3.【答案】C

【解析】根据《建设工程质量保证金管理办法》的相关规定，缺陷责任期内，由承包人原因造成的缺陷，承包人应负责维修，并承担鉴定及维修费用。如承包人不维修也不承担费用，发包人可按合同约定扣除保证金，并由承包人承担违约责任。承包人维修并承担相应费用后，不免除对工程的一般损失赔偿责任。

4.【答案】A

【解析】选项A正确，国务院办公厅《关于清理规范工程建设领域保证金的通知》规定，对建筑业企业在工程建设中需缴纳的保证金，除依法依规设立的投标保证金、履约保证金、工程质量保证金、农民工工资保证金外，其他保证金一律取消，严禁新设保证金项目。

选项B错误，承包人可以银行保函替代预留保证金。

选项C错误，在工程项目竣工前，已缴纳履约保证金的，发包人不得同时预留工程质量保证金。

选项D错误，采用工程质量保证担保、工程质量保险等其他保证方式的，发包人不得再预留保证金。

2Z208000　解决建设工程纠纷法律制度

2Z208010　建设工程纠纷主要种类和法律解决途径

考点 1　建设工程民事纠纷

【答案】A

【解析】建设工程民事纠纷，是在建设工程活动中平等主体之间发生的以民事权利义务法律关系为内容的争议。民事纠纷主要是因为违反了民事法律规范或者合同约定而引起的。民事纠纷可分为两大类：一类是财产关系方面的民事纠纷，如合同纠纷、损害赔偿纠纷等；另一类是人身关系方面的民事纠纷，如名誉权纠纷、继承权纠纷等。

考点 2　建设工程行政纠纷

【答案】B

【解析】行政强制包括行政强制措施和行政强制执行，选项A错误。

行政主体在实施行政行为时，具有单方意志性，不必与行政向对方协商或征得其同意，便可依法自主做出，选项B正确。

没收违法所得和罚款都属于行政处罚，选项C错误。

引发行政纠纷的行政行为主要有：行政许可、行政处罚、行政强制和行政裁决等，选项D错误。

考点 3　和解

【答案】D

【解析】选项A、C错误，无论是否已经进入诉讼或仲裁程序，和解可以在民事纠纷的任何阶段进行。

选项B错误，和解达成的协议不具有强制执行力，在性质上仍属于当事人之间的约定。

考点 4　调解

【答案】D

【解析】在我国，调解的主要方式是人民调解、行政调解、仲裁调解、司法调解、行业调解以及专业机构调解。

考点 5　仲裁

1. 【答案】D

【解析】仲裁实行一裁终局制度，仲裁裁决一经作出即发生法律效力。仲裁裁决不能上诉，这使得当事人之间的纠纷能够迅速得以解决。

2. 【答案】BD

【解析】根据2017年9月经修改后公布的《中华人民共和国仲裁法》（以下简称《仲裁法》）的规定，该法的调整范围仅限于民商事仲裁，即“平等主体的公民、法人和其他组织之间发生的合同纠纷和其他财产权纠纷”；对于婚姻、收养、监护、扶养、继承纠纷以及依法应当由行政机关处理的行政争议等不能仲裁。另外，劳动争议仲裁和农业集体经济组织内部的农业承包合同纠纷不受《仲裁法》的调整。

考点 6　民事诉讼

【答案】ADE

【解析】与调解、仲裁这些非诉讼解决纠纷的方式相比，民事诉讼有如下特征：①公权性；②强制性；③程序性。

考点 7　行政复议

【答案】D

【解析】行政复议是公民、法人或其他组织（作为行政相对人）认为行政机关的具体行政行为侵犯其合法权益，依法请求法定的行政复议机关审查该具体行政行为的合法性、适当性，该复议机关依照法定程序对该具体行政行为进行审查，并作出行政复议决定的法律制度。

考点 8　行政诉讼

【答案】D

【解析】行政诉讼的被告与原告是恒定的，即被告只能是行政机关，原告则是作为行政行为相对人的公民、法人或其他组织，原告和被告之间不可能互易诉讼身份。

2Z208020 民事诉讼制度

考点 1 地域管辖

1. 【答案】C

【解析】根据《民事诉讼法》的规定，对公民提起的民事诉讼，由被告住所地人民法院管辖；被告住所地与经常居住地不一致的，由经常居住地人民法院管辖。其中，公民的住所地是指该公民的户籍所在地。经常居住地是指公民离开住所至起诉时已连续居住满1年的地方，但公民住院就医的地方除外。同一诉讼的几个被告住所地、经常居住地在两个以上人民法院辖区的，各人民法院都有管辖权，原告可以向任何一个被告住所地或经常居住地人民法院起诉。

2. 【答案】D

【解析】对公民提起的民事诉讼，由被告住所地人民法院管辖；被告住所地与经常居住地不一致的，由经常居住地人民法院管辖。其中，公民的住所地是指该公民的户籍所在地。经常居住地是指公民离开住所至起诉时已连续居住满1年的地方，但公民住院就医的地方除外。

3. 【答案】C

【解析】选项A、B正确，因不动产纠纷提起的诉讼，由不动产所在地人民法院管辖，如房屋买卖纠纷、土地使用权转让纠纷、建设工程施工合同纠纷等。

选项C错误，不动产已登记的，以不动产登记簿记载的所在地为不动产所在地；不动产未登记的，以不动产实际所在地为不动产所在地。

选项D正确，法律规定两个以上人民法院都有管辖权的诉讼，原告可以向其中一个人民法院起诉。

4. 【答案】B

【解析】本题考查的是地域管辖。《民事诉讼法》规定，因合同纠纷提起的诉讼，由被告住所地或者合同履行地人民法院管辖。

考点 2 移送管辖和指定管辖

【答案】BCD

【解析】选项A属于移送管辖。人民法院发现受理的案件不属于本院管辖的，应当移送有管辖权的人民法院，受移送的人民法院应当受理。受移送的人民法院认为受移送的案件依照规定不属于本院管辖的，应当报请上级人民法院指定管辖，不得再自行移送。管辖权转移，是指上级人民法院有权审理下级人民法院管辖的第一审民事案件；确有必要将本院管辖的第一审民事案件交下级人民法院审理的，应当报请其上级人民法院批准。

选项E错误，协议管辖中，当事人选择法院时，不得违反级别管辖和专属管辖的规定。

考点 3 管辖权异议

【答案】D

【解析】根据《最高人民法院关于审理民事级别管辖异议案件若干问题的规定》，受诉人民法院应当在受理异议之日起15日内作出裁定。

考点 4 当事人

【答案】AB

【解析】广义的民事诉讼当事人包括原告、被告、共同诉讼人和第三人。狭义的民事诉讼当事人包括原告和被告。

考点 5 诉讼代理人

1. 【答案】D

【解析】下列人员可以被委托为诉讼代理人：

(1) 律师、基层法律服务工作者。

(2) 当事人的近亲属或者工作人员。

(3) 当事人所在社区、单位以及有关社会团体推荐的公民。

选项D的说法范围太大，不准确。

2. 【答案】C

【解析】《民事诉讼法》规定，诉讼代理人代为承认、放弃、变更诉讼请求，进行和解、提起反诉或者上诉，必须有委托人的特别授权。针对实践中经常出现的授权委托书仅写全权代理而无具体授权的情形，最高人民法院还特别规定，在这种情况下不能认定为诉讼代理人已获得特别授权，即诉讼代理人无权代为承认、放弃、变更诉讼请求，进行和解、提起反诉或者上诉。

3. 【答案】D

【解析】委托权限分为一般授权与特别授权。特别授权即代为承认、放弃、变更诉讼请求，进行和解，提起反诉或者上诉。

考点 6 民事诉讼证据

1. 【答案】A

【解析】书证，是指以文字、符号所记录或表示的，以证明待证事实的文书，如合同、书信、文件、票据等。书证是民事诉讼和仲裁中普遍并大量应用的一种证据。物证，是指用物品的外形、特征、质量等说明待证事实的一部分或全部的物品。在工程实践中，建筑材料、设备以及工程质量等，往往表现为物证这种形式。视听资料，包括录音资料和影像资料，是指利用录音、录像等方法记录下来的有关案件事实的材料，如用录音机录制的当事人的谈话、用摄像机拍摄的人物形象及其活动等。电子数据，是指与案件事实有关的下列信息：电子文件、网页、博客、微博客等网络平台发布的信息；手机短信、电子邮件、即时通信、通讯群组等网络应用服务的通信信息；用户注册信息、身份认证信息、电子交易记录、通信记录、登录日志等信息；文档、图片、音频、视频、数字证书、计算机程序等电子文件；其他以数字化形式存储、处理、传输的能够证明案件事实的信息。

2. 【答案】C

【解析】选项 A、B 正确，在诉讼过程中包括在证据交换、询问、调查过程中，或者在起诉状、答辩状、代理词等书面材料中，一方当事人陈述的于己不利的事实，或者对于己不利的事实明确表示承认的，另一方当事人无须举证证明。

选项 C 错误，一方当事人对于另一方当事人主张的于己不利的事实既不承认也不否认，经审判人员说明并询问后，其仍然不明确表示肯定或者否定的，视为对该事实的承认。

选项 D 正确，当事人委托诉讼代理人参加诉讼的，除授权委托书明确排除的事项外，诉讼代理人的自认视为当事人的自认，但当事人在场对诉讼代理人的自认明确否认的，不视为自认。

3. 【答案】C

【解析】视听资料，包括录音资料和影像资料，是指利用录音、录像等方法记录下来的有关案件事实的材料，如用录音机录制的当事人的谈话、用摄像机拍摄的人物形象及其活动等。

4. 【答案】C

【解析】《民事诉讼法》规定，根据表现形式的不同，民事证据有 8 种，分别是：当事人的陈述、书证、物证、视听资料、电子数据、证人证言、鉴定意见、勘验笔录。

5. 【答案】C

【解析】书证，是指以文字、符号所记录或表示的，以证明待证事实的文书，如合同、书信、文件、票据等。书证是民事诉讼和仲裁中普遍并大量应用的一种证据。

6. 【答案】ABDE

【解析】凡是知道案件情况的单位和个人，都有义务出庭作证。有关单位的负责人应当支持证人作证。证人确有困难不能出庭作证，经人民法院准许可以书面证言、视听传输技术或者视听资料等方式作证的，但以书面证言方式作证的应当签署保证书；以视听传输技术或者视听资料方式作证的应当签署保证书并宣读保证书的内容。证人应当客观陈述其亲身感知的事实，作证时不得使用猜测、推断或者评论性语言。

7. 【答案】CD

【解析】证据包括：当事人的陈述、书证、物证、视听资料、电子数据、证人证言、鉴定意见、勘验笔录。证据必须查证属实，才能作为认定事实的根据。

8. 【答案】D

【解析】选项 A 错误，申请人民法院调查收集证据，当事人及其诉讼代理人应当在举证期限届满前提交书面申请。

选项B错误，当事人申请证据保全的，应当在举证期限届满前向人民法院提出。

选项C错误，人民法院进行证据保全，可以要求当事人或者诉讼代理人到场。

选项D正确，根据当事人的申请和具体情况，人民法院可以采取查封、扣押、录音、录像、复制、鉴定、勘验等方法进行证据保全，并制作笔录。

9. **【答案】**C

【解析】不能单独作为认定案件事实根据的证据：

(1) 当事人的陈述。

(2) 无民事行为能力人或者限制民事行为能力人所作的与其年龄、智力状况或者精神健康状况不相当的证言。

(3) 与一方当事人或者其代理人有利害关系的证人陈述的证言。

(4) 存有疑点的视听资料、电子数据。

(5) 无法与原件、原物核对的复制件、复制品。

10. **【答案】**A

【解析】不能单独作为认定案件事实根据的证据：

(1) 当事人的陈述。

(2) 无民事行为能力人或者限制民事行为能力人所作的与其年龄、智力状况或者精神健康状况不相当的证言。

(3) 与一方当事人或者其代理人有利害关系的证人陈述的证言。

(4) 存有疑点的视听资料、电子数据。

(5) 无法与原件、原物核对的复制件、复制品。

考点 7 民事诉讼时效

1. **【答案】**C

【解析】普通诉讼时效为3年，如果承包商一直没有提出索要工程款的要求，业主也没有主动提出同意支付工程款，则截止于2020年1月1日，承包商丧失胜诉权。

2. **【答案】**D

【解析】诉讼时效是指权利人在法定期间内不行使权力，即丧失请求人民法院保护的权利。本题诉讼时效为普通诉讼时效，为3年，该时效自施工单位知道或应当知道其权益受到侵害之日起计算，即2017年4月2日。此后，施工单位于2017年8月1日致函建设单位要求付款，属于诉讼时效中断，从中断时起，诉讼时效期间重新计算。

3. **【答案】**B

【解析】《民法典》规定，诉讼时效期间自权利人知道或者应当知道权利受到损害以及义务人之日起计算。

4. **【答案】**C

【解析】《民法典》规定，在诉讼时效期间的最后6个月内，因不可抗力或者其他障碍不能行使请求权的，诉讼时效中止。从中止时效的原因消除之日起，诉讼时效期间继续计算。《民法典》还规定，有下列情形之一的，诉讼时效中断，从中断、有关程序终结时起，诉讼时效期间重新起算：

(1) 权利人向义务人提出履行请求。

(2) 义务人同意履行义务。

(3) 权利人提起诉讼或者申请仲裁。

(4) 与提起诉讼或者申请仲裁具有同等效力的其他情形。

5. **【答案】**CD

【解析】当事人可以对债权请求权提出诉讼时效抗辩，但对下列债权请求权提出诉讼时效抗辩的，法院不予支持：

(1) 支付存款本金及利息请求权。

(2) 兑付国债、金融债券以及向不特定对象发行的企业债券本息请求权。

(3) 基于投资关系产生的缴付出资请求权。

(4) 其他依法不适用诉讼时效规定的债权请求权。

6. **【答案】**ACD

【解析】选项B错误，权利人向义务人提出履行请求的，属于诉讼时效中断的情形。

选项E错误，因权利人提起诉讼或者申请仲裁的，属于诉讼时效中断的情形。

考点 8 民事诉讼的审判程序

1. **【答案】**D

【解析】当事人申请再审，应当在判决、裁定发生法律效力后6个月内提出。

2. **【答案】**DE

【解析】选项A错误，被告不提出答辩状的，不影响人民法院审理。

选项B、C错误，公开审理是人民法院审理案件的一项基本原则，只有在例外情形下，才可以不公开审理。离婚案件，涉及商业秘密的案件，当事人申请不公开的，可以不公开审理。

选项D正确，普通程序的审判组织应当采用合议制。合议庭组成人员确定后，应当在3日内告知当事人。

选项E正确，举证时限是指法律规定或法院、仲裁机构指定的当事人能够有效举证的期限，当事人在举证时限内提交证据皆可。

3. 【答案】A

【解析】当事人不服地方人民法院第一审判决的，有权在判决书送达之日起15日内向上一级人民法院提起上诉；不服地方人民法院第一审裁定的，有权在裁定书送达之日起10日内向上一级人民法院提起上诉。

考点9 民事诉讼的执行程序

1. 【答案】C

【解析】执行根据主要有：

(1) 人民法院民事、行政判决、裁定、调解书，民事制裁决定、支付令，以及刑事附带民事判决、裁定、调解书，刑事裁判涉财产部分。

(2) 依法应由人民法院执行的行政处罚决定、行政处理决定。

(3) 我国仲裁机构作出的仲裁裁决和调解书，人民法院依据《中华人民共和国仲裁法》有关规定作出的财产保全和证据保全裁定。

(4) 公证机关依法赋予强制执行效力的债权文书。

(5) 经人民法院裁定承认其效力的外国法院作出的判决、裁定，以及国外仲裁机构作出的仲裁裁决。

(6) 法律规定由人民法院执行的其他法律文书。

2. 【答案】C

【解析】执行中止是指在执行过程中，因发生特殊情况，需要暂时停止执行程序。有下列情况之一的，人民法院应裁定中止执行：

(1) 申请人表示可以延期执行的。

(2) 案外人对执行标的提出确有理由异议的。

(3) 作为一方当事人的公民死亡，需要等待继承人继承权利或承担义务的。

(4) 作为一方当事人的法人或其他组织终止，尚未确定权利义务承受人的。

(5) 人民法院认为应当中止执行的其他情形，如被执行人确无财产可供执行等。

中止的情形消失后，恢复执行。

2Z208030 仲裁制度

考点1 一裁终局制度

【答案】BD

【解析】仲裁有下列三项基本制度：协议仲裁制度、排除法院管辖制度、一裁终局制度。

考点2 仲裁协议

【答案】ADE

【解析】仲裁协议应当采用书面形式，口头方式达成的仲裁意思表示无效。在民商事仲裁中，仲裁协议是仲裁的前提，没有仲裁协议，就不存在有效的仲裁。有效的仲裁协议可以排除法院对订立于仲裁协议中的争议事项的司法管辖权。

考点3 仲裁案件的申请和受理

【答案】D

【解析】当事人申请仲裁，应当符合的条件有：①有效的仲裁协议；②有具体的仲裁请求和事实、理由；③属于仲裁委员会的受理范围。仲裁委员会收到仲裁申请书之日起5日内经审查认为符合受理条件的，应当受理，并通知当事人；认为不符合受理条件的，应当书面通知当事人不予受理，并说明理由。

考点4 仲裁庭的组成

【答案】A

【解析】《仲裁法》规定，仲裁庭可以由3名仲裁员或者1名仲裁员组成。由3名仲裁员组成的，设首席仲裁员。当事人约定由3名仲裁员组成仲裁庭的，应当各自选定或者各自委托仲裁委员会主任指定1名仲裁员，第3名仲裁员由当事人共同选定或者共同委托仲裁委员会主任指定。第3名仲裁员是首席仲裁员。当事人约定由1名仲裁员成立仲裁庭的，应当由当事人共同选定或者共同委托仲裁委员会主任指定仲裁员。

考点 5 开庭和审理

1. **【答案】** ABC

【解析】 根据《仲裁法》的规定，仲裁审理的方式分为开庭审理和书面审理两种。仲裁应当开庭审理作出裁决，这是仲裁审理的主要方式。但是，当事人协议不开庭的，仲裁庭可以根据仲裁申请书、答辩书以及其他材料作出裁决，即书面审理方式。当事人应当对自己的主张提供证据。仲裁庭认为有必要收集的证据，可以自行收集。证据应当在开庭时出示，当事人可以质证。仲裁庭可以作出缺席裁决。

2. **【答案】** D

【解析】 仲裁审理的方式分为开庭审理和书面审理两种，选项A错误。

仲裁庭作出的裁决一经作出即发生法律效力，选项B错误。

当事人申请撤销裁决的，应当自收到裁决书之日起6个月内向仲裁机构所在地的中级人民法院提出，选项C错误。

考点 6 仲裁和解与调解

1. **【答案】** AB

【解析】 和解可以发生在仲裁或民事诉讼的任何阶段，选项A错误。

当事人申请仲裁后，可以自行和解。达成和解协议的，可以请求仲裁庭根据和解协议作出裁决书，也可以撤回仲裁申请，选项B错误。

2. **【答案】** A

【解析】 当事人申请仲裁后，可以自行和解。达成和解协议的，可以请求仲裁庭根据和解协议作出裁决书，也可以撤回仲裁申请。若撤回仲裁申请后反悔的，可以根据仲裁协议再申请仲裁。

考点 7 仲裁裁决

1. **【答案】** A

【解析】 根据《仲裁法》的规定，仲裁裁决应当按照多数仲裁员的意见作出，少数仲裁员的不同意见可以记入笔录。仲裁庭无法形成多数意见时，按照首席仲裁员的意见作出。

2. **【答案】** D

【解析】 仲裁实行一裁终局制度，当事人不得就已经裁决的事项再行申请仲裁，也不得就此提起诉讼；当事人申请人民法院撤销裁决的，应当依法进行。

考点 8 仲裁裁决的执行效力

【答案】 D

【解析】 仲裁裁决作出后，当事人应当履行裁决。一方当事人不履行的，另一方当事人可以依照我国《民事诉讼法》的规定，向人民法院申请执行。根据我国最高人民法院的相关司法解释，当事人申请执行仲裁裁决案件，由被执行人所在地或者被执行财产所在地的中级人民法院管辖。

考点 9 仲裁裁决的不予执行和撤销

1. **【答案】** A

【解析】 被申请人提出证据证明裁决有下列情形之一的，经人民法院组成合议庭审查核实，裁定不予执行：

(1) 当事人在合同中没有仲裁条款或者事后没有达成书面仲裁协议的。

(2) 裁决的事项不属于仲裁协议的范围或者仲裁机构无权仲裁的。

(3) 仲裁庭的组成或者仲裁的程序违反法定程序的。

(4) 裁决所根据的证据是伪造的。

(5) 对方当事人向仲裁机构隐瞒了足以影响公正裁决的证据的。

(6) 仲裁员在仲裁该案时有索贿受贿、徇私舞弊、枉法裁决行为的。

仲裁协议包括合同中订立的仲裁条款和其他以书面形式在纠纷发生前或者纠纷发生后达成的请求仲裁的协议。

2. **【答案】** B

【解析】当事人申请撤销仲裁裁决，必须向仲裁委员会所在地的中级人民法院提出。

3.【答案】ABCE

【解析】当事人提出证据证明裁决有下列情形之一的，可以向仲裁委员会所在地的中级人民法院申请撤销裁决：

(1) 当事人在合同中没有仲裁条款或者事后没有达成书面仲裁协议的。

(2) 裁决的事项不属于仲裁协议的范围或者仲裁委员会无权仲裁的。

(3) 仲裁庭的组成或者仲裁的程序违反法定程序的。

(4) 裁决所依据的证据是伪造的。

(5) 对方当事人向仲裁机构隐瞒了足以影响公正裁决的证据的。

(6) 仲裁员在仲裁该案时有索贿受贿、徇私舞弊、枉法裁决行为的。

考点 10 涉外仲裁案件的证据、财产保全

【答案】B

【解析】《仲裁法》规定，涉外仲裁的当事人申请证据保全的，涉外仲裁委员会应当将当事人的申请，提交被申请人住所地或者财产所在地的中级人民法院裁定。

2Z208040 调解与和解制度

考点 1 人民调解

1.【答案】B

【解析】选项A错误，人民调解委员会调解纠纷可以公开进行或者不公开进行。

选项C错误，司法确认调解协议才具有强制执行力，调解协议仅具有法律约束力。

选项D错误，当事人认为无需制作调解协议的，可以采取口头协议的方式。

2.【答案】DE

【解析】选项A错误，行政调解达成的协议不具有强制约束力。

选项B错误，专业机构进行调解达成的调解书不具有强制执行力。

选项C错误，选项E正确，经双方当事人签收的人民法院或仲裁委员会制作的调解书具有强制执行力。

选项D正确，人民调解本没有强制执行力，但经司法确认的人民调解具有强制执行力。经人民调解委员会调解达成调解协议后，双方当事人认为有必要的，可自调解协议生效之日起30日内共同向人民法院申请司法确认。人民法院依法确认调解协议有效，一方当事人拒绝履行或者未全部履行的，对方当事人可向人民法院申请强制执行。法院调解书经双方当事人签收后，即具有法律效力，效力与判决书相同。

考点 2 行政调解

【答案】C

【解析】行政调解是指有关国家行政机关应纠纷当事人的请求，依据法律、法规、规章和政策，对属于其职权管辖范围内的纠纷，通过耐心的说服教育，使纠纷的双方互相谅解，在平等协商的基础上达成一致协议，促成当事人解决纠纷。行政调解可分为：基层人民政府，即乡、镇人民政府对一般民间纠纷的调解；国家行政机关依照法律规定对某些特定民事纠纷、经济纠纷或劳动纠纷等进行的调解。

考点 3 仲裁调解

【答案】A

【解析】根据《仲裁法》的规定，调解达成协议的，仲裁庭应当制作调解书或者根据协议的结果制作裁决书。调解书与裁决书具有同等法律效力。调解书经双方当事人签收后，即发生法律效力。在调解书签收前当事人反悔的，仲裁庭应当及时作出裁决。

考点 4 法院调解

1.【答案】A

【解析】调解达成协议，人民法院应当制作调解书。调解书应当写明诉讼请求、案件的事实和调解结果。调解书由审判员、书记员署名，加盖人民法院印章，送达双方当事人。调解书经双方当事人签收后，即具有法律效力。调解未达成协议或者调解书送达前一方反悔的，人民法院应当及时判决。

2.【答案】AB

【解析】下列案件调解达成协议，人民法院可以不制作调解书：
(1) 调解和好的离婚案件。
(2) 调解维持收养关系的案件。
(3) 能够即时履行的案件。
(4) 其他不需要制作调解书的案件。
对不需要制作调解书的协议，应当记入笔录，由双方当事人、审判人员、书记员签名或者盖章后，即具有法律效力。

考点 5 和解的类型

【答案】C
【解析】双方当事人在诉讼中达成和解，并不能自然终结诉讼程序，当事人可以申请撤诉，经法院允许而结案，也可以申请法院制作调解书而结案。当事人自行和解或者经调解达成协议后，请求人民法院按照和解协议或者调解协议的内容制作判决书的，人民法院不予支持。

考点 6 和解的效力

【答案】C
【解析】选项 A 错误，和解协议并无法律效力。
选项 B 错误，只有当事人请求，仲裁庭才可制作裁决书。
选项 D 错误，当事人在诉讼中和解的，原告既可以撤诉，也可以请求人民法院对和解事项制作调解书，经当事人签名盖章产生法律效力。

2Z208050 行政强制、行政复议和行政诉讼制度

考点 1 行政强制的种类

1. 【答案】DE
【解析】行政强制措施包括：①限制公民人身自由；②查封场所、设施或者财物；③扣押财物；④冻结存款、汇款；⑤其他行政强制措施。
2. 【答案】AE
【解析】行政强制措施包括：①限制公民人身自由；②查封场所、设施或者财物；③扣押财物；④冻结存款、汇款；⑤其他行政强制措施。行政法规可以设定除限制公民人身自由、冻结存款汇款和应当由法律规定的行政强制措施以外的其他行政强制措施。

考点 2 行政强制的法定程序

【答案】C
【解析】行政强制措施由法律、法规规定的行政机关在法定职权范围内实施。行政强制措施权不得委托，选项 A 错误。
查封、扣押的期限不得超过 30 日；情况复杂的，经行政机关负责人批准，可以延长，但是延长期限不得超过 30 日。法律、行政法规另有规定的除外，选项 B 错误。
因查封、扣押发生的保管费用由行政机关承担，选项 D 错误。

考点 3 行政复议范围

【答案】C
【解析】根据《行政复议法》规定，下列事项应按规定的纠纷处理方式解决，不能提起行政复议：
(1) 不服行政机关作出的行政处分或者其他人事处理决定的，应当依照有关法律、行政法规的规定提起申诉。
(2) 不服行政机关对民事纠纷作出的调解或者其他处理，应当依法申请仲裁或者向法院提起诉讼。

考点 4 行政复议受理

【答案】A
【解析】行政复议机关受到复议申请后，应当在 5 日内进行审查，依法决定是否受理，并书面告知申请人。

考点 5 行政诉讼受案范围

【答案】ABD
【解析】人民法院受理公民、法人或者其他组织提起的下列诉讼：
(1) 对行政拘留、暂扣或者吊销许可证和执照、责令停产停业、没收违法所得、没收非法财物、罚款、警告等行政处罚不服的。
(2) 对限制人身自由或者对财产的查封、

扣押、冻结等行政强制措施和行政强制执行不服的。
(3) 申请行政许可，行政机关拒绝或者在法定期限内不予答复，或者对行政机关作出的有关行政许可的其他决定不服的。
(4) 对行政机关作出的关于确认土地、矿藏、水流、森林、山岭、草原、荒地、滩涂、海域等自然资源的所有权或者使用权的决定不服的。
(5) 对征收、征用决定及其补偿决定不服的。
(6) 申请行政机关履行保护人身权、财产权等合法权益的法定职责，行政机关拒绝履行或者不予答复的。
(7) 认为行政机关侵犯其经营自主权或者农村土地承包经营权、农村土地经营权的。
(8) 认为行政机关滥用行政权力排除或者限制竞争的。
(9) 认为行政机关违法集资、摊派费用或者违法要求履行其他义务的。
(10) 认为行政机关没有依法支付抚恤金、最低生活保障待遇或者社会保险待遇的。
(11) 认为行政机关不依法履行、未按照约定履行或者违法变更、解除政府特许经营协议、土地房屋征收补偿协议等协议的。
(12) 认为行政机关侵犯其他人身权、财产权等合法权益的。除前款规定外，人民法院受理法律、法规规定可以提起诉讼的其他行政案件。
下列行为不属于人民法院行政诉讼的受案范围：
(1) 公安、国家安全等机关依照刑事诉讼法的明确授权实施的行为。
(2) 调解行为以及法律规定的仲裁行为。
(3) 行政指导行为。
(4) 驳回当事人对行政行为提起申诉的重复处理行为。
(5) 行政机关作出的不产生外部法律效力的行为。
(6) 行政机关为作出行政行为而实施的准备、论证、研究、层报、咨询等过程性行为。
(7) 行政机关根据人民法院的生效裁判、协助执行通知书作出的执行行为，但行政机关扩大执行范围或采取违法方式实施的除外。
(8) 上级行政机关基于内部层级监督关系对下级行政机关作出的听取报告、执法检查、督促履责等行为。
(9) 行政机关针对信访事项作出的登记、受理、交办、转送、复查、复核意见等行为。
(10) 对公民、法人或者其他组织权利义务不产生实际影响的行为。

考点 6 侵权的赔偿责任

【答案】 ABC
【解析】 属于下列情形之一的，国家不承担赔偿责任：
(1) 行政机关工作人员与行使职权无关的个人行为。
(2) 因公民、法人和其他组织自己的行为致使损害发生的。
(3) 法律规定的其他情形。

《建设工程法规及相关知识》全真模拟试卷（一）

一、单项选择题

1.【答案】B

【解析】地方性法规表现形式为《地名××条例》；部门规章表现形式为《××规定/办法》；行政法规表现形式为《××条例》；地方政府规章表现形式为《地名××规定/办法》。

2.【答案】B

【解析】选项A，特别法优于一般法；选项C，新法优于旧法；选项D，宪法至上。

3.【答案】A

【解析】依照法律或者法人章程的规定，代表法人从事民事活动的负责人，为法人的法定代表人。法定代表人以法人名义从事的民事活动，其法律后果由法人承受，法人章程或者法人权力机构对法定代表人代表权的限制，不得对抗善意相对人。法定代表人因执行职务造成他人损害的，由法人承担民事责任。法人承担民事责任后，依照法律或者法人章程的规定，可以向有过错的法定代表人追偿。法人应当具备的条件：①依法成立；②应当有自己的名称、组织机构、住所、财产或者经费；③能够独立承担民事责任；④有法定代表人。

4.【答案】C

【解析】法人应当具备的条件：

(1) 依法成立。法人不能自然产生，它的产生必须经过法定的程序。

(2) 应当有自己的名称、组织机构、住所、财产或者经费。

(3) 能够独立承担民事责任。

(4) 有法定代表人。

5.【答案】A

【解析】代理包括委托代理和法定代理。委托代理按照被代理人的委托行使代理权。法定代理是指根据法律的规定而发生的代理。

6.【答案】A

【解析】行为人没有代理权、超越代理权或者代理权终止后以被代理人名义订立合同，相对人有理由相信行为人有代理权的，该代理行为有效。

7.【答案】D

【解析】选项D错误，住宅建设用地使用权期间届满的，自动续期。

8.【答案】B

【解析】合同生效与不动产登记是两回事。合同自签字盖章时生效，不登记不转移所有权；但合同生效后，拒绝登记要承担违约责任。

9.【答案】C

【解析】由于该工程在夜间施工行为明显侵犯了居民的休息权，对居民的正常生活作息造成严重影响，已经构成侵权，侵权行为产生的债被称为侵权之债。

10.【答案】A

【解析】选项B错误，发明专利权的期限为20年，实用新型专利权的期限为10年，外观设计专利权的期限为15年；注册商标的有效期为10年；公民的作品，其发表权、使用权和获得报酬权的保护期，为作者终生及其死后50年。如果是合作作品，截止于最后死亡的作者死亡后第50年的12月31日。

选项C错误，新颖性主要针对专利权。

选项D错误，知识产权在本质上也是一种财产权，只不过其保护对象是非物质性的信息，并由此导致其与物质财产权（物权）的一些区别。

11.【答案】C

【解析】担保合同是主合同的从合同，主合同无效，担保合同无效。

12.【答案】B

【解析】保险合同是指投保人与保险人约定保险权利义务关系的协议。投保人是指与保险人订立保险合同，并按照保险合同负有支付保险费义务的人。保险人是指与投保人订立保险合同，并承担赔偿或者给付保险金责任的保险公司。

13. 【答案】B

【解析】选项A错误，法律责任是因违反法律上的义务（包括违约等）而形成的法律后果，以法律义务存在为前提。

选项B正确，法律责任不同于其他社会责任，法律责任的范围、性质、大小、期限等均在法律上有明确规定。

选项C错误，法律责任的认定和追究，由国家专门机关依法定程序进行。

选项D错误，法律责任是不利的法律后果。

14. 【答案】D

【解析】刑罚分为主刑和附加刑。主刑包括：管制、拘役、有期徒刑、无期徒刑、死刑。附加刑包括：罚金、剥夺政治权利、没收财产、驱逐出境。行政处罚的种类有：警告、通报批评；罚款、没收违法所得、没收非法财物；暂扣许可证件、降低资质等级、吊销许可证件；限制开展生产经营活动、责令停产停业、责令关闭、限制从业；行政拘留；法律、行政法规规定的其他行政处罚。民事责任的方式主要有：停止侵害；排除妨碍；消除危险；返还财产；恢复原状；修理、重作、更换；赔偿损失；支付违约金；消除影响、恢复名誉；赔礼道歉。

15. 【答案】C

【解析】建设单位申请领取施工许可证，应当具备下列条件，并提交相应的证明文件：

(1) 依法应当办理用地批准手续的，已经办理该建筑工程用地批准手续。

(2) 依法应当办理建设工程规划许可证的，已经取得建设工程规划许可证。

(3) 施工场地已经基本具备施工条件，需要征收房屋的，其进度符合施工要求。

(4) 已经确定施工企业。

(5) 有满足施工需要的资金安排、施工图纸及技术资料，建设单位应当提供建设资金已经落实承诺书，施工图设计文件已按规定审查合格。

(6) 有保证工程质量和安全的具体措施。

16. 【答案】D

【解析】从事建筑活动的建筑业企业应当具备下列条件：

(1) 有符合规定的净资产。

(2) 有符合规定的主要人员。

(3) 有符合规定的已完成工程业绩。

(4) 有符合规定的技术装备。

选项D不是依法设立的条件。

17. 【答案】C

【解析】无资质承包主体签订的专业分包合同或者劳务分包合同都是无效合同。但是，当作为无资质的“实际施工人”的利益受到侵害时，其可以向合同相对方（即转包方或违法分包方）主张权利，甚至可以向建设工程项目的发包方主张权利。最高人民法院《关于审理建设工程施工合同纠纷案件适用法律问题的解释（一）》（法释〔2020〕25号）规定，实际施工人以转包人、违法分包人为被告起诉的，人民法院应当依法受理。实际施工人以发包人为被告主张权利的，人民法院应当追加转包人或者违法分包人为本案第三人，在查明发包人欠付转包人或者违法分包人建设工程价款的数额后，判决发包人在欠付建设工程价款范围内对实际施工人承担责任。

18. 【答案】D

【解析】选项A错误，必须招标的项目＝范围＋规模，选项中只有范围，没有规模。

选项B错误，施工单项合同估算价在400万元以上，且在规定范围内的项目必须招标。

选项C错误，部分使用财政预算资金达到200万元以上，且该资金占投资额达10%以上的项目才依法必须招标。

选项D正确，同时具备依法必须招标的范围和规模标准。

19. 【答案】C

【解析】《招标投标法实施条例》规定，除《招标投标法》规定可以不进行招标的特殊情况外，有下列情形之一的，可以不进行招标：

(1) 需要采用不可替代的专利或者专有技术。

(2) 采购人依法能够自行建设、生产或者提供。
(3) 已通过招标方式选定的特许经营项目投资人依法能够自行建设、生产或者提供。
(4) 需要向原中标人采购工程、货物或者服务，否则将影响施工或者功能配套要求。
(5) 国家规定的其他特殊情形。

20. **【答案】** B

【解析】 选项A错误，《招标投标法》规定，招标人具有编制招标文件和组织评标能力的，可以自行办理招标事宜。任何单位和个人不得强制其委托招标代理机构办理招标事宜。

选项B正确，《招标投标法》规定，招标项目按照国家有关规定需要履行项目审批手续的，应当先履行审批手续，取得批准。

选项C错误，《招标投标法》规定，招标文件应当包括招标项目的技术要求、对投标人资格审查的标准、投标报价要求和评标标准等所有实质性要求和条件以及拟签订合同的主要条款。

选项D错误，招标人对已发出的招标文件进行必要的澄清或者修改的，应当在招标文件要求提交投标文件截止时间至少15日前，以书面形式通知所有招标文件收受人。

21. **【答案】** C

【解析】 选项A错误，评标委员会成员的名单在中标结果确定前应当保密。

选项B错误，招标项目设有标底的，招标人应当在开标时公布；招标人设有最高投标限价的，应当在招标文件中明确最高投标限价或者最高投标限价的计算方法。

选项C正确，投标人对开标有异议的，应当在开标现场当场向招标人提出，招标人现场作答。

选项D错误，投标人提交两个以上报价且未声明哪一个有效的，应被否决投标。

22. **【答案】** C

【解析】 根据《招标投标法》的有关规定，招标人和中标人应当自中标通知书发出之日起30日内，按照招标文件和中标人的投标文件订立书面合同。

23. **【答案】** A

【解析】 选项A正确，选项B错误，投标人在招标文件要求提交投标文件的截止时间前，可以补充、修改或者撤回已提交的投标文件，并书面通知招标人。补充、修改的内容为投标文件的组成部分。投标人撤回已提交的投标文件，应当在投标截止时间前书面通知招标人。

选项C、D错误，投标人撤回已提交的投标文件，招标人已收取投标保证金的，应当自收到投标人书面撤回通知之日起5日内退还。投标截止后投标人撤销投标文件的，招标人可以不退还投标保证金。

24. **【答案】** A

【解析】 选项A正确，《建设工程质量管理条例》规定，实行监理的建设工程，建设单位应当委托具有相应资质等级的工程监理单位进行监理，也可以委托具有工程监理相应资质等级并与被监理工程的施工承包单位没有隶属关系或者其他利害关系的该工程的设计单位进行监理。由工程设计单位对自己设计的工程进行监理，是《质量管理条例》鼓励的行为。

选项B错误，项目管理咨询单位（代甲方）接受业主委托，监督勘察、设计、施工、监理、采购等各合同的履行，因此不得与这些合同的一方有隶属、利害关系。

选项C、D错误，工程监理单位应当独立、公正地从事监理业务，不得与监理对象（该工程施工承包单位或材料、设备供应单位）存在隶属、利害关系。

25. **【答案】** C

【解析】 总承包单位和分包单位就分包工程对建设单位承担连带责任。在此题中，甲、乙公司向业主承担连带责任。

26. **【答案】** B

【解析】 违法行为记录公告期限为6个月。依法限制招标投标当事人资质（资格）等方面的行政处理决定，所认定的限制期限长于6个月的，公告期限从其决定。

27. **【答案】** D

【解析】《民法典》规定，当事人订立合同，有书面形式、口头形式和其他形式。法律、行政法规规定采用书面形式的，应当采用书面形式。当事人约定采用书面形式的，应当采用书面形式。《仲裁法》司法解释规定，仲裁法第十六条规定的“其他书面形式”的仲裁协议，包括以合同书、信件和数据电文（包括电报、电传、传真、电子数据交换和电子邮件）等形式达成的请求仲裁的协议。此外，2019 年 4 月经修改后公布的《电子签名法》还规定，能够有形地表现所载内容，并可以随时调取查用的数据电文，视为符合法律、法规要求的书面形式；可靠的电子签名与手写签名或者盖章具有同等的法律效力。

28. **【答案】** C

【解析】 总承包单位和分包单位就分包工程承担连带责任，就是当分包工程发生了质量责任或者违约责任时，建设单位可以向总承包单位请求赔偿，也可以向分包单位请求赔偿，总承包单位或分包单位进行赔偿后，有权依据分包合同对于不属于自己责任的赔偿向另一方进行追偿。

29. **【答案】** D

【解析】《建筑法》规定，建筑工程总承包单位按照总承包合同的约定对建设单位负责；分包单位按照分包合同的约定对总承包单位负责。总承包单位和分包单位就分包工程对建设单位承担连带责任。

30. **【答案】** C

【解析】 有下列情形之一的，资质许可机关应当撤销建筑业企业资质：

(1) 资质许可机关工作人员滥用职权、玩忽职守准予资质许可的。

(2) 超越法定职权准予资质许可的。

(3) 违反法定程序准予资质许可的。

(4) 对不符合资质标准条件的申请企业准予资质许可的。

(5) 依法可以撤销资质许可的其他情形。

选项 A 是撤回的情形，选项 B 不是撤销的情形，选项 D 是注销的情形。

31. **【答案】** A

【解析】 选项 B 错误，约定的违约金低于造成的损失的，当事人可以请求人民法院或者仲裁机构予以增加。

选项 C 错误，表述中的“高于”应是“过分高于”。

选项 D 错误，当事人就延迟履行约定支付违约金的，违约方支付违约金后，还应当履行债务。

32. **【答案】** C

【解析】《劳动合同法》规定，用人单位自用工之日起满 1 年不与劳动者订立书面劳动合同的，则视为用人单位与劳动者已订立无固定期限劳动合同。

33. **【答案】** A

【解析】 选项 A 正确，劳动者提前 30 日以书面形式通知用人单位，可以解除劳动合同。

选项 B 错误，劳动者在试用期内提前 3 日通知用人单位，可以解除劳动合同。

选项 C、D 错误，用人单位以暴力、威胁或者非法限制人身自由的手段强迫劳动者劳动的，或者用人单位违章指挥、强令冒险作业危及劳动者人身安全的，劳动者可以立即解除劳动合同，不需事先告知用人单位。

34. **【答案】** D

【解析】 下列情况均不是劳动争议：

(1) 劳动者请求社会保险经办机构发放社会保险金的纠纷。

(2) 劳动者与用人单位因住房制度改革产生的公有住房转让纠纷。

(3) 劳动者对劳动能力鉴定委员会的伤残等级鉴定结论或者对职业病诊断鉴定委员会的职业病诊断鉴定结论的异议的纠纷。

(4) 家庭或者个人与家政服务人员之间的纠纷。

(5) 个体工匠与帮工、学徒之间的纠纷。

(6) 农村承包经营户与受雇人之间的纠纷。

35. **【答案】** A

【解析】 选项 A 正确，选项 C 错误，承揽人工作成果部分交付的，定作人应当支付相应报酬。

选项 B 错误，定作人有法定的任意解除权。

选项 D 错误，定作人中途变更承揽工作的要求，造成承揽人损失的，应当赔偿损失。

36. **【答案】** C

【解析】 当事人一方违约后，对方应当采取适当措施防止损失的扩大；没有采取适当措施致使损失扩大的，不得就扩大的损失要求赔偿。当事人因防止损失扩大而支出的合理费用，由违约方承担。本题中，水泥厂因违约应向施工企业赔偿的损失＝0.4＋1＋0.7＝2.1（万元）。

37. **【答案】** D

【解析】 金融借贷是诺成合同，贷款人应当按照合同约定提供借款。贷款人未按照约定的日期、数额提供借款，造成借款人损失，应当赔偿损失。

38. **【答案】** B

【解析】 无论如何约定租赁期限，租赁期限均不得超过20年；超过20年的，超过部分无效。租赁期限在6个月以下的，当事人可以自由选择合同形式；租赁期限在6个月以上的，应当采用书面形式，否则无论当事人是否约定租赁期限，均视为不定期租赁。就不定期租赁，任何一方当事人有权随时解除合同，但是应在解除合同之前通知对方。

39. **【答案】** D

【解析】 托运人违反包装规定的，承运人可以拒绝运输。

40. **【答案】** B

【解析】 选项A错误，施工现场生活区设置封闭式垃圾容器，施工场地生活垃圾实行袋装化，及时清运。对建筑垃圾进行分类，并收集到现场封闭式垃圾站，集中运出。选项B正确，处置建筑垃圾的单位在运输建筑垃圾时，应当随车携带建筑垃圾处置核准文件。选项C错误，施工单位不得将建筑垃圾交给个人或者未经核准从事建筑垃圾运输的单位运输。选项D错误，转移固体废物出省、自治区、直辖市行政区域贮存、处置的，应当向固体废物移出地的省、自治区、直辖市人民政府生态环境主管部门提出申请。

41. **【答案】** B

【解析】《建筑施工企业安全生产许可证管理规定》规定，建筑施工企业取得安全生产许可证，应当具备12项安全生产条件：

(1) 建立、健全安全生产责任制，制定完备的安全生产规章制度和操作规程。

(2) 保证本单位安全生产条件所需资金的投入。

(3) 设置安全生产管理机构，按照国家有关规定配备专职安全生产管理人员。

(4) 主要负责人、项目负责人、专职安全生产管理人员经建设主管部门或者其他有关部门考核合格。

(5) 特种作业人员经有关业务主管部门考核合格，取得特种作业操作资格证书。

(6) 管理人员和作业人员每年至少进行1次安全生产教育培训并考核合格。

(7) 依法参加工伤保险，依法为施工现场从事危险作业的人员办理意外伤害保险，为从业人员交纳保险费。

(8) 施工现场的办公、生活区及作业场所和安全防护用具、机械设备、施工机具及配件符合有关安全生产法律、法规、标准和规程的要求。

(9) 有职业危害防治措施，并为作业人员配备符合国家标准或者行业标准的安全防护用具和安全防护服装。

(10) 有对危险性较大的分部分项工程及施工现场易发生重大事故的部位、环节的预防、监控措施和应急预案。

(11) 有生产安全事故应急救援预案、应急救援组织或者应急救援人员，配备必要的应急救援器材、设备。

(12) 法律、法规规定的其他条件。

42. **【答案】** B

【解析】《建设工程安全生产管理条例》规定，施工单位应当建立健全安全生产责任制度和安全生产教育培训制度，制定安全生产规章制度和操作规程，保证本单位安全生产条件所需资金的投入，对所承担的建设工程进行定期和专项安全检查，并做好安全检查记录。

43. **【答案】** B

【解析】 施工作业人员安全生产义务包括：守法遵章和正确使用安全防护用具；接受安全生产教育培训；安全事故隐患报告。

44. **【答案】** C

【解析】 达到一定规模的危险性较大的分部

分项工程编制专项施工方案，并附具安全验算结果，经施工单位技术负责人、总监理工程师签字后实施，由专职安全生产管理人员进行现场监督。

45. 【答案】B

【解析】职工有下列情形之一的，视同工伤：

(1) 在工作时间和工作岗位，突发疾病死亡或者在48小时之内经抢救无效死亡的。

(2) 在抢险救灾等维护国家利益、公共利益活动中受到伤害的。

(3) 职工原在军队服役，因战、因公负伤致残，已取得革命伤残军人证，到用人单位后旧伤复发的。

职工有以上第（1）项、第（2）项情形的，按照《工伤保险条例》的有关规定享受工伤保险待遇；职工有以上第（3）项情形的，按照《工伤保险条例》的有关规定享受除一次性伤残补助金以外的工伤保险待遇。

职工符合以上的规定，但是有下列情形之一的，不得认定为工伤或者视同工伤：

(1) 故意犯罪的。

(2) 醉酒或者吸毒的。

(3) 自残或者自杀的。

选项A、C、D的情形应当认定为工伤，选项B的情形视同为工伤。

46. 【答案】C

【解析】2019年2月发布的《生产安全事故应急条例》规定，生产经营单位应当加强生产安全事故应急工作，建立、健全生产安全事故应急工作责任制，其主要负责人对本单位的生产安全事故应急工作全面负责。生产经营单位应当针对本单位可能发生的生产安全事故的特点和危害，进行风险辨识和评估，制定相应的生产安全事故应急救援预案，并向本单位从业人员公布。生产安全事故应急救援预案应当符合有关法律、法规、规章和标准的规定，具有科学性、针对性和可操作性，明确规定应急组织体系、职责分工以及应急救援程序和措施。

47. 【答案】A

【解析】安全事故一般分为以下等级：

(1) 特别重大事故，是指造成30人以上死亡，或者100人以上重伤（包括急性工业中毒，下同），或者1亿元以上直接经济损失的事故。

(2) 重大事故，是指造成10人以上30人以下死亡，或者50人以上100人以下重伤，或者5000万元以上1亿元以下直接经济损失的事故。

(3) 较大事故，是指造成3人以上10人以下死亡，或者10人以上50人以下重伤，或者1000万元以上5000万元以下直接经济损失的事故。

(4) 一般事故，是指造成3人以下死亡，或者10人以下重伤，或者1000万元以下直接经济损失的事故。

所称的“以上”包括本数，所称的“以下”不包括本数。

48. 【答案】B

【解析】涉及建筑主体和承重结构变动的装修工程，建设单位应当在施工前委托原设计单位或者具有相应资质条件的设计单位提出设计方案；没有设计方案的，不得施工。

49. 【答案】A

【解析】《建设工程质量管理条例》规定，未经监理工程师签字，建筑材料、建筑构配件和设备不得在工程上使用或者安装，施工单位不得进行下一道工序的施工。未经总监理工程师签字，建设单位不拨付工程款，不进行竣工验收。

50. 【答案】C

【解析】选项A、D错误，国家标准分为强制性标准和推荐性标准。

选项B错误，行业标准、地方标准是推荐性标准。

51. 【答案】D

【解析】根据《建筑法》第29条第2款规定，建筑工程实行总承包的，工程质量由工程总承包单位负责，总承包单位将建筑工程分包给其他单位的，应当对分包工程的质量与分包单位承担连带责任。本题中，飘窗处墙体是由总承包单位甲施工，应由甲对飘窗墙体渗雨问题负责；地面石材铺装属于分包单位乙施工的装修工程，应由甲和乙对地面石材花斑问题负连带责任。故选项D正确。

52. 【答案】A

【解析】选项B错误，《建筑法》规定，对已发现的质量缺陷，建筑施工企业应当修复。

选项C错误，项目负责人实行终身责任制。

选项D错误，返修作为施工单位的法定义务，其返修包括施工过程中出现质量问题的建设工程和竣工验收不合格的建设工程两种情形。

53. 【答案】C

【解析】《建设工程质量管理条例》明确规定，下列建设工程必须实行监理：

(1) 国家重点建设工程。

(2) 大中型公用事业工程。

(3) 成片开发建设的住宅小区工程。

(4) 利用外国政府或者国际组织贷款、援助资金的工程。

(5) 国家规定必须实行监理的其他工程。

54. 【答案】D

【解析】《建设工程质量管理条例》规定，建设单位在开工前，应当按照国家有关规定办理工程质量监督手续，工程质量监督手续可以与施工许可证或者开工报告合并办理。建设单位在开工之前，应当依法到建设行政主管部门或铁路、交通、水利等有关管理部门，或其委托的工程质量监督机构办理工程质量监督手续，接受政府主管部门的工程质量监督。

55. 【答案】D

【解析】《建设工程质量管理条例》规定，建设工程承包单位在向建设单位提交工程竣工验收报告时，应当向建设单位出具质量保修书。

56. 【答案】A

【解析】选项A正确，《建筑法》规定，建筑工程的保修范围应当包括地基基础工程、主体结构工程、屋面防水工程和其他土建工程，以及电气管线、上下水管线的安装工程，供热、供冷系统工程等项目。当然，不同类型的建设工程，其保修范围是有所不同的。

选项B错误，如果建设单位与施工单位经平等协商另行签订保修合同的，其保修期限可以高于法定的最低保修期限，但不能低于最低保修期限，否则视作无效。

选项C错误，工程合理使用年限就是该工程勘察、设计、施工等单位的质量责任年限。

选项D错误，建设工程保修期的起始日是竣工验收合格之日。

57. 【答案】D

【解析】行政机关的行政行为具有以下特征：

(1) 行政行为是执行法律的行为。

(2) 行政行为具有一定的裁量性。

(3) 行政主体在实施行政行为时具有单方意志性，不必与行政相对方协商或征得其同意，便可依法自主做出。

(4) 行政行为是以国家强制力保障实施的，带有强制性。

(5) 行政行为以无偿为原则，以有偿为例外。

58. 【答案】B

【解析】授权委托书仅写“全权代理”而无具体授权的情形，诉讼代理人无权代为承认、放弃、变更诉讼请求，进行和解、提起反诉或者上诉。

59. 【答案】C

【解析】合同的当事人可以在书面合同中协议选择被告住所地、合同履行地、合同签订地、原告住所地、标的物所在地等与争议有实际联系的地点的人民法院管辖，但不得违反相关法律对级别管辖和专属管辖的规定。

60. 【答案】C

【解析】最高人民法院《关于适用〈中华人民共和国行政诉讼法〉的解释》规定，下列行为不属于人民法院行政诉讼的受案范围：

(1) 公安、国家安全等机关依照刑事诉讼法的明确授权实施的行为。

(2) 调解行为以及法律规定的仲裁行为。

(3) 行政指导行为。
(4) 驳回当事人对行政行为提起申诉的重复处理行为。
(5) 行政机关作出的不产生外部法律效力的行为。
(6) 行政机关为作出行政行为而实施的准备、论证、研究、层报、咨询等过程性行为。
(7) 行政机关根据人民法院的生效裁判、协助执行通知书作出的执行行为，但行政机关扩大执行范围或采取违法方式实施的除外。
(8) 上级行政机关基于内部层级监督关系对下级行政机关作出的听取报告、执法检查、督促履责等行为。
(9) 行政机关针对信访事项作出的登记、受理、交办、转送、复查、复核意见等行为。
(10) 对公民、法人或者其他组织权利义务不产生实际影响的行为。

选项A为刑事侦查行为，不属于行政诉讼受案范围。选项B为“官诉民”，明显不属于行政诉讼。选项D为劳动仲裁，不属于行政诉讼受案范围，属于民事诉讼。

二、多项选择题

61. 【答案】BCDE

【解析】选项A错误，代理包括委托代理和法定代理。

选项B正确，委托代理中，被代理人是以意思表示的方法将代理权授予代理人的，故又称“意定代理”或“任意代理”。

选项C正确，委托代理授权采用书面形式的，授权委托书应当载明代理人的姓名或者名称、代理事项、权限和期间，并由被代理人签名或者盖章。

选项D正确，代理人知道或者应当知道代理事项违法仍然实施代理行为，或者被代理人知道或者应当知道代理人的代理行为违法未作反对表示的，被代理人和代理人应当承担连带责任。

选项E正确，无民事行为能力人、限制民事行为能力人的监护人是其法定代理人。

62. 【答案】ACE

【解析】在建设工程活动中，会产生大量的买卖合同，主要是材料设备买卖合同。材料设备的买方有可能是建设单位，也可能是施工单位。他们会与材料设备供应商产生债。在侵权之债中，最常见的是施工单位的施工活动产生的侵权。如施工噪声或者废水、废弃物排放等扰民，可能对工地附近的居民构成侵权。此时，居民是债权人，施工单位或者建设单位是债务人。

63. 【答案】ABE

【解析】法律可以设定行政许可。尚未制定法律的，行政法规可以设定行政许可。必要时，国务院可以采用发布决定的方式设定行政许可。

64. 【答案】CD

【解析】选项A、B错误，在建的建筑工程因故中止施工的，建设单位应当自中止施工之日起1个月内，向发证机关报告，并按照规定做好建筑工程的维护管理工作。建筑工程恢复施工时，应当向发证机关报告；中止施工满1年的工程恢复施工前，建设单位应当报发证机关核验施工许可证。

选项E错误，发证机关核验施工许可证，看是否仍具备组织施工的条件，经核验符合条件的，应允许恢复施工，施工许可证继续有效；经核验不合条件的，应当收回其施工许可证，不允许恢复施工，待条件具备后，由建设单位重领施工许可证。

65. 【答案】ACE

【解析】选项B错误，16～18周岁未成年工可以聘用。

选项D错误，企业不得安排妇女经期从事高处、低温、冷水作业。

66. 【答案】BCE

【解析】联合体各方以一个投标人的身份共同投标，中标后，招标人与联合体各方共同签订一个承包合同，联合体各方就中标项目向招标人承担连带责任。

67. 【答案】CDE

【解析】外商投资是指外国的自然人、企业或者其他组织直接或间接在中国境内进行的投资活动包括下列情形：

(1) 外国投资者单独或者与其他投资者在

中国境内设立外商投资企业。
(2) 外国投资者取得中国境内企业的股份、股权、财产份额或者其他类似权益。
(3) 包括外国投资者单独或者与其他投资者共同在中国境内投资新建项目。
(4) 法律、行政法规或者国务院规定的其他方式的投资。

68. **【答案】** ABCE

【解析】《民法典》规定，委托人或者受托人可以随时解除委托合同。因解除合同造成对方损失的，除不可归责于该当事人的事由外，无偿委托合同的解除方应当赔偿因解除时间不当造成的直接损失，有偿委托合同的解除方应当赔偿对方的直接损失和合同履行后可以获得的利益。

69. **【答案】** ABCD

【解析】 为了保护一些特殊群体劳动者的权益，《劳动合同法》第42条规定，劳动者有下列情形之一的，用人单位不得依照该法第40条、第41条的规定解除劳动合同：
(1) 从事接触职业病危害作业的劳动者未进行离岗前职业健康检查，或者疑似职业病病人在诊断或者医学观察期间的。
(2) 在本单位患职业病或者因工负伤并被确认丧失或者部分丧失劳动能力的。
(3) 患病或者非因工负伤，在规定的医疗期内的。
(4) 女职工在孕期、产期、哺乳期的。
(5) 在本单位连续工作满15年，且距法定退休年龄不足5年的。
(6) 法律、行政法规规定的其他情形。

70. **【答案】** AB

【解析】 选项C错误，建筑施工企业负责人带班检查时，应认真做好检查记录，并分别在企业和工程项目存档备查。
选项D错误，建筑施工企业负责人要定期带班检查，每月检查时间不少于其工作日的25%。
选项E错误，对于有分公司的企业集团，集团负责人因故不能到现场的，可以书面委托工程所在地的分公司负责人对施工现场进行带班检查。

71. **【答案】** AD

【解析】 侵权是指公民或法人没有法律依据而侵害他人的财产权利或人身权利的行为，选项A正确。
无因管理是指未受他人委托，也无法律上的义务，为避免他人利益受损失而自愿为他人管理事务或提供服务的事实行为，选项B错误。
当事人之间并没有产生合同法律关系，也就是并没有产生权利义务关系，甲行为不具有法律意义，故不属于合同行为和法律行为，选项C、E错误。
不当得利是指没有法律根据，有损于他人利益而自身取得利益的行为，选项D正确。

72. **【答案】** ABD

【解析】 选项C错误，建设单位与施工单位在施工合同中对安全防护、文明施工措施费用预付、支付计划未作约定或约定不明的，合同工期在一年以内的，建设单位预付安全防护、文明施工措施项目费用不得低于该费用总额的50%；合同工期在一年以上的（含一年），预付安全防护、文明施工措施费用不得低于该费用总额的30%，其余费用应当按照施工进度支付。
选项E错误，总承包单位不按规定和合同约定支付费用，造成分包单位不能及时落实安全防护措施导致发生事故的，由总承包单位负主要责任。

73. **【答案】** AE

【解析】 选项B、D属于建设单位的义务。选项C，建设单位应当将施工图设计文件报县级以上人民政府建设行政主管部门或者其他有关部门审查。

74. **【答案】** ABC

【解析】 选项A正确，《建筑法》规定，鼓励企业为从事危险作业的职工办理意外伤害保险，支付保险费。《建设工程安全生产管理条例》还规定，施工单位应当为施工现场从事危险作业的人员办理意外伤害保险。意外伤害保险费由施工单位支付。
选项B正确，各地建设行政主管部门要结合本地区实际情况，确定合理的最低保险金额。最低保险金额要能够保障施工伤亡人员得到有效的经济补偿。施工企业办理建筑意外伤害保险时，投保的保险金额不得低于此标准。

选项C正确，保险期限应涵盖工程项目开工之日到工程竣工验收合格日。提前竣工的，保险责任自行终止。延长工期的，应当办理保险顺延手续。

选项D错误，已在企业所在地参加工伤保险的人员，从事现场施工时仍可参加建筑意外伤害保险。

选项E错误，工程项目中有分包单位的，由总承包施工企业统一办理建筑意外伤害保险，分包单位合理承担投保费用。

75. **【答案】**BE

【解析】《建筑工程五方责任主体项目负责人质量终身责任追究暂行办法》明确规定，建筑工程五方责任主体项目负责人是指承担建筑工程项目建设的建设单位项目负责人、勘察单位项目负责人、设计单位项目负责人、施工单位项目经理、监理单位总监理工程师。

76. **【答案】**ABC

【解析】最高人民法院《关于审理建设工程施工合同纠纷案件适用法律问题的解释（一）》规定，发包人具有下列情形之一，造成建设工程质量缺陷，应当承担过错责任：

（1）提供的设计有缺陷。

（2）提供或者指定购买的建筑材料、建筑构配件、设备不符合强制性标准。

（3）直接指定分包人分包专业工程。

77. **【答案】**BCE

【解析】《民法典》规定，在诉讼时效期间的最后6个月内，因下列障碍，不能行使请求权的，诉讼时效中止：

（1）不可抗力。

（2）无民事行为能力人或者限制民事行为能力人没有法定代理人，或者法定代理人死亡、丧失民事行为能力、丧失代理权。

（3）继承开始后未确定继承人或者遗产管理人。

（4）权利人被义务人或者其他人控制。

（5）其他导致权利人不能行使请求权的障碍。自中止时效的原因消除之日起满6个月，诉讼时效期间届满。

《民法典》规定，有下列情形之一的，诉讼时效中断，从中断、有关程序终结时起，诉讼时效期间重新起算：

（1）权利人向义务人提出履行请求。

（2）义务人同意履行义务。

（3）权利人提起诉讼或者申请仲裁。

（4）与提起诉讼或者申请仲裁具有同等效力的其他情形。

选项A、D属于诉讼时效中断的情形。

78. **【答案】**BCDE

【解析】《民事诉讼法》第25条规定，合同双方当事人可以在书面合同中协议选择人民法院管辖，但是不得违反民事诉讼法关于级别管辖和专属管辖的规定。

79. **【答案】**BC

【解析】仲裁审理的方式分为开庭审理和书面审理两种。仲裁应当开庭审理作出裁决，这是仲裁审理的主要方式。但是，当事人协议不开庭的，仲裁庭可以根据仲裁申请书、答辩书以及其他材料作出裁决，即书面审理方式。为了保护当事人的商业秘密和商业信誉，仲裁不公开进行，当事人协议公开的，可以公开进行，但涉及国家秘密的除外。

80. **【答案】**BDE

【解析】司法（法院）调解、仲裁调解以及经法院司法确认调解协议有效的人民调解具有强制约束力，如果一方当事人不按照调解协议执行，另一方当事人可以申请法院强制执行。其他形式的调解不具有强制约束力，如果一方当事人不按照调解协议执行，另一方当事人不可以申请法院强制执行，但可以要求对方就不执行该调解协议承担违约责任。

《建设工程法规及相关知识》全真模拟试卷（二）

一、单项选择题

1.【答案】D

【解析】选项A错误，行政法规是由国家最高行政机关制定的法律规范性文件。

选项B错误，部门规章是由国务院各部、委员会、中国人民银行、审计署和具有行政管理职能的直属机构制定的法律规范性文件。

选项C错误，行政法规的法律地位和法律效力仅次于宪法和法律，高于地方性法规和部门规章。地方性法规的效力，高于本级和下级地方政府规章。

2.【答案】D

【解析】施工企业属于营利法人，营利法人经依法登记成立。营业执照签发日期为营利法人的成立日期。项目经理部不具备法人资格，而是施工企业根据建设工程施工项目而组建的非常设的下属机构。

3.【答案】D

【解析】建设工程承包活动不得委托代理。下列人员可以被委托为诉讼代理人：①律师、基层法律服务工作者；②当事人的近亲属或者工作人员；③当事人所在社区、单位以及有关社会团体推荐的公民。

4.【答案】C

【解析】用益物权是权利人对他人所有的不动产或者动产，依法享有占有、使用和收益的权利。用益物权包括土地承包经营权、建设用地使用权、宅基地使用权、居住权和地役权。用益物权是法定的，当事人不能自己创设。所以租赁权不算用益物权。因不动产或者动产被征收、征用，致使用益物权消灭或者影响用益物权行使的，用益物权人有权获得相应补偿。

5.【答案】C

【解析】授予专利权的发明和实用新型，应当具备新颖性、创造性和实用性。授予专利权的外观设计，应当同申请日以前在国内外出版物上公开发表过或者国内公开使用过的外观设计不相同和不相近似，并不得与他人在先取得的合法权利相冲突。除了新颖性外，外观设计还应当具备富有美感和适于工业应用两个条件。

6.【答案】C

【解析】选项A错误，公有制类型：全民所有制（国家所有）和劳动群众集体所有（集体所有）。选项B错误，国家土地利用总体规划将土地分为农用地、建设用地和未利用地。选项C正确，耕地的承包期为30年。草地的承包期为30年至50年。林地的承包期为30年至70年。选项D错误，无居民海岛、矿藏、水流、海域属于国家所有。

7.【答案】C

【解析】选项A错误，保险合同当事人为投保人和保险人。

选项B错误，被保险人可以是受益人。

选项C正确，受益人可以由投保人指定，也可以由被保险人指定。

选项D错误，投保人可以是被保险人，也可以是受益人。

8.【答案】A

【解析】工程重大安全事故罪的主体是“单位”；重大责任事故罪的主体是“相关责任人”；重大劳动安全事故罪的主体是“主管劳动安全的直接责任人”。

9.【答案】C

【解析】不需要办理施工许可证的建设工程包括：

(1) 限额以下小型工程（工程投资额在30万元以下或者建筑面积在300m² 以下的建筑工程）。

(2) 抢险救灾等工程及其他临时性房屋建筑。

(3) 农民自建低层住宅的建筑活动。

(4) 不重复办理施工许可证的建设工程。

(5) 另行规定的建设工程。

10.【答案】A

【解析】选项B错误，在建工程因故中止施工的，建设单位应当自中止之日起1个月内报发证机关。

选项C错误，中止施工满1年的，在建工程恢复施工前，应当报发证机关核验施工许可证。

选项D错误，经核验不符合条件的，应当收回其施工许可证，不允许其恢复施工，待条件具备后，由建设单位重新申领施工许可证。

11. 【答案】B

【解析】选项A错误，《注册建造师管理规定》中规定，在注册有效期内，注册建造师变更执业单位，应当与原聘用单位解除劳动关系，并按照规定办理变更注册手续，变更注册后仍延续原注册有效期。

选项B正确，申请变更注册的，应当提交下列材料：①注册建造师变更注册申请表；②注册证书和执业印章；③申请人与新聘用单位签订的聘用合同复印件或有效证明文件；④工作调动证明（与原聘用单位解除聘用合同或聘用合同到期的证明文件、退休人员的退休证明）。

选项C错误，因变更注册申报不及时影响注册建造师执业、导致工程项目出现损失的，由注册建造师所在聘用企业承担责任，并作为不良行为记入企业信用档案。

选项D错误，注册建造师变更聘用企业的，应当在与新聘用企业签订聘用合同后的1个月内，通过新聘用企业申请办理变更手续。

12. 【答案】B

【解析】当作为无资质的“实际施工人”的利益受到侵害时，其可以向合同相对方（即转包方或违法分包方）主张权利，甚至可以向建设工程项目的发包方主张权利。

13. 【答案】D

【解析】选项A正确，建设工程合同包含多个专业工程的，担任施工项目负责人的注册建造师，负责该工程施工管理文件签章。

选项B正确，分包工程施工管理文件应当由分包企业注册建造师签章。

选项C正确，分包企业签署质量合格的文件上，必须由担任总包项目负责人的注册建造师签章。

选项D错误，修改注册建造师签字并加盖执业印章的工程施工管理文件，应当征得所在企业同意后，由注册建造师本人进行修改。

14. 【答案】C

【解析】对技术复杂或者无法精确拟定技术规格的项目，招标人可以分两阶段进行招标。

15. 【答案】D

【解析】选项A错误，国有资金投资的建筑工程招标的，应当设有最高投标限价；非国有资金投资的建筑工程招标的，可以设有最高投标限价或者招标标底。

选项B错误，招标人设有最高投标限价的，应当在招标时公布最高投标限价的总价，以及各单位工程的分部分项工程费、措施项目费、其他项目费、规费和税金。

选项C错误，投标报价不得低于工程成本，不得高于最高投标限价。

16. 【答案】D

【解析】选项A错误，未通过资格预审的申请人提交的投标文件，以及逾期送达或者不按照招标文件要求密封的投标文件，招标人应当拒收。

选项B错误，招标人收到投标文件后，应当签收保存，不得开启。

选项C错误，投标人少于3个的，招标人应当依法重新招标。

17. 【答案】B

【解析】选项A错误，联合体各方应当签订共同投标协议，明确约定各方拟承担的工作和责任，并将共同投标协议连同投标文件一并提交招标人。

选项C错误，资格预审后联合体增减、更换成员的，其投标无效。

选项D错误，由同一专业的单位组成的联合体，按照资质等级较低的单位确定资质等级。

18. 【答案】A

【解析】依法必须招标的建设项目，招标人应当自确定中标人之日起15日内，向有关行政监督部门提交招标投标情况的书面报告。

19. 【答案】C

【解析】选项A、B错误，接受分包的人应当具备相应的资格条件，并不得再次分包。选项D错误，劳务作业分包由劳务作业发包人与劳务作业承包人通过劳务合同约定，可不经建设单位认可。

20. 【答案】D

【解析】对于违法发包、转包、分包、挂靠等行为的行政处罚追溯期限，应当从违法发包、转包、分包、挂靠的建筑工程竣工验收之日起计算。合同工程量未全部完成而解除或暂时终止履行合同的，为合同解除或终止之日。

21. 【答案】A

【解析】承揽业务不良行为认定标准：

(1) 利用向发包单位及其工作人员行贿、提供回扣或者给予其他好处等不正当手段承揽业务的。

(2) 相互串通投标或与招标人串通投标的，以向招标人或评标委员会成员行贿的手段谋取中标的。

(3) 以他人名义投标或以其他方式弄虚作假，骗取中标的。

(4) 不按照与招标人订立的合同履行义务，情节严重的。

(5) 将承包的工程转包或违法分包的。

选项B属于拖欠工程款不良；选项C属于资质不良；选项D属于安全不良。

22. 【答案】A

【解析】承包人已经提交竣工验收报告，发包人拖延验收的，以承包人提交竣工报告之日为竣工日期。保修期的起始日为竣工验收合格之日。

23. 【答案】A

【解析】利息从应付工程价款之日计付。当事人对付款时间没有约定或者约定不明的，下列时间视为应付款时间：

(1) 建设工程已实际交付的，为交付之日。

(2) 建设工程没有交付的，为提交竣工结算文件之日。

(3) 建设工程未交付，工程价款也未结算的，为当事人起诉之日。

24. 【答案】B

【解析】建筑工程价款包括承包人为建设工程应当支付的工作人员报酬、材料款等实际支出的费用，不包括承包人因发包人违约所造成的损失。选项C中的"机械租赁费用"存在争议，含义模糊，并因机械租赁属于债权合同关系，未明确是否已经实际支出。

25. 【答案】D

【解析】当事人一方违约后，对方应当采取适当措施防止损失的扩大；没有采取适当措施致使损失扩大的，不得就扩大的损失要求赔偿。当事人因防止损失扩大而支出的合理费用，由违约方承担。

26. 【答案】B

【解析】标的就是合同的对象，如有形财产、无形财产、劳务、工作成果等。建设工程施工合同就是一种以特定工作成果为标的的合同。

27. 【答案】D

【解析】本题涉及合同的变更、违约责任和定作合同的解除问题。当事人对合同内容变更约定不明确的，推定为未变更。本题中，制造厂要求延期履行合同，但施工单位没有作出答复，应认为双方对变更合同履行期限没有达成一致意思，故合同没有变更。根据合同约定，制造厂应在9月10日交货，制造厂没有按期交货的，构成违约，应承担违约责任。定作人可以随时解除承揽合同，造成承揽人损失的，应当赔偿损失。

28. 【答案】D

【解析】实用新型专利权的期限为10年，均自申请日起计算。国务院专利行政主管部门收到专利申请文件之日为申请日。如果申请文件是邮寄的，以寄出的邮戳日为申请日。

29. 【答案】B

【解析】选项A错误，乙的债权可以转让。选项C、D错误，债权人转让权利的，应当通知债务人。

30. 【答案】B

【解析】因不可抗力不能履行合同的，根据

不可抗力的影响，部分或者全部免除责任，但法律另有规定的除外。当事人迟延履行后发生不可抗力的，不能免除责任。

31. 【答案】D

【解析】如劳动者月工资高于用人单位所在地区平均工资的3倍，则按平均工资的3倍支付，且支付经济补偿的年限最高不超过12年。所以王某的经济补偿＝6000×12＝72000（元）。

32. 【答案】D

【解析】预告解除（用人单位提前30日以书面形式通知劳动者）的条件：

(1) 劳动者患病或非因工负伤，医疗期满后不能从事原工作，也不能从事另行安排工作的。

(2) 劳动者不能胜任工作，经过培训或调整工作岗位仍不能胜任。

(3) 原劳动合同所依据的客观情况发生重大变化，致使合同无法履行。

选项A、B属于立即解除；选项C属于不得解除。

33. 【答案】C

【解析】仲裁委员会由劳动行政部门、工会、企业（用人单位）代表组成。

34. 【答案】D

【解析】出租人、出卖人、承租人可以约定，出卖人不履行买卖合同义务的，由承租人行使索赔的权利。承租人行使索赔权利的，出租人应当协助。选项A正确。

租赁物不符合约定或者不符合使用目的的，出租人不承担责任，但承租人依赖出租人的技能确定租赁物或者出租人干预选择租赁物的除外。本题中，甲是根据乙的选择，向丙购买了1台大型设备，在购买过程中，乙并不是依赖甲的技能确定购买设备，甲也没有干预乙进行设备的选择。所以，即使乙在该设备安装完毕后，发现不能正常运行，也不能要求甲承担违约责任，乙的损失应当向丙请求赔偿。选项B正确。

因为根据上述的分析，乙不能够要求甲承担责任，所以在甲要求乙支付租金时，乙不具有抗辩权，应当按照合同的约定及时向甲支付租金，否则就构成了违约。选项C正确。

出租人和承租人可以约定租赁期间届满租赁物的归属。对租赁物的归属没有约定或者约定不明确，租赁物的所有权归出租人。选项D错误。

35. 【答案】B

【解析】出卖人出卖交由承运人运输的在途标的物，除当事人另有约定的以外，毁损、灭失的风险自合同成立时起由买受人承担。

36. 【答案】B

【解析】因工程建设需要拆除、改动城镇排水与污水处理设施的，建设单位应当制定拆除、改动方案。

37. 【答案】D

【解析】承担民事责任的方式主要有：①停止侵害；②排除妨碍；③消除危险；④返还财产；⑤恢复原状；⑥修理、重作、更换；⑦继续履行；⑧赔偿损失；⑨支付违约金；⑩消除影响、恢复名誉；⑪赔礼道歉。选项A属于行政责任；选项B、C属于行政处罚。

38. 【答案】C

【解析】文物保护单位的保护范围内不得进行其他其他建设工程或者爆破、钻探、挖掘等作业。但是，因特殊情况需要在文物保护单位的保护范围内进行其他建设工程或者爆破、钻探、挖掘等作业的，必须保证文物保护单位的安全，并经核定公布该文物保护单位的人民政府批准，在批准前应当征得上一级人民政府文物行政部门同意；在全国重点文物保护单位的保护范围内进行其他建设工程或者爆破、钻探、挖掘等作业的，必须经省、自治区、直辖市人民政府批准，在批准前应当征得国务院文物行政部门同意。

39. 【答案】C

【解析】公民、法人或者其他组织认为具体行政行为侵犯其合法权益的，可以自知道该具体行政行为之日起60日内提出行政复议申请，由本题中的5月25日可知，8月1日已经超过60日的申请复议时效，故不能申请复议。选项A、B错误。

行政争议未经行政复议，由当事人直接向

法院提起行政诉讼的，除法律另有规定的外，应当在知道作出具体行政行为之日起6个月内起诉。选项C正确，选项D错误。

40. **【答案】** A

【解析】 选项B错误，中标人将中标项目肢解后分别向他人分包属于转包，是违法行为。

选项C错误，专业分包单位可以将劳务作业再次分包。

选项D错误，分包单位就分包工程承担连带责任。

41. **【答案】** D

【解析】 生产经营单位的主要负责人对本单位安全生产工作负有下列职责：

(1) 建立健全并落实本单位全员安全生产责任制，加强安全生产标准化建设。

(2) 组织制定并实施本单位安全生产规章制度和操作规程。

(3) 组织制定并实施本单位安全生产教育和培训计划。

(4) 保证本单位安全生产投入的有效实施。

(5) 组织建立并落实安全风险分级管控和隐患排查治理双重预防工作机制，督促、检查本单位的安全生产工作，及时消除生产安全事故隐患。

(6) 组织制定并实施本单位的生产安全事故应急救援预案。

(7) 及时、如实报告生产安全事故。

42. **【答案】** B

【解析】《安全生产法》规定，生产经营单位的从业人员有权了解其作业场所和工作岗位存在的危险因素、防范措施及事故应急措施，有权对本单位的安全生产工作提出建议。《建设工程安全生产管理条例》则进一步规定，施工单位应当向作业人员提供安全防护用具和安全防护服装，并书面告知危险岗位的操作规程和违章操作的危害。

43. **【答案】** C

【解析】 建筑施工企业在编制施工组织设计时，应当根据建筑工程的特点制定相应的安全技术措施；对专业性较强的工程项目，应当编制专项安全施工组织设计，并采取安全技术措施。对达到一定规模的危险性较大的分部分项工程，应编制专项施工方案，并附安全验算结果，经施工单位技术负责人、总监理工程师签字后实施，由专职安全生产管理人员进行现场监督。

44. **【答案】** C

【解析】 使用承租的机械设备和施工机具及配件的，由施工总承包单位、分包单位、出租单位和安装单位共同进行验收。验收合格的方可使用。

45. **【答案】** B

【解析】 选项A、C错误，建设工程施工企业提取的安全费用列入工程造价，在竞标时不得删减，列入标外管理。

选项D错误，总承包单位应当将安全费用按比例直接支付分包单位并监督使用，分包单位不再重复提取。

46. **【答案】** B

【解析】 选项A错误，建筑施工企业破产、倒闭、撤销的，应当将安全生产许可证交回原安全生产许可证颁发管理机关予以注销。

选项C错误，建筑施工企业从事建筑施工活动前，应当向企业注册所在地省、自治区、直辖市人民政府住房城乡建设主管部门申请领取安全生产许可证。

选项D错误，发生重大安全事故的，暂扣安全生产许可证并限期整改。

47. **【答案】** D

【解析】 选项D应为：工程建设重要的通用的信息技术标准。

48. **【答案】** A

【解析】 选项B错误，在施工过程中发现设计文件和图纸有差错的，及时提出意见和建议。

选项C错误，下列试块、试件和材料必须实施见证取样和送检：①用于承重结构的混凝土试块；②用于承重墙体的砌筑砂浆试块；③用于承重结构的钢筋及连接接头试件；④用于承重墙的砖和混凝土小型砌块；⑤用于拌制混凝土和砌筑砂浆的水泥；⑥用于承重结构的混凝土中使用的掺加剂；⑦地下、屋面、厕浴间使用的防水材料；

⑧国家规定必须实行见证取样和送检的其他试块、试件和材料。

选项D错误，隐蔽工程在隐蔽前，应当通知建设单位和建设工程质量监督机构。

49. **【答案】** B

【解析】 选项A错误，检测报告经建设单位或者工程监理单位确认后，由施工单位归档。

选项C错误，检测机构和检测人员不得推荐或者监制建筑材料、构配件和设备。

选项D错误，检测机构不得与行政机关，法律、法规授权的具有管理公共事务职能的组织以及所检测工程项目相关的设计单位、施工单位、监理单位有隶属关系或者其他利害关系。

50. **【答案】** A

【解析】 仲裁应当开庭审理作出裁决，这是仲裁审理的主要方式。为了保护当事人的商业秘密和商业信誉，仲裁不公开进行，当事人协议公开的，可以公开进行，但涉及国家秘密的除外。

51. **【答案】** D

【解析】 由于本题中未起诉成功，故不构成诉讼时效中断。构成诉讼时效中止的条件是：在诉讼时效期间的最后6个月内，因不可抗力或者其他障碍不能行使请求权。本题中，如果构成诉讼时效中止，应该为7月1日～12月31日期间发生不可抗力事件。故5月1日～6月30日的地震不在该范围时间内，不构成影响，仅7月1日～7月31日该段时间构成影响。自中止时效的原因消除之日起满6个月，诉讼时效期间届满。

52. **【答案】** C

【解析】 仲裁实行一裁终局制度，体现了仲裁的快捷性。

53. **【答案】** B

【解析】 选项A，人民调解达成协议经司法确认后，可以强制执行。

选项C，法院调解经双方当事人签收后具有法律效力。

选项D，行政调解不具有强制执行力。

54. **【答案】** C

【解析】 下列事项应按规定的纠纷处理方式解决，不能提起行政复议：

(1) 不服行政机关作出的行政处分或者其他人事处理决定的，应当依照有关法律、行政法规的规定提起申诉。

(2) 不服行政机关对民事纠纷作出的调解或者其他处理，应当依法申请仲裁或者向法院提起诉讼。

55. **【答案】** C

【解析】 未造成人员伤亡的一般事故，县级人民政府也可以委托事故发生单位组织事故调查组进行调查。

56. **【答案】** B

【解析】 施工单位应当为施工现场从事危险作业的人员办理意外伤害保险。意外伤害保险费由施工单位支付。实行施工总承包的，由总承包单位支付意外伤害保险费。意外伤害保险期限自建设工程开工之日起至竣工验收合格止。

57. **【答案】** C

【解析】 建立健全安全生产应急预案体系，加强动态修订完善。

58. **【答案】** B

【解析】 裁决应当按照多数仲裁员的意见作出，少数仲裁员的不同意见可以记入笔录。仲裁庭无法形成多数意见时，按照首席仲裁员的意见作出。

59. **【答案】** B

【解析】 确因特殊情况需要移动事故现场物件的，须同时满足以下条件：

(1) 抢救人员、防止事故扩大以及疏通交通的需要。

(2) 经事故单位负责人或者组织事故调查的安全生产监督管理部门和负有安全生产监督管理职责的有关部门同意。

(3) 做出标志，绘制现场简图，拍摄现场照片，对被移动物件贴上标签，并做出书面记录。

(4) 尽量使现场少受破坏。

60. **【答案】** B

【解析】 工程监理单位应当审查施工组织设计中的安全技术措施或者专项施工方案是否符合工程建设强制性标准。

二、多项选择题

61.【答案】CE

【解析】本题属于无权代理，不满足表见代理构成条件。行为人没有代理权、超越代理权或者代理权终止后以被代理人名义订立的合同，未经被代理人追认，对被代理人不发生效力，由行为人承担责任。相对人可以催告被代理人在收到通知之日起30日内予以追认。被代理人未作表示的，视为拒绝追认。合同被追认之前，善意相对人有撤销的权利。撤销应当以通知的方式作出。

62.【答案】BDE

【解析】丙应当返还材料款，其材料款应当返还给施工企业。丙获得的这一材料款，没有法律上或者合同上的依据，且有损于他人利益而自身取得利益，属于债的一种，即不当得利之债，应当返还。这一债是建立在甲与乙之间的，故应当返还给甲。乙应当向甲要求支付材料款来保护自己的权利。因为，由于甲误将应支付给乙的货款支付给了丙，意味着施工单位没有完成应当向乙付款的义务。但是，丙与乙之间并无债权债务关系。因此，乙无权向丙主张权利。

63.【答案】ABCE

【解析】下列财产不得抵押：

(1) 土地所有权。

(2) 宅基地、自留地、自留山等集体所有土地的使用权，但是法律规定可以抵押的除外。

(3) 学校、幼儿园、医疗机构等为公益目的成立的非营利法人的教育设施、医疗卫生设施和其他公益设施。

(4) 所有权、使用权不明或者有争议的财产。

(5) 依法被查封、扣押、监管的财产。

(6) 法律、行政法规规定不得抵押的其他财产。

64.【答案】ABC

【解析】建设工程民事责任的主要承担方式有：返还财产、修理、赔偿损失、支付违约金。

65.【答案】ABCD

【解析】招标人有下列行为之一的，属于以不合理条件限制、排斥潜在投标人或者投标人：

(1) 就同一招标项目向潜在投标人或者投标人提供有差别的项目信息。

(2) 设定的资格、技术、商务条件与招标项目的具体特点和实际需要不相适应或者与合同履行无关。

(3) 依法必须进行招标的项目以特定行政区域或者特定行业的业绩、奖项作为加分条件或者中标条件。

(4) 对潜在投标人或者投标人采取不同的资格审查或者评标标准。

(5) 限定或者指定特定的专利、商标、品牌、原产地或者供应商。

(6) 依法必须进行招标的项目，非法限定潜在投标人或者投标人的所有制形式或者组织形式。

(7) 以其他不合理条件限制、排斥潜在投标人或者投标人。

66.【答案】ABE

【解析】选项C错误，实行两阶段招标的，招标人要求投标人提交投标保证金的，应当在第二阶段提出。

选项D错误，招标人最迟应当在书面合同签订后5日内向中标人和未中标的投标人退还投标保证金及银行同期存款利息。

67.【答案】ABCE

【解析】选项D错误，当事人既约定违约金，又约定定金的，一方违约时，对方可以选择适用违约金或者定金条款。约定的违约金低于造成的损失的，人民法院或者仲裁机构可以根据当事人的请求予以增加；约定的违约金过分高于造成的损失的，人民法院或者仲裁机构可以根据当事人的请求予以适当减少。继续履行是一种违约后的补救方式，是否要求违约方继续履行是非违约方的一项权利。继续履行可以与违约金、定金、赔偿损失并用，但不能与解除合同的方式并用。

68.【答案】CE

【解析】建设工程未经竣工验收，发包人擅自使用后，又以使用部分质量不符合约定为由主张权利的，不予支持，但是承包人应当在建设工程的合理使用寿命内对地基基础工程和主体结构质量承担民事责任。

69.【答案】ABD

【解析】政府定价产品，在合同约定的交付期限内政府价格调整时，按交付时的价格计价（就新原则）。供应商应提交货物而获得货币，但供应商违约，本着惩罚的原则，供应商获得的货币就应该少，则按就低原则，按800元计：800×100＝80000（元），再考虑违约金。违约金＝80000×5%＝4000（元），实际收回款项＝80000－4000＝76000（元）。

70.【答案】ABCD

【解析】选项A正确，劳动合同期限3个月以上不满1年的，试用期不得超过1个月；劳动合同期限1年以上不满3年的，试用期不得超过2个月；3年以上固定期限和无固定期限的劳动合同，试用期不得超过6个月。本案中，公司与王某约定的劳动合同期限是2年，因此，其试用期不能超过2个月。

选项B正确，劳动者在试用期的工资不得低于本单位相同岗位最低档工资或者劳动合同约定工资的80%，并不得低于用人单位所在地的最低工资标准，该试用期工资合法。

选项C、D正确，失业人员符合下列条件的，从失业保险基金中领取失业保险金：失业前用人单位和本人已经缴纳失业保险费满1年的。本案中，王某累计缴纳失业保险未满1年，无权领取失业保险金。只要是非本人意愿中止就业的，就符合领取失业保险金的条件之一，与劳动者被用人单位解除劳动合同的具体原因没有关系。

选项E错误，劳动关系自实际用工之日起订立。

71.【答案】BDE

【解析】非传统水源利用：

(1) 优先采用中水搅拌、中水养护，有条件的地区和工程应收集雨水养护。

(2) 处于基坑降水阶段的工地，宜优先采用地下水作为混凝土搅拌用水、养护用水、冲洗用水和部分生活用水。

(3) 现场机具、设备、车辆冲洗，喷洒路面，绿化浇灌等用水，优先采用非传统水源，尽量不使用市政自来水。

(4) 大型施工现场，尤其是雨量充沛地区的大型施工现场建立雨水收集利用系统，充分收集自然降水用于施工和生活中适宜的部位。

(5) 力争施工中非传统水源和循环水的再利用量大于30%。

72.【答案】BCD

【解析】人民法院审理行政案件，以法律和行政法规、地方性法规为依据。地方性法规适用于本行政区域内发生的行政案件。审理民族自治地区的行政案件，应以该民族自治地方的自治条例和单行条例为依据。

73.【答案】ABCE

【解析】选项A、B正确，施工单位应当对管理人员和作业人员每年至少进行1次安全生产教育培训，其教育培训情况记入个人工作档案。安全生产教育培训考核不合格的人员，不得上岗。

选项C正确，施工单位的主要负责人、项目负责人、专职安全生产管理人员应当经建设行政主管部门或者其他部门考核合格后方可任职。

选项D错误，登高架设作业属于特种作业，需要经过专门的安全作业培训，取得特种作业操作资格证书。

选项E正确，《建设工程安全生产管理条例》规定，作业人员进入新的岗位或者新的施工现场前，应当接受安全生产教育培训。未经教育培训或者教育培训考核不合格的人员，不得上岗作业。

74.【答案】AB

【解析】设计单位对设计结果承担责任，而不是实施行为。

75.【答案】ABE

【解析】仲裁协议应当具有下列内容：

(1) 请求仲裁的意思表示。

(2) 仲裁事项。

(3) 选定的仲裁委员会。

这三项内容必须同时具备，仲裁协议才能有效。

76. 【答案】ACD

【解析】选项B错误，有勘察、设计、施工、工程监理等单位分别签署的质量合格文件。

选项E错误，有施工单位签署的工程保修书。

77. 【答案】BCE

【解析】选项A错误，在同一时期只能承担一个工程项目的管理工作。

选项D错误，每月带班生产时间不得少于本月施工时间的80%。

78. 【答案】ABCD

【解析】安全生产许可证颁发管理机关或者其上级行政机关发现有下列情形之一的，可以撤销已经颁发的安全生产许可证：

(1) 安全生产许可证颁发管理机关工作人员滥用职权、玩忽职守颁发安全生产许可证的。

(2) 超越法定职权颁发安全生产许可证的。

(3) 违反法定程序颁发安全生产许可证的。

(4) 对不具备安全生产条件的建筑施工企业颁发安全生产许可证的。

(5) 依法可以撤销已经颁发的安全生产许可证的其他情形。

79. 【答案】AC

【解析】选项B错误，分包单位应当按照分包合同的约定对其分包工程的质量向总承包单位负责，总承包单位与分包单位对分包工程的质量承担连带责任。

选项D错误，没有补充责任。

选项E错误，总承包单位与分包单位对分包工程的质量承担连带责任，即分包工程发生质量问题时，建设单位或其他受害人既可以向分包单位请求赔偿，也可以向总承包单位请求赔偿；进行赔偿的一方，有权依据分包合同的约定，对不属于自己责任的部分赔偿向对方追偿。

80. 【答案】ABCE

【解析】《建设工程质量管理条例》规定，在正常使用条件下，建设工程的最低保修期限为：

(1) 基础设施工程、房屋建筑的地基基础工程和主体结构工程，为设计文件规定的该工程的合理使用年限。

(2) 屋面防水工程、有防水要求的卫生间、房间和外墙面的防渗漏为5年。

(3) 供热与供冷系统，为2个采暖期、供冷期。

(4) 电气管线、给排水管道、设备安装和装修工程，为2年。

其他项目的保修期限由发包方与承包方约定。

亲爱的读者：

如果您对本书有任何感受、建议、纠错，都可以告诉我们。我们会精益求精，为您提供更好的产品和服务。

祝您顺利通过考试！

扫码参与调查

环球网校建造师考试研究院